信息系统开发与管理教程

（第4版）

左美云　主编

清华大学出版社

北 京

内 容 简 介

本书在介绍信息和系统两个核心概念的基础上,详细地分析了信息系统与管理、决策等基本的关系,给出信息系统的常见类型和典型应用等内容。

本书从战略管理的角度考虑信息系统的规划,从项目管理、监理和审计的角度考虑信息系统的开发,技术方面则更侧重方法论的介绍和方案的比较。本书还介绍了移动信息系统的开发和大数据环境下的信息系统开发,以及信息系统的伦理问题与应对,对信息系统的热点领域(如区块链等)做了简要介绍。

本书是高等院校信息管理与信息系统专业系列教材之一,可作为信息管理与信息系统、电子商务、大数据管理与应用、计算机应用、信息安全、工商企业管理和软件工程等专业本科生的教材,也可作为相关专业硕士生、MBA、管理干部培训班、技术人员特别是信息技术人员的教材和参考资料。

图书在版编目(CIP)数据

信息系统开发与管理教程/左美云主编.—4 版.—北京:清华大学出版社,2020.8(2025.3重印)
高等院校信息管理与信息系统专业系列教材
ISBN 978-7-302-55481-3

Ⅰ.①信… Ⅱ.①左… Ⅲ.①信息系统—系统开发—高等学校—教材 ②信息系统—系统管理—高等学校—教材 Ⅳ.①G202

中国版本图书馆 CIP 数据核字(2020)第 083936 号

责任编辑:白立军
封面设计:傅瑞学
责任校对:焦丽丽
责任印制:曹婉颖

出版发行:清华大学出版社
   网   址:https://www.tup.com.cn, https://www.wqxuetang.com
   地   址:北京清华大学学研大厦 A 座   邮   编:100084
   社 总 机:010-83470000   邮   购:010-62786544
   投稿与读者服务:010-62776969, c-service@tup.tsinghua.edu.cn
   质量反馈:010-62772015, zhiliang@tup.tsinghua.edu.cn
   课件下载:https://www.tup.com.cn,010-83470236
印 装 者:三河市君旺印务有限公司
经 销:全国新华书店
开 本:185mm×260mm   印 张:19.5   字 数:448 千字
版 次:2001 年 7 月第 1 版 2020 年 9 月第 4 版   印 次:2025 年 3 月第 4 次印刷
定 价:49.00 元

产品编号:088082-01

前　言

从 1999 年收到邀约,起心动念撰写本教材开始,到今天完成第 4 版的书稿,整整 20 年过去了。我也从当年 28 岁的青年教师历练成了今天 48 岁的中年学者。能在本命年完成本书的修订和再版,我非常快乐。

自第 3 版发行以来,IT 赋能各类组织已经成为社会各界的共识。影响信息系统发展的新技术如大数据、人工智能、移动计算、物联网、云计算、雾计算、边缘计算、虚拟现实、区块链、5G 和数字孪生等层出不穷,需要我们逐渐去总结这些知识并吸纳到新版本的教材中来,使得我们的这本教材常用常新、与时俱进。因此,本书增加了全新的第 8 章(移动信息系统开发)和第 9 章(大数据环境下的信息系统开发),以及第 15 章(信息系统的热点领域)中的15.4.4 节(区块链技术支持下的信息系统)。

在信息系统使用过程中,特别是由于大数据、人工智能等新技术的引入,导致伦理问题也大量出现,例如在大数据时代大家问路都用导航不问人,那么是否还有以前经典电影中青年男女"邂逅"这么美好的事件发生? 又例如许多手机 App 在运行前需要用户提供使用设备、位置等个人信息,这些信息是否会误用? 因而,专门写作了第 14 章(信息系统的伦理问题与应对)。

这些年间,该书被许多学校的老师选为教材使用,并给我们反馈了许多很好的建议,因而我们在听取反馈的基础上,对全书的其他章节内容进行了合并、删减、修订或完善。具体情况如下:第 1～5 章、第 10 和 11 章、第 15 章均由左美云独立修订和完善;第 6 章由左美云和何迎朝共同修订;第 12 和 13 章由左美云和银旭共同修订;其余各章都由左美云牵头重新写作,每章的合作者分别是雷东荻(第 7 章)、薛怡宁(第 8 章)、李芳菲(第 9 章)和刘浏(第 14 章)。这里,要特别感谢参加了本书若干章节中以前版本相关内容撰写的 3 位老师:邝孔武(参与了本书第 6 章的写作)、王晓波(参与了本书第 12 章的写作)、付虹蛟(参与了本书第 14 章的写作)。要说明的是,这些章节都经过了删减和必要的修订完善。

本书在 2004 年荣获北京市高等教育精品教材,2017 年入选中国人民大学"十三五"本科规划教材中的核心(类别)教材。在过去 20 年间,本书也一直作为中国人民大学信息学院经济信息管理系信息管理与信息系统专业"管理信息系统"课程的教材,因为授课效果较好,我也分别在 2006 年和 2012 年两次荣获中国人民大学"十大教学标兵"称号。通过授课,了解同学们对教材的反馈,不断地打磨,希望通过时间的沉淀,该教材既能不忘核心教材的初心,内容又能与时俱进。

毛主席有诗云:雄关漫道真如铁,而今迈步从头越。从头越,苍山如海,残阳如血。我想和最后两句：雄关漫道真如铁，而今迈步从头越。从头越，信息如海，技术犹缺。在这信息海洋面前，我们还需继续努力，研发更好的信息系统开发与管理技术，为各级组织的数字化转型贡献力量。

左美云

2020 年 4 月

第 一 版 序

如果说网络是当今信息社会的地基,那么信息系统就是这个地基上的一根根支柱。无数企业,无论是 IT 企业还是生产制造企业,无论是医院、贸易公司还是商店,都在这些支柱上建筑起它们新的业务形态。由此想来,信息系统的理论基础对于当代青年学子的重要性就不言而喻了。

从 20 世纪 60 年代以后,信息系统越来越和经济、社会、企业管理等紧密结合起来,信息系统的教育也日益在高等院校中受到重视。20 世纪 70 年代中期从 G.B.Davis 的教科书开始,管理信息系统的理论培养和教育了一代又一代的青年学生。20 世纪 80 年代以后,管理信息系统更成为 MBA 的必修课程之一,在许多商学院中都是重要的主干课程。

我国从 20 世纪 80 年代初开始在一些管理学院引进管理信息系统课程,以后迅速在全国高等院校铺开。到 20 世纪 90 年代,该课程几乎在所有大学中都开设了。从教材建设方面来看,最早的一本引进教材大概是在 1984 年由黄梯云教授领衔翻译的 G.B.Davis 的教科书,以后十几年间又有许多新的翻译教材,但这些教材大多是面向 MBA 学生的。对于管理信息系统专业的学生来说,好的 MIS 教材却寥若晨星。这种情况一直到 20 世纪 90 年代后期,随着改革开放和我国国民经济的迅速发展,在教育事业上也出现了可喜的景象。近年来,高等院校教授学者们在管理信息系统理论领域努力开拓,涌现出了许多高质量的教材。本书就是在这样一个环境下由左美云、邝孔武教授撰写的一部新作。本书不但全面论述了信息系统的开发和管理技术,而且深入浅出、条理清晰地对信息系统的许多重要问题进行了详细说明,十分适合信息系统专业的学生和企业中从事信息系统工作的技术人员阅读。另外,本书还详细地参考和列举了 MIS 学界许多学者的著作和研究成果等,从这个意义上来说,它对于读者来说又是一本很好的进一步深造的指南。

信息系统理论是一门年轻的学说,同时 IT 技术又是一个飞速发展的领域。任何在此领域中开拓的理论工作者都会感叹知识更新的速度之快,新技术出现之多,是其他领域中少见的。因此他们往往需要付出超人的努力,用坚忍不拔的毅力来挖掘这个领域中的金矿。本书作者左美云、邝孔武都是这样勤奋的学者。左美云博士曾对我国信息产业进行了深入的研究,在《计算机世界》等专业报刊上发表过大量有关 IT 产业和信息系统的文章,同时他也深入到企业中实际进行信息系统开发,掌握了许多第一手材料。他在而立之年之前已经著书立说,并被评为副教授。邝孔武教授在信息系统分析与设计、信息系统的软系统方法等方面都有深入的研究,在学界早已名声显赫。此次他们携手合作,在一年时间内撰写出这样高水平的教材,我深深地为他们的勤奋和睿智所感动,并发自内心地为他们喝彩!同时,我也相信他们必将在不远的将来为我们的年轻学子贡献出更多、更好的科学精神食粮。

李　东

2001 年 3 月　于北京大学　光华管理学院

目 录

第一部分 信息系统的基础知识

第三部分　信息系统的开发方法

第五部分　信息系统的测试与运行

第六部分 信息系统的热点内容

第 一 部 分

信息系统的基础知识

第1章 信息系统的基本概念

信息和系统是信息系统的两个核心概念。在详细阐述信息和系统两个核心概念的基础上,本章给出信息系统的概念,介绍信息系统学科的相关学术会议,最后分析信息系统的各种结构和作用。

1.1 信息的定义和分类

1.1.1 信息的定义和性质

据《新辞源》考证,我国唐代就曾有:"梦断美人沉信息,目空长路倚楼台"的诗句,这里的"信息"一词是音讯、消息的意思。"信息"的英文单词是 information。

作为科学术语,由于学科不同,信息的含义有许多种。在经济管理领域,通常认为信息是支持管理和决策的有效数据。西方科技界开始认真研究信息问题,大约是在 20 世纪 20 年代初。从第二次世界大战到 1948 年前后,与信息有关的理论和技术脱颖而出,其中包括信息论、控制论、系统论和计算机技术。1948 年,信息论的奠基人,美国科学家香农(Shannon)在《通信的数学理论》这篇著名的论文中把信息理解为"用以消除随机不确定性的东西",认为信息是关于环境事实的可以通信的知识。同年,控制论的创始人,美国科学家维纳(Wiener)在《控制论》一书中指出"信息就是信息,不是物质也不是能量。"他认为信息是人们在适应外部世界并且使这种适应反作用于外部世界的过程中,同外部世界进行交换内容的名称。

在信息系统与信息管理学科中,我们认为**信息既是可以传输和处理的数据和知识,又是管理和决策的重要依据**。

作者认为在上述定义的基础上,还应包括如下三个要点。

第一,信息是客观世界各种事物特征和变化的反映。信息定义的这个要点告诫我们,要开发信息系统,就必须在系统调研分析和设计实现过程中,忠实地获取和再现各种事物的变化和特征,强调**信息的客观性**。

第二,信息是客观事物之间相互联系、相互作用的表征。信息定义的这个要点告诫我们,要开发信息系统,就必须在系统调研分析和设计实现过程中,注意业务的交叉和相互影响,强调信息"流"的概念,从宏观上或系统的层次上把握事物之间的联系,强调**信息的系统性**。

第三,信息的范围极其广泛,由于科学技术发展水平等因素的限制,人类只能理解和接收无限丰富的信息中的一部分,还有许多信息至今尚未被人们认识和利用。信息定义的这个要点告诫我们,要开发信息系统,就必须在系统调研分析和设计实现过程中,注意与未来获取信息的技术接口,做好总体规划和长期规划。随着技术的进步和组织的成长,分步实施,自始至终强调**信息的开放性**。

信息还可从哲学上分为本体论层次的信息和认识论层次的信息。所谓本体论层次的信息，是指事物运动状态和这种状态变化的方式。本体意义上的信息与一切主体因素无关。这就要求人们必须从业务的源头采集信息，在业务的源头采集客观信息。认识论层次的信息则与主体密切相关，它包括语法信息、语义信息和语用信息。其中，语法信息回答的问题：事物运动状态的形式是什么？语义信息回答的问题：这种运动状态的含义是什么？语用信息回答的问题：具有这样的含义的运动状态对观察者有什么样的价值和效用？显然语法信息是最基本的层次，它具有客观的本性，语义信息则既有客观的一面，也有主观的一面(对于这个含义，不同的观察者可能有不同的理解，甚至有不同的理解能力)。观察者能否获得这个语义信息，与他自己的主观能力有关。至于语用信息，则具有更加明显的主观色彩。因为，对于事物的同一运动状态，不同的观察主体可能具有很不相同的利害关系和价值观念。

获得信息需要能量，控制能量又需要信息。信息与能量难分难解，却又有本质的区别：能量的作用在于做功，信息的作用在于提供知识。所以我们讲物质、信息、能量这三种元素构成丰富多彩的世界。并且，对应于构成世界的上述三种基本元素，还有三大基本定律，即物质不灭定律、能量守恒定律和**信息不对称定律**。其中，正是因为大千世界存在人与人之间的信息不对称，人们为了避免自己因信息不完全、不准确而造成的生产率低下和决策失误，才大量开发并采用信息系统，使作业效率提高、决策正确。

谈到信息的性质，除了前面讲到的信息的客观性、系统性和开放性外，与信息系统密切相关的性质还有相对性、转移性、变换性、有序性、动态性、时效性、共享性和两面性等。

信息的相对性。一方面，对于同一个事物，不同的观察者获得的信息量并不相同；另一方面，不同的用户对信息的需求也不相同。因此，信息系统的开发既要考虑用户的共性应用，还要考虑用户的个性化需求。

信息的转移性。信息可以在时间上或空间上从一点转移到另一点。在时间上的转移称为**存储**；在空间中的转移称为**通信**。存储有存储年限、存储介质等问题，通信有通信带宽与通信质量等问题，上述有关信息转移的问题是开发一个信息系统之初就必须考虑的。

信息的变换性。信息是可变换的，它可以由不同的载体和不同的方法来载荷。信息的变换性要求信息系统的开发者根据不同的用户和不同的需求，采用不同的信息表现方法，如考虑采用粗的统计数据还是细的业务数据；是采用二维表的结构，还是采用直方图等直观形式来展现。

信息的有序性。一方面，信息可以用来消除系统的不稳定性，增加系统的有序性；另一方面，信息本身也可根据一定规则进行编码。一般来讲，编码的好坏受组织规范作业的水平和信息系统开发人员对组织业务过程的认识水平限制，也严重影响着信息系统的整体质量。因此，增加信息的有序性是很重要的。

信息的动态性。信息反映的是事物运动的状态和状态的改变方式，事物本身是在不断发展变化的，因此，信息也会不断地随之变化。这种变化大多时候表现为信息内容的变化，对于信息系统来讲就是记录的追加；还有些时候，是事物的连接状态发生了变化，也就是说信息的流程发生了变化，这个时候，信息的动态性就要求整个信息系统进行相应的调整。

信息的时效性。信息是有"寿命"的。所以，一方面要考虑历史数据的利用和保护问题，另一方面在开发信息系统时，要充分考虑系统的响应速度。如证券交易结算系统、火车调度信息系统就必须考虑系统的响应速度。

信息的共享性。信息可以被无限制地复制、传播或分配给众多的用户,为大家所共享。这就要求在信息系统开发过程中,对于信息的录入,要做好控制,必须做到信息只能在源头录入,并且只能录入一次,这样,既可保证信息的准确性,又能提高信息处理的效率。另外,信息的共享性还要求尽可能地使更多人使用信息,以最大限度地发挥信息的作用。

最后是**信息的两面性**。在一定的条件下,正确及时的信息可以节约物质、能量或时间,其中最主要的条件,就是信息被人们有效地利用。当然,不正确的信息或者虚假的信息,不恰当地利用,也会浪费物质、能量或时间。这一点,正是信息的两面性。

1.1.2 信息的分类与传输结构

对信息的分类相当多,作者将与信息系统有关的分类挑出来,以加深大家对信息系统中信息的理解。

按信息的地位可以分为客观信息(包括观察对象的初始信息、经观察者干预之后的效果信息和环境信息等)和主观信息(包括决策信息、指令信息和控制信息等)。

按信息的状态可以分为静态信息和动态信息,或者原始信息、中间信息和目标信息。

按信息的作用可以分为有用信息、无用信息和干扰信息。

按信息源的性质可以分为数据信息、文字信息、话音信息和图像信息等。

按信息的载体性质可以分为纸介质信息、磁介质信息、光介质信息和生物介质信息等。

按信息应用的行业或部门可以分为服务业信息、工业信息、农业信息、军事信息、政治信息、科技信息和商务信息等。

按信息在企业应用的领域可以分为研发信息、生产信息、营销信息、物流信息、财务信息和人力资源信息等。

对于信息的结构,一般都从传播或通信的角度理解,认为信息的传输主要由信源、信道和信宿三个主体因素构成。其一般模式如图1.1所示。信源发出的信息按一定的方式编码,就可以把信息附载在一定通信工具即信道上,传到信宿时再把通过信道传来的信号变换成编码以前的形式。在简单信息传递过程中,信源起编码作用,信宿起解码作用,两者必须有共同的编码或解码机制才能进行信息传递。要注意:在信号传输过程中,还有噪声的干扰。为了减少信息传递过程中的失真或延误,还可以采用信息反馈机制查出原因,经过适当调整,再做新的输出。

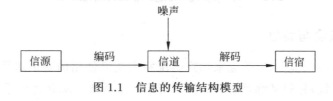

图 1.1 信息的传输结构模型

1. 信源

顾名思义,信源是指信息发生的来源。信源由于其特点不同,所发出的信息有的是连续的,有的则是离散的。企业就是不断地提供连续信息的信源。另一些信息,如四年举办一次的奥运会,就是离散信息源。一般来说,连续信源发送信息的有序程度高,规律性强,每一信息所含信息量相对较小;而离散信源发送信息的偶然性较大,无序性大,某一信息所含信息量相对较大。按信息源发生的层次,还可以把信息源划分为原始信息源和加工信息源,例如一个信息系统的子系统产生的信息是另一个子系统的输入,那么,前一个子系统就是后面子系统的加工信息源。

2. 信宿

信宿就是信息的接收者。在信息系统中,信宿既可以是普通用户,也可以是信息系统中的一个子系统。由此看来,一个子系统既可能是上一个子系统的信宿,也可能是下一个子系统的信源。建立信源与信宿的概念,有利于大家对"接口"概念的理解。接口,指的是各层次系统的边界内与其边界外之间的连接渠道和方式,既包括系统与外部环境的接口,也包括子系统与其他子系统之间的接口。接口的双方或者一边是信源,另一边是信宿;或者互为信源和信宿,这主要看双方的信息联系是单向的还是双向的。

3. 信道

信道是指传递信息的通道。选择信息通道的条件主要如下。

(1) 信道容量。在信息论中,把信道所能传递的最大限度信息量称为信道容量。为了使信息流迅速有序高效流动,就必须提高信道传递的平均信息量。为此必须对所要传输的各种信息进行加工,如对文件信息进行压缩和整理,对数据信息进行科学编码,使之变成符合信道传输的标准信号,以适应不同信道的传输要求。

(2) 信息传递中的保真度。在很多情况下,由于信息流通中有各种干扰,信宿不能收到与信源完全一致的信息,以致出现信息失真或失误现象,因而要考虑信息传递中的保真度。

(3) 信息的时效性。为了使信息尽快地传递到信宿,传递信息的速度极为重要,速度越快越好。

由此可见,一个好的信道的传输容量应当足够大;信息干扰不超过一定限度,越小越好;尽量减少传递时间差。

1.2　系统的概念与系统思想

1.2.1　系统的概念与特性

如果你是住校的在读生,早晨起来你到盥洗室去洗漱使用的是供水系统,到食堂就餐,接触到的是食堂系统,它们又都是学校后勤系统中的子系统。除此之外还有教学系统、办公系统等。"系统"这一术语被广泛使用着,如人体中的血液循环系统、神经系统;城市交通系统、供水系统和供电系统等。

系统这个词是从希腊语 system 一词派生出来的。关于系统的定义有很多,但其基本含义不外乎:**"系统是内部互相依赖的各个部分,按照某种规则,为实现某一特定目标而联系**

在一起的合理的、有序的组合。"这里的各个部分可以是实物部件(如飞机发动机和汽车轮胎等),也可以是管理的各个方面(如市场营销、生产运作和后勤配送等),或者是一个多层次结构的子系统。每一部分都是系统的一个单元,它们必须完成各自分担的那部分工作,共同实现既定的目标。**系统具有系统边界、输入和输出、输入到输出的转换方法和系统接口。**

图 1.2 是一个系统的实例。在这个简化的教学系统中,输入是不具备计算机知识的学生,输出是具有程序设计能力的学生。为了在图 1.2 中输入的条件下实现输出的目标,就必须要求该系统先后实现两个功能:一是进行计算机基础知识的培养;一是进行基础程序语言的学习。因而,该系统可以分为两个子系统:子系统 A 是计算机基础课程的学习;子系统 B 是 Java 语言课程的学习。子系统 A 产生的输出是系统的中间结果,也构成子系统 B 的输入。通过这个系统模型,大家可以加深对系统与子系统、输入与输出、子系统的接口和系统边界概念的理解。

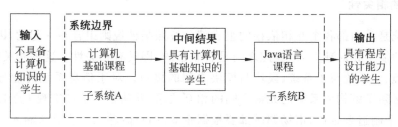

图 1.2　一个简化教学系统的结构

根据上述系统的含义可以得出系统的如下特性。

1. 系统的目的性

任何一个系统都是为了完成某一特定目标而构造的。例如,学校的目标是培养经济建设人才和出科研成果。工厂的目标是生产出高质量、适销对路的产品,提高企业的经济效益。因此,在建设系统的过程中,首先要明确系统目标,然后再考虑运用什么功能来达到这个目标。

系统最重要的特性是它的目的性。不能实现系统既定目标的系统没有存在的必要。如果开发出来的信息系统未达到用户原定的系统目标,那么这个信息系统是一个失败的系统。

2. 系统的整体性

从系统的含义中可以看出,系统内部的各个部分是为实现某一特定目标而联系在一起的,因此,组成系统的各个组成部分不是简单地集合在一起,而是有机地组成一个整体,每个部分都要服从整体,追求整体最优,而不是局部最优。这就是所谓全局的观点。一个系统中即使每个部分并非最完善,但通过综合、协调,仍然可使整个系统具有较好的功能;反之,如果每个部分都追求最好的结果而不考虑整体利益,也会使整个系统成为最差的系统。

重视整体性,就会使我们在开发信息系统的过程中,时刻注意从整体出发,来统一界面风格、统一技术用语、统一协调开发进度,而不是各开发各的,最后来协调。如果不从整体考虑,就会既耽误时间、影响进度,又会增加开发成本,使系统得不到整体优化,从而最终影响系统的质量。

3. 系统的层次性

一个系统可以分解成若干组成部分,如果将这些组成部分看成是一个个的子系统,还可以进一步将这些子系统各划分成一些功能模块,以此类推,可以将一个系统逐层分解。体现出系统的层次性。例如,可以把一个企业看成是一个系统,它可以分解为市场调研子系统、研发(研究与开发)子系统、生产制造子系统、营销服务子系统、物流配送子系统和经理决策支持子系统等。

正是由于系统的层次性,才使得人们在开发信息系统的过程中可以采用系统分解的方法,先将系统分解成若干个功能相对独立的子系统,然后给予分别实施。

4. 系统的相关性

由于系统是由内部各个互相依存的组成部分按照某种规则组合在一起的,因此,各个组成部分尽管功能上相对独立,但彼此之间是有联系的,即具有相关性。这种相关性往往表现为系统与环境、子系统与子系统、模块与模块之间的接口。对于信息系统的业务调研来讲,重点之一是必须了解构成系统的元素之间的相互关系,并从整体上和宏观上予以把握。

例如,一个制造型企业,市场调研部要根据企业的目标(输入:系统的输入,也是市场部的输入)对市场进行调查,并向研发部门传递调查结果(中间输出:市场部的输出,研发部的输入),研发部门根据调查的顾客需求,研究开发出新的产品(中间输出:研发部的输出,生产部的输入),生产部根据顾客需求数量生产出该产品(中间输出:生产部的输出,营销部的输入),营销部将这些产品投放市场,获取利润(输出:营销部的输出,也是系统的输出)。由此可见企业的市场子系统、研发子系统、生产子系统和营销子系统之间也存在相互制约、相互依存的关系,如图 1.3 所示。本书后面介绍的企业资源计划系统(Enterprise Resource Planning,ERP)实际上就是上述企业子系统集成后的信息系统。

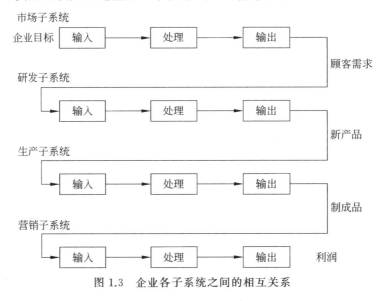

图 1.3　企业各子系统之间的相互关系

5. 系统的开放性

任何一个系统都不是孤立存在于社会环境中的,它与社会环境有千丝万缕的联系。无论是学校还是工厂不仅要受到国家政策和法规的制约,而且还要受到地方和有关单位(系统)的影响,这就要求系统具有开放性,既能做到系统自身不断地升级和优化,也能为其他系统提供接口,从而与更多的系统互连互通。

根据梅特卡夫法则,网络的价值与节点数的平方总体上成正比。互连的系统数越多,系统的价值也越大,系统的用户越能享受到更大的价值。因此,开发信息系统,必须注意开放性。封闭的系统或不留接口的系统最后只能被人们抛弃。

6. 系统的稳定性

系统的稳定性是指在外界作用下的开放系统具有一定的自我稳定能力,能够在一定范围内自我调节,从而使系统具有一定的抗干扰能力和抗冲击能力。

在开发信息系统过程中,如果只强调系统的开放性,那是不行的。因为企业的业务天天在变,虽然大变很少,但小变相当多。如果一味地要求系统适应新的业务需求,那么新的信息系统永远开发不出来,永远在修改。这就要求系统必须具有一定的稳定性,在一定时间里保持相对稳定。对于信息系统来讲,无论是硬件、网络和软件,都可以认为存在一个"版本"①的问题,要开发信息系统,就必须重视版本管理,重视系统的相对稳定性。现在很多信息系统建模理论都在探讨按需应变(on demand)的问题,其实质是在业务流程或用户需求改变的前提下,信息系统的稳定性与适应性之间的关系问题。

7. 系统的相似性

系统的相似性是指系统具有同构和同态的性质,体现在系统结构、存在方式和演化过程中具有一定的共同性。

正是因为系统具有相似性,才讲究在系统开发过程中程序、函数、模块等的共享,提出中间件、软构件的概念以减少重复开发;正是因为系统具有相似性,才鼓励信息系统开发人员多研究别人的系统,以取得开发经验;正是因为系统具有相似性,才有许多的辅助开发工具推出,以加快开发进度,提高开发质量。

由系统的定义和特性分析可知,在信息系统建设过程中,系统的观点是进行信息系统开发的基础,它揭示出系统的开发必须首先明确系统的目标,划分出系统的边界,然后由上到下、由粗到细、由表及里地分析系统的每一个组成部分所应完成的功能,弄清各个组成部分的信息交换关系,从整体上对开发进行统一规划、统一管理,在此基础上进行系统的详细设计和实现。另外还要充分预料未来可能发生的情况,为将来系统的发展留出接口。

---

① 这里说的版本,是广义的版本。对于硬件和网络来讲存在一个第几代的问题,可以认为这也是版本的一种含义。另一方面,信息系统的核心是软件,软件的版本一变,硬件和网络就要相应更新,所以,信息系统的第几代问题也可以归结为版本问题。

1.2.2 系统思想与系统方法

19 世纪下半叶以来,科学技术进入全面发展的新时期。一系列重大的科学发现,对近代科学方法提出了挑战,为现代系统思想的诞生奠定了基础。

近代科学方法面临的关键问题是它应付复杂性的能力。笛卡儿的第二条原则,即细分问题并分别进行考察,是设想这种分解不会曲解所研究的现象。它假定,整体中的组件在分开考察时与它们在整体中发挥的功能完全相同。由于物理学的成功,这些似乎是合理的,但是随着所考察问题复杂程度的增加,近代科学方法却表现出某些局限。

贝塔郎菲多次发表文章表达了机体论思想,强调把有机体当作一个整体来考虑,认为科学的主要目标在于发现种种不同层次上的组织原理。他指出机械论有三个错误观点:一是简单相加的观点;二是"机械"观点,把生命现象简单地比作机器;三是被动反应的观点,即把有机体看作只有受到刺激时才做出反应。他批判地继承前人的机体论思想,把协调、秩序、目的性等概念用于研究有机体,形成了自己关于系统的基本观点,如整体观点、动态观和等级观点,初步形成了他的**一般系统论**的思想。1937 年,贝塔朗菲第一次提出了一般系统论概念。到了 20 世纪 60—70 年代,一般系统论受到人们的普遍重视。

管理领域的进展,是 20 世纪系统思想兴起的另外一个重要侧面。

19 世纪末,随着自由资本主义开始向垄断资本主义过渡,生产规模日益扩大,专门从事组织管理的阶层随之出现,只凭经验安排生产的管理方式已经不能适应日益扩大的生产规模和经济发展的需要了,在这样的背景下,泰罗、法约尔、韦伯等人奠定了科学管理理论,促使人们开始注意把工厂、企业作为一个有机的组织来加以管理。20 世纪 30 年代,巴纳德提出,组织就是"两个或两个以上的人有意识协调而成的活动或力量系统",社会中的各种组织都是这样的协作系统。在他的组织定义中包含"系统"及系统等级概念,系统要素的协同、人有意识、有目的活动以及时间连续性等概念。因此可见,系统思想已经日益深入到管理理论之中,变成自觉的管理理论的基点之一。

系统工程的兴起也与管理问题密切相关。所谓**系统工程**,就是以系统的观点和方法为基础,综合地应用各种技术,分析解决复杂而困难的问题的工程方法。第二次世界大战期间,系统工程在工程管理、军事国防系统中受到极大重视。由于战争的推动,系统工程和运筹学紧密地联系在一起,得到迅速发展。第二次世界大战之后,这两门学科继续在军事等方面得到广泛的应用。

20 世纪 50 年代在系统工程发展的同时,出现了称为**"系统分析"**的方法论思想。其方法的基本要点如下。

(1) 定义问题。列出一个或一组希望达到的目标。

(2) 列出资源和约束。供选择的技术或手段以及每个系统所需的"成本"或资源。

(3) 给出方案。一个或一组数学模型。

(4) 评估、选择方案,然后实施。

(5) 总结解决方案的有效性。

可以看出,系统分析、系统工程及运筹学有许多相似之处。它们的相似性来自于对某种系统性方法的信奉。当存在一个目标状态 S_1 和一个当前状态 S_0,并且有多种方式从 S_0 到

达 S_1 时,按照这种观点,问题求解的步骤:定义 S_0 和 S_1,选择最好的方法减少两者的差距。这样,在系统工程中,$(S_1 - S_0)$ 定义了"需求",或要达到的目标;系统分析则提供一种能满足该需求的各种系统中做出选择的规范化方法。

正是出于这种信念,从 20 世纪 50 年代以来,系统方法论(系统工程、系统分析和系统方法等)方面的文献中一直强调必须从定义需求出发,明确要达到的目标,设计能满足需求的系统。其措辞稍有不同,但思想相同:在研究之初,必须知道并陈述目的,要去的地方;在给出这种定义之后,才能用系统思想指导我们选择一种有效的方法达到目的。

切克兰德(P. Checkland)指出这种观点构成了"硬"系统思想的基础,称"硬"系统思想是"工程师的贡献"。既然系统工程、系统分析源于工程学领域,那么产生这种思想是很自然的。设计工程师的任务是为满足特定需求提供一种有效的方法。对设计工程师来讲,"需要什么"是明确的,他必须考虑的是"怎样才能满足需求?"他要为"怎么做"这个问题提供巧妙的答案。最好的工程师是提供了最便宜、最有效和最巧妙答案的人。

系统工程和系统分析无疑把系统的合理性(Systematic Rationality)引进了人类决策的一个重要领域——工程领域,并取得了辉煌的成就。这种成功使得人们把这种方法论运用于不同种类的问题。但是,现实世界中很多问题比工程领域要"软"得多。人类行为是变化不定、繁复多样的,其中很多问题是难以定义的(Ill-Defined),需求是不够明确的或难以在系统分析之初就明确表示出来。切克兰德在应用系统思想探索"人类活动系统"过程中,创立了软系统方法论(The Checkland's Soft System Methodology),突破了"硬"系统思想的观念,在系统学界获得了巨大的声誉。

软系统的思想对信息系统的开发也是有重要启示的。在信息系统的开发领域,很多时候目标状态 S_1 和当前状态 S_0 在系统建设的初期都是不明确或比较难以描述清楚的,需要在与用户的交流过程中逐步清晰,这就要求人们需要探索软系统的建设方法。

1.3 信息系统的含义与相关会议

1.3.1 信息系统的历史和发展

1. 人基信息系统

有许多人认为有了计算机才有信息系统,或者说没有计算机就没有信息系统。显然,这种观点是不对的。在没有计算机的年代,组织利用口头语言和纸介质的文件等工具传递信息,构成早期的信息系统。早期信息系统有几千年的历史。最经典的早期信息系统是中国的烽火台报警信息系统,使用时间最长的是皇家驿站信息传递系统,在这些信息系统中人是主体,工具是烽火台和千里马。这些信息系统我们称之为基于人的信息系统,简称**人基信息系统**。

即使在最初提出"管理信息系统"(Management Information System,MIS)一词的 1970 年,在其定义中也没有计算机的字样。该词的首创者瓦尔特·肯尼万(Walter T. Kennevan)这样下了一个定义:"以书面或口头的形式,在合适的时间向经理、职员以及外界人员提供过去的、现在的、预测未来的有关企业内部及其环境的信息,以帮助他们进行决策。"显而易见,这个定义中没有涉及计算机等现代信息技术,是从管理的角度提出的信息系统,它没有强调一定要用计算机,也没有强调应用模型,只是强调了用信息来支持决策。

2. 人机信息系统

一直到 1985 年才由管理信息系统的创始人——明尼苏达大学卡尔森管理学院的著名教授高登·戴维斯(Gordon B. Davis)给出了一个采用现代信息技术的定义:"管理信息系统是一个利用计算机软件和硬件、手工作业、分析、计划、控制和决策模型以及数据库的用户——机器系统。它能提供信息支持企业或组织的运行、管理和决策功能。"这个定义说明了既要合理采用计算机技术,也还需要人的手工作业,通过人与机器的协调和配合,使信息系统从运行层、管理层和决策层这样三个层次上提供支持。

这个阶段的信息系统一般都采用计算机辅助,所以,有的学者称为基于计算机的信息系统(Computer-Based Information System,CBIS),简称**人机信息系统**。

3. 网基信息系统

20 世纪末,一方面,信息技术突飞猛进地发展,特别是网络技术的发展和"信息高速公路"的建设,使计算机化了的信息系统快速地朝网络化方向迈进;另一方面,世界经济也发生了巨大变化,具体表现为市场全球化、需求多元化、竞争激烈化、增值知识化,企业不得不整合核心竞争力,对内通过企业内联网(Intranet)进行流程重组,对外通过企业外联网(Extranet)和国际互联网(Internet)进行供应链管理和电子商务。这个阶段网络对信息系统的重要性不言而喻,所以,有人干脆将这一个阶段称为基于网络的信息系统(Network-Based Information System,NBIS),简称**网基信息系统**。

在应用方面,信息系统也在越来越集成化,例如企业内部的集成有企业资源计划(Enterprise Resource Planning,ERP)系统,企业外部的集成有供应链管理系统(Supply Chain Management,SCM),等等。

4. 未来的信息系统

信息系统由人基信息系统向人机信息系统、人机信息系统向网基信息系统转变,反映了人们利用信息处理工具能力的提高,但归根结底都是为了获得更多、更全面、更有效率的信息去辅助作业、辅助管理和辅助决策。我们知道,信息技术包括信息获取技术(如传感器技术与物联网技术)、信息处理技术(如云计算、大数据分析、人工智能)、信息传输技术(如 5G 等通信技术)、信息应用技术(如边缘计算、系统集成技术)这样四大主体子技术。随着时间的推移,信息系统还会因为这些信息技术的发展得到很大的发展,例如光技术的采用、生物技术的采用,信息系统可能无处不在,威力无比。那个时候的信息系统可能被称为**泛在信息系统**(Ubiquitous Information System)、**光基信息系统**或**基因信息系统**等。

1.3.2 信息系统的含义

20 世纪 90 年代以来,支持管理信息系统的一些环境和技术有了很大的变化,因而有关管理信息系统定义的描述也在不断地变化。上面讲到人机信息系统向网基信息系统转变,这是由于信息技术的变化引起的,还有管理信息系统在各行各业、各个层次、各个领域的应用引起的管理信息系统类型多样化,如计算机辅助设计系统(Computer Aided Design System,CADS)、办公自动化系统(Office Automation System,OAS)、决策支持系统(Decision Support System,DSS)、医院信息系统(Hospital Information System,HIS)、客户关系管理系统(Customer Relationship Management,CRM),等等。由于管理信息系统的这些发展,使有些学者认为管理信息系统难以包容上述内容,纷纷提出一些包容性更强的名词,比较有影响的有三个名词,分别是信息技术(Information Technology,IT)、信息管理(Information Management,IM)和信息系统(Information System,IS)。

以美国麻省理工学院(MIT)的一些教授为代表的学者曾主张以**信息技术**一词来取代管理信息系统,当时激起了很大的风波。由于信息技术一词过分强调了技术的变革,而削弱了管理信息系统的系统性和目的性,不利于管理信息系统的发展,所以,这种学术主张并没有被流传开来。

香港特别行政区和台湾省的高等院校则一直把管理信息系统专业定位为资讯管理(Information Management,IM)专业,在内地则将资讯管理翻译为信息管理。不过,由于内地过去的图书情报专业在信息化热潮到来时在其课程设置中加大了计算机等信息技术知识的比重,并且纷纷改名为信息管理专业,使得许多人将由原图书情报专业改名的信息管理专业与管理信息系统专业混淆。为此,内地学者在用信息管理代替管理信息系统时,往往加上"计算机"三个字,叫"计算机信息管理"。但这样叫也受到不少学者的质疑,因为计算机信息管理实际上对信息管理中的"信息"有个很大的限定,因为,未来更多的信息在网上,所以有的学者讲,那以后再更名为"网络信息管理"? 实际上,管理信息系统除了考虑信息管理的目标外,还强调信息技术的有效应用。

近年来一个比较普遍的趋势是用**信息系统**一词来代替管理信息系统。显然,从字面上理解,信息系统比管理信息系统的内涵要小,外延要大。不过,国外一般谈信息系统就是指管理信息系统,两者恰似同义语。但在国内,由于一些电子技术专业从信息技术的角度出发抢先用了信息系统的名词,使得国内外对信息系统的理解略有不同。一个典型的不同是,电子技术领域的学者通常将纯粹的通信系统或信息传输系统称为信息系统,而管理信息系统的学者则认为那只是硬件和系统软件的组合,缺乏对应用的把握。电子技术专业的学者认为在信息系统之上可以跑很多应用,他们将这些应用命名为"应用信息系统"。

实际上,物理意义的信息系统是必须要为一定的应用服务的,物理意义的信息系统和应用意义的信息系统只不过是信息系统整体的两个层次,它们互相依赖,缺少哪方都没有存在的意义。因此,越来越多的学者认为信息系统就是广义的管理信息系统。

从近期的研究成果来看,研究信息系统中非技术因素的文献多了起来,并且更偏向从管理的角度和实证的角度来研究信息系统的规划、采纳与实施、持续使用等问题,包括信息系统用户的心理和行为、咨询与监理、投资与评价等。

在本书中,我们提到信息系统,也均是指广义的管理信息系统。并且,我们在强调信息系统为组织管理从而为组织目标服务的基础上,将用很大篇幅研究信息系统开发过程中的管理问题,以及信息系统开发完成之后的管理问题。

因此作者认为,**信息系统是一个以人为主导,吸取经验和遵照规律并重,利用适合的信息技术以及相应设备,根据相应的业务模型和数学模型,进行信息的收集、传输、加工、储存、**

更新和维护,以提高组织的效益和效率为目的,支持组织的高层决策、中层控制、基层运作的集成化的人机系统。

1.3.3 信息系统学科的相关学术会议

信息系统是一个蓬勃发展的学科,要想了解该学科的最新进展,参加或关注信息系统学科的主流会议是一个很好的渠道。

1. 信息系统协会及信息系统国际会议

信息系统协会(Association for Information Systems,AIS)成立于 1994 年,是当前信息系统领域顶级的全球纯学术的组织。每年举办一次大型国际性的学术年会,即信息系统国际会议(International Conference on Information Systems,ICIS)。

2011 年的学术年会 ICIS2011 由复旦大学管理学院具体承办,这是 ICIS 学术年会首次在中国举办。会议的主题是"东方遇见西方:通过有效的信息系统连接与协作",旨在帮助参会者深刻思考信息系统和信息技术对全球化的积极影响,探讨信息化对构建和谐社会、智慧地球的积极作用,研究信息技术在东西方社会的最佳管理实践。会议吸引了来自 43 个国家及地区的学者参与,截至会议开幕共有 1243 名正式的大会注册人员。会议共进行了 68 场高水平的学术报告会,200 多位学者做了精彩的学术报告;同时还安排了两场由国际知名企业首席信息官(CIO)与学者的专门论坛,讨论了信息系统学科在理论和实践两个方面的贡献。

2. 亚太信息系统年会

亚太信息系统年会(Pacific Asia Conference on Information Systems,PACIS)是亚太地区信息系统领域的权威会议,不过该会议没有常设性的社团或机构运作。国际信息系统学会(AIS)每年除组织一次国际性的学术年会,即国际信息系统年会(ICIS)之外,还会支持三大区域性的分会,分别是亚太信息系统年会、欧洲信息系统年会(European Conference on Information Systems,ECIS)和美洲信息系统年会(Americas Conference on Information Systems,AMCIS),这四大会议是信息系统领域公认的国际一流会议。

3. 信息系统协会中国分会及其学术年会

信息系统协会中国分会(China Association for Information Systems,CNAIS)是 AIS 服务于中国的分会,其目标是帮助国内学者以 AIS 为平台,与世界范围内其他学术团队及学者进行广泛交流,促进国内学者和学术团体的协作以及加强相关学科领域的发展,实现学术信息的有效沟通以及研究资源的共享。CNAIS 秘书处目前设在中国人民大学商学院。

该协会自 2019 年开始每年举办一次学术年会,此前都是每两年举办一次。该学会影响力越来越大,2019 年在南京大学举办的第八届学术年会总参与人数达到了 555 人,出版一本学术期刊《信息系统学报》(*China Journal of Information Systems*,CJIS)。自第三届年会开始,每次年会还专门设立信息管理与信息系统学科院长系主任论坛。该论坛由时任中国人民大学信息学院经济信息管理系主任左美云教授(CNAIS 副秘书长)创立于 2008 年,当时作为中国人民信息学院成立三十周年的活动由该院独立承办,2010 年后,每次作为

CNAIS 学术年会的一个重要分论坛,至 2019 年已经连续举办六届,成为 CNAIS 的一个品牌论坛,每次都吸引到 60 位以上的院长和系主任参加,讨论当年大家关心的学科热点问题。

4. 中国信息经济学会及其学术年会

中国信息经济学会(China Information Economics Society,CIES)成立于 1989 年,是在国家民政部登记注册的国家一级学术研究团体,致力于推动中国信息经济学理论和实践发展。CIES 秘书处目前设在中国人民大学信息学院。

中国信息经济学会团结了信息经济、信息管理和信息系统三个领域的学术力量,开展信息经济学的研究,组织国内外信息经济学的学术交流,提高我国信息经济学和信息管理工作的水平,开展信息咨询服务,促进我国信息产业的发展,推进我国社会与经济的信息化,为社会主义现代化建设服务。该学会每年举办一次学术年会。

为促进中国信息经济与信息管理领域的年青学者产生影响世界未来 30 年理论发展的创新成果,中国信息经济学会于 2015 年以学会创始人——著名经济学家乌家培教授的姓名设立中国信息经济学乌家培奖,以表彰中国信息经济与信息管理领域年龄不满 45 周岁青年学者的理论创新贡献,每年获得者分享 20 万元人民币的资助。该奖项设立以来,极大地提升了学会的声誉和学术会议的交流质量。

以上会议,都是历史比较悠久的且与信息系统学科密切相关的。相比较期刊发表周期较长而言,到现场参加会议接触顶尖或活跃的学者,或者关注会议网站并下载会议论文,是了解最新学科动态的最好办法。当然,与信息系统学科相关的重要会议还有一些,限于篇幅,这里就不再一一介绍了。

1.4 信息系统的结构与作用

1.4.1 信息系统的结构

信息系统的结构是指信息系统内部的各个组成部分所构成的框架结构,就像一座高楼,"横看成岭侧成峰",从采光、土木、安装、供电和供水等不同角度去看它可以得出不同的结构形式一样,也可以从不同的角度来观察信息系统的结构形式。信息系统最重要的几种结构是概念结构、层次结构、功能结构、软件结构和物理结构。

1. 信息系统的概念结构

信息系统从概念上来看是由信息源、信息处理器、信息用户和信息管理者四大部分组成,它们之间的关系如图 1.4 所示。

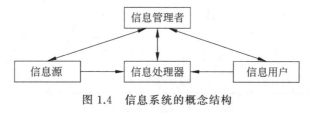

图 1.4　信息系统的概念结构

信息源是信息的产生地，包括组织内部和外界环境中的信息，这些信息通过信息处理器的传输、加工、存储，为各类业务人员即信息用户提供信息服务，而整个的信息处理活动由信息管理者进行管理和控制，信息管理者与信息用户一起依据管理决策的需求收集信息，并负责进行数据的组织与管理、信息的加工、传输等一系列信息系统的分析、设计与实现，同时在信息系统的正式运行过程中负责系统的运行与协调。

由此可见，信息用户是目标用户，信息系统的一切设计和实现都要围绕信息用户的需求而做；另一方面，信息管理者由于深谙信息系统的开发规律，则起到了一个明确需求、协调资源和分配资源的角色，显而易见，信息管理者的角色很重要。现在国外很多企业和组织设立了首席信息官(Chief Information Officer,CIO)一职，既反映了组织对信息资源的重视，也反映了组织的负责人开始重视信息系统的开发规律和运行规律。

2. 信息系统的层次结构

由于信息系统是为管理决策服务的，而管理是分层的，可以分为战略决策、战术管理和业务处理三层，因此，信息系统也可以从纵向相应分解为三层子系统。在组织内部纵向层次的划分一般按行政级别划分，因为不同级别要求的数据粒度是不一样的，例如高级主管信息系统(供副总或组织负责人使用)、中层办公信息系统(供部门经理、部门主管使用)和作业信息系统(供一般员工使用)。

另一方面，一般管理又是按职能分条进行的，因而在每个层次上又可横向地分为研究与开发子系统、生产与制造子系统、销售与市场子系统、财务子系统和人力资源子系统等。每个子系统都支持业务处理到高层战略决策的不同层次的管理需求，一般来说，业务处理层所处理的数据量很大、加工方法固定，而高层的战略决策数据处理量较小、加工方法灵活，但比较复杂，因此又可将信息系统看成图1.5所示的金字塔结构。在该图中，横向综合则是按三个层次划分子系统，纵向综合则是按具体的职能划分子系统。如果图中各小块做到了模块化，那么相邻的纵横综合则可以按照管理需求自由地搭接成新的子系统。

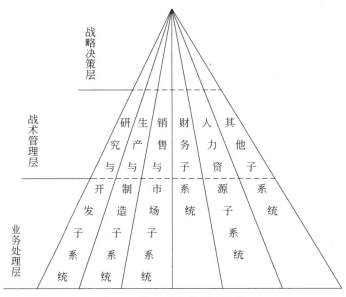

图 1.5　信息系统的层次结构

3. 信息系统的功能结构

从信息技术的角度来看,信息系统无非是信息的输入、处理和输出等功能。因此,信息系统的功能结构从技术上看可以表示为图1.6所示形式。所以,在开发信息系统时必须考虑这些具体功能的实现。有时还必须考虑细节,如信息的检索有指定检索和模糊检索;信息的统计有时要考虑按常规时间段如月、季统计,有时还要考虑按非常规时间段统计,如上月18日到本月18日的统计等;信息的存储既要考虑实时存储,又要考虑定期转存;信息的增加有时还要考虑让系统自动记录增加的时间点,以便对系统的操作进行追踪,等等。

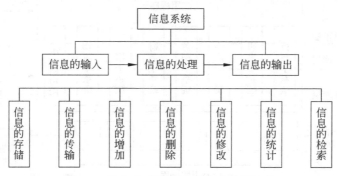

图 1.6　技术角度的信息系统的功能结构

从信息系统用户的角度来看,信息系统应该支持整个组织在不同层次上的各种功能。各种功能之间存在各种信息联系,构成一个有机的整体,构成了信息系统的业务功能结构。例如,一个企业的信息系统可以参考图1.7的结构。

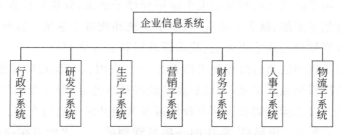

图 1.7　业务角度看信息系统的功能结构

通过从技术角度和业务角度分析信息系统的功能结构,我们应该知道,信息系统的实现不是一朝一夕的事情,必须经过长期的努力才能得以实现。因此,在信息系统的建设过程中必须首先进行总体规划,划分出子系统,规划出各子系统的功能及其相互之间的联系,然后再逐步予以实现。其中特别要重视子系统之间的联系。只有这样才能实现信息的共享,发挥信息是资源的重要作用。

4. 信息系统的软件结构

信息系统是通过计算机、网络和软件协同作用完成一定目标的系统,如果说计算机和网络设备是信息系统的躯干,那么,软件则是信息系统的血肉。软件在信息系统中的组织或联系,称为信息系统的软件结构。

信息系统开发与应用中使用到的软件有操作系统、数据库管理系统、程序设计语言、网络管理软件、项目管理软件、应用软件以及其他工具软件等。其中工具软件是保证信息系统正常或加速开发、正常或加强维护的手段,如辅助开发工具软件、版本管理软件和网络管理软件等。

对于图1.7中提到的企业信息系统,有图1.8所示的软件结构。在图1.8中,操作系统、通信与网络软件处于底层;数据库管理系统(Database Management System,DBMS)处于第二层,管理着信息系统的公用数据库和各子系统的专用数据库。

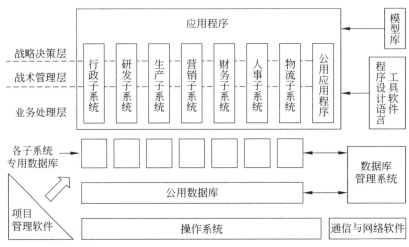

图 1.8　信息系统的软件结构

在数据库之上则是按照功能划分的七个应用程序子系统,分别是行政子系统、研发子系统、生产子系统、营销子系统、财务子系统、人事子系统和物流子系统。这些信息系统按照层次又可从纵向上分别划分为战略决策层、战术管理层和业务处理层。

这些应用子系统程序的执行过程中可以调用公用应用程序和相应的模型、方法。这些公用应用程序和公用模型独立出来,可以提高系统的开发速度,增强系统的可重用性和抗干扰性。应用程序的开发和运行需要程序设计语言及其他开发工具的支持。

在图1.8中的左下角三角形里,标注的是项目管理软件。之所以在这么一个重要的位置标注,是因为信息系统的开发也是一个项目的实施,一定要用项目管理思想来指导,最好能有相应的项目管理软件(如微软公司的项目管理软件 Microsoft Project)对信息系统开发的进度、质量和成本进行把关。

5. 信息系统的物理结构

信息系统的物理结构,有的教材又称为信息系统的硬件结构或信息系统的空间结构,是指系统的硬件、软件、数据等资源在空间上的分布情况,或者说避开信息系统各部分的实际工作和软件结构,只抽象地考察其硬件系统的拓扑结构。信息系统的物理结构一般有三种类型:集中式的、分布式的和分布-集中式的。

这三种结构是伴随着信息技术的发展而产生的。随着信息技术的发展,它们至今还在不断变化。例如早期的信息系统,由于计算机设备和通信设备所限,都采用集中式的系统。20 世纪 80 年代,由于微型计算机(简称"微机")和计算机网络系统的出现,加之当时微型计算机的功能又有限,故多采用由小型机或超级小型机所组成的分布-集中式系统。到 20 世纪 80 年代中后期,微型计算机的功能不断增强,高档微型计算机的功能甚至超过了以前的中小型机,另外加之分布式计算机系统和分布式数据库系统的出现,于是信息系统的结构又朝着分布式的方向发展,即以一台或几台高档微型计算机作为网络服务器,用总线结构的网络连接网络服务器和各个网络工作站(其他中低档微机)。

下面讨论这三种结构的优缺点。

1) 集中式

这种信息系统结构的优点是信息高度集中,便于管理;缺点是主机价格昂贵,维护困难,并且运行效率低,一旦出故障容易造成整个系统瘫痪。

2) 分布-集中式

这是由于系统内部有某些大而又复杂的处理过程,微机难于胜任,故采用由一台或几台小型/超小型计算机作为整个系统的主机和信息处理交换的中枢,外加若干微机和网络构成。它的优点是数据部分(需共享的部分)集中,便于管理,各个工作站间相互独立,独立处理各自的业务,必要时又是一个整体,可相互传递信息,共享数据;缺点是因有小型机在内,故价格相对较高,系统维护较困难。

3) 分布式

在三种结构中分布式结构是较好的一种,它把不同地点的计算机硬件、软件、数据等资源联系在一起,服务于一个共同的目标,实现不同地点的资源共享,是这种系统的一个主要特征。各地的计算机系统既可以在网络系统的统一管理下工作,又可以脱离网络环境利用本地资源独立工作。它价格最低,系统工作的安全可靠性相对较高,系统的开发和维护以及今后系统的扩充等都很容易。

一方面,现在的企业组织结构朝着扁平化、网络化方向发展,分布式系统已经成为信息系统结构的重要模式;另一方面,随着云基地和企业数据中心的建设,集中式系统也在发挥着重要的作用。信息系统必须适应以上发展趋势,可以根据需要,把分布式和集中式两种结构结合起来,即采用上述的分布-集中式结构。例如气象局,可以将天气运算部分交给小型机甚至是大型机处理,气象局的办公系统则可以是分布式的。

1.4.2　信息系统的作用

企业作为国民经济的细胞,其信息系统建设是实现整个国民经济信息化的基础。信息系统可以更多、更准确地获得制订计划的信息,可以更快速地制订计划,可以更有效地进行跨部门沟通和协作,可以对历史数据进行分析等。信息系统的作用从细处讲有很多,例如在生产领域可以优化流程、加强监管、降低成本、提高效益;在销售领域可以实现规模经济、范围经济和长尾经济等。从总体的角度上来说,信息系统的作用主要体现在下面三个方面。

1. 有助于企业适应数字经济时代的要求

中国政府发出了建设创新型国家的号召,大家都已经明显感觉到,如果说前几年人们是在"走近"数字经济时代的话,现在正在"走进"数字经济时代。数字经济时代要求以数据、信息为增值的主体和对象,要求数据和信息成为企业具有竞争力的核心要素,要求企业的所有员工都高度重视数据、信息的作用。这就迫使企业去建设信息系统,通过信息系统去挖掘、利用数据和信息并使之成为企业增值的主体。

2. 有助于企业适应经济全球化的需要

随着"命运共同体"理念得到越来越多人的认同,经济全球化不断走向深入。由于数据具有物理空间的穿透性,导致跨国生产和贸易比重越来越大,以后企业的竞争将不仅仅是一个企业与另一个企业的竞争,而是一个链条与另一个链条的竞争,一个联盟网络与另一个联盟网络之间的竞争。企业之间的关系呈现链条化、网络化、虚拟化,企业实现远程和移动实时管理既成为可能,也成为必须面对的课题。

所以,要想在全球化的经济竞争中立于不败之地,就必须快速地获得和处理各类数据、信息,就必须能有效地组合世界上所有可利用资源为我所用,组建虚拟企业或者形成供应链;而信息系统的建设恰恰为此提供了实现的基础。

3. 有助于企业适应日趋激烈的竞争需要

中国绝大多数产品正由短缺型经济向过剩型经济转变,由粗放式生产向集约式生产转变。特别是改革开放以来,经济全球化的浪潮开始席卷我国,在为人们带来诸多有利因素的同时,一个不可回避的事实是竞争日趋激烈化,甚至是白炽化了。为了缩短产品的设计周期,提高产品的成品率,提高企业对市场的快速反应能力,提高企业管理的效率和决策的正确性,实现企业的数字化转型,就必须借助于有效的信息技术手段,分别引入 CAD/CAM/CAPP(计算机辅助设计/计算机辅助制造/计算机辅助工艺)、ERP(企业资源计划)、BI(商务智能)、CRM(客户关系管理)、SCM(供应链管理)以及移动信息系统、大数据分析系统等,而这些都是企业需要建设或实施的信息系统类型。

所以可以这么讲,数字经济时代的要求、全球一体化的要求、竞争的压力是企业必须建设信息系统的主要原因。建设企业信息系统以后,企业可以从容面对这些压力和挑战,这也就是信息系统对企业的最大作用。

思 考 题

1. 信息管理与信息系统学科如何规定信息的定义?
2. 信息具有哪些特性? 这些特性对信息系统有哪些影响?
3. 系统具有哪些特性? 这些特性对信息系统有哪些影响?
4. 给出信息系统的描述性定义,说明其要点。
5. 信息系统学科有哪些相关的学术会议?
6. 信息系统具有哪些结构? 详细论述信息系统的功能结构和软件结构。
7. 信息系统有哪些作用? 企业为什么要建设信息系统?
8. 结合信息技术、信息管理和信息系统三个词,谈谈你对信息管理与信息系统学科的看法。
9. 上网或到图书馆查找资料,写一篇小论文,回顾并展望信息系统的未来发展方向。

第2章 信息系统的基本关系

信息系统与管理、决策的关系,与数据、人的关系,与计算机、软件的关系,与信息化、电子商务的关系等,都是规划和建设信息系统时必须要考虑的问题。所以本章就围绕这几个基本关系展开讨论。

2.1 信息系统与管理、决策的关系

2.1.1 信息系统为管理、决策服务

信息系统具有很强的目的性。管理和决策是信息系统的主要服务对象。

管理是应用适当的思想、理论和方法去合理组织资源(包括人、财、物、设备、技术和信息等)达到某种目标的过程。作为一种很好的方法和工具,信息系统在管理中得到了广泛采用。信息系统可以辅助作业从而提高生产率,改进作业流程从而提高市场响应速度,提供更多的信息从而提高客户满意度,总而言之,信息系统可以从各个方面为管理服务。

管理具有战略计划、战术管理和业务控制三个层次,还具有计划、组织、协调、指挥和控制五项职能。对应着管理的三个层次,有相应的信息系统做支持,分别是战略级信息系统、战术级信息系统和作业级信息系统。而在管理的五项职能中,哪一项也离不开信息的支持。信息系统提供的信息越准确、越及时,越有助于获得好的管理效果。

管理的一对基本范畴是区分效率和效果两个概念。**效率**是用正确的方法做事,以求得最大的增量;**效果**是指做正确的事情,以求得正的或有价值的效果。选择正确的方法和正确的事情的过程就是决策。要使决策正确,就必须确保有足够、准确、及时的信息。良好的信息系统能为管理者提供大量的决策信息。

管理科学的研究对于信息技术与管理的进一步结合也起到了推动作用。管理科学主张用定量化的方法,通过数学模型和程序来实现组织的目标。从信息系统产生的影响来看,管理科学提出的数量化方法占有极其重要的地位。运筹学、统计学、计量经济学、管理会计等学科领域中提出的模型,都可以在信息系统中得到实现。而且,许多以数理方法为主的应用学科虽然很早就产生了成熟的理论,但在计算机出现之前,用人工处理实际上不可能处理大量的数据和进行快速的计算。因此,一直没有发挥它们应有的作用。当计算机出现后,出现了很多商品化的管理软件包,使这些管理理论有了更为广阔的应用前景。

另一方面,随着信息技术应用的深入,信息系统已不仅仅满足于为管理者提供信息,而且向上发展,辅助管理的决策。要支持决策就要有分析能力和模型能力,决策支持系统(Decision Support System,DSS)就是利用计算机进行分析和建模对管理决策进行支持的系统。用户可以针对管理决策的问题,建立一个模型以考查一些变量的变化对决策结果的影响。

现在 DSS 有了新的发展,主要有群体决策支持系统(Group Decision Support System,

GDSS)和智能决策支持系统(Intelligent Decision Support System,IDSS)等。不过,随着决策支持系统的研究深入,学者们发现,决策支持系统难的不是系统的实现,而是对决策过程的理解。所以作为信息系统之一的决策支持系统的进一步发展对决策理论的研究提出了新的要求。

2.1.2 信息系统需要管理理论的支持和实践的配合

1. 信息系统需要管理理论做指导

信息系统作为一门交叉学科,它是管理科学、信息技术和系统科学的一个混合体。当管理科学和信息技术相互独立时,它们解决的是各自领域中的问题:管理科学探讨的是种种管理的方法,是对财务、组织、人事、后勤等活动流程的描述方法和管理方法。信息技术探讨的是信息处理的结构、算法、数据库、网络等。当它们没有有机地结合起来时,组织的管理可以不用信息技术的支持,而信息技术也可以不用在管理方面,这时它们的关系是分离的。

但是,当人们用系统科学的观点,将管理科学和信息技术有机地结合起来以后,就产生了信息管理与信息系统这一新的学科。信息系统将管理科学中的管理模型、运筹学、组织行为学和信息科学中的计算机软件、硬件技术及数据分析技术等紧密地结合起来,从而使信息系统中的信息流更好地表征组织中的物质流和资金流。显然,管理和决策理论为组织的信息管理、信息系统的开发设计以及信息系统的应用提供了理论上的指导。例如组织在不同的发展阶段,在不同的战略阶段,在信息化成熟度的不同阶段对于信息系统的建设有什么具体要求,这些要求就会对信息系统的开发与应用提供前提或限制条件。

从1998年起,我国已经将管理学作为一个学位授予的学科门类独立出来,其中信息管理与信息系统是管理学门类下管理科学与工程学科下的二级学科,显然,**信息系统理论和规律**已经成为管理科学与工程学科的重要研究内容。信息系统的规划与实现必须遵照信息系统理论和规律办事,否则不按规律办事,不用理论指导实际,就会大大增加失败的概率。

另外,信息系统的开发本身构成一个项目,是在一定时期一定经费前提下,组织各种资源实现某种目标的过程。因而如何正确处理各类人员(如信息系统的开发人员与用户)之间的关系,使得信息系统开发工作能够按时、保质、在经费许可的范围内完成,则是**项目管理**的重要内容。实际上项目管理也是一项系统工程,它要负责协调各类开发人员和各级用户之间的关系,负责做好文档的管理工作,负责控制系统的开发进度,负责项目的经费开支和经费控制等。因此,需要有一个强有力的项目管理组承担这些任务。显然,信息系统项目组在执行项目的过程中必须要受项目管理的理论和规律做指导。同时,信息系统项目还有许多特殊性,如人员的管理和成果的评价等,都与普通项目有很大的不同。因此,还要加强信息系统项目管理理论的研究,以便更好地指导信息系统的规划与实现。

2. 信息系统的规划和实现需要组织的管理、实践相配合

组织(例如企业)可以看作是一个社会—技术系统。美国学者理维特①提出的组织模型

---

① H. J. Leavitt. Applying Organization Change in Industry, Structural: Technology and Humanistic Approaches, Handbook of Organizations. Rand McNally,Chicago,1965.

如图 2.1 所示。在该模型中,组织可以用人、结构、技术和任务四个变量来描述。它们之间有强烈的依存关系。例如,当引进一项新技术时,对于组织中的人员将产生影响,可能会因此而削减人员,也可能需要新的技术人员来掌握新技术。新的技术使得组织中可以完成的任务大大增加,因此它也会对组织现行的组织结构发生影响。

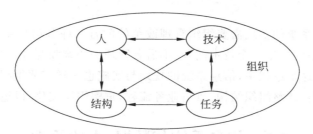

图 2.1　理维特提出的组织模型

从社会-技术系统的观点来看,信息系统和企业的组织结构之间是相互影响的,引进信息系统将导致新的组织结构的产生,而现存的组织结构又对信息系统的设计、引进的成功与否等产生重要的影响。因此,在规划和实施信息系统时,有必要从以下方面考虑影响组织运作的重要因素:①组织的战略和目标;②组织结构;③组织的业务流程;④组织文化;⑤组织环境。组织要想实现自己的目标,就必须适应组织所在的环境。因此,其自身应是一个具有不断学习能力的组织,它需要在适应环境的过程中不断成长。

迄今为止,最成熟、最有影响的管理组织形式就是金字塔式、自上而下、递阶控制的**科层组织结构**。位于组织高层的领导靠下达命令指挥工作,他们主要从中层领导那得到关于组织运作情况的信息,却难以得到迅速及时的基层信息。它的创立与发展不仅与素质较低的人员和平稳的管理环境相对应,而且也是受信息技术不发达制约的无奈选择。严格的等级体系、明确的责权统一和完备的规章制度保证了用人工方法进行信息的采集、加工和传输的效果及效率。庞大的中间管理层的存在正是为起到"上通下达"信息的作用。

科层组织结构的最大优点是效率很高,它的弊端在于对外界环境变化的响应迟缓以及压抑组织成员自身的全面发展。因为社会经济环境总是不断变化,人必然要追求实现其高层次需要,所以,对科层组织结构的革新不可避免,而信息技术的发展为之提供了强有力的支持。当信息系统建立以后,高层领导可以方便地得到详尽的基层信息,同时许多信息获取工作可以不必请人代劳。因此,对中层及基层的管理人员的需求会减少,而高层领导的管理幅度将扩大,从而使得整个组织结构层次减少,越来越扁平化。一般来说,信息系统对组织管理有如下影响。

(1) 管理幅度增宽。信息系统使管理者和其下属可以随时了解对方的状态和意图,而且仅占用很少的精力和时间,所以一个管理者能指导更多的下属人员,增宽管理幅度。

(2) 中间管理层的缩减。中间管理层主要是信息通信技术落后的产物,它的存在既减缓了信息传递的速度,又易造成信息严重失真。信息系统将加强操作执行层与高层决策的直接沟通,从而逐步缩减中间管理层,当然,由于高层管理幅度有限,适当的中层还是需要的。

(3) 激励人的全面发展。信息系统的应用既对劳动者的知识和技能提出了更高的要求,又节约了劳动者的精力与时间。前者成为劳动者不断学习与培训的直接动力,而后者则提供了人全面发展的可能与机会。

(4) 创建扁平化的组织形式。在扁平化组织中,成员以平等、信任与合作作为基础共同劳动,一方面实现组织目标,另一方面寻求自身的发展,扁平化组织将尽可能地克服科层组织结构的缺陷。

总而言之,信息系统的实现需要组织管理改革的配合。许多信息系统失败的原因就是组织领导认为信息系统只是一个技术问题,不需要管理的协调和配合。当下,许多企业正在推进数字化转型,在这个过程中,信息系统的规划与实施也一样需要组织管理者根据新的数字化转型目标或战略,调整组织结构,重组业务流程,重塑组织文化,以适应新的组织环境。

2.2 信息系统与数据、人的关系

2.2.1 信息系统与数据的关系

信息系统的基本功能是为组织的经营管理和决策提供信息和信息处理能力的支持。信息系统的基本任务是进行数据处理。信息系统输入数据、加工数据,然后输出用户需要的数据。因此,数据既是信息系统存在的依据,又是信息系统的主导。信息系统与数据的关系如图 2.2 所示。

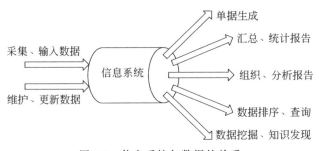

图 2.2　信息系统与数据的关系

另一方面,数据是否能得到更好的处理则依赖于信息系统采用技术的水平。现在的信息系统能够存储包括文档、图像、声音、视频、流媒体等不同类型的信息,这些信息可称为广义的数据。获取、存储、管理、分析这些数据的过程通常称为数据管理。

从信息系统所采用技术的角度看,数据管理经历了如下七个阶段。

第一阶段(前 4000—1900 年),数据由人工处理。

第二阶段(1901—1955 年),应用打孔卡设备和电子机械型机器将成百万的记录整理和制表。

第三阶段(1956—1965 年),数据存储在磁带上,然后使用存储程序型计算机来批处理顺序文件。

第四阶段(1966—1980 年),引入了具有数据库轮廓的概念以及数据的在线导航访问。

第五阶段(1981—1995 年),是关系数据库的自动访问以及分布式和客户机/服务器处理的加入。

第六个阶段(1997—2010年),通过采用多媒体和互联网技术,信息系统可存储更加丰富的数据类型,如文档、图像、声音、视频数据和网络日志等。

第七个阶段(2011年至今),随着处理的数据体量(Volume)巨大、数据类型(Variety)繁多、数据价值(Value)密度低(以视频为例,连续不间断监控过程中,可能有用的数据仅仅有一两秒)、处理速度(Velocity)快,数据管理早已进入大数据(Big Data)时代,又称DT(Data Technology,数据科技)时代,或称数字经济时代,业界将其时代特征归纳为四个V。

从上述七个阶段也可看出,信息系统的发展由人基信息系统向人机信息系统、人机信息系统向网基信息系统转变,并且不断探索并采用新的信息技术,目的都是为了更加高效、快速和准确地处理数据。

信息系统按其服务的层次可以分为作业级信息系统、战术级信息系统和战略级信息系统。这三种信息系统的数据特性有很大不一样,如表2.1所示。

表 2.1   三种层次信息系统的数据特征比较

数 据 特 征	作 业 级	战 术 级	战 略 级
数据来源	内部	内部和外部	主要为外部
数据结构	高度结构化	结构化和半结构化	主要为非结构化
数据发生频率	经常、反复	经常	偶尔
数据精确性	精确	一般	允许有一定误差
数据详细程度	详细	概括	高度概括
数据客观性	客观	有某些主观数据	高度主观性数据
结果可靠性	期望的结果	可能有意外	经常出现意外
数据的针对时间	过去的数据	现在的数据	未来的数据
数据的寿命	短	较长	长
数据的加工方法	规范、固定	不太固定	灵活性很强
数据的典型用户	底层操作人员	中层管理人员	高层管理人员
数据支持的决策	面向任务	面向控制及资源分配	面向组织目标

从表2.1中可以发现,作业级信息系统的数据全部来源于组织内部,非常详细和精确,并且高度结构化,可以用一定的数据结构或数据模型将这些数据表示出来。系统一般描述的是组织过去的业务活动,对于管理者和组织的其他用户来讲,输出的数据一般不包含任何异常内容,基本上是预期的结果。数据的加工方法也比较固定和规范。

战术级信息系统的数据则不仅来源于组织内部,也有外部信息的输入,数据通常是概括的,管理者一般并不要求了解业务的细节。战术级的数据是结构化和半结构化的,输入的数据有一部分是主观数据,输出的结果可能有意外,数据的寿命较长。系统不但通过汇总报表和异常报表描述组织的经营活动,还具有可比性,能将不同时期的数据或与预期数据进行比较,数据的典型用户是中层管理人员。

战略级信息系统的用户主要是高层管理人员,数据主要来源于组织外部,数据一般都是高度概括的,并且允许有一定误差。战略级的数据主要为非结构化数据,一般不能用规范的数据结构来描述。输入的数据主要是经营者的经验数据,输出的结果主要是为了预测组织的发展,不过结果经常出现意外。

显然,三个层次信息系统的数据特征有较大差别,这就告诫人们在规划和实施信息系统时,必须认真分析信息系统与数据的关系,必须重视信息系统中的数据规划。以往组织一提到建设信息系统,就想到要建立组织的硬件平台和软件平台,想到要采购计算机、网络等设备以及各种套装应用软件,然而对于组织的数据平台的构建却不是很重视,或者不知从何处下手。所谓组织的**数据平台**,是指根据组织的目标对组织的业务进行战略规划,从中析取和归纳出组织的基本数据模型,这些数据模型通过数据库等数据处理技术互相建立联系,在这些数据模型的基础上,经过信息系统的处理和变换就可得出大部分的组织所需数据,那么这些数据模型及它们之间的联系即为组织的数据平台。

在一个组织中,它的总目标一旦确定,围绕着实现这个总目标的数据类也就基本确定,即数据实体的类型是不变的,除了偶尔少量地增加几个新的实体外,变化的只是这些实体的属性值。例如,工厂的系统目标是生产适销对路的产品,围绕这个目标的数据类可以有产品、材料、零部件、职工和单价等;学校的目标是培养人才,相应的数据类可以有学生、课程、教师、教室和成绩等。只要组织的目标声明不变,这些数据实体的类型是很少发生变化的。这样可以用一种方法来表达这些数据实体的逻辑结构,即建立稳定的数据模型。这种模型是组织所固有的,问题是如何把它们提取出来、设计出来。它是信息系统开发坚实的基础。

虽然数据模型是相对稳定的,但是这些数据实体的属性值和对这些属性值的处理却是经常发生变化的。随着业务活动的开展,实体属性值每时每刻都在发生变化,对数据处理的需求也是在不断变化。这就要求所开发出的信息系统能够允许开发人员和广大的用户能够改变处理过程。只有建立了稳定的数据模型,才能使行政管理上或业务处理上的变化能被信息系统所适应。这正是面向数据做好数据规划、建好数据平台所具有的灵活性。

2.2.2 信息系统与人的关系

1. 信息系统应与人在职能上有一定的分工

信息系统首先是一个信息技术工具与人的混合系统,或者说是**人机交互系统**。这里的信息技术工具包括计算机、网络等信息设备和数据库等软件;这里的人机交互系统则包含两层意思:一层意思是从信息系统的规划、分析、设计、实现、运行与维护上说,信息系统需要人的参加;另一层意思是说,作为人机交互系统,**信息系统应与人在职能上有一定的分工**。对于前者,大多数人都有共识,而对于后者,能认真体会的并不多。

在组织里有不少人认为计算机什么都能做,一切交给计算机办,这种观点显然是错误的。计算机对于大量且重复性的问题能做快速的计算和查询,因而高频发生的问题应交给信息系统去做,偶发的问题如组织的最终决策最好由人去处理。总而言之,在进行信息系统规划时,应从信息技术的快速计算、海量存储和人的创造性、灵活性两方面出发,发挥各自的优势,做到合理安排,节约信息系统的总投资,提高信息系统的性价比。

2. 信息系统建设的人才结构和岗位设置

信息系统建设的人才结构可以分为三个层次。

第一类人员是总体规划和管理者,包括组织的领导者、系统分析员、待开发信息系统的项目经理,他们素质的高低会直接影响整个信息系统的建设水平,他们最重要的工作是决定信息系统建设的总体方案和实施的先后缓急。

第二类人员是实施开发者,主要应由网络工程师、硬件工程师、软件工程师、各级程序员以及用户单位的业务分析人员组成,其中的业务分析人员由用户单位选派,可以是部门经理,也可以是组织各业务口的技术骨干。当然,业务分析人员最好是各部门的后备干部,这是因为,一方面,他们一般都是业务骨干;另一方面,他们目前还没有担任现职,相对现职干部来讲,投入在信息系统上的时间和精力可以充沛一些,更重要的是,他们是未来的领导,对新系统的熟悉有助于日后的推广和应用。他们的主要工作是细致分析组织对信息的需求,开发出适应这些需求的人机交互系统。

第三类人员是应用操作者和维护人员,包括组织的领导和员工、组织的客户或用户,以及数据库管理员和系统管理员和网络管理员等,他们的主要工作是维护系统的正常运行并使用该信息系统辅助组织的生产运作。

信息系统的引入会对其用户及用户单位的组织结构产生影响。对于用户而言,主要是认识到信息作为组织一种竞争资源的重要性,并且通过信息系统的导入,使他们的计算机、互联网等信息技术使用能力有一个较大的提高。

在信息系统发展到一定阶段,组织一般都会设立类似信息中心的信息管理部门,并将之定位为组织的一个重要部门:一个集管理和技术于一体的部门,它拥有一定的、必要的管理权限,来管理和协调组织的信息资源和信息技术资源。除了设置信息管理机构外,还需要一位既懂技术又懂管理的权威人士来领导组织的信息化建设,那就是首席信息官(Chief Information Officer,CIO)。CIO 是对组织的信息技术和信息系统的所有方面负责的高级执行官,他们善于从多角度、多侧面、综合地看问题,能从商业战略角度安排技术设备,使用信息技术和信息系统来支持组织战略的实现,从而帮助组织在激烈的市场竞争中站稳脚跟。

由于信息的重要性和广泛存在性,对信息的管理必将涉及组织的每一角落,并延伸到组织外部。因此,CIO 一般由副总经理兼任,属于高层管理团队的一员。在国外,CIO 的设置是非常成功的,也非常普及。在我国,不少 CIO 的地位比其应有的要低,组织对 CIO 的了解和认识不足,中国目前 CIO 的总体素质离真正的 CIO 还有一段较大距离。随着我国信息化的推进,我国各级组织应认识到 CIO 的重要性,力图通过设置这一职位,并建立起 CIO 机制,从组织上保证信息管理工作的地位,从根本上改善信息资源的管理。

3. 信息系统建设需要队伍的配合和稳定

如果说信息系统项目是一个平面,那么领导者、技术开发人员、业务分析人员是支持和决定这个平面的三个点。这三个点不但缺一不可,而且必须保持相对稳定。

首先,信息系统项目领导必须重视,最好能自始至终参与。成功的案例实践表明,只要领导重视,认准方向,积极支持,在遇到困难和挫折时能给予帮助和鼓励、协调方方面面的关系,将资金一一落实,信息系统的开发与应用就能不断推进。

其次,开发员与业务员必须经常互相沟通、交流,使开发员的技术用语与用户的业务术语在项目含义上基本一致。信息系统建设涉及硬件、软件、产品设计、工艺、生产管理等方方面面的问题,因此开发人员必须与各类业务人员(如市场营销人员、产品研发人员、生产一线人员和经营管理人员)密切地结合起来,才能保证所开发的系统能够满足市场、研发、生产和管理工作的需要。关于开发员与业务员的沟通问题,可能失败的教训比成功的经验多得多,或者说很难有组织不在这上面碰钉子。主要原因之一是开发方案不可能写得详细到业务中的每个操作和细节;二是开发员的技术术语与用户的业务术语所表达的含义很难完全一致,解决的办法是将开发员与业务员在某种程度上沟通起来,或在项目开发组里吸收几个业务骨干参与开发,或在项目开发的每一"里程碑"完成后邀请业务人员提出修改意见,或是在项目开发过程中不断征询业务人员意见。开发员与业务员的沟通一方面能使开发员真正熟悉用户,而业务员也能在开发过程中得到培训,并对下一步要实施的信息系统建设方案更加清楚。

最后,领导队伍、开发队伍、用户队伍最好能在项目实施期内保持相对稳定。队伍的稳定性也是信息系统项目成功与否的一个重要影响因素。然而,领导是有可能更换的,要确保更换领导的情况下项目能照常推进,那就要靠企业的制度和战略规划来保证。

除领导的稳定外,开发员和业务员的基本稳定也非常关键。由于信息系统的设计带有很多个人风格,特别是软件编程,一个人写的代码可能换一个人就要很长时间才能弄清、领会,而读不懂的很可能推倒重来;另一方面,不同的业务员提的问题、细节往往也不一致,更换前的业务员要这样做,更换后的业务员要那样做,导致开发人员不知所措,因为业务员认为很简单的一个改动,对开发人员来讲可能就是几天的工作量。当然,队伍的稳定是相对的,为了增强人员之间的互换性,人们也想出了很多办法,例如建立规范的文档制度。

4. 强化信息系统对各级人员和组织的贡献

从信息系统的实践来看,一般都是在经营情况非常好或非常差这两种极端状态下企业才会积极建设信息系统,有的学者美其名曰"锦上添花"和"雪中送炭"。

这是因为,在许多企业,由于企业的高层管理层大多实行聘任制,他们更多地关心自己任期内的事,因而对信息系统这类周期相对较长、投资较多、见效较慢的项目不是很积极;另外,由于信息系统项目成功率比例较低(不足50%)以及信息悖论[①]的影响,他们心存疑虑,所以对信息系统建设不是很热心;另一方面,这与中层领导的消极或抵制也有关系。由于信息系统的采用能提高业务操作过程的规范和透明性,适当地精简机构,所以部门领导出于对本部门利益甚至个人利益的考虑,总是千方百计找借口抵制系统的开发和使用。

因而,在企业的常态下,他们没有很强的动力采用信息系统对现状进行改变以提高竞争力,而在经营情况非常好时,企业处于高速成长期,意味着将会有更多的资金和更多的位子,

---

① 信息悖论是指随着时间的延伸,越来越多的钱投向能传递信息的技术中,但无论是信息还是信息技术的采用都没有很明显地带来商业利益。有兴趣的读者可以阅读约翰·索普等加拿大学者的《信息悖论:信息技术的商业利益》(东北财经大学出版社,1999)一书。

所以愿意投资建设信息系统,在企业经营情况非常糟的时候,又希望企业能通过信息系统的建设起死回生。"锦上添花"和"雪中送炭"固然好听,但由于这两个时期由于企业或扩张或收缩,业务变动较大,信息需求变动也较大,导致信息系统的规划和实现的难度增大。因此,信息系统最好是在企业常态下以平常心按照信息系统的规律来建设。

为了使企业能在常态下建设信息系统,需要信息系统在两个方面强化组织各级管理者尤其是高层管理者的观念:一是信息系统对管理者个人的贡献,二是信息系统对组织的贡献。对管理者个人贡献是指信息系统的采用必须考虑如何提高管理者的办公效率,同时必须考虑如何满足管理者的权威感、名誉感和优越感;对组织的贡献是指信息系统的采用必须考虑如何提高组织的竞争力,或者有助于组织拓展新的成长空间,从而使管理者对信息系统在组织常态下的建设持积极肯定和坚决支持的态度。

2.3 信息系统与计算机、软件的关系

2.3.1 信息系统与计算机的关系

计算机和网络等设备既构成信息系统的物质载体,又成为信息获取、处理、传输和应用的工具。计算机和网络的发展,例如输入输出设备的多样性,带动了信息系统功能的丰富性和结构的多样性。

1. 计算机的类型

人们通常根据存储器的大小、一次能够处理的数据数量、能同时处理的任务及能连接的用户数量等要素规模将计算机分为巨型机、大型机、小型机和微型机。其中,巨型机通常用来进行高速的科学和工程计算。目前常见的信息系统主要是由微机和基于微处理器的服务器组成,但小型机和大型机在信息系统中也得到了广泛的应用。高性能的微型计算机可以作为局域网的服务器使用。

大型机又称为主机(Main Frame),具有很强的信息处理能力。大型机具有强有力的传输数据和处理数据的能力,可连接数千乃至数万个终端同时工作。大型计算机可以进行联机计算,也可以进行批处理计算。在云基地以及其他一些大型企业的数据中心,一般都需要采用大型机做后台服务处理。

一般小型机(Minicomputer)上的操作系统多为专用系统,小型机常采用多CPU(中央处理器)结构,所以处理功能较强。小型机还可以同时连接多个局域网,用途主要是用作网络服务器。网络上的资源集中存储在服务器上,由各个工作站计算机共享。由于这种方案很适合于大流量的数据处理,对商业应用比较适合。

微型计算机又称为个人计算机(Personal Computer,PC)。从业务角度,微型计算机可分为商用机、工控机和多媒体机;从形状上主要有台式机和便携机两类。多媒体计算机在教育、培训、会议等信息系统中大量使用。随着企业生产领域信息化的深入和传感器等信息获取技术的发展,工控机也在信息系统中占据了更重要的地位。

2. 计算机选型的原则

计算机选型是建设信息系统时的一个关键的问题。一般地,在信息系统建设中计算机设备的投资仍然是最大的,各种计算机不仅价格、配置、功能、外观等有许多不同,而且直接关系所连接的网络、配置的操作系统以及所采用的应用软件等。而且计算机设备一旦购入,就要在一个较长时期中使用下去。因而在计算机选型时必须要进行充分论证,应当在一些基本原则的指导下,与专家或咨询公司讨论,如有可能应进行投票或定量分析,做出比较合理的计算机选型方案。计算机选型的基本原则有如下三点。

(1)选择性价比高的计算机。考虑到计算机行业发展的速度较快,性能价格比在快速提高的情况,应根据自己组织的需要和预算,选择具有较高性价比的计算机。

(2)选择与组织业务和其他设备相适应的计算机,以提高计算机的运用效率和效益。应当从业务需要出发选择软件,从软件的需要选择机器。不同的业务需求需要不同的计算机,例如需要大量输入的工位应选择台式机,如果一天 24 小时只需录入或查询的工位则可采用配置较低的台式机;与生产设备相邻或环境恶劣的地方应采用工控机;外出较多的工位选用便携机;而在商场信息系统中可根据商场的管理要求选定具有条形码扫描和微信支付、支付宝支付等功能的计算机,等等。现在的计算机系统一般都与网络紧密相关,所以还要和网络设备联系起来考虑,而网络设备又与组织结构、工作流程、环境等有紧密的关系,所以必须统一考虑。例如能否实现与当前组织中现有计算机的互连,能否进一步发挥已有设备如打印机、绘图仪的价值,能否与行业计算机网络相连等。

(3)尽量选择主流厂商的计算机。因为这类计算机很容易找到合适的支持和技术服务,从而减少系统的维护成本。

3. 计算机选型的方法

常用的计算机选型的方法有通过征集计算机方案选择、通过招标选择、通过基准程序测试决定等。目前常用的方法是通过征集方案选择。这种方法首先选择一些计算机厂商或系统集成商作为候选厂商,向他们提交本组织的需求说明书,然后对各厂商的方案进行综合评价,选出少数方案,最后经过谈判决定。下面列出了一些在计算机选型时需要考虑的要点。

(1)对于本单位提供的特定要求,系统服务商提出的系统结构是否合理。

(2)采用的操作系统和应用软件性能。

(3)数据库性能,包括数据库容量、分布性、安全性、并发操作性能和响应时间等,与其他软件的连接性能等。

(4)网络的特点,网络设备的类型、通信速率、连接方式、所用协议,与外界网络连接的可能性。

(5)主机(或服务器)的性能及特点,包括 CPU、内存、高速缓存和联网能力等。

(6)售后服务,包括系统升级的服务,相关软件升级的服务,人员培训及技术指导等。

(7)价格和交货时间。

最后,由于信息系统是人机交互系统,运行过程中需要人的参与,所以选用计算机系统时要尽量采用符合人机工程学思想的设备。人机工程学是使计算机适合于工作人员,增加工作人员的舒适度。应用人机工程学的目的是很明显的,例如减少损害职员健康的因素、提高工作效率和提高职员的士气等。例如为工人提供能调整的桌子、椅子以减少或消除背部、手腕和颈部的疲劳;把键盘放在合适的高度,使用设计良好的键盘,为腕部提供缓冲会减少伤害;提供一个高分辨率的、大的计算机屏幕有利于舒缓眼睛疲劳,提高职员的工作效率。

在以人为本的时代,评价计算机设备是否符合人机工程学的思想是购买设备的一个重要步骤,也应成为计算机系统选型的重要依据。

2.3.2 信息系统与软件的关系

软件是计算机程序加上该程序的各种文档。信息系统开发过程中需要系统软件的支持,开发完毕形成一套适应需求的应用程序和文档,也即人们通常所说的应用软件。所以,信息系统与软件有两个基本的关系:**信息系统的开发需要软件的支持,信息系统的核心是软件。**

1. 软件的种类

按照不同的原则和标准,可将软件划分为不同的种类。一般从应用的角度出发,将软件划分为系统软件和应用软件两大类,分别介绍如下。

1) 系统软件

系统软件是指对整个计算机系统进行管理、调度、监控、维护的软件,即为其他程序提供服务的程序集合。主要包括以下几种。

(1) 操作系统。操作系统是管理和控制计算机系统的各种资源,合理地组织计算机的工作流程,以提高计算机系统的工作效率,方便用户使用计算机的一组程序的集合。操作系统是用户与计算机的接口,用户可通过操作系统提供的各种命令使用计算机。

(2) 网络通信管理软件。网络通信管理软件是用于网络中的通信管理,控制信息的传送和接收的软件。它是计算机操作系统的延伸,它使计算机系统能控制不同的通信设备,使计算机能够与远离 CPU 的外设(如显示设备等)通信。通信软件的功能:与远程终端通信;监视通信设备和线路;管理通信线路上的信息传输;监控和分析信息流量;诊断通信中出现的问题。现在许多个人计算机操作系统都已经包含通信软件,作为标准程序包。

(3) 数据库管理系统。它是操纵和管理数据库的工具。

(4) 语言处理程序。语言处理程序主要是指各种高级程序设计语言的解释程序和编译程序。它们统称为翻译程序,其功能是把用高级程序设计语言编写的源程序"翻译"成计算机可直接执行的目标程序。

(5) 服务性程序。它包括用户程序的装入程序、连接程序、编辑程序和故障诊断程序等。

2) 应用软件

应用软件完成特定的数据或文本的处理功能,可以分为通用功能的软件(通用软件)、面向特殊功能的软件和面向特殊行业的软件。一般包含以下两类。

(1) 工具软件。它是为了方便用户使用而提供的软件工具,如 CASE 工具、文字处理软件、图形处理软件、杀毒软件和压缩工具软件等。其中,CASE 是 Computer Aided Software

Engineering 的缩写，表示计算机辅助软件工程。它可以帮助应用开发人员更快、更好地完成软件开发任务，随着 CASE 工具的发展，还能辅助开发者进行信息系统的规划、分析、设计和测试。

（2）实用程序。它是指为用户特定需要而开发的程序，如订票系统、图书情报检索系统、学籍管理系统、辅助教学软件、会计软件、财务分析软件、销售软件、人事管理软件或生产管理软件等，这一类程序加上文档就成为了信息系统的核心，即人们通常所说的应用软件。

一方面，企业业务流程和领域要保证一定的稳定性，企业在建设信息系统时，会购买面向特殊功能或面向特殊行业的套装应用软件；另一方面，企业又要适应外部环境的变化，使业务流程具有一定的柔性，因而要根据企业实际需要不断进行适应性开发。

前面讲到，信息系统的建设是一个项目过程，既然是项目，就需要提高开发效率以降低成本。为了获得支持信息系统的软件，主要的途径是向软件分销商直接采购，另一种廉价的来源是从互联网上下载共享软件和免费软件。

共享软件是相对便宜的软件（如手机应用市场中可以下载的各种 App 应用软件），由个人或"小作坊"开发，通常通过因特网在有信誉的系统上发布，即可以通过因特网免费下载。不过，如果试用后喜欢这个软件并想继续使用，一般需要支付少量费用给软件开发商。除了支持信息系统的有关软件外，其实在开发应用程序的过程中，还可以到互联网上搜寻有关的组件源程序或实现某个功能的源程序，以提高开发的效率。如果有技术问题，也可以到程序员汇聚的网络论坛上请求帮助。

2. 用软件工程理论指导信息系统的开发

信息系统的核心是软件，就要求人们在信息系统的开发过程中既要遵守信息系统的开发规律，又要参考**软件工程**[①]的七条基本原理。

（1）用分阶段的生命期计划严格管理。

（2）坚持进行阶段评审。

（3）实行严格的产品控制。

（4）采用现代程序设计技术。

（5）结果应能清楚地审查。

（6）开发小组的人员应该少而精。

（7）承认不断改进软件工程实践的必要性。

在参照上述软件工程基本原理的基础上，可以用软件工程理论指导应用软件的开发，努力提高信息系统中应用软件的各项性能指标并使之能很好地满足用户需求，确保软件的质量，提高开发的效率。

---

① 所谓软件工程，是指用工程、科学和数学的原则与方法研制、维护计算机软件的有关技术及管理方法，由方法、工具和过程三部分组成。软件工程的目标是在给定成本、进度的前提下，开发出可修改性、有效性、可靠性、可理解性、可维护性、可重用性、可适应性、可移植性、可追踪性和可互操作性等性能指标满足用户需求的软件产品。软件工程的七条基本原理是著名的软件工程专家 B. M. Boehm 在 1983 年提出的，有广泛的影响。

2.4 信息系统与信息化、电子商务的关系

2.4.1 信息系统与信息化的关系

随着云计算、大数据和区块链等颠覆性信息技术的广泛渗透,信息化的应用不断走向深入。当前,世界正处于"百年未有之变局",各级组织如何抓住数字经济时代的机遇,实现民族复兴的中国梦,是当下信息化的重点。正所谓,数字化,刃之锋。信息绵绵,世界一网共。各业信息化,静默也称雄。

信息化相对于信息系统来讲要显得更为宏观一些。推进信息化,就要考虑规划信息基础设施的建设与运作,加强新兴信息技术的推广与应用,提升信息产业的规模与质量,重视数字资源的开发与利用,扩大数据分析的规模与作用。而建设信息系统,就要考虑如何进行总体规划、如何设计、采用何种开发方法、何种开发工具、何种数据库和何种网络结构等问题。显然,信息系统涉及的主要是具体实施的问题。

信息化可以从两种词性上给出解释:首先是个动词,例如"国民经济(要)信息化",是指国民经济由工业经济向数字经济的演进,或者说是信息和知识在国民经济的价值构成中所占比重越来越大的一个过程;其次,信息化还可以作为名词使用,表示一种状态,例如"(实现)国民经济信息化"是指达到信息和知识在国民经济的价值构成中所占比重很大的状态,或者说达到数字经济已经成为国民经济主体的状态。

信息系统显然是个名词。建设信息系统的目的是采用信息技术为组织运作、管理和决策服务,为国民经济向数字经济转型服务。因而信息系统相对于信息化来讲,是实现的工具和具体手段,而作为名词的信息化则是信息系统的建设目的之一。当然,由上述定义可以看出,信息化更重视数据和知识成为价值构成的主体,而信息系统的建设更多地强调为组织运作、管理和决策服务。

一般来讲,信息化包含五个层次:产品信息化、企业信息化、产业信息化、国民经济信息化和国家信息化。

(1) 产品信息化。产品信息化是信息化的原点,也是信息化基础的基础。产品信息化包含两层意思:一是产品所含各类信息比重日益增大,物质比重日益降低,产品日益由物质产品的特征向信息产品的特征迈进;另一个含义是越来越多的产品中嵌入智能芯片,使产品具有越来越强的信息处理功能(如边缘计算能力),如可联网的智能微波炉、智能化洗衣机等。

(2) 企业信息化。企业信息化是信息化特别是国民经济信息化的基础。企业信息化是指企业在产品的设计、开发、生产、销售、决策等多个环节上广泛利用信息技术,装备数字化设备,大力培养数字化人才,完善信息服务,加速建设企业信息系统的过程。

(3) 产业信息化。产业信息化是指农业、工业、服务业等传统产业广泛利用信息技术,大力开发和利用数据资源,建立各种类型的行业信息数据库和网络,从而实现产业内各种资源、要素的优化与重组,促进产业结构进一步合理化,并向更高级的产业结构迈进,从而实现产业的升级。

（4）国民经济信息化。国民经济信息化是指在经济大系统内实现统一的信息大流动，使金融、贸易、投资、计划、通关等组成一个信息大系统，使生产、流通、分配、消费等经济的四个环节通过信息进一步联成一个整体。

（5）国家信息化。国家信息化是指包括经济在内的科技、教育、军事、政务、人们日常生活等均在内的整个国家的社会体系采用先进的信息技术，建立各种信息网络，使人们的生活、商务运作、政务办公等一切活动均高效有序地进行。

上述五个层次信息化的关系可用图 2.3 表示，即分别是包含与被包含的关系。

图 2.3　信息化的层次图

显然，与每一个层次的信息化相对应，有每一个层次的信息系统：产品信息系统、企业信息系统、产业信息系统、国民经济信息系统和国家信息系统。由于后三种主要是在网络上的增值服务，建设的重点是做好规划和统一各种标准，所以有人又将后三者称为行业信息网、国民经济信息网和国家信息网。产品信息系统主要是采用 CAD/CAM（计算机辅助设计/计算机辅助制造）技术和 PDM（产品数据管理）技术，构成企业信息系统的最底层。

在处理信息化与信息系统的关系上，在讲宏观信息化时要多考虑微观信息系统的实现，在建设信息系统时，要多考虑如何使数据和知识成为价值增值的主体，多考虑如何使信息系统的建设与组织的数字化转型联系起来，增强组织和国民经济的竞争力。

2.4.2　信息系统与电子商务的关系

"要么电子商务，要么无商可务。"这是 IBM 公司对未来社会的预言，虽然有些夸大其词，但在我们这样一个"非过正不能矫枉"的国度，倒也发人深省。电子商务从它的概念来看，经历了一个内涵逐渐缩小，外延逐渐扩大的过程。首先是 EC（Electronic Commerce，电子商务），其次是 EB（Electronic Business，电子业务），最后是 EE（Electronic Everything，电子任务），显然，在信息技术设备商的炒作下，电子商务的概念在逐渐泛化，在向信息化的概念靠拢。因为炒作的含义越广，在电子商务的光环下卖出去的产品就越多。不过，在本书里，我们取最初的也是最基本的含义：商务的电子化或信息化，即 EC（Electronic Commerce，电子商务）。

电子商务主要还是一种商务关系，是为了用现代信息技术来改造传统的商务流程。电子商务要落到实处，离不开信息系统的支持，我们称之为电子商务系统。

电子商务系统是一个以电子数据处理、因特网、数据交换和资金汇兑技术为基础，集订货、发货、运输、报送、保险、商检和银行结算为一体的综合商务信息处理系统。电子商务系统的结构由一系列的电子商务标准或协议和信息系统两部分构成。显然，要建设电子商务，既要重视信息系统的建设，又要重视电子商务标准或协议的订立。

电子商务按照与企业的关系可以分为：B2C,企业与消费者之间的电子商务(Business to Consumer,B to C),因为 to 与 two 谐音,且有两个主体的意思,所以,一般缩写为 B2C,下面的缩写同此理;B2B,企业与企业之间的电子商务(Business to Business,B2B)。随着电子商务的发展和消费者个体权力的扩大,还出现了 C2B(消费者与企业之间的电子商务,如消费者团购物品的网站平台)和 C2C(个体和个体之间的电子商务)等多种形式。

由于有了电子商务,企业之间的关系和企业与消费者的关系有了很大的变化(见图 2.4)。产品制造企业将产品供应信息发给网上营销企业(主要是网上的行业超市),客户则直接到行业超市浏览、选购货物,选购完毕,行业超市向物流企业下配送单,物流企业从产品制造企业提货并送达客户。这里要说明的有以下三点。

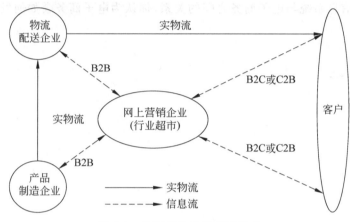

图 2.4　未来商务关系简明图示

第一点是图 2.4 中并未画出产品制造企业与客户的直接销售关系。随着企业对核心竞争力思想的领会和竞争的进一步激烈,越来越多的企业将会将自己的产品外包给专业的且有规模优势的网上营销公司。而制造企业的网站主要承担企业形象宣传、产品宣传的功能。

第二点是图 2.4 中将网上营销公司界定为行业超市,这是因为随着竞争的加强,网上的电子市场(e-market)将往专业化方向发展,成为某一类产品的集中市场。

第三点是图 2.4 中只考虑了企业之间的简单关系,为了简化,没有画出银行、海关、安全认证机构等中介结构以及其中的关系。

从图 2.4 可以看出,电子商务信息系统从网络上讲属于增值网(Value Added Network,VAN),它可以与其他网络公用某一个物理网络,形成在其他网络的基础上的附加增值系统,例如一般电子商务系统都可以建构在因特网上。然而,企业要建设自己的电子商务信息系统,就必须在企业原有信息系统基础上按照电子商务的有关标准进行认真规划,合理设置与原有信息系统的接口,以便做到能与其他企业共享相关的业务数据。

在一个以营销为中心的企业,在进行信息系统的升级或换代时,必须考虑电子商务的影响。从这个意义上说,电子商务信息系统是信息系统发展的一个更高阶段,企业信息系统由只考虑企业内部数据,向考虑企业内外数据转变。

思 考 题

1. 详细论述信息系统与管理、决策的关系。

2. 论述信息系统与数据的关系并比较战略、战术、作业三级信息系统的数据特性。

3. 详细说明信息系统与人的关系。

4. 谈谈如何进行计算机选型。

5. 列出与信息系统有关的软件,并说说信息系统与软件之间的关系。

6. 信息化有哪五个层次? 信息化与信息系统有什么区别?

7. 简要论述信息系统与电子商务之间的关系,你认为电子商务会如何发展。

第3章 信息系统的常见应用

信息系统的应用有很多,本章首先介绍应用信息系统的类型,在此基础上,具体讨论组织中的一些常见应用。主要内容包括支持企业管理的物料需求计划(Material Requirement Planning,MRP)、制造资源计划(Manufacturing Resource Planning,MRP Ⅱ)、企业资源计划(Enterprise Resource Planning,ERP)、供应链管理(Supply Chain Management,SCM)和客户关系管理(Customer Relationship Management,CRM);支持知识重用和激发知识创造的知识管理系统(Knowledge Management System,KMS);支持管理者决策的决策支持系统(Decision Support System,DSS);支持企业生产作业的计算机辅助设计/计算机辅助制造(CAD/CAM),支持政府部门运作和管理的电子政务系统等。本章主要对以上常见应用类型进行介绍。

3.1 应用信息系统的类型

应用信息系统的类型可以从多个角度进行划分,本章仅从信息系统应用的层次、服务的职能和所属的行业三个角度进行分别讨论。

3.1.1 不同应用层次的信息系统

从应用层次角度看信息系统包括基层的事务处理系统、中层的主管信息系统和高层的战略信息系统,系统的用户分别对应着组织的基层员工、中层管理者和高层决策者。

1. 基层事务处理系统

事务处理系统(Transaction Processing System,TPS)又称为电子数据处理系统(Electronic Data Processing Systems,EDPS),这是支持组织日常工作的主要系统。它是进行日常业务的记录、汇总、综合、分类的系统。它的输入往往是原始单据,它的输出往往是分类或汇总的报表。例如订货单处理、旅馆预约系统、工资系统、雇员档案系统以及领料和运输系统等。这个系统由于处理的问题处于较低的管理层,因而问题比较结构化,也就是处理步骤较固定。其主要的操作是排序、列表、更新和生成,主要使用的运算是简单的加、减、乘、除,主要使用的人员是一线作业人员。

事务处理系统的输入越来越多地采用自动方式输入。所谓自动方式就是使用某种设备,直接把数据从数据来源输入计算机,典型的设备是光字符识别器(OCR)、POS 业务终端、ATM(自动取款机)等,典型的数据来源有磁卡、IC 卡、条码等。

现代的企业若没有 TPS,简直无法工作。TPS 的故障将造成银行、超市、航空订票处的工作停止,将造成极大的损失。当代的企业 TPS 所处理的数据量大得惊人,是人用手工很难或无法完成的。例如一个银行营业所白天 8 小时所做业务的各类统计,用手工至少加班

4 小时才能处理完,现代的计算机只需几分钟。TPS 日渐显示出跨越组织和部门的趋势。不同组织的 TPS 连接起来,如供应链系统和银行的清算系统相连,甚至可把这些组织结成动态联盟。因此,TPS 是企业信息系统的基础,是非常重要的系统。

2. 中层主管信息系统

主管信息系统(Executive Information System,EIS)能支持中层领导的管理工作,帮助他们提高效率和改善有效性的信息系统。一般来说,中层经理是组织中计算机水平比较高的人员,也是使用信息系统时间比较多的人员。中层人员根据组织的战略规划要求,并按照它的目标和约束,制订可执行的计划,并控制计划的执行。当然,在战略实施过程中,管理层人员也要进行一些战术决策。因而,中层人员一般要从事务处理系统(TPS)中收集信息,用计划与控制模块处理信息,并向高层汇报。中层用户的数据资源主要是数据库,这些数据库根据具体的用途对各种用户设置了不同的权限以限制访问,实现数据库系统整体的安全和优化。

中层主管信息系统的人机界面应该比较友好且可以个性化,数据展示的方式可以图文并茂且层次清晰,用户可在较短的时间内学习掌握使用方法。另外,主管信息系统还应该具有丰富的办公支持功能,例如电子邮件、通讯录、日程安排和公文处理等。

3. 高层战略信息系统

战略信息系统(Strategic Information System,SIS)是旨在使用信息技术,实现组织战略目标的信息系统。战略信息系统是为企业高层主管或政府行政首长服务的系统,这个系统使用者的共性是需要决策信息。战略信息系统遇到的问题主要表现为:①决策信息的结构大多是非结构化的,明确高层主管的信息需求定义很困难;②主管与下属的面对面的交流效果较难用信息技术实现;③不同主管的行为方式有很大差别,很难开发出一套通用的系统模板。由于涉及许多非结构化的问题,例如战略的形成过程、决策过程等,实现起来比较困难。

有调查显示,高层主管的信息来源主要是企业报表和会议内容,占信息来源的一半。根据主管的工作特点,一个好的战略信息系统应该能够对广泛的数据源的数据进行抽取、过滤产出高层主管感兴趣的数据,并对重要指标数据跟踪,提供趋势分析和数据挖掘的工具,以图形方式向高层主管呈现分析结果。

3.1.2 不同应用职能的信息系统

从企业职能角度看应用信息系统有市场销售信息系统、财务会计信息系统、人力资源信息系统及生产信息系统等子系统。

1. 市场销售信息系统

市场销售信息系统包括销售预测、广告和促销、产品管理、定价、渠道管理和市场情报研究等子系统。

2. 财务会计信息系统

财务会计信息系统一般包含会计和财务两个功能。前者主要任务是记账,而后者的任务是分析如何提高效益。财务信息系统的目标是更好地使用资金,实现企业利润的最大化。

3. 人力资源信息系统

人力资源信息系统是把人力视为资源,对这种资源进行管理。其中,人力记账子系统负责记录员工的基本数据以及计算员工的考评和收入;人力计划子系统负责预测未来对岗位和人力的需求;人力管理子系统负责绩效考评和培训等;除此之外,人力资源信息系统还可能包括人力资源情报子系统和人力资源环境子系统等。

4. 生产信息系统

这里的生产可以是制造或服务。制造信息系统有参与生产型和管理生产型,前者包括计算机辅助设计、计算机辅助制造等,后者包括物料需求计划、制造资源计划等,还有既参与生成又具有管理职能的计算机集成制造系统等。

实际上,按照职能划分的子系统还有研发信息子系统、行政信息子系统等,这里就不再赘述。

3.1.3　不同行业领域的信息系统

不同行业领域有明显的特征区别,这些区别也就决定了应用于这些行业领域的管理信息系统有着各自的特点,例如政府机关信息系统、医院信息系统等。

政府机关信息系统的目标是政府机关的办公自动化,提高工作效率,为政府官员提供管理和决策支持。医院信息系统则是为采集、加工、存储、检索、传递病人医疗信息及相关的管理信息而建立的人机系统。数据的管理是医院信息系统成功的关键。

此外还有税务信息系统、证券信息系统、银行信息系统和机场信息系统等。可以看出不同行业领域的信息系统,它们的信息和流程具有明显的行业特色。例如葡萄行业信息系统是农业信息系统的一个子系统,种植葡萄的果农可以通过行业信息系统获取葡萄的供求信息。

3.2　MRP、MRP Ⅱ 与 ERP

MRP、MRP Ⅱ和 ERP 都是信息技术在企业应用的深化。它们首先表现为一种现代管理的思想,其次表现为某种具体的应用软件,最后在实施时表现为功能强大的企业信息系统。

1957 年美国生产与库存控制协会(American Production and Inventory Control Society,APICS)的成立与 1960 年前后的第一套物料需求计划 MRP 软件的面世,标志着现代企业资源管理系统的进化历程开始了。

企业资源管理系统的发展,经历了订货点法、基本 MRP 和 MRP 系统、闭环式 MRP、MRP Ⅱ,一直演变为现在的 ERP,并且还在演变下去。

3.2.1　订货点法向 MRP 的演化

1. 独立需求与订货点法

独立需求是一种不能从上一级需求派生出下一级需求的需求类型。也可以说,某个物料的需求不能准确地从另一个物料的需求计算出来,它们之间没有任何联系。

订货点法仅适用于独立需求。它可以从历史数据的分析、管理人员的经验和使用预测的方法得到物料的需求量。这种方法一般只需要有一定的库存储备量保证就可以了,因此设置安全库存,当库存数量达到订货点数量,就发生订货要求。

订货点法是采用历史统计数据控制库存。如果对物料需求是连续的,库存量消耗是稳定的,可使用这种方法管理库存。如果用 OP 表示订货点,QS 表示安全库存,LT 表示订货提前期(周),D 表示每周需求量。那么订货点的计算公式如下:

$$OP = D \times LT + QS$$

在物料稳定消耗的情况下,订货点是一个固定值。当消耗加快时,如果保持订货点不变,就会消耗安全库存;如果要保持一定的安全库存,就必须提高订货点,这样,订货点就不再是一个固定值。

因此,对需求量随时间变化的物料,由于订货点会随消耗速度的快慢而升降,无法设定一个固定的订货点。所以说,订货点法只适用于相对稳定消耗的情况,如日用消费品生产或商场的商品补充。订货点法只能保证稳定均衡消耗情况下不出现短缺,但是不能保证消耗多变情况下不出现短缺,也无法起到降低库存的作用。

2. 相关需求与 MRP

相关需求是一种能够从上一级物料的需求派生出下一级物料需求的需求类型。相关需求总是从独立需求中推导出来。

图 3.1 表示相关需求关系。产品 A 由部件 B 和 C 构成,部件 C 又由零件 D 和 E 构成,且需要两个 D 零件。假设 A 的需求是独立的,LT 表示加工或装配时间。

从图中可以看到,物料 B 和 C 的需求时间和需求量取决于对物料 A 的需求,这就是说一个产品的部件、零件和原材料的需求量和需求时间,往往取决于对最终产品的需求量和需求时间。

相关需求是一种离散的、非均匀的物料需求方式,它所引起的库存消耗是非稳定的。所以,相关需求物料用 MRP 方法。因为相关需求物料破坏了使用订货点方法的前提条件,即物料需求是连续的,库存量消耗是稳定的。

MRP 方法是从产品结构、交货期和交货量、零件加工和装配周期、原材料和外协件的采购周期,计算出零部件和原材料等的需求量及交货期。

以图 3.1 为例来说,如果产品 A 需要 50 件,则部件 B、部件 C 和零件 E 各需要 50 件,零件 D 则需 100 件;如果交货时间是保证产品 A 在第七周完成的前提下,那么 B

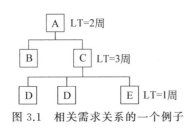

图 3.1　相关需求关系的一个例子

和 C 必须提前 2 周,则应在第五周完成生产;D 和 E 必须提前 3 周,则应在第二周完成生产才能保证 C 第五周完成;D 和 E 必须提前 1 周开始生产才能保证它们第二周交货。

以上过程就是物料需求的推算过程,推算结果是精确的,由于它根据物料需要的时间来订货,既不使库存量过多,也不会在生产中出现物料短缺现象。这种物料需求方式,虽然推算工作量大,但算法简单,非常适合应用计算机进行推算。当然,这里的推演做了简化,实际上,零部件的生产不可能都是 100% 的成功率,一般都会有废品,假设生产 A 的正品率只有80%,那么要得到 100 件 A 产品,B 和 C 自然需要 125 件(即 100÷80%)。如果一个企业的最终产品上百种,每个工序都有次品的产生,而产品之间的工序关系如果多达十余层,具体部件在不同产品中的工序层次不同,那么手工计算自然会异常复杂。只不过相应的 MRP 软件写好后,只要输入相应参数,自然会得到精确计算的结果。从这个意义上,MRP 软件实际上也是一个大型的运算器。

综上所述,订货点方法是面向独立需求的物料,而 MRP 方法则是面向相关需求的物料;前者对某个库存物料不考虑与其他库存物料之间的关系,而且仅注意历史消耗数据,忽略了需求的性质,后者着眼于未来的需求,即由主生产计划决定,并考虑与其他库存物料的关系;前者完全通过预测来了解需求,后者主要是通过计算来确定需求,仅对独立需求的物料用预测来得到。

在实际工作中,制造业有可能同时存在两种物料需求方式。例如某物料既可作为产品销售,又可作为其他产品的零件,这时此物料就有独立需求部分,也有相关需求部分。前者可用订货点方法,后者用 MRP 方法来得到此物料的需求量和需求时间,然后将这两部分合并。

3.2.2 MRP 向 MRP Ⅱ 的演化

1. 基本 MRP 和 MRP 系统

20 世纪 60 年代发展起来的 MRP 是一种"既要降低库存,又要不出现物料短缺"的计划方法。物料需求计划的初期是分时间段的物料需求计划,即基本 MRP,主要解决间歇生产的生产计划和控制问题。在间歇生产情况下,如何保证生产计划高效运行,保证及时供应物料以满足生产需要,是生产管理中的重要问题,这个问题解决不好,就会造成一边是库存积压,另一边是物料缺件的情况。

以基本 MRP 为基础,把采购和加工作业等环节纳入 MRP,形成 MRP 系统。MRP 系统从产品的结构或物料清单出发,实现了物料产供销信息的集成——一个金字塔型产品结构:其顶层是出厂产品,是属于企业市场销售部门的业务;底层是采购的原材料或配套件,是企业物资供应部门的业务;介乎其间的是制造件,是生产部门的业务。

物料需求信息由以下四个要素组成:①需要什么? ②何时需要? ③需要多少? ④何时订货? 物料的需求信息、产品结构、提前期、库存信息是运行 MRP 的四项主要数据。这些数据不准,运行 MRP 系统就没有任何意义。

MRP 系统一般包含以下模块:主生产计划(Master Production Schedule,MPS)模块、物料需求计划模块、物料清单(Bill Of Material,BOM)模块、库存控制(Inventory Control)模块、采购订单(Purchasing Order)模块和加工订单(Manufacturing Order)等模块。典型

MRP 系统的原理如图 3.2 所示。

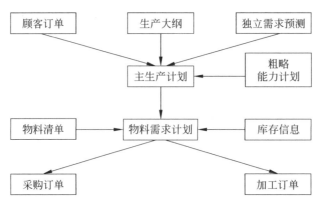

图 3.2 典型 MRP 系统的原理

为实现 MRP 系统功能,要提供库存记录和产品结构。产品结构可以用物料清单的形式表现出来。物料清单是 MRP 系统的基础文件,它根据需求的优先顺序,在统一的计划指导下,把企业的"产供销"信息集成起来。物料清单反映了各个物料之间的从属关系和数量关系,它们之间的连线反映了工艺流程和时间周期。在物料清单的基础上,可以完工日期为时间基准倒排计划,按提前期长短确定各物料采购或加工的先后顺序。

从图 3.2 可以看到 MRP 系统的工作原理如下。

(1) 产生主生产计划。结合用户订单和预测需求,以及高层制订的生产计划大纲,在现有能力资源的粗略计划下决定生产的数量。

(2) 实现物料需求计划。在决定生产批量后,究竟需要订多少原材料和外购件来满足生产?首先通过物料清单确定原材料、零部件的需要量,再根据库存记录决定订什么、订多少和何时订等问题。

(3) 输出制造与采购订货清单。MRP 的输入是主生产计划,物料清单和库存记录;输出是详细的制造与外购的物料及零部件数量与时间清单。

2. 闭环 MRP 系统

MRP 系统建立在两个假设的基础上:一是生产计划是可行的,即假定有足够的设备、人力和资金来保证生产计划的实现;二是假设物料采购计划是可行的,即有足够的供货能力和运输能力来保证完成物料供应。但在实际生产中,能力资源和物料资源总是有限的,因而往往会出现生产计划无法完成的情况。因此,为了保证生产计划符合实际,必须把计划与资源统一起来,以保证计划的可行性。

20 世纪 70 年代,MRP 发展成闭环 MRP,把需要与可能结合起来,通过能力与负荷的反复平衡,实现了一个完整的计划与控制系统。闭环 MRP 在 MRP 系统的基础上,增加了能力需求计划,使系统具有生产计划与生产能力的平衡过程,如图 3.3 所示。

图 3.3 中粗能力平衡是主生产计划与粗略能力计划的平衡,其中粗略能力计划是根据整个企业的总体能力估算得到的。在制订主生产计划时,对能力需求与实际能力进行平衡,以找出瓶颈资源,进行调整。能力需求计划是在物料需求计划做出之后进行的,是对产品的

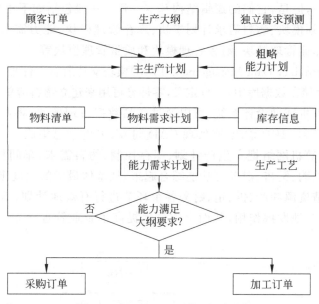

图 3.3 闭环 MRP 系统原理框图

零部件加工的能力需求与各工作地可用能力之间的平衡过程。当工作地出现较大超负荷时,应调整主生产计划,保持主生产计划与生产能力的基本平衡。

3. MRP Ⅱ 系统

闭环 MRP 系统解决了生产计划与生产能力的平衡问题,但只是解决了生产中的物料需求与生产计划的问题,还没有说明企业的经营效益。20 世纪 80 年代发展起来的 MRP Ⅱ 同 MRP 的主要区别,就是它运用管理会计的概念,用货币形式说明了执行企业物料计划带来的效益,实现物料信息同资金信息的集成。因此,MRP 三个字母的含义也发生了改变,由物料需求计划变为制造资源计划,英文为 Manufacturing Resource Planning。由于字母的缩写都为 MRP,就将制造资源计划命名为 MRP Ⅱ,以示区别。

要衡量企业经营效益首先要计算产品成本。产品成本的实际发生过程,要以 MRP 系统的物料清单为基础,从最底层采购件的材料费开始,逐层向上将每一件物料的材料费、人工费和制造费(间接成本)累积,得出每一层零部件直至最终产品的成本。再进一步结合营销数据,分析各类产品的获利性。

MRP Ⅱ 把传统的账务处理同发生账务的事务结合起来,不仅说明账务的资金现状,而且追溯资金的来龙去脉。例如将体现债务债权关系的应付账、应收账同采购业务和销售业务集成起来,同供应商或客户的业绩或信誉集成起来,同销售和生产计划集成起来,等等。

按照物料位置、数量或价值变化,定义"事务处理"(Transaction),使与生产相关的财务信息直接由生产活动生成。在定义与事务处理相关的会计科目时,按设定的借贷关系,自动转账登录,保证了"资金流(财务账)"同"物流(实物账)"的同步和一致,改变了资金信息滞后于物料信息的状况,便于实时做出决策。

不同厂商的 MRP Ⅱ 系统套装软件各由若干功能模块组成,模块的数量可能不同,各个模块的功能强弱不一,但是,它们的逻辑结构基本一致。一般包括如下主要模块:产品数据管理模块、主生产计划模块、物料需求计划模块、库存管理模块、能力需求模块、销售管理模块、采购模块、车间作业管理模块、财务管理模块和质量管理模块等。

产品数据管理(Product Data Management,PDM)模块支持所有零件号、工艺规程和产品结构关系等有关数据存储在数据库中,一旦定义,零件号可用来建立物料清单及装配工艺过程。

如果企业有计算机辅助设计系统,可以通过产品数据管理模块,将产品结构信息、设计更改信息实时地转换到 MRP 系统,来实现 CAD 同 MRP 的信息集成。

MRP Ⅱ利用计算机网络把主生产计划、库存控制、物料需求、车间控制、能力需求、工艺路线、成本核算、采购、销售、财务等功能综合起来,从整体最优的角度出发,通过运用科学方法对企业各种制造资源和产、供、销、财务各个环节进行有效地计划、组织和控制,使它们得以协调发展,并充分地发挥作用,从而全方位地提高了企业管理效率。MRP Ⅱ的逻辑流程如图 3.4 所示。

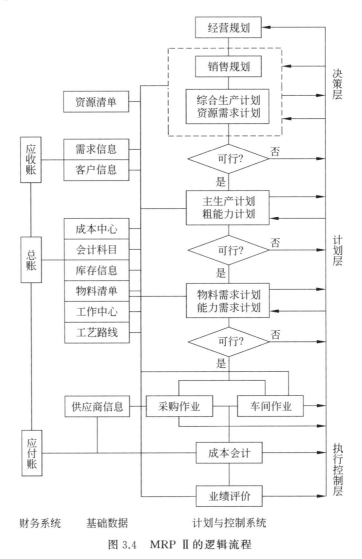

图 3.4 MRP Ⅱ 的逻辑流程

在图 3.4 的右侧是计划与控制的流程,它包括了决策层、计划层和执行控制层,可以理解为经营计划管理的流程;中间是基础数据,要储存在计算机系统的数据库中,并且反复调用。这些数据信息的集成,把企业各个部门的业务沟通起来;左侧是主要的财务系统,这里只列出应收账、总账和应付账。各个连线表明信息的流向及相互之间的集成关系。

3.2.3 MRP Ⅱ 向 ERP 的演化

1. ERP 系统的含义及特点

MRP Ⅱ 仅能管理企业内部资源的信息流。随着全球经济一体化的加速,企业与其外部环境的关系越来越密切,MRP Ⅱ 逐渐不能满足需要,于是新的企业管理思想和软件应运而生了。

在 MRP Ⅱ 基础上发展起来的企业资源计划(ERP)把原来的制造资源计划拓展为围绕市场需求而建立的企业内外部资源计划系统。ERP 突破了原来只管理企业内部资源的方式,把客户需求、企业内部的经营活动以及供应商的资源融合到一起,体现了完全按市场需求制造的经营思想。ERP 也打破了 MRP Ⅱ 只局限于传统制造业的旧的观念和格局,把触角伸向各个行业,特别是金融业、通信业、高科技产业和零售业等,大大扩展了应用范围。

ERP 面向供应链管理(SCM),除了传统 MRP Ⅱ 的库存管理、生产管理、财务管理等功能外,ERP 增加的功能可能还有客户关系管理(CRM)等模块,成为一种适应性强、具有广泛应用意义的企业管理信息系统。

ERP 系统要求考虑整个供应链上供需各方业务流程和组织结构的优化和重组。为了提高供应链管理的竞争优势,必然会导致相关企业业务流程、信息流程和组织结构的优化和重组。只有这样,才能把传统 MRP Ⅱ 系统对环境变化的"主动应变"(Active)上升为 ERP系统通过网络信息对内外环境变化的"先动应变"(Proactive)。

ERP 还采用了信息通信技术(Information and Communication Technology,ICT)的最新成就。云计算等新的 ICT 应用,使 ERP 系统得以实现供应链管理的信息集成。ERP 系统除了已经普遍采用的计算机技术之外,还要实现更为开放的不同平台互操作,加强了用户自定义的灵活性和可配置性功能,以适应不同行业用户的需要。

一般来说,ERP 系统具有如下特点。

(1) 支持物料流通体系的仓库管理以及运输配送管理(供应链上供、产、需各个环节之间都有运输配送和仓储的管理问题)。

(2) 支持在线分析处理(Online Analytical Processing,OLAP)和大数据分析,实时准确地掌握市场需求和企业运行现状的脉搏。

(3) 支持生产保障体系的质量管理、实验室管理、设备维修和备品备件管理。

(4) 支持跨国经营的多国家地区、多工厂、多语种和多币制需求。

(5) 支持多种生产类型或混合型制造企业,汇合了离散型生产、流水作业生产和流程型生产的特点。

(6) 支持远程通信、Internet、电子商务和电子数据交换。

(7) 支持工作流(业务流程)动态模型变化与信息处理程序命令的集成。

此外,还支持企业资本运行和投资管理、各种法规及标准管理等。

2. ERP 与 MRP 和 MRP Ⅱ 的比较

MRP 是一种保证既不出现短缺,又不积压库存的计划方法,解决了制造业所关心的缺件与超储的矛盾。因此,所有的 ERP 软件都把 MRP 作为其生产计划与控制模块,MRP 是 ERP 系统不可缺少的核心功能。

ERP 是一个高度集成的信息系统,它必然体现物流信息同资金流信息的集成。传统的 MRP Ⅱ 包括的制造、供销和财务三大部分依然是 ERP 系统的重要组成内容。因此,MRP Ⅱ 的内容已经包括在 ERP 系统之中,可以认为 MRP Ⅱ 已经"融化"在 ERP 之中,而不是"不再存在"。

显而易见,从 OP(订货点法)到 MRP,从 MRP 到闭环 MRP 以致 MRP Ⅱ,从 MRP Ⅱ 到 ERP,每个阶段的完善与发展都是与当时的市场环境与企业管理模式的变革紧密关联、相辅相成的。基于当今世界这种变革趋势,未来企业信息系统的发展将积极采用 5G、物联网、人工智能、区块链等新兴 ICT 技术,在整体思想体系上将支持对内实现员工创新、对外与客户实现价值共创(Value Co-creation),体现协同运作、相互信任、双赢机制和实时企业为特征的数字化转型,打造供应链生态系统,实现更好的用户体验和企业成长。

3.3　供应链管理与客户关系管理

随着全球经济一体化的加剧,所有的企业都将面临更严峻的挑战——它们必须在提高服务水平的同时降低成本,必须在提高市场反应速度的同时给客户以更多的选择。总之,客户拥有了越来越大的权力。为了更好地应对挑战,供应链管理和客户关系管理日益受到企业的重视。

3.3.1　供应链管理

1. 供应链管理的含义

人们最初对供应链的理解是随着企业业务管理范畴的不断扩大与延伸而不断变化发展的。正如供应链的名称所直接反映的,最初供应链的概念是与采购和供应管理相关联的。但供应链概念发展到现在,其含义已经发展到包括采购原材料、获得产品,销售给最终用户,从用户处进行回收在内的全部环节与过程。

供应链是围绕核心企业的,通过对物流、信息流和资金流的控制,从采购原材料开始,制成中间产品以及最终产品,最后由销售网络把产品送到将供应商、制造商、分销商、零售商直到最终用户连成一个整体的功能网络。

供应链管理是对供应链所涉及组织的集成和对物流、信息流、资金流的协同,以满足用户的需求,从而提高供应链整体竞争能力。简单地说,供应链管理就是优化和改进供应链活动,其对象是供应链的组织和它们之间的各种"流";应用的方法是集成和协同;目标是满足用户需求,从而最终提高供应链的整体竞争能力。也就是说,供应链管理业务的实质是深入供应商和价值链的增值环节,以最短的时间、最经济的成本,将最恰当的货供给需要的客户。

2. 供应链管理的思想

供应链管理的基本思想主要体现在两个方面:快速响应和互利共赢。

(1) 快速响应思想。随着市场中贸易节奏的不断加快,企业必须尽可能地缩短生产周期,更快地响应客户的需求。这不仅需要每个企业强调精确准时,以消除内部的延迟,更需要上下游企业间建立及时有效的沟通机制,降低"牛鞭效应"的影响,加快节点的业务组合速率。所谓"牛鞭效应",是指当需求信息不能共享时,每一阶段必须利用前一阶段发出的订单来预测平均需求,这种随着往供应链上游前进,需求变动程度增大的现象被称为"牛鞭效应"。

(2) 互利共赢思想。在全球化市场中,企业不能只靠自身力量与本行业的对手竞争,还需要与所在供应链的上下游企业组成联盟来增强竞争实力。企业必须更注重实现合作伙伴间的互利共赢。它们需要选择相对固定的供货商或分销商以增进互信;它们需要定期召开供应链会议,加强信息共享;它们需要专注于提供自身特殊性的附加值,而把其他的委托给具有相应资源优势的战略伙伴,降低整体成本。因此,未来企业的竞争不再仅仅是单个企业之间的竞争,而将是一个链条与一个链条(供应链条)的竞争,一个网络与一个网络(供应网络)之间的竞争。

3. 供应链管理的内容

供应链管理系统是以信息系统为核心,来实现供应链管理的功能。与传统信息系统有所不同的是,供应链管理系统更重视信息的开放性与共享性,借助信息技术,使上下游企业的信息能够及时准确地得到体现,方便企业做出正确的决策。

供应链管理关心的并不仅是物料实体在供应链中的流动,除了企业内部与企业之间的运输问题和实物分销以外,供应链管理还包括以下主要问题:供应链产品需求预测和计划;战略供应商和合作伙伴关系管理;企业内部和企业之间的物料管理;产品设计和制造管理;节点企业的定位;设备和供应链生产的计划、跟踪和控制;基于供应链的用户服务;企业之间资金流管理;内部与交互信息流管理,等等。

解决上述供应链管理的问题必须依靠信息技术,通过供应链管理软件可以实施上述供应链管理过程。供应链管理系统的功能模块主要涉及供应链战略管理、供应链计划管理、供应链执行管理、供应链关系管理四大模块,主要涉及供应、生产计划、物流和需求四方面领域的信息。其中,供应链战略管理模块主要包括以下功能:战略制定;供应链网络构建与优化;供应链环节流程配置等。供应链计划管理模块主要包括以下功能:需求预测与确定;计划生成等。供应链执行管理模块主要包括以下功能:采购管理、生产管理、销售管理和物流管理等。供应链关系管理模块主要包括以下功能:供应商关系管理和供应商评价管理等。

实施供应链管理的直接效果是缩短接单及交货周期,降低原材料及成品库存,从而提高企业对市场的应变速度,增加销售量,提高产品及服务的品质,改善企业与顾客及供应商之间的关系。

随着环保理念的深入人心以及能源价格的上涨,企业会对供应链中涉及资源与环境的相关因素投以更大的关注。供应链管理系统将逐步实现从最终用户那里回收使用过的产品，并加以再次利用。从而降低成本，减少污染，形成闭环的生产流程，实现产品与服务的回流。

3.3.2　客户关系管理

1. 客户关系管理的含义

客户关系管理起源于 20 世纪 80 年代初提出的"接触管理"（Contact Management），即专门收集整理客户与公司联系的所有信息。经历了 30 多年的不断发展，客户关系管理不断演变发展并趋向成熟，最终形成了一套完整的管理理论体系。

CRM 是一套先进的管理思想及技术手段，它通过将人力资源、业务流程与信息技术进行有效的整合，最终为企业涉及客户或消费者的各个领域提供了完美的集成，使得企业可以更低成本、更高效率地满足客户的需求，并与客户建立起基于学习型关系基础上的一对一营销模式，从而让企业可以最大程度地提高客户满意度及忠诚度，挽回失去的客户，保留现有的客户，不断发展新的客户，发掘并牢牢地把握住能给企业带来最大价值的客户群。

2. 客户关系管理的思想

客户关系管理的主要管理目标就是发掘新客户，增强现有客户赢利性，延长客户关系。其基本思想在于：通过提供以客户为核心的周到服务，实现客户数量不断增多、客户关系的持续时间不断延长、客户关系质量不断加深这三大目标。

客户关系管理的基本思想主要包括以下两个方面。

（1）客户是一种重要的资源。在当代社会的激烈竞争中，人们越发认识到客户就像设备、技术和资金一样，也是一种关乎企业命运的重要资源。随着产品选择转变为客户选择，哪个企业能够抓住顾客的特点，得到顾客的垂青，就意味着占据了竞争优势。因此，一份完整的客户信息以及对其深入地分析，就成为企业难得的财富与资源。企业必须在客户关系中做足功课，才能够提高客户的满意度，取得更大的市场份额。

（2）企业与客户关系的实质是双赢。提高客户的满意度，事实上也就是在提高客户对企业的忠诚度。也就是说，如果企业希望能够和客户之间建立良好稳定的关系，则必须要提供客户满意的价值；而那些值得企业去让出一部分利益的客户，又必定是属于关系价值高，能够为企业带来较大收益的客户群。因此，企业必须改变传统中每一笔交易都追求利润最大的做法，注重对客户关系的分析归类，从而做出正确的决策。另一方面，企业可以和客户实现价值共创，让客户参与到产品创新的设计中，增加产品对客户的价值。

3. 客户关系管理的内容

CRM 的核心内容主要是通过信息技术的采用，不断地改善与客户关系有关的业务流程并提高各个环节的自动化程度，从而缩短销售周期，降低销售成本，扩大销售量，增加收入与盈利，抢占更多市场份额，寻求新的市场机会和销售渠道，最终从根本上提升企业的核心竞争力，使得企业在当前激烈的竞争环境中立于不败之地。

客户关系管理系统的功能主要分为四大部分,概述如下。

（1）客户信息管理。功能是整合记录企业各部门、每个人所接触的客户资料,进行统一管理,这包括对客户类型的划分、客户基本信息、客户联系人信息、企业销售人员的跟踪记录、客户状态和合同信息等。

（2）市场营销管理。功能是制订市场推广计划,并对各种渠道(包括传统营销、电话营销、网上营销和手机营销等)接触的客户进行记录、分类和辨识,提供对潜在客户的管理,并对各种市场活动的成效进行评价。CRM 营销管理最重要的是实现个性化营销。

（3）销售管理。功能包括对销售人员电话销售、现场销售和销售佣金等管理,支持现场销售人员的移动通信设备或掌上计算机设备接入,支持网上结算管理及与供应链系统的接口。

（4）服务管理与客户关怀。功能包括产品安装文件、服务请求、服务内容、服务网点、服务收费、客户建议和意见等管理,详细记录服务全程进行情况。支持现场服务与自助服务,辅助支持实现客户关怀,有条件可以让客户参与到价值共创中。

CRM 还可以集成呼叫中心(Call Center)技术,以快速响应客户需求。CRM 系统中还可以应用大数据技术进行数据收集、分类和数据分析,以实现客户画像和营销智能。

3.3.3　ERP、SCM 和 CRM 三者间的关系

ERP、SCM 和 CRM 三者之间有紧密的信息共享与集成关系,但也有各自的侧重点。ERP 着重企业内部的流程优化,而供应链的着眼点是与企业发生关系的上游或下游的伙伴,这是 ERP 和 SCM 的最大区别。供应链并不过多地考虑在企业内部进行制造的某个环节上工序是否合理,时间是否可控,库存是否正常,而是考虑商品在一家企业递到另一家企业时,如何实现"链条上的增值"。SCM 的基本思想在于,如果不能达到链条上的每个环节都为最终客户进行必不可少的增值工作,那么整条供应链就还存在优化的余地,还可以让最终客户以更低的价格在更短的时间内获得更好的产品或服务。

CRM 是把客户,尤其是潜在客户和现有客户作为管理的中心,将企业的运营围绕着客户来进行,无论是市场、销售或售后服务,只要是和客户打交道的环节,都能够知道客户的最新信息,得到关于客户的完整而统一的交往记录。客户关系管理已经将管理的对象延伸出直接客户的范畴,其管理对象包括企业的代理、媒体合作者和最终用户等。

随着供应链管理思想的成熟与普及,客户关系管理与供应链管理不断结合的新兴模式正在悄然出现。这种结合可以实现上下游企业的协同服务,克服了"信息孤岛"的现象,从而将服务目的由单纯的商品销售,扩展到为顾客设计、提供良好的售后服务等领域。因此,ERP、SCM、CRM 三者之间并不是简单的谁包含谁的关系,而是相互有交集的关系。当然,由于 ERP 的发展,也有包含 SCM 和 CRM 子系统的面向供应链的 ERP 系统。

3.4　知识管理系统与决策支持系统

如何将已有的知识重用、如何激发知识的创造、如何使有用的知识在组织中分享是知识管理系统的目标,而如何利用已有的知识和信息,进行有效的决策,则是决策支持系统的功能。知识管理系统和决策支持系统越来越多地被企业所接受,本节就对这两类系统进行

介绍。

3.4.1 知识管理系统

1. 知识管理的含义

知识管理（Knowledge Management，KM）就是对一个组织集体的知识与技能的捕获，然后将这些知识与技能分布到能够帮助组织实现最大产出的任何地方的过程。知识管理的目标就是力图能够将最恰当的知识在最恰当的时间传递给最恰当的人，以便使他们能够做出最好的决策。

或者说，知识管理是通过采用信息系统和股票期权等技术支持和激励机制，以及设计、构造良好的组织文化和组织结构，发掘固有知识、引导知识创新，实现知识共享，并通过对共享的知识进行有效应用，最终提高组织的竞争力，实现组织的可持续成长。

组织的知识管理可以概括为如下十大方面的内容：①知识创新管理；②知识共享管理；③知识应用管理；④学习型组织；⑤知识资产管理；⑥知识管理的激励系统；⑦知识管理的技术与工具；⑧知识产品的定价与版本；⑨知识员工的管理；⑩学习与创新训练。

2. 知识管理系统的框架

知识管理系统是支持知识管理战略实施与实现的工具与平台。通过系统的方法，借助先进的信息技术，在巩固发掘已有知识，加快知识的传递与共享，引导知识创新等方面为知识管理战略的实现起到支持作用。一般来说，知识管理系统的框架如图 3.5 所示，即知识管理系统的框架应该是三层结构：知识门户、中间层、网络环境与操作系统层。其中，中间层又可细分为数据管理层、开发平台层和应用模块层。

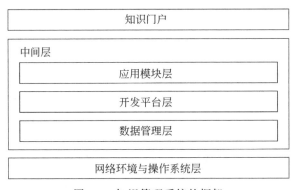

图 3.5　知识管理系统的框架

知识管理目的是高效率地管理组织的知识资产，对组织的知识创新、知识共享和知识应用提供帮助。在这个前提下，从知识的展示这个层面上就需要界面尽可能的简单易用，并且提供丰富的有价值的信息和知识。

知识门户所提供的各种功能正体现了这种需求。例如单一的入口，用户只需要登录一次就可以访问所有他的权限能及的信息和知识，这为用户提供了极大的方便。门户另一个鲜明的特点就是用户定制主页，这大大地满足了用户的个人偏好，充分体现了科技人性化，毕竟技术是为人服务的。这一点也与知识管理等现代管理思想相一致,即关注人性。

中间层可以细分为三个层次:数据管理层、开发平台层和应用模块层。

(1)数据管理层。这一层负责操作基础数据库或知识库。对于采用传统的数据库的系统,这一层可以理解为数据库管理系统(DBMS)。这一层的主要功能是实现对知识管理数据库的增加、删除和修改等基本功能,以及知识管理数据库的备份、审计、安全等高级功能;另一方面,在大数据技术的支持下,还可以提取和发现知识。

(2)开发平台层。开发平台为开发各种知识管理应用提供了工具和服务,它把种种的技术策略和底层细节已经考虑在内,对上一级的开发者有某种程度的屏蔽。这样开发者可以集中精力关心组织的业务逻辑,满足实际的需求。当然,组织在建立知识管理系统时不必自己建立开发平台,完全可以从第三方厂商那里购买,然后再以此为基础,开发适合组织应用特点的知识管理功能模块。

(3)应用模块层。顾名思义,应用在开发平台之上的,通过开发而得到可以满足组织业务需要的知识管理软件。该层是实现知识管理的核心,没有各种应用就没有知识管理,知识管理的绝大多数思想都体现在了这一层。理论上,这一层的外延很大,只要是知识管理所需的应用都可以归结为这一层。内容管理、实时协作、知识发现、业务流程、知识代理、项目协作、电子培训、知识地图、专家定位、知识检索、实时评价、信息订阅、实时交流、个人信息管理和数字会议中心等,这些都是在各种知识管理系统中提出的具体的功能,都可以包含在这个层次中。

随着数据挖掘、机器学习等信息技术的不断发展,知识获取的渠道将大为扩展。一方面,组织可以利用日新月异的信息技术,对业务流程中产生的数据、记录、文档等进行深入的分析,从中获取知识,进行适当的管理与应用;另一方面,组织还可以针对博客、微博、微信、论坛等社交网络上的员工分享和用户评论内容,挖掘更有商业价值的知识。

3.4.2 决策支持系统

1. 决策支持系统的由来与发展

20 世纪 70 年代中期 Keen 和 Scott Morton 首次提出了"决策支持系统"(Decision Support System,DSS)一词。到 20 世纪 70 年代末,DSS 一词已非常流行,一般认为 DSS 是结合与利用计算机强大的信息处理能力和人的灵活判断能力,以交互方式支持决策者解决半结构化和非结构化决策问题的系统。当时的 DSS 大都是由模型库、数据库及人机交互系统三个部件组成的系统,它被称为初阶决策支持系统。

20 世纪 80 年代初,DSS 增加了知识库与方法库,构成了三库系统或四库系统。其中,知识库系统是有关规则、因果关系及经验等知识的获取、解释、表示、推理及管理与维护的系统;方法库系统是以程序方式管理和维护各种决策常用的方法和算法的系统。

知识库系统中知识的获取是一大难题,但几乎与 DSS 同时发展起来的专家系统在此方面有所进展。专家系统与 DSS 相结合,充分利用专家系统定性分析与 DSS 定量分析的优点,形成了智能决策支持系统(Intelligent Decision Support Systems,IDSS),提高了 DSS 支持非结构化决策问题的能力。

另一方面,DSS 与计算机网络技术结合构成了新型的能供多个决策者共同参与进行决策的群体决策支持系统(Group Decision Support Systems,GDSS)。GDSS 利用便捷的网络通信技术在多位决策者之间沟通信息,提供良好的协商与综合决策环境,以支持需要集体做出决定的重要决策。

DSS 产生以来,研究与应用一直很活跃,新概念、新系统层出不穷,例如分布式决策支持系统、决策支持中心,还有近年推出的智能型、交互型与集成化的决策支持系统等。

2. 决策支持系统的含义与特征

DSS 是一种以计算机为工具,应用决策科学及有关学科的理论与方法,以人机交互方式辅助决策者解决半结构化和非结构化决策问题的信息系统。DSS 就是要组织与管理好所有能供决策使用的数据或信息、计算模型、分析方法与判断规则,在决策者与机器的交互过程中,针对不同的问题,通过各种数据、模型与方法的组合作用来引导决策者完成一系列的判断而获得问题的解。DSS 的基本特征一般可归纳为以下六个方面。

(1)对准上层管理人员经常面临的结构化程度不高、说明不够充分的问题。

(2)把模型或分析技术与传统的数据存取技术及检索技术结合起来。

(3)易于为非计算机专业人员以交互会话的方式使用。

(4)强调对环境及用户决策方法改变的灵活性及适应性。

(5)支持但不是代替高层决策者制订决策。

(6)跟踪和适应人的决策过程,而不是要求人去适应系统。

3. 决策支持系统的组成

系统的功能主要由系统结构决定,具有不同功能特色的 DSS,其系统结构也不同。目前 DSS 的系统结构大致有两大类:一类是以数据库、模型库、方法库、知识库及对话管理等子系统为基本部件构成的多库系统结构;另一类是以自然语言、问题处理、知识库等子系统为基本部件构成的系统结构。这里仅介绍多库系统的一种较典型的结构——三角式结构。

三角式结构是由模型库、方法库、数据库等子系统与对话管理子系统成三角式结构,也是 DSS 最基本的结构,如图 3.6 所示。

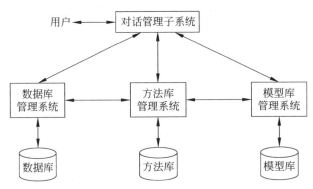

图 3.6　决策支持系统的三角式结构

对话管理子系统是 DSS 人机接口界面,决策者作为 DSS 的用户通过该子系统提出信息查询的请求或决策支持的请求。对话管理子系统对接收到的请求做检验,形成命令。对信息查询的请求将对数据库进行提取信息的操作,所得信息由对话子系统传送给用户;对决策支持的请求将识别问题与构建模型,从方法库中选择算法,从数据库读取数据,运行模型库中的模型,运行结果通过对话子系统传送给用户或暂存数据库待用。

应用 DSS 做决策的过程是一个人机交互的启发式过程,因此问题的解决过程往往要分解成若干阶段,一个阶段完成后,用户获得阶段的结果及某些启示,然后进入下一阶段的人机对话,如此反复,直至用户形成决策意见,确定问题的解。三角式结构以人机对话子系统为中介,它与数据库、模型库及方法库两两之间都有互相通信的接口与直接的联系。

4. 智能决策支持系统

智能决策支持系统(IDSS)是在传统 DSS 的基础上结合专家系统(Expert System,ES)而形成的。ES 是以计算机为工具,利用专家知识及知识推理等技术来理解与求解问题的知识系统。

人工智能技术应用于 DSS 的程度与范围不同可以构成不同结构的 IDSS,较完整与典型的 IDSS 结构是在传统三库 DSS 的基础上增设知识库与推理机,在人机对话子系统加入自然语言处理系统,同时增加问题处理系统而构成的四库系统结构,如图 3.7 所示。

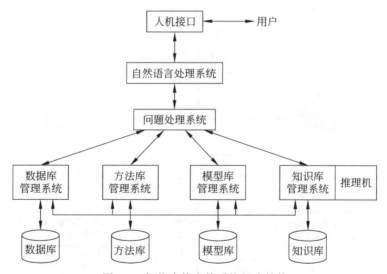

图 3.7　智能决策支持系统组成结构

IDSS 以知识库为核心,在模型数值计算的基础上引入了启发式等人工智能的求解方法,使传统 DSS 原来主要由人承担的定性分析任务部分或大部分地转由机器完成,并且比人做得更好、更稳定。知识的推理机制能获得新知识,知识的积累使系统的能力不断增强。

在人机交互方面,IDSS 的人机对话子系统采用自然语言处理技术形成智能人机交互。智能人机交互接口能使用户用自然语言来提出决策问题,自然语言处理功能将其转换成计算机能理解的问题描述,然后交付求解。在求解的人机交互过程中及求解结果的输出上,自然语言处理技术同样迈出了靠近人类的步伐。与人的贴近,使决策者不必再依赖于熟悉计算机的助手而直接使用 IDSS。

可见,IDSS 具有人工智能的特点,能充分利用人类已有知识。IDSS 在用户决策问题的输入,机器对决策问题的描述,决策过程的推进,问题解的求取与输出等方面都有了显著的改进,很好地体现了人工智能技术的优越性。

5. 群体决策支持系统

早期的 DSS 注重的主要是支持个体决策。然而组织中的多数决策工作实际上是由集体共同完成的,并且,随着经济区域化和全球化的发展,它还要求多个决策者能在一个周期内异时异地合作协商寻求解决问题的方案,群体决策支持系统(Group Decision Support System,GDSS)就是在此背景下产生的。

GDSS 是一种在 DSS 基础上利用计算机网络与通信技术,供多个决策者为了一个共同的目标,通过某种规程相互协作地探寻半结构化或非结构化决策问题的信息系统。

从系统结构上看,GDSS 是在计算机网络的基础上,由私有 DSS、规程库子系统、通信库子系统、共享的数据库、模型库及方法库、公共显示设备等部件组成的信息系统。一种较有代表性的 GDSS 的结构如图 3.8 所示。与个人 DSS 相比,GDSS 必须建立在一个局域网或广域网上,在构件上增设了规程库、通信库、共享的公共数据库、模型库及方法库等。

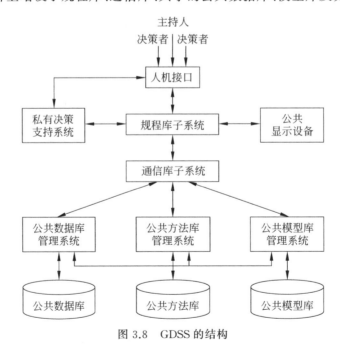

图 3.8　GDSS 的结构

GDSS 一般以一定的规程,如正式会议或虚拟会议的方式运行,会议由一个主持人及多个参会者,围绕一个称为"主题"的决策问题,按照某种规程展开。

人机接口接收决策群体的各种请求,这些请求有主持人关于会议要求与安排的发布请求,参会者对数据、方法、模型等决策资源的请求等。通信库子系统相当于会议的秘书处,是系统的核心,它存储与管理主题信息、会议进程信息及参会者的往来信息,负责这些信息的收发,沟通参会者之间,参会者与公共数据库、方法库、模型库之间的通信。公共显示屏信息也由通信库子系统传送至各参会者的站点。规程库子系统存储与管理群体决策支持的运作规则及会议事件流程规则等,例如,决策者请求的优先级别规则、决策意见发送优先级别规则及各种协调规则等。

很明显,GDSS 的结构比个人 DSS 要复杂得多,功能也要强得多。GDSS 可以支持群体决策,也可支持个人决策,DSS 可看作是 GDSS 的一个特例。

从理论上讲,GDSS 对群体决策是非常有益的手段,但它涉及的面很广。GDSS 要面对不同风格与偏好的个人,要综合决策科学、人工智能、计算机网络、运筹学、数据库技术、心理学及行为科学等多种学科的理论、方法与技术,实用系统研究与开发的难度非常大。目前国内外能投入实际运行的 GDSS 并不多。

3.5 其他常见应用

除了上述介绍的热点应用之外,还有一些常见的应用经常会被提及。如在制造型企业中常用的计算机辅助设计(Computer Aided Design,CAD)、产品数据管理(Product Data Management,PDM)与计算机集成制造系统(Computer Integrated Manufacturing System,CIMS),政府中现在流行的电子政务(Electronic Government,EG)等。由于篇幅关系,本节仅对这几类应用做一些简单介绍。

3.5.1 计算机辅助设计

在数字经济环境下,人们对产品个性化体验的要求越来越多,这使得品种数大增,而每种品种的订量则相应减少,产品设计与制造周期越来越短,生产方式由少品种大批量向多品种小批量发展,企业产品设计与制造的难度明显增大。CAD、PDM 与 CIMS 的出现在一定程度上缓解了这些矛盾。

概括起来,CAD 技术的发展过程其实就是从计算机辅助绘图到计算机辅助设计,从二维绘图到三维设计,进而到三维集成化设计的过程。CAD 有狭义及广义之分,狭义 CAD 就是单纯的计算机辅助设计,而广义 CAD 则是 CAD/CAPP/CAM 等的高度集成。

CAD 侧重的是产品的设计与开发,计算机辅助工艺规程(Computer Aided Process Planning,CAPP)侧重于产品的工艺规程,计算机辅助制造(Computer Aided Manufacturing,CAM)侧重于产品的模拟加工与制造。

3.5.2 产品数据管理

不论何种 CAD 软件,虽然软件的功能和市场定位各有所不同,但其发展方向却是一致的。这就是一方面进行 CAD/CAPP/CAM 的高度集成,另一方面必须有自己的产品数据管理(Product Data Management,PDM)软件,只有这样,才能贯穿从开发设计、优化分析直到生产制造的产品开发全过程,既可满足组建中小规模 CAD/CAM 系统,也可建立企业级CIMS。

PDM 是一种以软件技术为基础、以产品为核心,实现对产品相关的信息、过程和资源进行一体化集成管理的技术。PDM 将计算机在产品设计、分析、制造、工艺规划和质量管理等方面的信息孤岛集成在一起,对产品整个生命周期内的数据进行统一的管理,为实现企业全局信息的集成提供了信息传递的平台和桥梁。

3.5.3 计算机集成制造系统

计算机集成制造系统是指以计算机为中心的现代化信息技术应用于企业管理与产品开发制造的新一代信息系统,是 CAD(计算机辅助设计)、CAM(计算机辅助制造)、CAPP(计算机辅助工艺规程)、CAE(Computer Aided Engineering,计算机辅助工程)、CAQC(Computer Aided Quality Control,计算机辅助质量控制系统)、PDM(产品数据管理)、ERP(企业资源计划)及其他管理信息系统等子系统的技术集成,CIMS 系统的体系结构如图 3.9 所示。

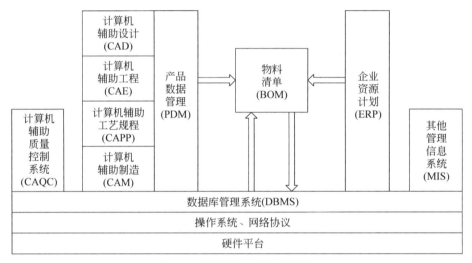

图 3.9　CIMS 系统的体系结构

CIMS 将企业生产、经营各个环节,从市场分析、经营决策、产品开发、加工制造到管理、销售、服务都视为一个整体,即以充分的信息共享,促进制造系统和企业组织的优化运行。其目的在于提高企业的竞争能力及生存能力。CIMS 通过将管理、设计、生产、经营等各个环节的信息集成、优化分析,从而确保企业的信息流、资金流、物流高效、稳定地运行,最终使企业实现整体最优效益。

CIMS 的基础与难点是集成,包括各管理与技术分系统功能与信息的集成。其中信息的集成是最关键的。CIMS 是从离散型生产企业开始的,目前已扩展到了流程型生产企业。

CIMS 是企业级的信息集成系统,广义的 CAD 系统则是设计、工艺部门的设计系统。二者之间的关系应该是包容与归属的关系。作为 CIMS 的一个子系统,CAD 可独立于 CIMS 之外而独立运作,其目的在于提高产品的设计质量,缩短产品设计周期。CAD 系统为 CIMS 提供必要的信息资源,而 CIMS 则用于实现信息资源的共享及流向,实现高效而通畅的信息交流和实时的信息处理。

为了实现 CIMS 下分系统之间的信息集成，一方面，ERP 既需要接收从 CAD 系统传送过来的产品物料定义数据和产品结构表、任务进度数据、估计成本等技术指标参数，还需要接收从 CAPP 系统传过来的产品加工工艺路线、各道工序代码、工时定额和所用机床、刀具、夹具等信息；另一方面，ERP 则需要将开发任务书、技术指标、时间要求、能力需求说明、批量建议传送给 CAD/CAPP/CAM 系统，并将现场生产的实际情况、设备能力短缺情况反馈给 CAPP 系统，以便及时修正工艺过程设计。

PDM 系统是企业设计和工艺部门的基础数据平台，各种 CAX（其中的 X 是可替代字母）如 CAD、CAPP、CAE、CAM 的应用都可通过 PDM 进行集成，以 PDM 作为企业设计和工艺的数据管理中心和流程控制中心。

CAD 为 CIMS 所提供的信息资源是以 BOM（物料清单）的形式提交，通过 PDM（产品数据管理）得以实现。可见，PDM 系统是产品信息集成的核心，而 BOM 是它们之间集成的关键。

3.5.4 电子政务

"让数据多跑路，让百姓少跑腿"。随着信息技术的迅猛发展和政府职能的转变，电子政务（Electronic Government，EG）建设进入了蓬勃发展的新阶段。电子政务是指国家各级政府部门综合运用现代信息网络与现代数字技术，实现政务"四化"，即办公自动化、政务科学化、管理一体化、决策科学化的过程。从应用领域看，我国的电子政务应用如表 3.1 所示。

表 3.1　我国的电子政务应用

领　　域	内　　容
政府部门内部电子化和网络化办公	政府内部的公文流转、审核、处理系统； 政府内部的各类专项业务管理系统，如日程安排、会议管理、机关事务管理等； 政府内部面向不同管理层的统计、分析系统
政府部门之间通过网络进行的信息共享和实时通信	各级政府间的公文信息审核、传递系统； 各级政府间的多媒体信息应用平台，如视频会议、多媒体数据交换等； 同级政府间的公文传递、信息交换
政府部门通过网络与民众之间进行的双向信息交流	通过政府网站、手机 App、微信公众号发布信息，提供查询； 面向社会的各类信访、建议、反馈以及数据收集和统计系统； 面向社会的各类项目申报、申请； 相关文件、法规的发布、查询； 各类公共服务性业务的信息发布和实施，如工商管理、税务管理、保险管理、城建管理等
政府电子化采购	政府电子商务的运用

从发展的过程看，我国的电子政务是循着"机关内部的办公自动化""管理部门的电子化工程（如金关工程、金税工程等）""全面的政府上网工程"，再到"总体规划的电子政务"这样一条主线展开的；是政府在国民经济和社会信息化的大背景下，以提高政府办公效率，改善决策和投资环境为目标，将政府的信息发布、管理、服务、沟通功能向互联网上迁移的系统解决方案。

这个系统解决方案包括政府管理流程再造,构建和优化政府内部管理系统、决策支持系统、办公自动化系统,实现政府面向企业和市民的审批、管理和服务业务的网上作业,政府内部初步实现电子化和网络化办公,最终要建成体系完整、结构合理、高速宽带、互连互通的电子政务系统,建成系统共建共享的政务信息资源库,全面开展网上交互式办公。

要注意的是,电子政务的核心不是"电子",而是"政务"。"电子"是为"政务"提供支撑和服务的。要真正实现互连互通的规范化电子政务,还需要在应用上下工夫,做好基础工作。为此,在电子政务系统建设过程中,就要重视统一规划工作和数据标准化工作,重视政务流程的优化和再造工作,重视电子政务信息资源的开发利用工作,重视信息安全和相应的立法工作等。

思 考 题

1. 常见的应用信息系统可以分为哪些类型?
2. 说说 MRP、MRP II 与 ERP 之间的区别与联系。
3. 请查找最新资料,论述企业信息系统今后的发展趋势。
4. 说说 ERP、SCM、CRM 之间的区别与联系。
5. 你认为设计一个知识管理系统,应该考虑哪些方面?
6. 请结合人工智能的发展,论述决策支持系统今后的发展趋势。
7. 说说你对智能决策支持系统和群体决策支持系统的理解。
8. 结合你所在地的电子政务发展现状,谈一谈发展电子政务应该注意的问题。

第 二 部 分

信息系统的开发准备

第4章 信息系统的战略规划

组织建设信息系统的目的是为了提高组织的竞争力,而建设信息系统的风险很大,这就要求我们从战略上考察信息系统的建设,把握组织信息化的演进规律和信息系统的开发规律,对信息系统进行总体规划,并进行相应的可行性分析,从而有计划、有重点、有步骤、低风险地开发各个子系统,并使这些子系统在合适的时间里响应组织竞争力要求信息支持的内在需求。

4.1 组织信息化成熟度模型

企业、政府部门等各级组织在进行信息化时依然有很多困惑:应该从哪里开始信息化?单位的信息化处于什么阶段?信息化的道路有无尽头?怎么就算做好了信息化?上述问题的解决需要一个通用的信息化成熟度模型(Informatization Maturity Model,IMM)。这样,既可以通过 IMM 来引导企业和政府部门进行信息化建设,也可以用来正确和客观地评价企业和各级政府的信息化水平;既可用于信息化水平的本单位自测,也可用于社会测评和政府普测。

4.1.1 常见信息化成熟度模型的比较

组织信息化成熟度一般模型研究的是组织信息化从不成熟到成熟过程中演变的规律。组织信息化是一个发展的问题,同时也存在一个层次的问题。20 世纪 60 年代以来,在有关信息系统的研究当中,信息化成长过程就一直吸引着学术界和产业界的广泛关注。国内外现有的大量研究成果表明,与社会科学许多领域中的演化过程相似,组织信息化成长过程中也存在一定的"阶段性"特征。

目前描述组织信息化阶段的常见模型有诺兰模型、西诺特模型、米切模型、汉纳模型、艾德哥·斯凯恩模型、能力成熟度模型(Capability Maturity Model,CMM)、信息系统和技术控制目标(Control Objectives for Information and Related Technology,COBIT)框架下的 IT 过程成熟度模型、信息-技术卓越度模型和业务-IT 战略联盟成熟度模型,以及基于价值链的四阶段模型。

通过对以上十个信息化成熟度常见模型的分析,可将上述模型分为两种类型:一种是台阶型阶段模型,如诺兰模型、西诺特模型、米切模型、汉纳模型、艾德哥·斯凯恩模型、CMM、COBIT 框架下的 IT 过程成熟度模型、基于价值链的四阶段模型;另一种是雷达型阶段模型,如信息-技术卓越度模型和业务-IT 战略联盟成熟度模型等。

除 CMM 和 COBIT 框架下的 IT 过程成熟度模型(它们分别是组织信息化中涉及软件开发或信息化项目建设部分的能力模型)外,台阶型阶段模型一般是对在一定的历史条件下

（如技术的发展、扩散状况等），已有组织信息化进程的经验总结出的明显的阶段性特征。对台阶型阶段模型的阶段大致对应关系进行了分析，如表 4.1 所示。

表 4.1　台阶型阶段模型之间的大致对应关系

模　　型	阶　　段		
汉纳模型	替代阶段	提高阶段	转型阶段
诺兰模型	初始期 普及期 控制期	集成期 数据管理期	成熟期
西诺特模型	数据阶段 信息阶段	信息资源阶段	信息武器阶段
米切模型	起步期 增长期	成熟期	更新期
艾德哥·斯凯恩模型	第一阶段 第二阶段	第三阶段	第四阶段
基于价值链的四阶段模型	单部门信息化	跨部门信息化 企业级信息化	产业链级信息化

　　台阶型阶段模型的缺点是研究视角全面性的不足，很难从组织信息化演化的内在机制出发揭示其演化规律；优点是阶段性明显，对组织信息化建设具有明显的导向性功能。

　　雷达型阶段模型比台阶型阶段模型出现晚，一般是随着组织信息化的不断进展，信息技术对业务的不断渗透和影响，因此考虑问题的维度越来越多，开始出现了从多个研究视角综合考虑组织信息化进程的模型，这些模型一般可通过雷达式图样表示。如信息-技术卓越度模型和业务-IT 战略联盟成熟度模型。这类模型的优点是既考虑信息技术的应用程度又考虑组织业务对信息本身的需求，即考察信息资源的作用；既考虑从基层作业、中层管理到高层决策的纵向管理链，又考虑从单部门到跨部门、从组织内部到组织外部的横向价值链，把组织的信息化过程与组织的战略发展目标紧密地结合在一起，对信息化过程和状态反映比较全面。雷达型阶段模型的缺点也比较明显，就是阶段性不是十分清晰，只能通过雷达型图形中的圆圈向外扩张来体现信息化的成熟过程。

　　综上，尽管模型设计者的最初设计思路不一，但深入对这些信息化成熟度模型进行分析可以发现，设计的思路大体可以归纳为两类和四个维度：一是从信息化的基础和支撑要素分类，有两个建模维度，即"信息技术"或"信息资源"的角度；二是从信息化的过程和功能实现分类，有两个建模维度，即"横向价值链"和"纵向管理链"的角度。

　　这里提到的所谓信息技术，是指组织中扩散的信息技术，例如操作系统、数据库、网络等平台和设备；所谓信息资源，是指组织中业务和管理对信息的需求，侧重对业务信息的调研、分析、分类与管理；所谓横向价值链，是指单部门到跨部门、组织内到组织外的业务增值过程；所谓纵向管理链，是指基层运作、中层管理和高层决策的管理链条。上述模型的研究角度比较如表 4.2 所示。

表 4.2 常用信息化成熟度模型的研究角度比较表

模　　　型	主要研究视角	主要强调的方面
诺兰模型	信息技术	组织中信息技术应用的规模以及组织在 IT 应用上的资源投入情况
西诺特模型	信息资源	强调信息资源管理在信息系统中的有效配置和 CIO 的作用
米切模型	信息技术和信息资源的整合	强调信息系统集成和数据管理的不可分割,并强调网络集成
汉纳模型	纵向管理链	从组织实现信息化成为学习型组织和知识型组织角度出发,强调通过信息化实现组织整体素质和核心竞争力的提高
艾德哥·斯凯恩模型	信息技术	对信息技术的引入应进行认真分析和长远的思考
CMM	信息技术	从软件企业或开发方的角度来探讨作为信息系统建设方如何对信息技术进行管理的能力
COBIT 框架下的 IT 过程成熟度模型	信息技术	从用户方的角度来探讨作为用户如何对信息技术进行管理的能力
信息-技术卓越度模型	信息技术和信息资源的整合	描述了组织技术卓越度和信息卓越度与组织利用信息技术进行绩效创新和改进之间的相互关系
业务-IT 战略联盟成熟度模型	信息技术和信息资源的整合、横向价值链和纵向管理链的整合	要解决信息技术如何与业务协调和业务应如何与信息技术协调的问题,它既考虑了信息技术,也考虑了业务信息的需求,即信息资源,并且强调信息化过程应与组织战略目标紧密地结合
基于价值链的四阶段模型	横向价值链	强调从具体组织的信息化实施过程、步骤出发来考虑信息化由单部门到跨部门、组织内到组织外的集成过程

4.1.2　组织信息化成熟度模型

组织信息化成熟度模型应该具有如下功能。

(1) 导向性功能。在微观上,使组织更准确地认识信息化的内涵,明确信息化的目的,进行信息化规划和水平评估,并且有针对性地解决信息化过程中存在的问题,利用信息技术解决组织运行过程中的效率、效果等方面的问题,达到组织信息化的目标。

(2) 激励性功能。激励组织向更高的成熟度迈进,获得高层次的级别将是一种荣誉。

(3) 服务性功能。它将从宏观上指导组织信息化整体水平的提高,为政府了解企业和政府部门信息化状况和进行相关决策服务。

根据台阶型模型提出的阶段性思想和雷达型模型提出的多维度思想,并且坚持模型的导向性功能,图 4.1 给出了组织信息化成熟度模型。

根据 4.1.1 节对十种常见的信息化成熟度模型的比较分析,可知目前的模型主要是从信息技术、信息资源、横向价值链和纵向管理链这四个方面的整合程度来衡量的。其中,信息技术和信息资源是信息系统的两大支柱,纵向管理链和横向价值链是从纵横两方面应用需求的角度展开的。组织信息化成熟度模型(IMM)将这四者进行综合,分为五级,每级关

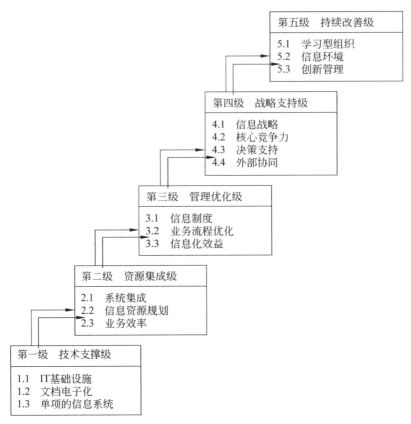

图 4.1　组织信息化成熟度模型

注的内容不同,各包含若干关键状态,如表 4.3 所示。

表 4.3　组织信息化成熟度模型

级　　序	级　　名	关 注 内 容	关 键 状 态
第一级	技术支撑级	信息技术	1.1 IT 基础设施 1.2 文档电子化 1.3 单项的信息系统
第二级	资源集成级	信息技术 信息资源	2.1 系统集成 2.2 信息资源规划 2.3 业务效率
第三级	管理优化级	信息技术 信息资源 纵向管理链 组织内价值链	3.1 信息制度 3.2 业务流程优化 3.3 信息化效益
第四级	战略支持级	信息技术 信息资源 纵向管理链 横向价值链	4.1 信息战略 4.2 核心竞争力 4.3 决策支持 4.4 外部协同

级　序	级　名	关注内容	关键状态
第五级	持续改善级	信息技术 信息资源 纵向管理链 横向价值链	5.1 学习型组织 5.2 信息环境 5.3 创新管理

要说明的是,IMM 并不是一个组织必须一步步去实施的步骤,而仅仅是一个个状态的反映和描述。也就是说,一个组织完全可以瞄准第三级、第四级甚至第五级的状态去制订信息化战略和进行信息化规划,而不必从第一级开始实施。IMM 只是要反映一个组织目前信息化建设所取得成效的一个状态,有助于各企事业单位了解本组织的信息化的"成熟度"状况。

第一级——IMM1,技术支撑级。IMM1 是 IMM 模型中最低的一级,主要从信息技术的角度展开,达到这一级的组织,才开始真正跨入组织信息化的门槛;组织对于信息化的理解侧重于技术层面,主要是购买计算机等 IT 设备,开发面向业务的单项应用系统;这些组织有一定的计算机数量,组织中传递的文档基本实现电子化,有些部门内有独立的系统和数据库,但是相互之间不一定兼容,存在一个个的信息孤岛;组织成员对信息化的理解是初步的,在有效利用信息资源、支持管理、辅助战略决策等方面有明显的不足。

第二级——IMM2,资源集成级。IMM2 是 IMM 模型中次低的一级,除了继续关注信息技术外,关注的重点已经是组织内的信息资源。达到这一级的组织,组织开始认识到信息作为一种资源,并对组织内的信息资源进行规划;这些组织以提高组织整体运作效率为目标,以局域网建设、数据库整合、系统集成和疏通信息传递渠道为投入重点,实现信息共享,消灭信息孤岛;信息技术带来了效率上的提高,但是信息化的效益还未明显体现出来。

第三级——IMM3,管理优化级。IMM3 是 IMM 模型的中间一级,主要考虑纵向管理链和组织内部的横向价值链,突出中层的管理和组织内部业务流程的整合,达到这一级的组织,设置了首席信息官(Chief Information Officer, CIO),开始重视信息安全,建立信息制度,组织结构趋向扁平化;在资源整合的基础上,真正把前期的 IT 技术投入与管理模式结合起来,通过进行业务流程改进或重组来对业务流程进行变革,使组织内部的信息流、资金流、业务流和物流等"各流合一";在整体运作效率提升后,组织开始获取信息化效益。

第四级——IMM4,战略支持级。IMM4 是 IMM 模型中比较高的一级,主要从纵向管理链和包括组织内部、外部业务流程的横向价值链的角度展开,突出高层的管理和组织内部与外部业务流程的整合,达到这一级的组织,发现信息化不是 CIO 一个人的事情,因而建立了 CIO 机制,在各级部门都开始设立负责信息事务的职位,即部门信息主管(Information Officer, IO)。组织对信息战略进行规划,使信息战略与业务战略相一致,达到支持业务战略的目的;通过核心价值链的信息化,强化了自身的核心竞争力;组织与上下游合作伙伴开始进行各种资源整合。

第五级——IMM5,持续改善级。IMM5 是 IMM 模型中最高的一级,也是模型开放的体现;达到这一级的组织,已经成为学习型组织,有了 IT 治理意识,并试图成为创新型组织;在各项信息化基础设施、基本制度、运行机制齐备的条件下,信息化已经成为组织创新的重要工具和力量;信息文化已经成为组织文化中重要的一部分;组织作为一个智能的主体,有快速对环境或市场做出反应的能力,成为自适应组织;信息化已经是如此基础和重要,犹如电力,使人感觉到它处处存在,以至于感觉到对于组织战略来讲不再重要。

要再次申明的是,以上的 IMM 只是考评一个组织信息化目前达到的状态,并不是说明一个组织信息化应该走完的步骤或路径。事实上,一个组织的信息化应该瞄准第四级或第五级的目标来进行总体规划,然后分步实施。

4.2　组织建设信息系统的模式

信息系统的建设受两方面因素的推动:一是竞争对手的压力;二是信息技术的扩散和渗透。根据我国学者的研究[①],组织投资信息系统的模式主要归纳为四种:企业-行业互动模式、挑战-反应模式、雁行模式、地域互动模式。

4.2.1　企业-行业互动模式

企业信息系统建设与企业所在行业的信息化之间普遍存在相互促进和约束的互动关系,我们将企业信息系统建设与行业信息化之间相互影响而出现的企业信息系统建设模式称为企业-行业互动模式。

行业内领头羊企业建设信息系统一般既会带来示范效应,也会给其他企业带来威胁,所以,同行业的其他企业会主动学习和模仿。另一方面,同行业内两个或多个竞争性企业之间更容易受到企业之间决策的影响,一旦竞争对手实施信息系统建设而形成差异化或成本等竞争优势时,另外一家企业或多家企业的反应结果就是也投资相应工程甚至更为先进的信息系统工程,这种状况可以用博弈论中的著名"囚犯难题"(见图 4.2)来参照解释。

		B集团	
		建设IS	不建设IS
A集团	建设IS	2, 2	5, −1
	不建设IS	−1, 5	1, 1

图 4.2　企业信息系统建设的"囚犯难题"

假设 A 集团与 B 集团互为某类空调器市场上的竞争性企业,双方都面临是否建设信息系统(例如是否上 ERP 系统)的选择,那么:

(1) 假设竞争开始双方都没有投资信息系统建设,则市场收益都为 1,即为右下角的数值。

(2) 假设双方都投资建设信息系统,则双方的成长空间都扩大,成本都得到节约,那么

---

① 关于信息系统的建设模式是参考中山大学谢康教授的国家社科基金项目"信息化实现经济效益的机制与模式研究"的结题报告,该报告将中国企业信息化的投资模式归纳为五种:企业-产业互动模式、挑战-反应模式、雁行模式、地域互动模式和其他模式。

收益都为 2,即为左上角的数值。

　　(3)但是,如果一方建设信息系统另一方不建设信息系统,建设方一方面由于采用先进的信息技术使生产成本、管理成本和交易成本等下降,以及市场份额向以前没有覆盖的地区扩张,累计获得 2 个收益;另一方面由于顾客对其信心和预期的增强,使得顾客对另一方的预期变差,因而抢夺对方 2 个收益,因而收益陡增为 5,而不建设方则因为广告劣势和消费者信心及预期等因素而发生 2 个损失,综合收益下降为 -1,即为左下角或右上角的数字。

　　(4)竞争双方分析到了(3)中的后果,在这种局势下,对策的结果是双方都选择投资信息系统的建设,即均衡点将落在图 4.2 的左上角(2,2)处。

　　(5)与"囚犯难题"不同的是,对策的结果是实现了双赢。注意,以上分析有一个假设即认为信息系统一旦建设就会成功,发挥效益。

4.2.2　挑战-反应模式

　　这种信息系统建设模式又称为竞争-反应模式或挑战-应战模式。它是组织为了面对现实的挑战或未来的挑战而采取积极的对应措施,在组织选择各种对策措施中,信息系统建设成为首选方案而出现的组织信息系统建设模式。面对未来的挑战,是指组织未雨绸缪,将组织自身作为挑战对象,假定组织不采用新的信息技术则将在未来的竞争中处于不利位置,因而为了适应这种挑战,主动反应,积极建设信息系统。

　　所以,如果说企业-行业互动模式适于一般组织的信息系统建设,那么挑战-反应模式则更适于行业中领头羊企业或一个系统中处于领先地位的组织进行信息系统的建设。这些处于领先地位的组织如果能在行业外或系统外,例如国际上找到更强的竞争对手,也可以将这些对手作为自己的标杆对象,进行学习和创新。

4.2.3　雁行模式

　　由于组织实施信息系统建设的时间不同或起点不同,行业内或系统内不同组织之间形成了技术和管理水平上的差距系列,犹如大雁飞行状发展。我们将这种信息系统建设模式称为雁行模式(见图 4.3)。由于信息技术发展很快,投资最新的信息技术成功率相对较低,导致信息系统建设的风险较大。因而,许多组织都愿意"跟跑"而不愿意"领跑",具体表现为在同行业的竞争对手或合作伙伴建立信息系统之后,吸取其经验教训,建设自己单位的信息系统。

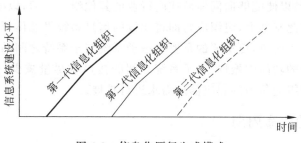

图 4.3　信息化雁行生成模式

在现实的应用中,往往是软件产品或信息系统解决方案的原厂商自己在本单位内部先采用自己的方案,或者以免费实施的形式征集用户进行试验,这些组织成为第一代信息化的组织,美其名曰信息化"灯塔"。领头羊型组织等技术或方案比较成熟以后,一般会充任第二代信息化组织,其他组织则分别成为后面的第三代甚至第四代信息化组织。

雁行模式可以分为行业内组织间雁行模式、组织内雁行模式、行业间雁行模式和地区内雁行模式四种。在组织间雁行模式中,领先信息化的组织构成随后信息化的组织模仿和学习的基础,现实中通常采取示范工程的方式建立组织间雁行模式。采用企业-行业互动模式建设信息系统的企业多属于组织间的雁行模式。与组织间这种组织外部雁行模式不同的是,组织内雁行模式主要形成在组织内部不同部门之间,例如首先是研发部门或财务部门等人力资源素质较好部门的信息化,然后是生产、物流等其他部门陆续的信息化。

4.2.4 地域互动模式

由于组织所在区域政府推动,主动提供组织信息系统建设的各种有利的环境条件,或者由于组织所在某个自然形成的经济区域内组织之间相互影响的结果,或者区域内信息传播成本低廉而促进了组织间信息相互交流和影响,总而言之,由于地域因素的影响,组织投资信息系统而形成的信息系统建设模式,称为地域互动模式。

地区内组织如果互相合作,除了上述互相学习上的优势外,还可以向信息技术产品的供应商集体竞买,以争取更大的折扣,供应商为了加强对该地区的锁定,也会认可集体议价、集体竞买的方式。

除上述四种模式外,还存在某些其他的信息系统建设模式,这里就不再赘述。总之,组织的信息需求是建设信息系统的主要动力,组织明确自身的信息需求和信息系统建设动机,是保证信息系统成功的重要一环。组织只有清醒地知道自己需要什么信息和建设信息系统是为了什么,才能不至于随着潮流走或受到各种因素干扰而丧失最佳进入时机。尽管组织之间存在着相互模仿建设信息系统的现象,但是,模仿其他组织建设信息系统不应是单纯的"你有我也有"式的攀比行为,而应是基于强化组织竞争优势的市场行为。

4.3 组织信息系统的总体规划

组织在建设信息系统时,首先应对本单位的信息化成熟度做分析,同时对投资建设信息系统的模式进行选择,以便能够向同地域或同行业的其他组织学习,以减少投资信息系统建设的成本和风险。在此基础上,组织应对即将建设的信息系统做总体规划,通过总体规划安排各子系统开发的先后缓急,更重要的是要考虑子系统与子系统之间的关联,一方面使每个子系统内部具有很强的功能内聚性,各子系统之间的接口数尽量减少;另一方面,使整个信息系统又可以根据组织竞争力的相应信息需求进行扩展。

4.3.1 信息系统的生命周期

任何事物都有产生、发展、成熟、消亡或更新的过程,信息系统也不例外。任何一个信息系统在使用过程中随着其生存环境的变化,都需要不断维护、修改,当它不再适应的时候就要被淘汰,就要由新系统代替旧系统,这种周期循环称为信息系统的生命周期。图 4.4 表示了任意一个信息系统的生命周期。

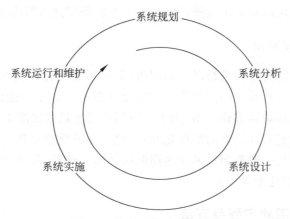

图 4.4　信息系统的生命周期

从图 4.4 可见,从宏观上讲,任意一个信息系统的生命周期都可以分为系统规划、系统分析、系统设计、系统实施、系统运行和维护五个阶段。

1. 系统规划阶段

系统规划阶段的任务是对组织的环境、目标、现行系统的状况进行初步调查,根据组织目标和发展战略,确定信息系统的发展战略,对建设新系统的需求做出分析和预测,同时考虑建设新系统所受的各种约束,研究建设新系统的必要性和可能性。根据需要与可能,给出拟建系统的备选方案。对这些方案进行可行性分析,写出可行性分析报告。可行性分析报告审议通过后,将新系统建设方案及实施计划编写成系统设计任务书。

2. 系统分析阶段

系统分析阶段的任务是根据系统设计任务书所确定的范围,对现行系统进行详细调查,描述现行系统的业务流程,指出现行系统的局限性和不足之处,确定新系统的基本目标和逻辑功能要求,即提出新系统的逻辑模型。系统分析阶段的工作成果体现在系统分析说明书中。

3. 系统设计阶段

系统设计阶段的任务是根据系统说明书中规定的功能要求,考虑实际条件,具体设计实现逻辑模型的技术方案,也即设计新系统的物理模型。这个阶段的技术文档是"系统设计说明书"。

4. 系统实施阶段

系统实施阶段是将设计的系统付诸实施的阶段。这一阶段的任务包括程序的编写和调试,如果是购置套装软件,则包括软件系统参数的设定和二次开发,以及人员培训,数据文件的准备和转换,计算机等设备的购置、安装和调试,系统调试与转换等。这个阶段的特点是几个互相联系、互相制约的任务同时展开,必须精心安排、合理组织。系统实施是按实施计划分阶段完成的,每个阶段应写出实施进度报告。系统测试之后写出系统测试分析报告。

5. 系统运行和维护阶段

系统投入运行后,需要经常进行维护和评价,记录系统运行的情况,根据一定的规格对系统进行必要的修改,评价系统的工作质量和取得的效益。对于不能修改或难以修改的问题记录在案,定期整理成新需求建议书,为下一周期的系统规划做准备。

要注意的是,无论是后面讲到的结构化开发方法,还是原型化开发方法和面向对象开发方法,所开发的信息系统一般都会遵循生命周期的规律。规划、分析、设计、实施与运行维护是从总体上必须把握的几个大步骤。

4.3.2 信息系统的规划内容与方法

1. 信息系统规划的内容

从信息系统的生命周期得知,要开发一个信息系统,第一步要做的便是制定信息系统的发展规划。这有两个原因,其一,信息系统的发展规划是组织战略规划的重要组成部分,信息系统可以为组织制定或调整战略规划提供各种必要的信息支持。因此,信息系统的发展规划应当与组织战略规划有机地配合。信息系统战略规划的核心问题之一,就是使信息系统的发展战略与整个组织的发展战略保持一致。其二,信息技术发展非常迅速,开发信息系统受各方面因素的影响,风险很大,如果没有做好规划,有可能在开发或实施过程中失败,也有可能因为技术选型不当,成为落后的系统,或者成为不受支持的技术。

信息是组织的重要资源,只有经过规划和开发的信息资源才能有效地发挥其作用。由于组织内外的信息资源很多,其内外之间都有大量的信息需要交换和共享,如何收集、存储、加工和利用这些信息以满足各种不同层次的需要,这显然不是分散的、局部的考虑所能解决的问题,必须有来自高层的、统一的、全局的规划,将这些信息提取并设计出来,才能实现信息的有效共享。

例如,在教学管理中有关学生学号可以有如下称谓:学生学号、学号、序号。学生姓名的称谓可以有学生姓名、姓名等,假设这些称谓被用于不同的子系统中(如学籍管理子系统、成绩管理子系统、后勤管理子系统等),并且在子系统中它们又有不同的标识,如果这些子系统之间不存在信息交换,那么这些定义对各自独立地完成其管理功能没有影响,但是当需要将这些子系统联成一个大的系统时便产生了问题,因为在信息系统中这些标识被认为是不同的数据,相互之间不能进行数据交换,要实现交换则必须建立它们之间的对应关系,即设计子系统之间的接口,做大量的转换工作。

类似的问题在现实应用中是大量存在的,因为如果缺乏规划,那些已经存在的、大量的子系统之间要互相通信,那么这种转换工作的工作量将会很大,并且接口数随着新的互连子系统的增加而按几何级数增加,费用也随之迅猛增长。或者形象地说,系统之间的接口数也符合"梅特卡夫定律"。该定律的通俗含义是指"网络的价值与节点数的平方成正比"。当然,在这里,该定律不是网络的价值与节点数的平方成正比,而是接口的数目与连接的子系统数的平方成正比。解决问题的方法是在总体规划中,对大量的公用数据进行合理定义,建立共享数据库,各子系统除调用专用数据库外,可以直接调用或存储共享数据库中的数据,而不是通过接口互相调用数据,只有这样才能有效率地实现信息的共享,提高系统的适应性和可扩展性。

按照收益最大化原则,组织率先进行信息系统建设的部门,往往是直接与市场相联系或与组织核心信息资源管理相联系的部门,即组织通常首先在营销部门、人力资源部门或财务管理部门内部建立信息系统。在这些部门获得经验后将信息系统向组织内部其他部门推广和延伸。

综上所述,信息系统的总体规划需要解决以下三方面的内容。

1) 了解组织当前信息系统以及管理状况

现有信息系统的状况,包括软件设备、硬件设备、人员、各项费用、开发项目的进展及应用系统的情况,应充分了解和评价;同时,对于当前的组织规模、组织结构、业务流程、组织文化、管理制度等情况做一些分析,上述信息都是制定总体规划的基础。

2) 对相关信息技术发展进行预测

信息系统战略规划必然受到信息技术发展的影响。因此,对规划中涉及的软件、硬件技术和方法论的发展变化及其对信息系统的影响应做出预测,有条件的还应进行评估,以提高技术选型和产品选型的正确性。

3) 制定信息系统的总目标和发展战略

进行信息系统规划,应根据组织的战略目标和内外约束条件(例如地域因素、行业因素和目前现状等),确定信息系统的总目标和总体结构。信息系统的总目标规定信息系统的发展方向,发展战略则科学地确定信息系统建设的阶段及其目标,并列出它们的先后顺序,以确定信息系统建设的重点和突破口。

2. 信息系统规划的方法

用于信息系统规划的方法很多,主要有关键成功因素法(Critical Success Factors,CSF)、战略目标集转化法(Strategy Set Transformation,SST)和业务系统规划法(Business System Planning,BSP)。下面对这三种规划的方法分别进行介绍。

1) 关键成功因素法

关键成功因素法首先要明确组织目标,然后对目标分解,识别组织的关键成功因素,以及支撑关键成功因素的性能指标,在此基础上,明确优先要开发的系统或功能模块。关键成功因素就是要识别联系于组织目标的主要数据类及其关系,识别关键成功因素所用的工具是树枝因果图。

例如,某企业未来三年有一个目标,是提高产品竞争力,可以用树枝图画出影响它的各种因素,以及影响这些因素的子因素。然后评价这些因素中哪些因素是关键成功因素,需要什么样的系统来支持这些关键成功因素的良好运作。对于一个习惯于高层人员个人决策的企业,主要由高层人员个人在此图中选择。对于习惯群体决策的企业,可用德尔菲法或其他方法把不同人设想的关键因素综合起来。

关键成功因素法在高层应用,一般效果比较好,因为每一个高层领导人员日常总在考虑什么是关键因素。对中层领导来说一般不大适合,因为中层领导所面临的决策不少是结构化的,其自由度较小,最好应用其他方法。

2) 战略目标集转化法

战略目标集转化法把组织的战略目标看成是一个"信息集合",由使命、目标、战略和其他战略变量(如管理的复杂性、改革习惯以及重要的环境约束)等组成。信息系统的战略规划过程是把组织的战略目标转变为信息系统战略目标的过程,如图 4.5 所示。

图 4.5 战略目标集转化法

这种方法的第一步是识别组织的战略集,可以采用以下步骤。

(1) 描绘出组织各类人员结构,如管理人员、一般员工、供应商、顾客、银行、政府部门及竞争者等。

(2) 识别每类人员的目标。

(3) 对于每类人员识别其使命及战略。

当组织战略初步识别后,应立即送交组织有关领导审阅和修改。

第二步是将组织战略集转化成信息系统战略集,信息系统战略集应包括系统目标、系统约束以及系统开发战略等。这个转化的过程包括对应组织战略集的每个元素识别对应的信息系统战略约束,然后提出整个信息系统的结构。

3) 业务系统规划法

业务系统规划法是通过全面调查,分析组织信息需求,制订信息系统总体方案的一种方法。其工作流程如图 4.6 所示。它的四个基本步骤如下。

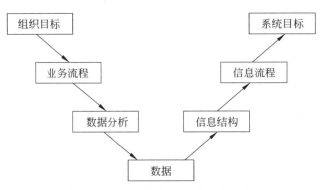

图 4.6 业务系统规划法的工作流程

(1) 定义组织目标。确定各级管理的统一目标,各个部门的目标要服从总体目标。通过对组织管理目标的定义,才能明确界定信息系统的目标。

（2）识别组织的业务流程。识别组织的业务流程是 BSP 方法的核心。业务流程定义为逻辑上相关的一组决策和活动的集合。识别业务流程可对组织如何完成其目标有一个深刻的了解，并且有助于定义系统的功能和信息的流程。

（3）定义数据类。在识别组织业务流程的基础上，分析每一个流程利用什么数据、产生什么数据，或者说每一业务流程的输入和输出数据是什么。将所有的数据分成若干大类。

在这一步中重点是分析数据实体及其相互之间的联系，按照各层管理人员和业务人员的管理经验和一些形式化方法，对数据实体进行聚集分析，将联系密切的实体划分在一起，形成一些实体组（即数据类）。这些实体组内部的数据实体之间联系密切而与外部实体联系很少，它们是划分数据类的依据，进而在数据类的基础上建立起主题数据库模型，为组织的不同管理需求提供必要的、稳定的、共享的总体数据模型。

（4）定义信息结构。定义信息结构也就是划分子系统，确定信息系统各个部分及其相关数据之间的关系。BSP 法是根据信息的产生和使用来划分子系统的，它尽量把产生某信息的业务流程和使用该信息的业务流程划分在一个子系统中，从而减少子系统之间的信息交换。具体的做法是用 U/C 图，U 表示使用（Use），C 表示产生（Create），如表 4.4 所示。

表 4.4　业务流程/数据类矩阵

企业过程	客户	订货	产品	操作顺序	材料表	成本	零件规格	材料库存	成品库存	职工	销售区域	财务	计划	机器负荷	材料供应	工作令
经营计划						U						U	C			
财务计划						U						U	C			
资产规模												C				
产品预测	U		U									U	U			
产品设计开发	U		C		U		C									
产品工艺			U		C		U									
库存控制								C	C						U	U
调度			U											U		C
生产能力计划				U										C	U	
材料需求			U		U										C	
操作顺序				C										U	U	U
销售区域管理	C	U	U													
销售	U	U	U									C				
订货服务	U	C	U													
发运		U	U						U							
通用会计	U		U									U				

企业过程	数据类															
	客户	订货	产品	操作顺序	材料表	成本	零件规格	材料库存	成品库存	职工	销售区域	财务	计划	机器负荷	材料供应	工作令
成本会计		U				C										
人员计划										C						
人员考核										U						

表 4.4 的最左列是第二步识别出的组织的业务流程,最上一行是第三步归纳出的数据类。如果某个业务流程产生某数据,就在该业务流程对应行的某数据列矩阵元中写 C;如果某业务流程使用该数据,则在其对应矩阵元中写 U。开始时数据类和过程是随机排列的,U、C 字母在矩阵中排列也是分散的。

以调换业务流程和数据类的顺序的方法,对表 4.4 进行行列变换,尽量使 C 和 U 字母集中到对角线上排列,然后把字母 U 和 C 比较集中的区域用粗线条框起来,这样形成的框就是一个个子系统,如表 4.5 所示。每个框的名字则是框内内容的概括,即该子系统的名称。在粗框外的 U 表示一个系统用另一个子系统的数据,表 4.5 中用带箭头的线举了一个具体的例子,表示市场销售子系统用到了生产制造子系统中的成品库存数据。这样就完成了子系统划分,即确定了信息结构。子系统外的这些 U,则明确了子系统之间的数据调用关系,即明确了子系统间的信息流程。各子系统的功能汇总在一起,则综合反映了系统目标。

前面讲到了三种做系统规划的方法,下面进行简单比较。关键成功因素法能抓住主要矛盾,使目标的识别突出重点。由于高层管理者比较熟悉这种方法,用这种方法所确定的目标,管理者们乐于努力去实现,该方法最有利于确定组织的管理目标。

战略目标集转化法从另一个角度识别管理目标,它反映了各种人的要求,而且给出了按这种要求的分层,然后转化为信息系统目标的结构化方法。它能保证目标比较全面,疏漏较少,但它在突出重点方面不如前者。

业务系统规划法虽然也首先强调目标,但它没有明显的目标导引过程。它通过识别组织的"业务流程"引出了系统目标,组织的目标到系统目标的转换是通过业务流程/数据类等矩阵的分析得到的。由于数据类也是在业务流程分析基础上归纳出的,所以识别组织业务流程是 BSP 战略规划的中心,绝不能把 BSP 法的中心内容当成是绘制 U/C 矩阵。

还可以把这三种方法综合起来使用,把它叫 CSB 法(即 CSF、SST 和 BSP 结合)。这种方法先用 CSF 法确定组织目标,然后用 SST 法补充完善组织目标,并将这些目标转化为信息系统目标,用 BSP 法校核两个目标,并确定信息系统结构,这样就补充了单个方法的不足。当然这也使得整个方法过于复杂,而削弱了单个方法的灵活性。可以说至今为止信息系统总体规划没有一种十全十美的方法。进行任何一个组织的系统规划均不应照搬以上方法,而应当具体情况具体分析,选择以上方法中可取的思想,进行灵活运用。

表 4.5　划分子系统和子系统之间的联系举例

企业过程		数据类															
		计划	财务	产品	零件规格	材料表	材料库存	成品库存	工作令	机器负荷	材料供应	操作顺序	客户	销售区域	订货	成本	职工
经营计划	经营计划	C	U													U	
	财务计划	C	U													U	U
	资产规模		C														
技术准备	产品预测	U		U									U	U			
	产品设计开发			C	C	U							U				
	产品工艺			U	C	C	U										
生产制造	库存控制						C	C	U		U						
	调度			U					C	U							
	生产能力计划									C	U	U					
	材料需求			U		U					C						
	操作顺序								U	U	U	C					
市场销售	销售区域管理			U									C		U		
	销售			U									U	C	U		
	订货服务			U									U		C		
	发运			U				U							U		
财务会计	通用会计			U									U				U
	成本会计														U	C	
人力资源	人员计划																C
	人员考核																U

　　最后，在总体规划中也要强调数据位于信息系统的中心观念，即"数据稳定性"原理。所谓"数据稳定性"原理是指，只要组织的性质和目标不变，它的数据类就是稳定的，任何经营管理活动都离不开对这些数据的存取。信息系统的开发不仅需要面向业务流程，还应面向数据类，因为业务流程是多变的。尽管通过识别业务流程可以得到很多数据项，但开发新的信息系统时一定要明确数据模型是稳定的而业务流程是多变的这个基本原理和前提，在此基础上，尽量识别出组织的元数据和数据类。这样，信息系统就有较强的适应性。

4.4 信息系统的可行性研究

在做完总体规划之后,根据开发先后顺序的安排,确定近期需开发的信息系统。这时就要仔细分析该信息系统的开发是否可行,对目标系统进行可行性分析。对信息系统进行可行性分析,要求从调查研究入手,与用户密切联系,从信息系统特性和用户目标出发,列出系统的各种需求,再进一步从技术上、经济上和社会效益等方面论证其可行性,最后提交一份可行性分析报告。

4.4.1 信息系统的需求分析

为了进行可行性研究,要对信息系统的需求进行分析。要确定对目标系统的综合要求,并提出这些需求的实现条件,以及需求应达到的标准,也就是解决要求所开发信息系统做什么,做到什么程度。

1. 功能需求与非功能需求

(1) 功能需求。列举出所开发信息系统在功能上应做什么,这是最主要的需求。功能需求又应该根据对用户的重要程度和迫切程度分为三类。

A 类:必须做什么(Need),这一部分需求是一个信息系统的核心需求,一般也是立项的初衷,是必须要实现的,如果这部分需求不实现,用户绝对不会满意。

B 类:应该做什么(Want),大部分的需求都属于这一类。

C 类:可以做什么(Wish),这一部分需求实现的功能对用户目前来讲不是很急迫,但一般都采用了比较新的技术或新的方法,所以,尽管这部分的需求不多,但会花掉很大的一块预算。

(2) 性能需求。给出所开发信息系统的技术性能指标,包括存储容量限制、运行时间限制、传输速度要求和安全保密性等。

(3) 资源和环境需求。这是对信息系统运行时所处环境和资源的要求。例如在硬件方面,采用什么机型、需要什么外部设备、数据通信接口等;在软件方面,采用什么系统软件,如采用什么操作系统、什么网络软件和什么数据库管理系统等;在使用方面,需要使用部门在制度上或者操作人员的技术水平上应具备什么样的条件等。

(4) 可靠性需求。信息系统在运行时,各子系统失效的影响各不相同。在需求分析时,应对所开发软件在投入运行后不发生故障的概率,按实际的运行环境提出要求。对于那些重要的子系统,或是运行失效会造成严重后果的模块,应当提出较高的可靠性要求,以期在开发的过程中采取必要的措施,使信息系统能够高度可靠地稳定运行,避免因运行事故而带来的损失。

(5) 安全保密要求。工作在不同环境的信息系统对其安全、保密的要求显然是不同的。应当把这方面的需求恰当地做出规定,以便对所开发的信息系统给予特殊的设计,使其在运行中安全保密方面的性能得到必要的保证。

(6) 用户界面需求。信息系统与用户界面的友好性是用户能够方便有效愉快地使用该系统的关键之一。从市场角度来看,具有友好用户界面的信息系统有很强的竞争力。因此,必须在需求分析时,为用户界面规定应该达到的要求。

(7)成本消耗与开发进度的需求。对信息系统项目开发的进度和各步骤的费用提出要求,作为对开发过程进行管理的依据。

(8)预先估计的可扩展性需求。这样,在开发过程中,可对系统将来可能的扩充与修改做准备。一旦需要时,就比较容易进行补充和修改。

功能性需求是人们普遍关注的,但常常忽视上述那些非功能性需求的分析。其实非功能性需求并不是无关紧要的,它们的主要特点是涉及的方面多而广,因而容易被忽略。

在这里,需要说明一下**有界合理性**的思想。当我们设定信息系统的目标时,一定要确定一个合理的项目边界,也就是用户需求的范围。否则,承诺得越多,成功的可能就越小,用户的失望就会越大。这就是有界合理性的思想。当然,范围不是不可以变更的,可以在范围基本稳定的情况下,将偶尔的范围变更纳入范围变更管理系统中,按照一定的程序或流程实施信息系统的范围变更。

2. 明确需求的方法

怎样明确上述所列的信息系统需求呢? 一般来说可以从以下两方面去考虑。

(1)从含糊的要求中抽象出对信息和信息处理的要求。初始要求中,常常是把对人员、制度、物资设备的要求和对信息的要求混在一起提出来。在考虑信息系统时,应先把其他内容去掉,只留下对信息的要求。如果有的要求中既有对信息的要求,又有对其他方面的要求,则应该用抽象的语言把信息要求表达出来。

(2)对各种要求确定定量的标准。对于速度、时间等数量指标,必须经过调查研究确定具体的定量标准;对于质量等定性指标,也应该制定能够检查的比较具体的指标,例如能够画出哪几种图表,等等。

很明显,上述工作的基础在于对系统特点与具体情况的了解。然而,在项目尚未真正开始时,是不可能组织大量的人力和物力来进行调查及收集资料的。因此,从事需求分析的人员需要充分利用已有的经验进行类比与估算,这正是需求分析的主要困难之处。

4.4.2　需求调研的方法与步骤

上面对信息系统的需求做了一般分析,那么,信息系统的需求是如何得来的呢? 是调查和收集来的。信息系统的需求调查过程实际上是各类原始素材的收集过程,相应的需求调研方法和步骤包括如下五个方面。

1. 阅读文献

在可能的情况下,对所有数据载体(即各类表格、记录、报告和手册等)以及岗位责任制、职责范围、规程手册、业务书籍等都要进行收集。弄清它们的来龙去脉、作用范围。这里要特别强调的是要阅读规程手册和与该用户单位业务有关的相关业务书籍,通过认真阅读,掌握该组织的基本业务术语和主要业务流程,以减少有关术语的歧义性,增加需求分析的准确度。

2. 实地考察

实地考察的目的之一就是尽可能接近事件发生地去研究真实的业务运作情况。作为观察者要遵守一定的规则,在观察时尽可能多听、少说或不说;尤其是要注意那些一闪即逝的有用的信息。观察内容包括现行系统的实际布局、人员的安排、各项活动及业务流转情况。通过实地考察,可以增加系统开发人员的感性认识,有助于加快对组织业务流程和业务活动的理解。

3. 用户访谈

在采用上述两种方法进行调研之后,调研人员应该能够初步发现用户单位旧系统(含人工系统)的问题之所在,在此基础上,可以起草有针对性的访谈提纲。用户访谈可以采用多种形式,例如一对一的访谈,专门针对一个部门的访谈,以及举行会议等形式都可以考虑。

面对面交谈,有机会采用各种灵活的方式收集信息,主要用于两个方面:一是获得信息;二是对书面资料、观察而获得的信息进行验证。面谈可以上下结合,组织的领导、中层和下层管理人员,甚至职工代表都可以作为面谈对象。这样不仅能了解战略信息需要,而且能了解具体任务的信息需要。这种方法的成功与否主要依赖信息分析员的提问水平。进行面谈时要注意以下六点。

第一,时间、地点、顺序要事先安排好,以保证有个清净的环境,而不易被打断。

第二,最好准备一个面谈提纲或问卷。要从系统目标出发,加上主观判断,规定调查的思路。带着主观偏见去收集信息不对,但无主观思路规定数据的范围,以相等的权重看待所有信息,则只能是眉毛胡子一把抓,可能丢了西瓜,捡了芝麻。在面谈开始时应该首先交代清楚面谈的目的和内容,然后作为一位聆听者而不是答辩者来开展具体的谈话,面谈时既要把握重点,又要注意提纲上未出现但可能很重要的信息。

第三,提的问题应该明确简洁。注意问题的提法和问题的提出顺序。

第四,提问时尽量采用开放性问题,让用户充分地阐述他们的需求。必要时,还要追问,以使问题进一步深入和具体化。用户回答的时候要认真听,避免争论。

第五,要建立友好的关系和气氛。

第六,事后应进行访谈纪要整理。如果访谈前能够征得受访者同意对访谈过程录音,那就更有利于访谈纪要的整理。访谈纪要应该返回给受访者修改完善。

4. 发放调查问卷

发放调查问卷有一个很重要的优点,就是用户可以将自己的各种需求,例如初级的或高级的;眼前的或长远的;难以启齿的或可以冠冕堂皇地公之于众的全部列在问卷中开放式的填写项上,显然,这需要一个前提,就是调查问卷不要求署名或签字。这种轻松的方式常常可以得到面谈所预想不到的需求。因为在面谈的情况下,由于可能有其他人在场,或者由于各种难以明说的原因,需求可能是不完整的。

调查问卷可以得到较为全面的需求,当然,全面的需求并不是在一期项目中都需要实现,调研人员可以与用户一起对这些需求进行分类,既可以分成 A、B、C 三类,也可以分为第一期工程、第二期工程和后续工程等。这样,调研人员就能从一定程度上预测未来用户需求可能的变化。

调查问卷的缺点是回答开放式问题时,许多人不愿动笔。另外,很重要的一点是设计一个好的调查问卷并不容易。

5. 业务专题报告

对于某些需要信息系统重点支持的业务需求或比较复杂的业务需求,最好能请用户的高层为信息系统调研人员做专题报告。专题报告由于经过报告人认真准备,所以系统性、逻辑性、完整性和准确性都较强,对于组织未来的发展也会做出相应的描绘,是提高调研效率和质量的一个好办法。

要注意的是,在采用上述各种调研方法收集到所需信息后,应该将其记录下来。并且,做记录时应该尽量注意叙述的完整性、正确性、可检验等特征。下面这个从实际的工程选出的需求,叙述得就很不好。

例子:系统应在不少于每 60 秒的正常周期内提供状态信息。

评述:这个需求是不完整的,状态信息是什么?如何显示给用户?这个需求有几处含糊。我们在谈论系统的哪部分?状态信息间隔真的假定为不少于 60 秒?甚至每 10 年显示一条新的状态信息也可以?问题的后果,就是需求的不可检验。

对组织待建设信息系统的需求调研是新系统可行性研究阶段和系统分析阶段所必须进行的工作内容,无论是在可行性研究阶段还是在系统分析阶段的调查工作都可以按照上述方法来进行,但调查的程度有所不同。可行性研究阶段的调查不必非常详尽,而系统分析阶段的调查要做到越详细越好。

4.4.3 可行性研究的方法

在信息系统的目标需求已经确定,对系统的基本情况又有所了解的情况下,系统分析人员就可以开始对待建设的信息系统项目进行可行性分析。

所谓可行性应该包括必要性和可能性两个方面。没有必要性的项目是不应该开始进行的。一些单位的信息系统应用项目开展不起来的重要原因之一就是领导和管理人员没有紧迫感,没有认识到信息系统对组织竞争力的支持。一般来说,没有迫切的需要,勉强地开展信息系统建设,是很难取得好效果的。可行性可从以下三个方面去分析。

1. 从技术因素角度考察

这就是分析所提出的要求在现有技术条件下是否有可能实现。例如对加快速度的要求,对存储能力的要求,对通信功能的要求等,都需要根据现有的技术水平进行认真的考虑。这里所说的现有水平,应是指社会上已经比较普遍地使用了的技术。不应该把尚在实验室里的新技术作为讨论的依据。对于组织文化体现为风险厌恶型的或者说相对保守的组织,那些还没有成为主流技术的产品要尽量少考虑。

2. 从经济因素角度考察

这包括对项目所需费用的预算和对项目效益的估算。这是非常重要的,如果忽略了,就会造成巨大的损失。在估算的过程中常常是把费用估计低了而把收益估计高了,这是因为人们在考虑问题时经常忽略一些重要的因素。例如人们在考虑费用的时候,存在以下现象。

（1）只考虑了计算机的费用,而低估了外围设备的费用。

（2）只考虑了硬件的费用,而低估了软件的费用。

（3）只考虑了研制或购置系统时所需要的一次性投资,而忘记或低估了日常运行的维持性费用(如硒鼓、打印纸等各种耗材,以及租用主机或服务器等的费用)。

（4）只考虑了设备材料等物资的费用,而忘记或低估了人员技术培训的费用,等等。

所有这些都使人们低估了信息系统建设或运行的费用。尽管运行费用不是信息系统建设项目期间的费用,也需要提前规划,做出恰当的预算安排。

另一方面,对于项目的收益,人们往往把引进信息系统后所增加的信息处理的能力,与实际发展出来的效益混为一谈。必须明确,当引进计算机或其他新技术时,只是使信息系统在某一环节增加了处理的能力。

例如,用计算机代替手工生成表格,把原来要用 10 小时能完成的制表任务在 10 分钟内完成,能不能说我们就一定能把效率也提高 60 倍呢? 不能。因为制表任务是整个信息系统中的一个环节,它的前后都还有许多其他的工作。例如前面的数据整理和准备工作,后面的结果分发工作等。原先,由于制表任务花费人力太大,其他环节的弱点没有暴露出来。当这一环节采用新技术之后,这里不再是系统效率的"瓶颈"了,其他环节的限制就暴露出来了。例如,制表前的数据整理和准备工作需要 5 小时,那么计算机也必须等待 5 小时后才能打印一张报表,实际上整个系统的效率只提高到原先的两倍,而不是 60 倍。这种情况是很常见的。因此,在估计费用及收益时必须注意到这一点。

3. 从社会因素角度考察

由于信息系统是在社会环境中工作的,除了技术因素与经济因素之外,还有许多社会因素对于项目的开展起着制约作用。例如,与项目有直接关系的管理人员是否对于项目的建设抱支持的态度,如果有各种误解甚至抱有抵触的态度,那应该说条件还不成熟,至少应该做好宣传解释的工作,项目才能开展。

有的组织的管理制度正在变动之中,这时信息系统的建设工作就应作为整个管理制度改革的一部分,在系统的总目标和总的管理方法制定之后,项目才能着手进行。又如,项目开发的进度很紧张,必须在某一个时间点前结束,而开发方和用户双方的资源都不能保证按期完成,这样的系统也是不可行的。

所有这些社会的因素、制度的因素、人的因素和进度的因素均必须考虑在内。

4. 可行性分析的结论

需从以上三个方面来判断项目是否具备开始进行的各种必要条件,这就是可行性分析。在可行性研究结束之后,应该将分析结果用可行性报告的形式编写出来,形成正式的工作文件。这个报告是非常必要的。因为我们把项目的目标用我们的语言表达出来,并按照我们的理解把它明确化、定量化,列出优先顺序并进行权衡考虑,这些是否符合用户的原意,有没有偏离用户的目标,都还没有得到验证。虽然我们是尽力去体会用户的意图,但是,由于工作背景和职业的差别,仍然难免发生一些误解与疏漏。因此,与用户交流,请他们审核可行性分析报告是十分必要的。

可行性报告的结果包括三种:可行、不可行和有条件可行。即使得出在目前条件下不可行的结论,也是完全可能的。如果限定必须证明可行,那么可行性分析就没有意义了。甚至可以说,判断不可行性比判断可行性的收获还大,因为这可能避免了后面巨大的浪费。如果把大量的人力、物力投入一个客观条件不具备,事先就认定是劳而无功的项目,其损失是难以预计的。当然,可行性分析的结果也有可能是有条件可行,即做一些局部性的修改,例如修改某些目标、追加某些资源、给定某些条件再实施项目等。

可行性报告通过之后,信息系统项目就进入了实质性的建设准备阶段。

思 考 题

1. 简述现有信息化成熟度模型的研究角度。
2. 列出通用信息化成熟度模型的各个阶段,给出各阶段的关键状态。
3. 比较信息系统各种建设模式的异同,最好能举例说明。
4. 任何一个信息系统是否都有生命周期?谈谈你是如何理解信息系统的生命周期的。
5. 为什么要对信息系统的开发进行规划?
6. 比较信息系统规划的三种主要方法。
7. 信息系统有哪几方面的需求?有哪些非功能性需求?
8. 比较说明需求调研的几种主要方法。
9. 可行性研究包括哪几方面的内容?
10. 谈谈你对"人们经常高估了收益、低估了成本"的看法。

第5章 信息系统的前期准备

组织在做完可行性研究并得出可行结论的信息系统项目就应该组织建设了。在建设一个信息系统之初,首要考虑的是信息系统的开发方式,到底是自行建设,还是外包呢?确定了开发方式之后,开发方和用户单位就要签订合同,组织并启动项目组,对用户单位的数据和业务流程进行标准化或规范化,不适合的业务流程还需要重新设计甚至进行革命式的再造,然后选择合适的开发模式和开发方法。

5.1 信息系统的开发方式选择

信息系统的开发方式从是否依赖外部力量来讲主要分为自行建设和外包两种。其中自行建设又叫自主开发方式,外包方式根据用户单位参与开发的深度不同又可以分为联合开发方式、委托开发方式和购买套装软件方式三种。当然,联合开发不能严格地说是外包,是指借助外部力量进行合作开发的一种形式,这里作为最浅层次的外包形式。

实际上,在签订合同时,就必须确立开发方式。因为不同的开发方式对于合同的细则如知识产权、开发费用等有直接影响。不同的开发方式各有优点和不足,需要根据组织的技术力量、资金情况、外部环境等各种因素进行综合考虑和选择。但是,不论哪一种开发方式都需要组织的领导和业务人员参加,并在信息系统的整个开发过程中予以指导和支持。

5.1.1 信息系统自主开发

自主开发就是用户自行建设信息系统,适合于有较强的信息技术队伍的组织。独立自主开发的优点是开发费用较少,开发的系统能够适应本单位的需求且满意度较高,便于维护。缺点是由于不是专业开发队伍,容易受业务工作的限制,系统对业务流程的优化不够,容易照搬旧的业务流程到信息系统中,开发水平较低,且由于开发人员有一部分是临时从所属各部门抽调出来进行信息系统的开发工作,这些人员在其原部门可能还有其他工作,所以,精力有限,容易造成系统开发时间长、系统整体优化较弱、开发人员调动后系统维护工作没有保证的情况。

因此,这种开发方式一方面需要大力加强领导,实行各级"一把手"负责的原则;另一方面可向专业开发人士或公司进行咨询,或聘请他们作为开发顾问。

随着专门的信息系统生成器的发展,一小部分单位进行自行开发是有可能的。虽然这些工具与常规的编程语言相比其运行速度较慢,但由于目前硬件成本越来越低,完全可以弥补软件运行速度的不足,使该方法在技术和经济上可行。

5.1.2 信息系统开发外包

1. 信息系统开发外包的含义和作用

信息技术外包(IT Outsourcing)是指组织以合同的方式委托信息技术服务商向组织提供部分或全部的信息功能。常见的信息技术外包涉及信息技术设备的引进和维护、通信网络的管理、数据中心的运作、信息系统的开发和维护、备份和灾难恢复、信息技术培训等。常见的外包形式主要是信息系统运行和维护的外包。

显然,**信息系统开发外包**是信息技术外包的一种类型,它是指组织以合同的方式委托开发方向组织提供部分或全部的信息系统。根据用户单位参与开发的深度又可以将信息系统开发外包分为联合开发方式、委托开发方式、购买套装软件方式三种。

外包赋予了组织应对快速变化的全球经济所必需的灵活性,同时它也使组织在竞争激烈的市场环境中能将精力集中于组织的核心竞争力上。信息系统开发的外包商通常在规模经济、经验以及在对最新技术的掌握等方面具有明显的优势,而这些优势是单个组织的信息技术部门所难以获得的。

概括来说,信息系统开发外包对欲外包信息系统的组织来讲有以下好处。

(1) 资源在组织的其他部门中被重新分配,非 IT 业务的投资得到加强,有利于强化组织的核心竞争力,获得对外界做出有效反应的能力。

(2) 有利于信息技术人才不足的组织获取最好、最新的技术,组织内部与技术退化有关的难题得到解决。

(3) 由于是信息技术厂商提供专业化服务,信息系统开发的效率会得到较大提高,开发的成本也会得到一定的节约,等等。

组织的信息系统开发外包包括三个连续的过程。

(1) 外包的决策过程。即考虑是否外包?外包什么?是选择性外包还是整体性外包?

(2) 外包商的选择过程。即考虑是选择国内的外包商还是选择国外的外包商?是选择一个外包商还是选择多个外包商?选择外包商的依据是什么?

(3) 外包商的管理过程。是签订一个长期的外包协议还是签订一个短期的外包协议?外包过程中的风险如何防范?如何对外包商进行监控?原先承担这些外包业务的组织内部人员如何处理?组织各部门如何与外包商协调工作界面及接口?如何对外包商进行评价和适当的激励?

决定采用信息系统开发外包的建设方式,就要对上述三个连续的过程给出具体的答案。当然,信息系统开发外包也具有以下三个明显的缺点:可能失控、战略信息容易泄露、对外部服务商可能产生依赖性。这些缺点是外包过程中应予以高度注意的问题。

2. 信息系统开发外包的类型

信息系统开发外包是指组织以合同的方式委托开发方向组织提供部分或全部的信息系统。前面提到,根据用户单位参与开发的深度又可以将信息系统开发外包分为联合开发方式、委托开发方式和购买套装软件方式。

1）联合开发方式

联合开发方式适合于组织有一定的信息技术人员,但可能对信息系统开发规律不太了解,或者是整体优化能力较弱,希望通过信息系统的开发完善和提高自己的技术队伍,便于后期的系统维护工作的组织。联合开发属于将待开发的信息系统有选择地进行部分外包。

联合开发方式相对于委托开发方式的优点是比较节约资金,可以培养、增强组织的技术力量,便于系统维护工作。缺点是双方在合作中对于合作的范围易出现扯皮现象,需要双方及时达成共识,进行协调和检查。

2）委托开发方式

委托开发方式适合于组织信息系统的开发队伍力量较弱,但资金较为充足的单位。委托开发方式的优点是省时、省事,开发的系统技术水平较高。缺点是费用高、系统维护需要开发单位的长期支持。此种开发方式需要用户的业务骨干参与系统的论证工作,开发过程中需要开发单位和用户双方及时沟通,进行协调和检查。委托开发属于将待开发的信息系统整体性的全部外包。

3）购买套装软件方式

购买套装软件方式也属于将待开发的信息系统整体性的全部外包。与委托开发不同的是,接受信息系统开发业务的外包商不需要从头做专门化的开发,只需要在通用套装软件的基础上,根据用户单位的具体特点,调整套装软件的各种参数,如果特别需要,才进行有针对性的二次开发。

目前,信息系统的开发正在向专业化方向发展。一批专门从事信息系统开发的公司已经开发出一批使用方便、功能强大的专项业务信息系统软件。为了避免重复劳动,规范用户单位的业务流程和管理模式,提高系统开发的经济效益,用户也可以购买信息系统的套装软件,如企业资源计划系统、医院信息系统(Hospital Information System,HIS)、客户关系管理系统、供应链管理系统、电视电话会议系统,等等。此方式的优点是节省时间和费用、技术水平较高;缺点是通用软件的专用性受到一定的限制,需要外包商有一定的技术力量根据用户的要求做软件改善和接口工作等二次开发工作。

总之,不同的开发方式各有不同的长处和短处,需要根据组织的实际情况进行选择。表 5.1 对上面提到的四种开发方式进行了简单比较。要注意的是,无论是自行建设,还是外包的三种方式,都离不开用户的直接参与。

表 5.1　信息系统开发方式的比较

特点比较	方　式			
	信息系统 自主开发	信息系统开发外包		
		联合开发方式	委托开发方式	购买套装软件方式
用户分析设计能力	较高	逐渐培养	一般	一般
用户编程能力	较高	需要	不需要	较低
自行维护难易程度	容易	较容易	较困难	较困难
开发费用	少	较少	较多	较少

特点比较	方　式			
	信息系统 自主开发	信息系统开发外包		
		联合开发方式	委托开发方式	购买套装软件方式
说明	开发时间较长,但一般可得到适合本组织的系统,并培养了自己的系统开发人员。该方式需要强有力的领导及一定的咨询工作	通常在具有一定编程力量的基础上进行联合开发,合作方有培训义务且成果共享。双方的沟通非常重要	最省事,一般来讲开发费用比较高。必须配备精通业务的人员,需要经常进行监督、检查和协调	要有鉴别与校验套装软件包功能及适应条件的能力。即使完全符合本组织业务处理要求,可能仍需编制一定的接口软件

5.2　合同的签订和项目的启动

信息系统的开发方式选定之后,开发方就必须尽快与用户签订合同,并且尽快启动项目,妥善处理好与用户之间的关系。

5.2.1　合同的签订

合同的签订涉及合同的谈判、计价的原则、条款的设计以及具体的格式等许多问题,本节仅对合同的类型和需要注意的问题进行简单的讨论。

1. 合同类型

用户与开发方之间必须签订合同,因为合同是一种工具,是用户组织与开发方之间的协议,是双方确保项目成功的共识与期望。开发方同意提供产品或服务(交付物),用户组织则同意作为回报付给开发方一定的酬金。按照酬金的计算方式,可以分为三个基本的合同类型:固定价格合同、成本补偿合同和单价合同。

1) 固定价格合同

固定价格合同又叫固定总价合同或总价合同。在固定价格合同中,用户组织与开发方对所需完成的工作达成一致价格。价格保持不变,除非用户与开发方均同意改变。这种类型的合同对于用户来说是低风险的,因为不管项目实际耗费了开发方多少成本,用户都不必付出多于固定价格的部分。然而,对于开发方来说,固定价格合同是高风险的,因为如果完成项目后的成本高于原计划成本,开发方将只能赚到比预计要低的利润,甚至会亏损。

准备承接一个固定价格项目的开发方必须建立一种精确的、完善的成本预算,并把所有的偶然性成本都计算在内。然而,开发方又必须小心,以免过高估计申请项目价格,否则别的竞争性开发方将会以相对更低价格被选中。

2) 成本补偿合同

在**成本补偿合同**中,用户组织同意付给开发方所有实际花费的成本加上一定的协商利润,而不规定数额。这种类型的合同对用户来说是高风险的,因为开发方的花费很有可能会超过预计价格。在成本补偿合同中,用户组织通常会要求开发方在项目整个过程中,定期地将实际费用与原始预算做比较并向用户通报,并通过与原始价格相比,再预测成本补充部分。这样,一旦项目出现超过原始预算成本的迹象,用户组织就可以采取纠正措施。这种合同对于开发方来说是低风险的,因为全部成本都会由用户补偿。开发方在这种合同中不可能会出现亏损。然而,如果开发方的成本确实较大幅度地超过了原始预算,开发方的名誉就会受到影响,从而又会使开发方在未来赢得合同的机会降低。

可以根据用户与开发方对于相关合同类型的风险程度画成一个简表(见表5.2)。一般来讲,固定价格合同对于一个仔细界定过的低风险的项目是最合适的,成本补偿合同对于风险高的项目是合适的。

表 5.2   不同合同方式的风险比较

合 同 类 型	用户方与开发方	
	用 户 方	开 发 方
固定价格合同	低	高
成本补偿合同	高	低

当然,许多用户认为自己相比较开发方而言,对于风险更不容易辨识和控制,于是用户一般都会强烈要求采用固定价格合同,将风险控制在设定的合同价格之内。在这种情况下,开发方应该尽量争取用户签订一个灵活的合同,维护阶段开始之前采用固定价格方式,而维护阶段则采用成本补偿方式。其实,维护阶段风险已经降低了许多,更适合采用固定价格合同,但由于用户对服务的价值认识不足,所以在现阶段还是推荐采用成本补偿合同。两种合同方式结合使用的难点在于维护阶段开始时间的确定。

3)单价合同

除上述两种合同方式之外,还有一种合同方式,即**单价合同**。所谓单价合同,是指给出了所用产品的数量和型号要求,只需要就不同型号产品的单价签订合同的方式,实际的结算则用每种产品的实际用量乘以单价,然后将各类产品的费用加总即可得到。这种合同,在信息系统建设的计算机硬件或网络设备的采购过程中可能会用到,在软件开发合同中使用则需给出初级、中级、高级程序员等各类人员的单日费用报价。

2. 合同条款中需要注意的问题

信息系统开发合同与其他合同一样,必须明确规定项目的范围、质量、进度和费用等目标,同时还要规定双方的权利和义务。除此之外,根据经验,作者认为信息系统项目合同还必须注意以下问题。

(1)应有成本超支或进度计划延迟的通知条款。因为成本超支或进度延迟不通报,很有可能造成开发方通过简化功能模块、忽略系统优化等手段控制成本、加快进度,从而使用户蒙受损失。所以,一旦出现实际成本或预期成本将超支或进度计划将延迟的迹象,开发方必须及时通知用户单位,并提交书面的原因及纠正措施计划,以使成本回到预算内来或进度计划回到正常轨道上来。

（2）分包商的限制条款。开发方在雇用分包商执行项目任务之前，必须通知用户，并要从用户那儿提前获得同意。如果出现层层转包的事情，那么，开发费用扣除层层转包利润，可能已经不足以开发系统，那么，这样的系统开发大多数会失败。

（3）明确用户承担配合义务的条款。对于用户来讲，开发一个信息系统应尽的义务不仅仅是向开发方付款，很重要的一点是要进行业务流程的规范化和数据的标准化，并且在用户组织中推进系统的使用和运行。同时，用户需要提供与开发信息系统有关的文件、资料和商定的设备，以及明确用户将这些资料和设备交给开发方的日期。这项条款保护了开发方的利益，避免由于用户配合不到位，而导致进度计划中时间的推后，这种情况一旦发生，责任应由用户负责。如有必要，还可以在合同中规定用户如果签收了建设方的阶段性成果，但没有在规定的时间（如一周或两周）内反馈意见，则视同甲方（用户）已经同意并接受乙方（建设方）的成果，这样才不至于造成无休止的等待从而延误建设方的开发进度。

（4）有关知识产权的条款。这涉及可能在开发信息系统过程中产生的知识或软件的所有权问题。软件的版权比较好理解，而知识的所有权则常被用户忽略。例如铁路货车维修行业的故障编码，由于工作量浩大，涉及的故障由于车型、车种的不同而非常多，好的编码需要做详细的调查分析，投入大量的人力、物力，这样的编码一旦形成，即具有知识产权的性质，甚至可以申请专利。

在合同里，需要明确上述知识产权的归属，如果归双方共有，还应明确各自所占的比例。要强调的是，不同的知识产权安排将导致开发费用的不同，对于可推广的项目有时甚至是数量级的差别。

（5）有关保密协定的条款。出于商业竞争的考虑，可以在合同中规定任何一方是否有权向其他方面透露有关该信息系统项目的情况，以及规定一方用作其他用途时必须经得另一方的书面同意或授权，否则视为侵权。

（6）有关付款方式的条款。在合同中理应明确付款方式。常见的付款方式是按合同金额的百分比付款。这里很重要的一点是在付款方式条款中要相应界定一些里程碑，在这些里程碑上的可交付物（如详细设计报告）提交之后，按一定百分比付款。

（7）有关奖罚的条款。对于信息技术严重影响用户与同行竞争的项目，用户应该在合同中规定奖罚条款，以确保项目的质量和进度能按期实现。如果开发方提前或高于用户要求标准完成项目，用户将付给开发方奖金。另一方面，如果项目到期没有完成或没有满足用户要求，用户就将减少付给开发方的最终款额，甚至处以罚款。例如如果超过了要求的项目完成日期，每周甚至罚合同总额的 1%，迟于计划 20 周就可能会使开发方的利润消失，导致亏损。

（8）有关需求变更或追加的条款。用户如果在信息系统开发过程中有较大的需求变更或较大的需求追加，而导致项目不能顺利进行或延迟完成，所产生的后果应由用户方承担，并相应追加开发经费。要提及的是，在不同的阶段提出的追加需求导致的追加费用大体是差不多的，但是不同的阶段提出的需求变更导致的追加费用可能是成倍数增长的。

另一方面，如果开发方调整信息系统的功能，从而事实上变更了用户需求，那么，开发方必须书面通知用户并征得同意，否则用户可以据此索赔。不管是哪方对需求进行了变更，都应该填写规范的需求变更申请书。需求变更申请书的表格可以作为合同的附件存在。

（9）有关纠纷的解决条款。如何处置合同纠纷对双方当事人都极为重要，项目开始时由于双方都很友好,对此条一般都没有给予重视。但作为一个完备的合同,此条款也应该认真商定。处置合同纠纷的主要方式有协商解决、调解解决、仲裁解决和诉讼解决。

要注意,在合同中只能选择仲裁或诉讼一种方式,如果选择诉讼,当事人在采取诉讼前,还应注意诉讼管辖地和诉讼时效问题。项目进行过程中填写的变更申请书、双方签字确认过的各类文书是处理纠纷时的重要依据,平时需要妥善分类保管。

5.2.2 项目小组的成立

现在合同已经签订,信息系统的开发即将全面展开,这时必须建立一个全面的项目小组,来负责各项工作的实施,同时要拟定项目组之间的沟通办法。项目组内部业务人员和技术人员应该开展双向动员和培训。

1. 项目团队的组织结构

信息系统的开发首先要做好人员的组织工作。开发过程所需要的人员有用户、系统分析员、系统设计员、程序员、数据库管理员和测试人员等。他们在系统开发过程中所处的地位和作用是不同的。如何组织好这些参加信息系统开发项目的人员,使他们发挥最大的工作效率,对成功地完成项目至关重要。项目小组采用什么组织形式,要针对信息系统项目的特点来决定,同时也与参与人员的素质有关。在建立项目小组时应注意到以下原则。

(1) 尽早落实责任,明确每个成员之间的责任。

(2) 知人善任,将每个人的专长尽可能地发挥好。

(3) 减少接口。在开发过程中,人与人之间的联系是必不可少的,存在着通信路径。经验表明,信息系统的生产率与完成任务中存在的通信路径数目是互相矛盾的:一般来讲,通信路径数目越多,信息系统的生产率越低。因此,要有合理的人员分工和好的组织结构,以减少不必要的生产率的损失。

通常有以下三种组织结构的模式可供选择。

1) 职能型组织结构:按信息技术职能划分的模式

把参加开发项目的所有人员按任务的阶段划分成若干个专业小组。要开发的信息系统在每个专业小组完成相应工作,即达到每个职能所要求的里程碑上的可交付物后,沿开发工序流水线向下传递。例如,分别建立需求分析组、系统设计组、编码实现组、系统测试组和项目管理组等。各种文档资料按工序在各职能组之间传递。这种模式在小组之间的联系形成的接口较多,但为便于小组成员之间互相交流,进而变成这方面的专家,从而提高效率。

2) 项目型组织结构:按项目或业务子系统划分的模式

如果待开发的信息系统可以从业务功能上比较容易划分成若干子系统,那么可以将这些子系统分别作为子项目进行管理。这样,项目成员按子项目组成小组,小组成员自始至终参加所承担的子系统的各项任务。他们应负责完成该子系统的需求分析、设计、编程、测试、文档编制甚至包括试运行期间的维护在内的全过程。这种模式的优点是结构简单,子项目团队意识强,团队间的通信接口较少,任务界定比较清楚;缺点是不利于发挥每个人的特长。这种结构的各子项目之间应该加强经验分享和知识复用。

3) 矩阵型组织结构:上述两者结合的模式

这种模式实际上是以上两种模式的复合:一方面,按信息技术职能成立一些专门组,如需求分析组、系统设计组、编码实现组和系统测试组等;另一方面,又将整个项目分为一些业务子系统,每个子系统成立一个小组,指派专门的负责人。这样,每个成员既属于某一个职能小组,又参加某一子系统的工作。例如,属于测试组的一个成员,他也同时参加了某一子系统的研制工作,因此他要接受双重领导(一是测试组,二是该子系统的负责人)。

矩阵型结构组织的优点:参加项目小组的成员可在职能组内交流在各子项目中取得的经验,这更有利于发挥专业人员的作用。而且各个子项目有专人负责,有利于项目的完成。矩阵型结构的主要缺点就是产生了多头领导的问题,为了避免管理的混乱,需要给每个人明确岗位说明书和工作说明书,并据此进行考核。

以上三种组织结构各有优缺点,不同的信息系统可以根据自身特点进行选择。在上述三种模式的基础上,建议用户方成立一个专门的业务支持小组,该小组人员都由相应业务人员组成,这些人员最好是既熟悉业务工作,同时又对信息技术有一定理解,特别是具有较强的计算机操作能力的人员,如果是各部门的后备接班人那就更好。这个业务支持小组负责为上述模式的成员提供业务问题解释等支持。当然,也可以不成立业务支持小组,而将上述人员分别派进上述各模式的小组支持工作。

2. 明文规定项目组各成员的职责

为了让项目组成员各负其责,明文确定他们在项目组里所分担的责任是很重要的。比较有效的方法是绘制项目成员知识地图以及项目成员职责分配矩阵。

每个项目都需要多种技术与对应的工作任务相匹配。项目开始时恰当地把人选、技术与工作任务配搭好是很重要的,因而有必要知道项目组里的人各有些什么技术专长,各有什么样的知识。

可以按表5.3所示绘制项目团队知识地图。首先,绘制一张简明的表格,列上为专业领域,在表5.3中用体现该技术的相应角色替代;行上为人名,之后在相应的格子里打分。打分的方法可以采用多个维度的360°打分法,即按照上司打分、下属打分、同事打分、客户打分、自己打分并分别配以相应权重,然后加权得到每个人的最后得分。打分可以采用五分制、十分制或百分制。表5.3将专业领域分为五个:系统分析员、程序员、测试工程师、硬件工程师和数据库管理员,采用五分制打分。根据每个成员对上述专业领域的熟悉程度进行打分,越熟悉分数越高。有了这样的知识地图,就可以对项目组的人员及技术状况一目了然并据此分配工作。

表 5.3 项目团队知识地图

人名	专 业 领 域				
	系统分析员	程序员	测试工程师	硬件工程师	数据库管理员
赵伊	5	4	3	2	1
王耳	5	5	4	3	2
张山	2	5	4	4	3
李斯	2	5	5	3	4
邓武	3	4	5	2	4

人名	专业领域				
	系统分析员	程序员	测试工程师	硬件工程师	数据库管理员
崔柳	2	3	3	3	5
陈琪	2	2	3	5	3
高跛	3	4	3	3	5

在实际工作中,除了给出每个人在不同技术工作上的能力分数外,还可以给出每个人在各技术工作上的兴趣分。这样,如果一个信息系统开发项目工期很紧,那么对于某项工作,主要考虑每个人的能力,谁的能力强谁做;而如果一个信息系统开发项目工期比较宽松,对于某项工作,那么除考虑每个人的能力外,还可以考虑那些对于该项工作能力尚可,感兴趣的成员去做。这样,既可以调动起项目成员的积极性,还可以为项目团队培养后继人员。

在绘制项目团队的知识地图后,就可以根据项目的实际需要来绘制项目成员职责分配矩阵。该表是信息系统项目负责人与项目组成员之间的工作合同文件。这是让每位成员承诺某项工作的重要手段,并用图表的方式说明了其责任。

制表时将工作任务作为行,把项目成员的姓名作为列(表5.4)。然后把工作任务与人员配搭起来,标明谁对该项工作负主要责任(Primary,缩写为P),谁有辅助责任(Subordinate,缩写为S)。每项任务需要有一个人,也只能由一个人负主要责任,但可以安排几个项目组成员辅助他,为了避免负主要责任的同志因为调动或其他原因离开项目团队造成大的影响,一般从辅助成员中选择一个对该项工作有较强烈兴趣的同事做他的副手。负主要责任的项目组成员负责保证该项任务按时开展,做到不超预算并且达到预期的质量水准。处于辅助地位的人之所以入选,是因为他们拥有该项任务所需的技术。准备职责分配矩阵时请遵循下面四点经验。

(1) 安排某人做某项工作是因为该人有相应的技术,而不是因为他有时间。

(2) 最好先让项目组成员自己申报主持某项工作,然后根据项目总体情况进行协调。

(3) 考虑谁善于做何事,谁想做何事;谁能或不能与谁共事以及谁喜欢提相反主张。

(4) 从项目的前景着眼,考虑如果有人中途离去,其工作是否能重新分配给别的人。

表 5.4 项目成员职责分配矩阵

工作任务	项目成员的姓名							
	赵伊	王耳	张山	李斯	邓武	崔柳	陈琪	高跛
系统分析	P	S			S			S
数据库设计				S			P	S
编程实现	S	S	P	S	S			S
设备采购			S			S	P	
系统测试				S	S	P	S	

3. 建立项目团队沟通计划并启动项目

如果将项目团队成员分为系统开发人员和业务支持人员两类,那么这两类成员之间的双向培训很重要。系统开发人员应该分别就信息技术发展状况、组织进行信息化建设的必要性和艰巨性、信息系统建设的一般步骤和应注意的问题、信息系统分析工具、信息系统开发工具与用语等知识以集中授课方式向业务支持人员培训。然后,系统开发人员都作为学生,请业务支持人员讲解具体的业务流程及关键的业务术语。

这样,经过双向培训,上述所有人员基本上有了共同语言,就能深入、细致并且全面系统地挖掘组织的各种信息需求。所以,双向培训表面上看是耽误时间,但事实上是"磨刀不误砍柴工",是知识沟通与共享的一种集约方式。

我们知道,信息系统的核心是软件。而在软件开发的不同阶段进行修改需要付出的代价是很不相同的,在早期引入变动,涉及的面较小,因而代价也较低,而在开发的中期引入一个变动要对所有已完成的相关部分都要做修改,真是牵一发而动全身。根据美国一些软件公司的统计资料,在后期引入一个变动比在早期引入相同变动所需付出的代价甚至高两个以上数量级。经过双向培训,双方的用语将大大减少歧义现象,从而使开发方对用户方的需求理解得更准确,也表达得更准确。总而言之,双向培训可以大大减少系统在后期的修改。

除了系统开发人员和业务支持人员之间的双向培训外,项目团队所有成员之间在项目实施期间的沟通方式和沟通计划也应该在一开始就予以明确。可以采用的沟通形式有会议、微信群、电话、书面情况报告、电子邮件或几种方法的结合使用。如果使用书面形式沟通,那就要规定内容、详略程度以及报告形式。

在上述工作都准备好之后,就可以召开项目启动会议了。项目启动会议是信息系统项目成立以后的第一次全体会议,其目的如下。

(1)项目成员的集体亮相和初步交流。会议可以为项目成员之间的相互了解提供一个机会,为以后的合作工作打下基础。

(2)加深对项目目标的理解。这是会议的主要目的,项目各成员对信息系统建设的目标和意义的全面深入理解,对项目的成功是非常关键的。

(3)统一思想认识。对项目的组织结构、工作方式、管理方式及一些方针政策等取得一致的认识,以确保项目顺利实施。

(4)明确岗位职责。明确每位成员的权利职责范围,明确项目中各个岗位的角色、主要任务和要求等,帮助项目成员更好地理解他们的工作任务。

项目启动会议由信息系统项目的负责人筹备和主持,出席会议的人员应包括用户单位的主管领导、各业务部门主管、一线用户的代表和全体项目成员。根据会议的目的,会议的议题可以包括如下方面:项目的基本情况(如目标、意义、规模和完成时间等)、项目的主要成果、项目所需资源的要求(如成员的技术要求和设备要求等)、项目的管理制度、项目的主要任务及进度安排、项目可能会遇到的困难及变化等。

最后,再强调一个似乎是不重要的但却起着很大作用的事情,即无论项目是大是小最好设立一间项目办公室,项目办公室可以作为项目的一个控制中心、接待领导或客户的会议室、技术讨论中心,以及休息室等。项目办公室无需豪华,但却能使人在物理上感觉到项目的存在,有助于各种信息的沟通。当然,如果条件不允许,那也尽可能使项目成员之间的工作岗位(俗称"工位",如办公桌)集中在一起,因为形式上的集中有利于培养项目成员的团队精神。

5.2.3　开发用语和风格的规范化

当讨论信息系统的开发或改进时,开发人员内部、开发人员和管理人员之间,必然要就业务内容和开发技术等问题进行大量的讨论及研究,如果没有一个统一的标准,就无法形成统一的语言,讨论就不能顺利进行,甚至会发生种种误解和矛盾。因此,项目团队必须对各种不一致的开发术语进行梳理,在项目团队中取得一致并且在项目实施过程中推行。

对于用户来讲,开发风格如果一致可以使用户存在一个学习过程,用得越多越熟,并且在各子系统间还可以共享学习经验。同样,风格一致对于开发人员来讲也存在共享学习经验的学习过程。

越来越多的信息系统追求面向窗口的点选式界面,但设计一个好的人机界面并非易事。人们普遍认识到,迫切需要在项目团队内部推行一套统一的用户界面设计标准,因为这将给开发者和终端用户双方都带来便利:对开发者来说,因大家都按统一的标准进行设计,每次为新系统设计界面时可重用原有的模块和对象,这将大大提高界面的生产率和质量;对用户来说,一旦掌握了某个系统的界面,再学习新的应用系统时就会感到亲切自然,直观易懂。

编程的风格在很大程度上影响着程序的可读性、可测试性和可维护性。所以,还必须统一编程风格,以提高程序的可读性、可重用性和可维护性。如统一源代码写作规范、注释写作规范、数据库设计规范等。

另外,信息系统项目一般都比较复杂,如果能采用项目管理软件辅助管理,那对于提高项目团队的生产率,严格控制质量,规范项目团队的管理都是有好处的。

5.2.4　妥善处理与强势用户的关系

目前越来越多的用户单位开始重视在信息系统实施中的参与。在这些用户中,有一些组织由于处在行业标杆的位置,或者具有竞争力强、资金充裕等优势,在与信息系统的开发方进行合作和沟通的过程中,往往处于强势地位。已有实际案例表明,此类组织最终也往往能够成功实施信息系统。事实上,开发方为了赢得该组织的后续项目或者期望建立在该行业或领域的口碑或品牌,也会主动迎合上述用户的强势地位,使得这些用户的强势地位得到进一步巩固。

我们将这类用户定义为"强势用户",即在信息系统的开发过程中,由于拥有开发方所期待的后期利益这一独特资源从而处于主动控制的优势地位的用户。这里的用户是指组织层面的用户,即企业、政府部门或事业单位等组织,一般是行业中的标杆企业或政府机构,或者资金充裕,或者对业务熟悉程度强,对实施方具有很强的管控能力。

实际上随着用户组织对信息系统了解程度的加深,以及信息系统开发的市场日益成为买方市场,用户的议价能力和谈判能力都在日渐加强,不仅是标杆企业或政府机构,一般用户在开发方面前的地位也在加强。

那么,强势用户应该如何利用自己的这种有利地位采取相应的控制呢?与之相对应的开发方又如何适应这种控制,来妥善处理与强势用户的关系呢? 本节就对这两个问题进行讨论。

1. 强势用户应该采纳的控制机制

首先针对强势用户这一特殊群体,我们提出如下两方面的控制机制,以便其对开发方进行更好的管控。

一方面强势用户可以从组织内部加强自身对项目的管理控制能力。

(1) 建立适用于本组织的项目实施方法论。

(2) 组织专门的配合团队,甚至安排某些人员脱产对开发方的工作进行全力配合。

(3) 制订并提供项目未来的长期规划。这样,不仅有助于开发方在系统规划阶段从用户长期发展的角度对系统进行分析设计,还可以通过此方式向开发方暗示后期持续合作的可能性,以此加强开发方的自我控制意愿。

(4) 设立问题管理程序。即在系统实施过程中出现某些问题时,如果能有一套规范的问题处理程序则会大大简化双方矛盾,提高实施效率。

(5) 组织测试或验收系统。

(6) 组织双方共同分析评估已有成果。

另一方面强势用户也可凭借自身的强势地位,直接对开发方提出某些强制性要求或通过自身行为对开发方产生间接影响。

(1) 要求开发方派一定人员驻用户方工作。这样,不仅便于用户方对开发方进行行为控制,更能增进交流和互信,有利于开发方人员对于用户方组织文化产生强烈的认同感。

(2) 要求开发方制订明确的项目计划。

(3) 组织定期碰头会。

(4) 以身作则做好自己负责的项目工作,使开发方产生潜在的心理压力。

(5) 要求双方进行短期集中突击工作,达到在短期内高质量完成阶段性成果的目的。同时,也有助于双方在短期内形成默契,以便在后续工作中更好地协作。

(6) 对开发方进行培训。可以将用户方的管理方式及规章制度对开发方进行专项培训,以此加强开发方人员对用户方企业文化的认同,进而使双方人员的观念及工作理念达成一致。

(7) 在系统建设的各个阶段,均可要求开发方高级管理人员一定程度的参与。

(8) 设立奖惩机制。可以在项目建设的初始阶段,针对开发方行为及结果设立奖惩机制;在项目实施过程中或项目结束后,根据开发方行为进行评估及奖惩。

2. 开发方应该采纳的控制机制

一般来说,在与强势用户合作的过程中,开发方为了获取示范效应,树立良好的品牌形象,或是期望继续合作,往往表现出主动迎合用户方的管控以及较强的自我控制意愿。可以说正是由于用户方的强势地位,开发方才更愿意自发地实施自我控制。因此,从有利于组织发展的角度而言,开发方在了解到强势用户采取的控制机制后,应考虑在信息系统建设过程中,自己需要采取哪些措施,以主动为用户方提供控制便利,从而有效获取用户方的信任。

因此,我们总结出以下一些控制机制供开发方参考。

(1) 开发方主动提交明确的项目计划。

(2) 开发方主动要求驻用户方工作。这样做不仅可以保证开发方更为准确地了解和实现用户方的需求,而且可以增进交流、增强互信、减少摩擦、培养默契。

(3) 开发方主动提交每周、每月报告,以确保用户方及时了解项目的进展情况。

(4) 开发方主动要求召开阶段性成果展示会,并且尽量保证己方高层管理人员参与。

(5) 开发方通过微信、电话、电子邮件等方式,主动与用户方进行沟通。

(6) 开发方主动组织与用户方的交流会。日常生活中双方个体成员间进行较为轻松的沟通交流,有助于加深彼此的了解,加强进一步的合作。

5.3　业务流程的规范化和优化

信息系统和组织的业务流程之间是相互影响的,引进信息系统将导致新的业务流程的产生,而现存的业务流程又对信息系统的设计、引进的成功与否等产生重要的影响。因此,在规划和实施信息系统时,必须从组织的业务流程入手,规范组织的业务数据并重新设计业务流程。

5.3.1　数据和业务流程的规范化

组织数据的标准化工作很重要。因为计算机很"笨",计算机只能对规范的数据按照既定的流程进行处理。规范的数据要求数据标准化,既定的流程要求信息流程标准化。所以,要充分发挥信息系统的作用,就要尽可能地做到信息的标准化和信息流程的标准化。其中,信息的标准化又可以分为指标体系的标准化和代码的标准化。其实,这是系统设计内容的一部分。但由于它的重要性和经历的时间较长,我们在此将它单独列出予以阐述。

1. 指标体系标准化

在某一工作范围内,大家需要对共同关心的信息格式做出统一的规定,以便进行交流。以人事档案为例,为了满足人事管理的需要,对于每一个工作人员,我们需要记录姓名、籍贯、出生年月、家庭地址、政治面貌、文化程度、工作简历和奖惩情况等。根据这些可以制定出人事档案的管理工作,则各单位之间的信息交换就会容易得多。同样,订货管理、物资管理等,也都应制定出统一的规格,以便交流。

指标体系的标准化往往涉及具体的各业务部门的特定问题。例如,对于一个工厂的技术经济水平,究竟应该用哪些指标来评价,根据不同的管理体制或不同的管理理论就会有不同的回答。同样,对于一个地区的发展状况,应该用怎样的指标体系来衡量,也会由于社会经济条件的不同或经济理论的不同而各异,如在经济至上的时代和现在追求和谐社会以及科学发展观的时代就不一样。因此,指标体系的标准化不是单纯的信息处理问题,而首先在于业务指导思想和观点的统一。

在社会经济的一些重要方面,国家统计局已经制定了有关的指标体系(包括内容、算法、口径等),各行各业根据自己的需要,也会制定相应的指标体系,开发信息系统时应遵照执行。对于那些还没有标准的具体业务,系统分析人员应该仔细分析,在满足组织业务运作和管理目标的情况下制定相应的指标体系。

2. 代码标准化

在任何信息系统中,信息的表示方法都是系统的最重要的基础之一。任何信息都是通过一定的编码方式,以代码的形式输入并存储在计算机中的。当然,文字是一种记号,也可以说是一种代码,但是由于它长度不定,又常常具有二义性,因此,在信息系统中常常要在文字描述之外,用代码来区分实体或它们的属性值。这样,录入过程中只需录入代码而不需要录入汉字或字母,以提高录入的准确性和一致性。

例如,假设"中国人民大学"不经过编码,在录入有关该学校信息时,有的录入员可以录入"人大",有的则录入为"人民大学",当然,更多的是录入"中国人民大学"。那么,只查询"中国人民大学"是不能得到有关该学校的所有详细信息的。假设现在将"中国人民大学"编码为01,那么操作人员只需录入或用鼠标选入01,则可显示出"中国人民大学"的字样,而查询时只需令查询条件为"学校"编码等于01即可。所以好的编码能提高录入效率和查询速度,以及得到准确的结果。这是代码标准化的重要性。

代码体系的建立当然应该由负责该领域业务工作的人员来完成,因为无论是编码对象,还是其属性的分类方法,都要由特定的业务或技术来确定。作为信息系统的工作人员,可以在代码制定前先给业务支持小组成员培训,讲解各种编码方法的优劣,并提出参考意见,即从信息处理的角度提出建议。以下几个方面是编码过程中需要注意的问题。

(1) 代码的设计应合理,长度不宜过长,以便节省存储空间,加快处理速度。当然,代码长度应能容纳下所涉及的实体或属性,必须能把这些实体或属性区分开。

(2) 尽量在代码中反映出一定的逻辑含义,特别是检索方向。单纯的顺序编号,对于进一步处理起不了什么作用。因此,应该根据信息的检索需求,把代码分成若干段,每段反映一个检索项的值。这样,就能从代码中迅速地进行检索或进行其他处理。例如,学生学号的编制中,就可以把入学年份、院系的编号纳入学号之中。如果这样做,将来的查询功能就能够做得快一些、好一些。

(3) 留有扩充的余地。一般来说,扩充有两种情况:一种是实体的个数增加;另一种是需要进一步细分某些实体或属性值的类别。在这两种情况下,如果事先没有留有充分的余地,就会出现代码无法编制或者所要表达的分类情况无法表示等情况。对前一种情况来说,应该计算代码的容量,即它所能表达的个体的个数。例如,一个三位数的数字代码,可以区分一千个不同的个体;一个由两个英文字母组成的代码,可以表达676个不同的个体(26×26);如果区分大小写,并且可以用数字出现在其中,那么同样是两位的代码可以表达3844个不同的个体(62×62)。在计算容量时,都应该考虑今后的发展与扩充,而不能只看当前的情况。对后一种情况,则可以在代码的长度中留出一至二位作为备用。

通过提出这些建议,信息系统的开发人员与业务人员合作,共同提出代码设计方案。

这里举一个实际的例子。铁路货车维修业务信息系统的主要功能之一是进行故障信息的录入、查询和统计,所以,如何进行故障编码就非常重要。该系统开发小组成员建议采用字母和数字的混合编码,这样"码长(代码长度)"短,而业务支持小组建议采用单纯数字编码,因为有利于一线人员的快速输入。由于故障编码是本系统的灵魂之一,两小组僵持不下,最后由项目负责人决定全部采用单纯数字编码,原因是能在普通键盘右侧的小键盘(纯数字键盘)上快速录入。落实方案后,为了对所有故障进行编码,两个小组特别是业务支持小组几上几下、反反复复征求意见,前后历时四个月。许多同志感慨地说,编码看似简单,但关系重大,要做好的确不容易!

代码体系涉及许多具体的工作人员,如果代码体系发生变化,就会遇到变更工作习惯或工作方式的问题,这是相当麻烦的事情,可能会遇到各种各样的障碍及阻力,所以信息系统的设计人员应该有充分的准备,对代码体系的修改应持谨慎态度。

在我国目前的情况下,许多代码尚没有全国统一的标准。例如,产品目录就有多种,这种情况给信息系统的开发带来很大困难。作为信息系统的开发人员,一方面应该对于这种情况有充分的思想准备,在自己的系统中把涉及某种代码的操作集中起来,而把当前代码体系作为文件存储起来,随时可以更换,而不要把它写入程序中,以免不易改动。只要是可以选择录入的字段,都应该进行编码,从而可以维护。

3. 业务流程的规范化

有了规范的业务流程,对于一项具体的管理业务来说,各有关部门和人员就可以按照统一的程序和方法办事,各司其职,相互协作配合,使这项业务能够从头至尾顺畅的进行,从而避免那种凭个人经验办事,一人一种做法,工作互不统一的混乱状况,造成业务进行过程中的阻塞。

业务流程图是以一项相对独立的管理业务为单位,用标准图例和简单的文字说明将其业务内容、步骤和要求绘制出来,是组织中管理规程一类的文件,其目的是对管理业务进行规范化或标准化。这里的业务,是指由不同的部门(或岗位)和若干工作环节组成的,针对某一对象开展的相对独立的管理工作,例如到物资科领料,要经过填写领料单、审核、验物、签字直到实物领出,涉及的人员可能要有车间主任、领料员、仓库保管员和车间生产工人。

业务流程图的绘制既有利于信息流程图的抽取,也有利于系统开发小组成员更好地掌握该项业务的整个过程,从而对组织信息需求有更宏观、系统的把握。绘制业务流程图一般可按以下顺序进行。

(1) 选择和确定绘制对象。选择那些业务过程复杂、接口部位多、容易衔接不畅的管理业务优先进行分析、绘制。

(2) 收集资料,分列工作步骤。先不考虑每项处理由谁做和根据什么做以及有何具体要求,只是单一列举工作内容。

(3) 加入信息资料的输入和输出。此处的信息,包括内部环节之间的交流,也包括与外界的交流。

(4) 列入部门。按实际情况将每一处理步骤安排在相应的部门、岗位的位置之下,也是确定由谁做的问题,至此已形成了业务流程图的草图。

(5) 反复核实和修正草图。特别是涉及多部门、处理环节复杂和传递信息量大的业务,应和相关部门的负责同志仔细斟酌其中的每一步骤和环节。

(6) 加入有关的要求或说明,绘出正式的业务流程图。

图 5.1 就是一个典型的业务流程图的例子。当然，该图只是一个草图或示意图。

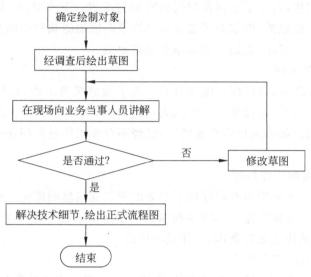

图 5.1　业务流程图绘制过程

业务流程图的绘制过程也是业务流程的规范化过程。业务流程规范化（Business Process Normalization，BPN）是业务流程改进（Business Process Improvement，BPI）和业务流程再造（Business Process Reengineering，BPR）的基础，上述三者（BPN、BPI、BPR）合称为业务流程管理（Business Process Management，BPM）的内容。

5.3.2　业务流程的改进和再造

前面多次提到，信息系统实施之后，必须由相应的新的业务流程与其相适应。但是，业务流程的重新设计不能在实施之后才开始，因为这样做的后果有两个：一是信息系统的开发过程并没有充分考虑新的业务流程，因而可能只是现有业务流程的模仿或固化；另外，信息系统的开发时间将会因为等待新流程的设计和实施而大大缩短。

基于以上原因，在规划和实施信息系统时，必须在规范组织现有流程基础上，结合新系统对信息处理的特点和优势，重新设计组织的业务流程。

重新设计业务流程，首先要找出现有业务流程中存在的问题，以及评估新系统实施后对业务处理方式的改变。前者主要依靠业务支持人员发现问题，后者则需要系统开发人员与业务支持人员共同分析现有的业务流程图，直接查找出问题，分析哪个环节在信息系统上了以后是多余的，或者还缺少哪一环节等。这时，还要对改革的力度进行评估，如果属于剧烈式变革，或者说要根据信息系统的功能进行业务流程重构，那我们将其称作业务流程再造或业务流程重组，相对应的将渐进式的改进我们称之为业务流程改进。

1. 业务流程改进

这时采用的基本原则即所谓的 ECRS 改进四原则：E（Eliminate：排除、取消）、C（Combine：合并）、R（Rearrange：重排）、S（Simplify：简化），参见表 5.5 中的分析。

1)"取消"所有不必要的工作环节和内容

有必要取消的工作,自然不必再花时间研究如何改进。某个处理、某道手续,是否会因为信息系统的实施可以取消,例如为了获得最终结果而增加的某些中间统计环节,就有可能被取消。这是改善工作程序,提高工作效率的最高原则。

2)"合并"必要的工序

不能取消的工作环节,可以研究能否合并。为了做好某项工作,自然要有分工和合作。分工的目的,或是因工作量超过某一组织或人员的负担,或是由于专业需要,再或是从增加工作效率出发的考虑。如果采用信息系统后,已经不存在工作量的问题或专业分工的问题,那么就需要合并。

3)"重排"所必需的工作程序

取消和合并以后,还要将所有程序按照业务的逻辑或信息的流向进行重排顺序,或者在改变其他要素顺序后,重新安排工作顺序和步骤。在这一过程中还可进一步发现可以取消和可以合并的内容,使作业更有条理,工作效率更高。

4)"简化"所必需的工作环节

对程序的改进,除去可取消和合并之外,余下的还可进行必要的简化。这种简化是对工作内容和处理环节本身的简化。

表 5.5　业务流程改进的四原则

原　　　则	内　　　容
取消	从追求目的出发,排除不必要功能
合并	不能排除的可考虑合并
重排	可否与其他工作转换顺序
简化	余下的则尽可能地加以简化

2. 业务流程再造

今天的组织必须投身于创新和变革中,不仅是为了成功,而且是为了在日益激烈的竞争环境中获得生存。过去,稳定是一般状态,变化附加性地、不经常地发生。而今,组织变革可能是急剧的、持续的。在今天的社会中,很多组织已经非常熟悉"创造性破坏"(Creative Destruction)这个管理术语了。创造性破坏对于组织的业务流程来讲就是业务流程重构、业务流程再造或业务流程重组,"破坏"的目的是为了"创造"。

作者认为BPI是渐进式的变革,而BPR则是剧烈式的变革。渐进式变革代表了一系列持续的改进。这些改进维持着组织的一般平衡,并且通常只影响组织的部分业务。与之相反,剧烈式变革打破了组织的原有框架,通常产生一个新的平衡,因为整个组织都进行了变革。

业务流程再造就是为了获取可以用诸如成本、质量、服务和速度等方面的业绩来进行衡量的戏剧性的成就,而对组织业务流程进行根本性的再思考和关键性的再设计。这个定义中包含了"根本性""关键性""戏剧性"和"流程"这样四个关键词。

1)"根本性"思考

"根本性"是说,在再造过程中,组织人员必须就组织自身以及组织的运营方式提出几个最根本性的问题,即"为什么我们要做我们正在做的事情?""为什么我们要用现在的工作方式做事情?"提出这些根本的问题就是要使人们对他们管理组织的方法所基于的不成文的规则与假设以及所从事的业务进行观察和思考,通过观察和思考,往往会发现这些沿袭下来的规则和假设已经是过时的,甚至是错误的,因而是不适用的,而所从事的业务是没有竞争力的,是没必要再做的。

2)"关键性"设计

"关键性"再设计意味着对事物追根溯源,对既定的现存事物不是进行肤浅的改变或调整修补,而是抛弃所有的陈规陋习和一切规定的结构与过程,保留具有核心竞争力的业务,创造发明全新的完成工作的方法;它是对组织的运行和业务进行重新构造,而不是对组织进行改良、增强或调整。

3)"戏剧性"效果

业务流程再造不是要取得小的改善,而是要取得业绩上的倍增效应。如果一个组织的业绩距应达到的水平只差10%,那么这个组织就不必实施业务流程再造,因为许多传统方法,从激励员工队伍到建立质量保证计划,都可能给组织带来10%的改进。只有当组织需要彻底改变时,才应实施业务流程重组。小的改善只需要逐步调整就可以取得;"戏剧性"的成就则需要消除一切陈旧事物而代之以崭新的内容。

4)以"流程"为导向

在"根本性""关键性""戏剧性"和"流程"这四个关键词中,人们一度曾以组织的成就为导向而强调"戏剧性"。实践表明,在实施业务流程再造中,应该强调的是"流程"。虽然这个"流程"最重要,但它也是许多人感到最头痛和最难办的:一方面"流程"总是要跨越部门,"流程"的改变会引起组织内的混乱,大多数组织的领导人并不以流程为中心,他们往往把注意力集中于任务、工作、人员和组织结构而不是"流程";另一方面,流程又总是与业务分不开的,不同的业务对应着不同的流程。非核心业务的认定同样会引起组织内的混乱。

正是因为业务流程再造的四个关键特性,使得业务流程重组在实践中成功的不多,但也正是由于成功案例的示范效应,也有许多组织根据自身的情况,准备在适当的时机进行本组织的流程再造,以图重新赢得竞争力。

许多实施业务流程再造的组织都广泛地利用了信息系统,正是现代信息技术帮助它们打破了陈旧的制度并创建了新型的业务模式。但是,实施流程再造的组织也必须画出现有业务的流程图,对组织的业务流程进行规范,然后按照未来系统的目标,对业务流程进行相应的再造或重组。

5.4　信息系统的开发模式选择

组织在设计信息系统实现方案时,首先应考虑信息系统的开发模式,然后考虑开发方法,接着是确定开发环境,选用合适的开发工具。由于开发方法将在本书的第三部分做详细的比较与分析,因而本节只对两种重要的开发模式——客户机/服务器模式(C/S模式)和浏览器/服务器模式(B/S模式)做一些讨论。

5.4.1 客户机/服务器模式

C/S(Client/Server)模式是 20 世纪 80 年代逐渐成长起来的一种模式,在这种结构中,网络中的计算机分为两个有机地联系起来的部分:客户机和服务器。客户机由功能一般的微型计算机来担任,它可以使用服务器中的资源。

对于用户的请求,如果客户机能够满足就直接给出结果,反之则需要交给服务器来处理,例如调用存储在服务器上的公用数据等,服务器对这些数据进行一些客户看不见的处理后发还给客户。因此,该模式可以合理均衡事务的处理,充分保证数据的完整性和一致性。

客户方应用软件一般包括用户界面、本地数据库等。当用户调用服务器资源时,客户机将请求传送给服务器,并根据服务器回送的处理结果进行分析,然后显示给用户。C/S模式结构,如图 5.2 所示。

图 5.2　C/S模式结构

随着 Internet 技术的发展,以及组织对信息系统的总体拥有成本[①]的考虑,C/S模式也逐渐暴露出许多问题,主要体现为以下几点。

(1) 开发成本较高,C/S结构对客户端软硬件要求较高;尤其是软件的不断升级,对硬件要求不断提高,增加了整个系统的成本。

(2) 移植困难,不同开发工具开发的应用程序,一般来说互不兼容,不能搬到其他平台上运行。

(3) 不同客户机安装不同的子系统软件,用户界面风格不一,使用繁杂,不利于推广使用。

(4) 由于每个客户机都安装了相应的应用程序,所以维护复杂,升级麻烦,例如升级,则每个客户机的软件都要更新。也正是因为由于每个客户机都安装了相应的应用程序,所以该模式又叫"胖客户机/瘦服务器模式"。

5.4.2 浏览器/服务器模式

随着 Internet 席卷全球,以 Web 技术为基础的 B/S 模式正日益显现其先进性,当今很多基于大型数据库的信息系统正在采用这种全新的技术模式。

B/S 模式由浏览器、Web 服务器、数据库服务器三个层次组成。在这种模式下,客户端使用一个通用的 Web 浏览器,代替了形形色色的各种应用软件,用户的所有操作都是通过浏览器进行的。该结构的核心部分是 Web 服务器,它负责接受远程(或本地)的查询请求,然后根据查询的条件到数据库服务器获取相关数据,再将结果翻译成各种页面描述语言,传送回提出查询请求的浏览器。同样,浏览器也会将更改、删除、新增数据记录的请求申请至

---

① 　这里的总体拥有成本,是指不但考虑开发成本,还要考虑维护和升级成本;不但要考虑硬件成本,还要考虑软件成本。

Web 服务器,由后者与数据库联系完成这些工作。B/S 模式结构如图 5.3 所示。

图 5.3　B/S 模式结构

B/S 模式具有以下优点。

(1) 使用简单。由于用户使用单一的 Browser 软件,基本上无须培训即可使用。

(2) 易于维护。由于应用程序都存储在 Web 服务器上,软件的开发、升级与维护只在服务器端进行,减轻了开发与维护的工作量。

(3) 保护组织的投资。B/S 模式采用标准的 TCP/IP、HTTP,可以与组织现有网络很好地结合。

(4) 对客户端硬件要求低。客户机只需要安装一种 Web 浏览器软件;也正因为此,所以该模式又叫"瘦客户机/胖服务器模式"。

(5) 扩展性好。B/S 模式可直接连入 Internet,具有良好的扩展性。

5.4.3　B/S 与 C/S 的混合模式

还可以将上述两种模式的优势结合起来,形成 B/S 与 C/S 的混合模式结构,如图 5.4 所示。对于面向大量用户操作的模块采用三层 B/S 模式,在用户端计算机上安装运行浏览器软件,基础数据集中存储在较高性能的数据库服务器上,中间建立一个 Web 服务器作为数据服务器与客户机浏览器交互的连接通道。而对于在系统模块安全性要求高,交互性强、处理数据量大、数据查询灵活的地点则使用 C/S 模式,这样能充分发挥各自的长处,开发出安全可靠、灵活方便、效率高的信息系统。

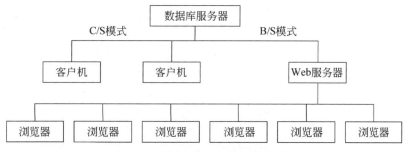

图 5.4　B/S 与 C/S 的混合模式结构

思　考　题

1. 信息系统的建设方式有哪几种? 各有什么特点?

2. 根据计价的不同,可以分为哪几种合同类型? 每种的风险如何?

3. 谈谈你对信息系统开发中合同条款的理解。

4. 信息系统开发的项目团队有哪几种组织形式?

5. 如何绘制知识地图？如何确定每个成员的责任？

6. 谈谈你对开发用语和风格的规范化、统一化的理解。

7. 举例说明什么样的用户属于强势用户,强势用户一般应该采用哪些控制机制？

8. 举例说明数据和业务流程规范化对于开发信息系统的重要性。

9. 举例说明业务流程改进的四种方法,简要说明业务流程重组的含义。

10. 说明并比较信息系统的 C/S 和 B/S 两种开发模式。

第 三 部 分
信息系统的开发方法

第 6 章 生命周期法与原型法

对信息系统开发方法和工具的研究,可追溯至 20 世纪 60 年代。目前,随着信息系统开发方法的不断发展,已逐渐形成了一门新的学科,即信息系统开发方法学。好的信息系统开发方法,能够从头至尾地为信息系统的开发过程提供一整套高效率的途径和措施。对于这些方法,可以根据时间过程和关键分析要素两个坐标维度进行分类。

按时间过程把开发方法分为生命周期法(Life Cycle,LC)和原型法(Prototyping,后缩写为 PROT)两大类。事实上,这两种方法是这个轴的两头,还有介于两者之间的方法,如阶段原型法。按照信息系统开发的关键分析要素,可以把开发方法分为面向处理(Processing Oriented,PO)方法、面向数据(Data Oriented,DO)方法和面向对象(Object Oriented,OO)方法三类。这两个维度分类如表 6.1 所示。

表 6.1 信息系统开发方法二维分类

按时间过程	按关键分析要素		
	面向处理 (PO)方法	面向数据 (DO)方法	面向对象 (OO)方法
生命周期法(LC)	LC-PO	LC-DO	LC-OO
原型法(PROT)	PROT-PO	PROT-DO	PROT-OO

所谓 PO 就是系统分析的出发点在于搞清系统要进行什么样的处理;而 DO 首先分析组织的信息需求,设计并建立组织的信息模型,然后建立全组织共享的数据库;OO 则首先分析组织的一些对象,把描述对象的数据和对象的操作放在一起,或者说对象的数据和操作内容是对外封闭的。

目前被广泛采用的信息系统开发方法主要包括按时间过程划分的生命周期法和原型法,以及按关键要素划分的面型对象法。本章从时间过程的角度首先介绍生命周期法,最后一节简要介绍原型法的基本步骤及其优缺点。面向对象的方法在第 7 章讨论。

6.1 生命周期法的基本思想

生命周期法是国内外信息系统开发中最常用的方法。广义的生命周期法理论认为,任何一个系统都有它的生命周期,所谓系统的生命周期是指从信息系统建设项目的提出,经历分析、设计、实施、运行和维护,直至退出的整个时期。

狭义的生命周期法主要指的是结构化系统开发方法(Structured System Development Methodologies,SSDM),亦称结构化系统分析与设计(Structured System Analysis and Design,SSA&D),是自顶向下结构化方法、工程化的系统开发方法和生命周期方法的结合,又称为结构化生命周期法。该方法将信息系统的开发过程划分为若干个阶段,预先规定好每个阶段的任务,再按一定的准则来按部就班地完成。本章主要是从狭义的生命周期法角度进行讲解。

为保证系统开发的顺利进行,结构化生命周期法强调遵循以下几个基本原则。

(1) 面向用户的观点。

(2) 严格区分工作阶段,每个阶段有明确的任务和应得到的成果。

(3) 按照系统的观点,自顶向下地完成系统的研制工作。

(4) 充分考虑变化的情况。

(5) 工作成果文档化、标准化。

结构化生命周期法是应用广泛的一种工程化方法。当然,这种方法主要的不足是开发周期长,难以适应当下企业面临的快速变化的信息系统应用需求。由于生命周期法将系统开发过程划分为若干个阶段,且每个阶段都有明确的任务,上一个阶段没完成就无法进入下一个阶段,这就使得:一方面用户在较长时间内不能得到一个可实际运行的物理系统,似乎"听得楼梯响,不见人下来";另一方面,难以适应环境变化,一个规模较大的系统,在经过其较长的开发过程完成后,其生存环境可能已经发生了变化。

结构化生命周期法的通用模式将开发过程划分为五个阶段:系统规划、系统分析、系统设计、系统实施、系统运行和维护。由于系统规划在第 4 章中已经有较详细的阐述,系统运行和维护在本书的后面讲解,因而本章只重点介绍结构化生命周期法中间的三个阶段,即系统分析、系统设计和系统实施。

6.2　系　统　分　析

系统分析的主要任务是回答新系统"做什么"的问题,即回答系统的主要功能是什么的问题。只有明确了问题,才有可能解决问题。否则,方向不明、无的放矢,费力不讨好。实际工作中常常有这种情形,即业务人员认为信息系统的开发只是技术人员的事,开发人员则根据对用户要求的肤浅理解就匆匆忙忙进行系统设计,编写程序;结果,交给用户使用时,用户却说"这不是我要的系统"。分析其原因,主要就是因为对系统分析缺乏足够的重视,在系统开发前没有搞清楚系统的主要功能;另外,对系统分析的不重视还是导致开发工期一再延长甚至以失败告终的重要原因。

6.2.1　系统分析的任务

系统分析是信息系统开发最重要的阶段,也是最困难的阶段。系统分析的困难主要来自三个方面:问题空间的理解、人与人之间的沟通和环境的不断变化。

第一,问题空间的理解。由于系统分析员缺乏对业务知识的充分理解,在系统调查时常常感到无从下手,不知道如何问用户问题,或者被各种具体数字、大量的资料、庞杂的业务流程搞得眼花缭乱,摸不着头绪。在一个规模较大的系统中,反映各种业务情况的资料,既包括各种数据、报表、账页,也包括业务人员手中各种正规的、非正规的手册,还包括各种技术资料等,数量庞大,各种业务之间的联系纷繁复杂。如果系统分析员不熟悉业务情况,就会感觉深陷各种数据与业务关系的泥淖,各种信息流程像一堆乱麻,不知从何下手去理出头绪,准确详细地描述出现有系统的主要功能、运行的现状,更谈不上如何分析制约现行系统的"瓶颈"。

第二,人与人之间的沟通。要想准确地描述现有系统的功能及存在的问题,就离不开系统分析人员与用户的沟通,然而一方面,由于用户缺乏足够的计算机知识,不了解计算机能做什么和不能做什么,在向系统分析人员介绍业务处理时,他们往往会按照自己熟悉的业务思路,理所当然地介绍业务的处理流程,无法用程序开发人员能够理解的语言把业务过程明确地表达出来。在遇到某些决策问题时,也往往根据经验、凭直觉理所当然地做出判断,而缺乏科学合理的决策逻辑。这时系统分析员就很难从业务人员那里获得充分有用的信息。

另一方面,系统分析人员所掌握和理解的计算机语言,以及计算机处理过程,也是用户无法理解的,当他们要向用户以计算机能够实现的方式描述业务流程时,往往也会给用户造成困惑。俗话说:"隔行如隔山。"系统分析员与用户的知识构成不同,经历不同,使得双方的交流十分困难。这使得系统调查容易出现遗漏和误解,而这些遗漏和误解是研制系统的隐患,会使系统开发偏离正确方向。

第三,环境的不断变化。科学技术正在以前所未有的速度不断进步,外界的政治、经济等环境也处于不断改变之中,而系统的开发,从分析、设计到实施往往需要一个较长的时间周期,而在这段时间中外界的环境可能与系统分析时的环境已经发生了较大甚至重大的变化,因而系统分析过程中要尽可能地对可能的环境变化做一些识别和管理。

因此,系统分析阶段的工作就是要通过调查分析,对用户单位的业务流程进行详细分析,在此基础上抽象出新系统的概念模型,锁定系统边界、功能、处理过程和信息结构,为系统设计奠定基础。系统分析阶段的基本任务:系统分析员与用户在一起充分理解用户的需求,并把双方的理解用书面文档(系统分析说明书)表达出来。系统分析说明书审核通过之后,将成为系统设计的依据和将来验收系统的依据。

6.2.2 数据流图

为了做好系统分析工作,既需要系统分析员与用户精诚合作,也需要借助一定的技术和工具。这里说的工具是指一些合理的图表。直观的图表可以帮助系统分析员理顺思路,也便于与用户交流。数据流图是结构化系统分析的主要工具。结构化系统分析通过一套分层次的数据流图,辅以数据字典、小说明等工具来描述系统。

图 6.1 是一个简单的示意图。图中,上层数据流图中的一个处理框被分解为一张下层的数据流图。结构化系统分析方法就是通过这种自顶向下、逐层分解的方法,把大问题分解成小问题,然后分别解决。

数据流图描述数据流动、存储、处理的逻辑关系,也称为逻辑数据流图(Logical Data Flow Diagram),一般简称为 DFD。

1. 数据流图的基本成分

数据流图用到四个基本符号,即外部实体、数据流、数据存储和数据处理过程。

1) 外部实体

外部实体是指系统外与系统有联系的人或事物。它表达该系统数据的外部来源或去

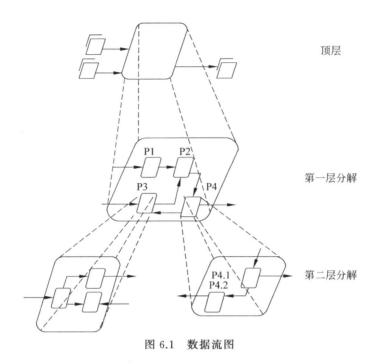

图 6.1　数据流图

向,例如顾客、员工、供货单位等。外部实体也可以是另外一个信息系统。

用一个正方形,并在其左上角外边另加一个直角来表示外部实体,在正方形内写上这个外部实体的名称。为了区分不同的外部实体,可以在正方形的左上角用一个字符表示。在数据流图中,为了减少线条的交叉,同一个外部实体可在一张数据流程中出现多次,这时在该外部实体符号的右下角画小斜线,表示重复。若重复的外部实体有多个,则相同的外部实体画数目相同的小斜线。外部实体的表示如图 6.2 所示。

图 6.2　外部实体的图示

2）数据处理

数据处理是指对数据的逻辑处理功能,也就是对数据的变换功能。在数据流图中,用带圆角的长方形表示数据处理,长方形分为三个部分,如图 6.3 所示。

标识部分用来标识一个功能,一般用字符 P 和数字组成,如 P1、P1.1 等。功能描述部分是必不可少的。它直接表达这个处理的逻辑功能。一般用一个动词加一个做动词宾语的名词表示。功能执行部分表示这个功能由谁来完成,可以是一个人,还可以是一个部门,也可以是某个计算机程序。

图 6.3　数据处理的图示

3）数据流

数据流是指数据处理功能的输入或输出,用一个水平箭头或垂直箭头表示。箭头指出数据的流动方向。一般来说,对每个数据流要加以简单的描述,使用户和系统设计员能够理解一个数据流的含义。对数据流的描述写在箭头的上方,一些含义十分明确的数据流,也可以不加说明。数据流的图示如图 6.4 所示。

图 6.4   数据流的图示

4) 数据存储

在数据流图中,数据存储用右边开口的长方条表示。在长方条内写上数据存储的名字。为了区别和引用方便,再加一个标识,一般用字母 D 和数字组成。为清楚起见,用竖线表示同一数据存储在图上不同地方的出现(如 D2 出现两次),如图 6.5 所示。

图 6.5   数据存储的图示

在有一些其他介绍结构化分析的书中,所用的数据流图符号与本书有所不同。例如图 6.6,读者应该不难明白各个符号的含义。

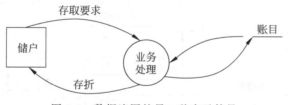

图 6.6   数据流图的另一种表示符号

2. 数据流图的画法

下面以高等学校学籍管理系统为例说明画数据流图的方法。学籍管理是一项十分严肃而复杂的工作。它要记录学生从入学到学生离校整个在校期间的情况,学生毕业时把学生的情况提供给用人单位。学校还要向上级主管部门报告学生学籍变动情况,其具体绘制过程如下。

首先,把整个系统看成一个功能。它的输入是新生入学时,从省、市招生办公室转来的新生名单和档案,输出是学生离校时给用人单位的毕业生档案和定期给主管部门的统计报表。如图 6.7 所示,“学籍表”中记载学生的基本情况、学籍变动情况、各学期各门课程的学习成绩、在校期间的奖惩记录等。

图 6.7 概括描述了系统的轮廓、范围,标出了最主要的外部实体和数据流。还有一些外部实体、数据流没有画出来,随着数据流图的展开再逐渐增加。这样做的好处是突出主要矛盾,系统轮廓更清晰。

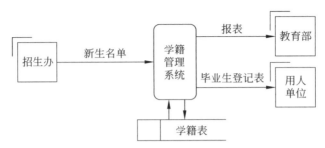

图 6.7　学籍管理系统顶层 DFD

图 6.7 是进一步分析的出发点。学籍管理包括学生学习成绩管理、学生奖惩管理、学生异动管理三部分。由此,图 6.7 可以展开,如图 6.8 所示。图 6.8 中的虚线框是图 6.7 中处理框的放大。图 6.7 的各个数据流都必须反映在图 6.8 上。此外还有新增的数据流和外部实体。虚线框外新增的数据流,在进入或流出虚线框时用×标记。数据存储"学籍表"是图 6.7 中原有的,可画在虚线框外,或一半在内,一半在外。在图 6.8 中,与学籍表有关的数据流更具体了。

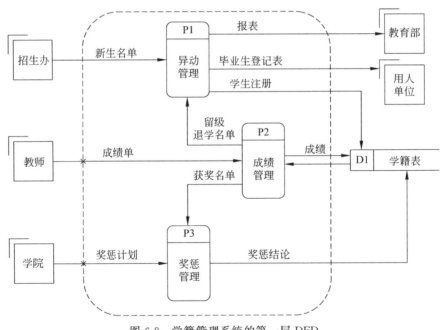

图 6.8　学籍管理系统的第一层 DFD

下面以"成绩管理"为例,说明逐层分解的思路。

某校现在实行校、院两级管理学习成绩。学校教学管理科、学院教务秘书都登记学生成绩。任课教师把学生成绩单一式两份分别送学院教务秘书和学校教学管理科。学院教务秘书根据成绩单登录学籍表,学期结束时,给学生发成绩通知,根据学籍管理条例,确定每个学生升级、补考、留级和退学的情况。教学管理科根据收到的成绩单登录教学管理科存储的学籍表,统计各年级各科成绩分布报主管领导。补考成绩也做类似处理。这样 P2 框扩展成图 6.9。

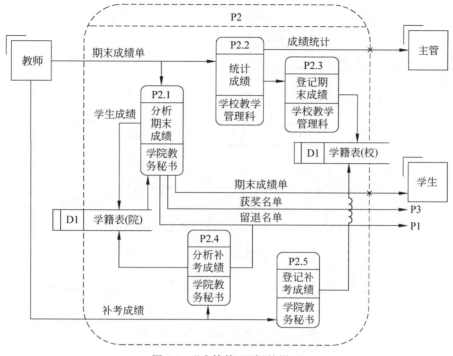

图 6.9 "成绩管理"框的展开

从图 6.9 看出某些不尽合理的地方。例如"学籍表"结构是一样的,但是院里存一份,教学管理科也存一份,数据冗余,工作重复。但有的学校实际情况就是这样的,在调查阶段应如实反映,至于新系统应怎么做,在对现行系统分析的基础上,提出新系统逻辑模型时再考虑。

图 6.9 中的一些处理,有的框还需要进一步展开。如 P2.1 一框,"分析期末成绩"包括以下几件事。

(1) 把每个学生的各科成绩登录在所在班的"学习成绩一览表"中。

(2) 根据"学习成绩一览表",在学籍表中填写各个学生的成绩。

(3) 根据"学习成绩一览表"评学习成绩优秀奖。

(4) 根据学习成绩一览表、以往留级情况(学籍表中有记载)决定学生升级、补考、留级和退学。

(5) 发成绩通知单,通知补考时间。

这样 P2.1 一框展开成图 6.10。图中的数据存储 D2 即学习成绩一览表,只是与 P2.1 有关,不涉及其他处理框,因此必须画在虚线框内。

在图 6.10 中,除 P2.1.5 框之外,其他各个处理都已十分明确,不需要再分解。而 P2.1.5 "确定异动情况"还比较复杂,需要进一步分解。学期结束之后,根据学习成绩,学生的异动有四种可能情况:升级、补考、留级和退学。所有考试、考查科目都及格的学生当然升级,个别科目不及格的学生可以参加补考。根据该校现行学籍的规定:一学期有三门考试课程不及格,或者考试和考查共有四门课程不及格者,将没有补考资格,直接留级;一学期有四门考

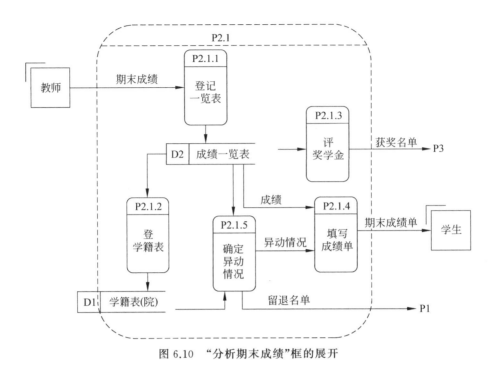

图 6.10　"分析期末成绩"框的展开

试课不及格,或考试和考查五门课程不及格者,将直接退学而不能留级重读。另外,连续留级两次或在校学习期间累计留级两次者,也应退学。因此,确定学生异动情况,先要统计学生本学期不及格的科目,涉及留级的情况,还要查看过去的学籍异动情况,判定应该是留级还是退学。这样,P2.1.5框可展开成图 6.11。

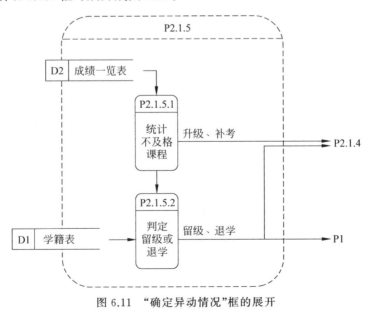

图 6.11　"确定异动情况"框的展开

关于"学习成绩管理"的分解到此可以结束了。作为一个练习,建议读者走访本校的有关部门,根据实际情况画出"异动管理""奖惩管理"的分解图。

3. 画数据流图的注意事项

在系统分析中,数据流图是系统分析员与用户交流思想的工具。这种图用的符号少,通俗易懂。实践证明,只要对用户稍做解释,用户就能看明白。同时,这种图层次性强,适合对不同管理层次的业务人员进行业务调查。在调查过程中,随手就可记录有关情况,随时可与业务人员讨论,使不足的地方得到补充,有出入的地方得到纠正。在草图的基础上,系统分析员应对图的分解、布局做适当调整,画出正式图,使之更清晰,可读性更好。

1) 关于层次的分解

从前面的例子,可看到系统分析中得到一系列分层的数据流图。最上层的数据流图相当概括地反映出信息系统最主要的逻辑功能,最主要的外部实体和数据存储。这张图应该使人一目了然,立即有一个深刻印象,知道这个系统的主要功能和与环境的主要联系是什么。

逐层扩展数据流图,是对上一层图(父图)中某些处理框加以分解。一个处理框经过展开,一般以分解为2~7个处理框为宜。随着处理的分解,功能越来越具体,数据存储、数据流越来越多。必须注意,下层图(子图)是上层图中某个处理框的"放大"。因此,凡是与这个处理框有关系的外部实体、数据流、数据存储必须在下层图中反映出来。低层图上用虚线长方框表示所放大的处理框,属于这个处理内部用到的数据存储画在虚线框内,属于其他框也要用到的数据存储,则画在虚线框之外或跨在虚线框上。流入或流出虚线框的数据流,若在上层图中没有出现过,则在与虚线交叉处用×表示,如图6.8和图6.9所示。

2) 检查数据流图的正确性

通常可以从以下几个方面检查数据流图的正确性。

(1) 数据守恒,或称为输入数据与输出数据匹配。数据不守恒有两种情况:一种是某个处理过程用以产生输出的数据,却没有输入给这个处理过程,这肯定是遗漏了某些数据流;另一种是某些输入在处理过程中没被使用,这不一定是一个错误,但值得再研究一下为什么会产生这种情况,是否可以简化。

(2) 在一套数据流图中的任何一个数据存储,必定有流入的数据流和流出的数据流,即写文件和读文件,缺少任何一种都意味着遗漏某些加工。

(3) 父图中某一处理框的输入、输出数据流必须出现在相应的子图中,否则就会出现父图与子图的不平衡。

(4)任何一个数据流至少有一端是处理框。换言之,数据流不能从外部实体直接到数据存储,不能从数据存储到外部实体,也不能在外部实体之间或数据存储之间流动。初学者往往容易违反这一规定,常常在数据存储与外部实体之间画数据流。其实,记住数据流是指处理的输入或输出,就不会出现这类错误。

3) 提高数据流图的易理解性

数据流图是系统分析员调查业务过程,与用户交换思想的工具,因此,数据流图应该简明易懂。这也有利于后面的设计,有利于对系统分析说明书进行维护。可以从以下几个方面提高易理解性。

（1）简化处理间的联系。结构化分析的基本手段是"分解"，其目的是控制复杂性。合理的分解是将一个复杂的问题分成相对独立的几个部分，每个部分可单独理解。在数据流图中，处理框间的数据流越少，各个处理就越独立，所以应尽量减少处理框间输入输出数据流的数目。

（2）均匀分解。如果在一张数据流程图中，某些处理已是基本加工，而另一些却还要进一步分解三、四层，这样的分解就不均匀。不均匀的分解不易被理解。因为其中某些部分描述是细节，而其他部分则是较高层的抽象。遇到这种情况，应重新考虑分解，努力避免特别不均匀的分解。

（3）适当的命名。数据流图中各种成分的命名与易读性有直接关系，所以应注意命名适当。

处理框的命名应能准确地表达其功能，理想的命名由一个具体的动词加一个具体的名词（宾语）组成，在底层尤其应该如此。例如"计算总工作量""开发票"。"存储和打印提货单"最好分成两个，难以为某个成分命名，往往是分解不当的迹象，应考虑重新分解。

同样，数据流、数据存储也应适当命名，尽量避免产生错觉，减少设计和编程等阶段的错误。

6.2.3 数据字典

数据流图描述了系统的分解，即描述了系统由哪几部分组成，各部分之间的联系等，但还没有说明系统中各个成分是什么含义。例如，在前面的例子中，数据存储"学籍表"包括哪些内容，数据流图表达不够具体、准确。又如处理框 P2.1.5.2"判定留级或退学"，如何决定，图上也看不出来。只有当数据流图中出现的每一个成分都给出定义之后，才能完整、准确地描述一个系统。为此，还需要其他工具对数据流图加以补充说明。

数据字典就是这样的工具之一。系统分析中所使用的数据字典，主要用来描述数据流图中的数据流、数据存储、处理过程和外部实体。数据字典把数据的最小组成单位看成是数据元素（基本数据项），若干个数据元素可以组成一个数据结构（组合数据项）。数据字典通过数据元素和数据结构来描写数据流、数据存储的属性。

建立数据字典的工作量很大，相当烦琐。但这是一项必不可少的工作。数据字典在系统开发中具有十分重要的意义，不仅在系统分析阶段，而且在整个系统开发过程中以及今后系统运行维护中都要使用它。

数据字典可以用人工方式建立。事先印好表格，填好后按一定顺序排列，就是一本字典。也可以建立在计算机内，数据字典实际上是关于数据的数据库，这样使用、维护都比较方便。

数据字典中有六类条目：数据元素、数据结构、数据流、数据存储、外部实体和处理。不同类型的条目有不同的属性需要描述，现分别说明如下。

1. 数据元素

数据元素是最小的数据组成单位，也就是不可再分的数据单位，如学号、姓名等。对每个数据元素，需要描述以下属性。

（1）名称，数据元素的名称要尽量反映该元素的含义，便于理解和记忆。

（2）别名，一个数据元素，可能其名称不止一个。若有多个名称，则需加以说明。

（3）类型，说明取值是字符型还是数字型等。

（4）取值范围和取值的含义，指数据元素可能取什么值或每一个值代表的意思。

（5）长度，指出该数据元素由几个数字或字母组成。如学号，按某校现在的编法由 9 个数字组成，其长度就是 9 字节。

除以上内容外，数据元素的条目还包括对该元素的简要说明，与它有关的数据结构等。图 6.12 是数据元素条目的一个例子。

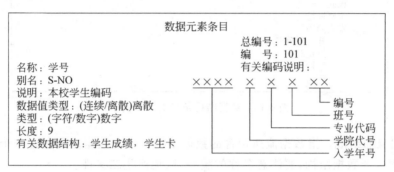

图 6.12　数据元素条目的一个例子

2. 数据结构

表 6.3 是数据结构条目的一个例子。数据结构的描述重点是数据之间的组合关系，即说明这个数据结构包括哪些成分。数据结构是一个递归概念，即数据结构的成分也可以是数据结构。所以，一个数据结构可以包括若干个数据元素或（和）数据结构。这些成分中有以下三种特殊情况。

（1）任选项。这是可以出现，也可以省略的项，用"〔〕"表示，如〔曾用名〕是任选项，可以有，也可以没有。

（2）必选项。在两个或多个数据项中，必须出现其中的一个称为必选项。例如，任何一门课程是必修课，或选修课，二者必居其一。必选项的表示办法，是将候选的多个数据项用"｛ ｝"括起来。

（3）重复项。即可以多次出现的数据项。例如一张订单可订多种零件，每种零件有品名、规格、数量，这些属性用"零件细节"表示。在订单中，"零件细节"可重复多次，表示成：零件细节 *。图 6.13 例子中的"本人简历"也是这种情况。

3. 数据流

图 6.14 是数据流条目的一个例子。关于数据流，在数据字典中描述以下属性。

（1）数据流的来源。数据流可以来自某个外部实体、数据存储或某个处理。

（2）数据流的去处。某些数据流的去处可能不止一个，如图 6.9 中"期末成绩单"这个数据流，流到 P2.1、P2.2 两个处理，两个去处都要说明。

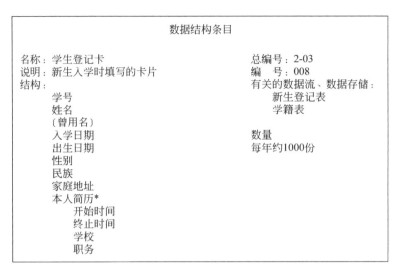

图 6.13　数据结构条目的一个例子

（3）数据流的组成。指数据流所包含的数据结构。一个数据流可包含一个或多个数据结构。若只含一个数据结构,要注意名称的统一,以免产生二义性。

（4）数据流的流通量。指单位时间（每日、每小时等）里的传输次数。可以估计平均数或最高、最低流量各是多少。

（5）高峰时的流通量。

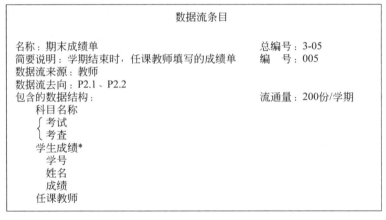

图 6.14　数据流条目的一个例子

4. 数据存储

数据存储的条目,主要描写该数据存储的结构及有关的数据流、查询要求。例如,图 6.10 中的数据存储 D2"成绩一览表"的条目,如图 6.15 所示。

有些数据存储的结构可能很复杂,如图 6.8 中的 D1"学籍表",包括学生的基本情况、学生动态、奖惩记录、学习成绩、毕业论文成绩等,其中每一项又是数据结构。这些数据结构有

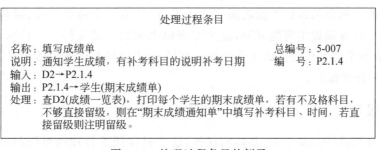

```
                        数据存储条目

    名称：成绩一览表                   总编号：4-02
    说明：学期结束，按班汇集学生各科成绩   编  号：D2
    结构：
           班级                       有关的数据流：
           学生成绩*                    P2.1.1→D2
              学号                      D2→P2.1.2
              姓名                      D2→P2.1.3
              成绩*                     D2→P2.1.4
                 科目名称               D2→P2.1.5
                ⎰考试                   信息量：150份/学期
                ⎱考查                   有无立即查询：有
                 成绩
```

图 6.15　数据存储条目的例子

各自的条目分别加以说明,因此在"学籍表"的条目中只需列出这些数据结构,而不要列出这些数据结构的内部构成。数据流图是分层的,下层图是上层图的具体化。同一个数据存储可能在不同层次的图中出现。描述这样的数据存储,应列出最低层图中的数据流。

5. 处理过程

关于数据流图中的处理框,需要在数据字典中描述处理框的编号、名称、功能的简要说明,有关的输入、输出。关于功能的描述,使人能有一个较明确的概念,知道这一框的主要功能。功能的详细描述,还要用"小说明"进一步描述。图 6.16 是 P2.1.4"填写成绩单"的条目。

```
                        处理过程条目

    名称：填写成绩单                    总编号：5-007
    说明：通知学生成绩,有补考科目的说明补考日期   编  号：P2.1.4
    输入：D2→P2.1.4
    输出：P2.1.4→学生(期末成绩单)
    处理：查D2(成绩一览表),打印每个学生的期末成绩单,若有不及格科目,
          不够直接留级,则在"期末成绩通知单"中填写补考科目、时间,若直
          接留级则注明留级。
```

图 6.16　处理过程条目的例子

6. 外部实体

外部实体是数据的来源或去处。因此,在数据字典中关于外部实体的条目,主要说明外部实体产生的数据流和传给该外部实体的数据流,以及该外部实体的数量。外部实体的数量对于估计本系统的业务量有参考作用,尤其是关系密切的主要外部实体。图 6.17 是描述"学生"这个外部实体的条目。"学生"这个外部实体与学籍管理系统有很多联系,如入学时要填写各种登记表,若要休学、复学等情况要提出申请等。在本例中,由于未画出整个系统的数据流图,因此条目的数据流比较少。

综上,系统分析的基本思想,是将一个复杂的系统逐层分解成许多足够简单的基本处理

（功能单元）。数据流图是系统分析的主要工具,它着重表达系统的逻辑功能及各个部分之间的联系。数据字典补充说明系统所涉及的数据,是数据属性的清单。数据字典中包括了对各个处理功能的一般描述,但这种描述是高度概括的。在数据字典中不可能也不应该过多地描述各个处理功能的细节。为此,需要另一种工具——小说明(或称为基本说明)来完成。小说明应准确地描述一个处理“做什么”,包括处理的激发条件、加工逻辑、优先级、执行频率和出错处理等。理想的小说明应该容易被软件人员和用户理解,又要严格、精确。

图 6.17　外部实体条目的例子

6.3　系统设计

　　系统分析阶段要回答的中心问题是系统“做什么”,即明确系统功能。这个阶段的成果是系统的逻辑模型。系统设计阶段要回答的中心问题是系统“怎么做”,即如何实现系统分析说明书所规定的系统功能。这一阶段,要根据实际的技术条件、经济条件和社会条件,确定系统的实施方案,即系统的物理模型。

　　系统设计的目标是从保证系统的适应性入手,设计出一个易于理解、容易维护的系统。系统设计阶段的任务是提出实施方案,这个方案以书面的正式文件——系统设计说明书提出,批准后将成为系统实现阶段的工作依据。系统设计的基本任务大体上可以分为两个方面:概要设计和详细设计。

6.3.1　概要设计

　　把总任务分解成许多基本的、具体的任务,这些具体任务合理地组织起来构成总任务。这称为概要设计(Preliminary Design),又称为总体设计(Architectural Design),其基本任务如下。

　　(1) 将系统划分成模块。

　　(2) 决定每个模块的功能。

　　(3) 决定模块的调用关系。

　　(4) 决定模块的界面,即模块间信息的传递。

　　我们知道,系统各个部分之间存在控制、调用、数据交换等种种联系。对某一局部的修改,可能直接或间接地影响系统的其他部分。对 A 的修改波及 B,而对 B 的修改又可以影响 C、E 等。人们把这种影响形象地叫作“水波效应”。因此对系统某一个局部的修改,必须十分小心地追踪这一修改所波及的各个部分。一个易于修改的系统应该由一些相对独立、功能单一的模块按照层次结构组成。这些模块之间不必要的联系都已去掉,而且它们的功能及相互关系都已阐明,这就是概要设计的基本思想。

概要设计是系统开发过程中很关键的一步。系统的质量及一些整体特性基本上是这一步决定的。系统越大,概要设计的影响越大。认为各个局部都很好,组合起来就一定好的想法是不实际的。我们知道:整体大于部分之和。

6.3.2 详细设计

为各个具体任务选择适当的技术手段和处理方法即详细设计,详细设计包括代码设计、数据库设计、输入设计、输出设计、人机对话设计和处理过程设计等多项内容。在第 5 章中曾讨论过代码标准化的问题,数据库设计则可以在数据流图和数据字典的基础上进行,因而代码设计和数据库设计这里不再做展开。

1. 输入设计

"输入的是垃圾,输出的必然是垃圾。"输入设计的目标是保证向系统输入正确的数据。在此前提下,做到输入方法简单、迅速、经济、方便。输入设计应遵循如下原则。

(1)最小量原则。这就是保证满足处理要求的前提下使输入量最小。输入量越小,出错机会越少,花费时间越少,数据一致性越好。

(2)简单性原则。输入的准备、输入过程应尽量容易,以减少错误的发生。随着老龄社会的到来,如何使中高龄老年人在使用相关系统时也能自如输入,是输入设计必须要考虑的问题。

(3)早检验原则。对输入数据的检验尽量接近原数据发生点,使错误能及时得到改正。

(4)少转换原则。输入数据尽量用其处理所需形式记录,以免数据转换类型时发生错误。

2. 输出设计

输出设计的重要性是显而易见的。信息系统只有通过输出才能为用户服务。信息系统能否为用户提供准确、及时、适用的信息是评价信息系统优劣的标准之一。因此,必须十分重视输出设计。从系统开发的角度看,输出决定输入,即输入信息只有根据输出要求才能确定。输出设计包括以下三方面的内容。

1)确定输出内容

用户是输出信息的主要使用者。因此,输出内容的设计首先要确定用户在使用信息方面的要求,包括使用目的、输出速度、频率、数量和安全性要求等。根据用户要求,设计输出信息的内容,包括信息形式(表格、图形、文字和音频等),输出项目及数据结构、数据类型、位数及取值范围,数据的生成途径,完整性及一致性的考虑等。

2)选择输出设备与介质

常用的输出设备有显示终端、打印机、绘图仪和多媒体设备等。这些设备各有特点,应根据用户对输出信息的要求,结合现有设备和资金条件选择。

3)确定输出格式

提供给人的信息都要进行格式设计。输出格式要满足使用者的要求和习惯,做到格式清晰、美观、易于阅读和理解。

报表是最常用的一种输出形式。报表的格式要与当前组织内部流行的表格尽量一致，尤其是国家相应统计部门统一制定的报表不得更改。如果要更改现行表格,必须由系统设计员、分析员共同讨论,拿出更改的充分理由,与管理人员协商,得到有关部门的批准。

3. 人机对话设计

人与计算机进行信息交流就是人机对话。从这个意义上讲,输入、输出都是人机对话。这里讲的人机对话,是指人通过屏幕、键盘、麦克风等设备与计算机进行信息交换,控制系统运行。因此,人机对话设计也称为交互设计。待人友好的用户交互,是信息系统成功的条件之一。

人机对话设计的基本原则是为用户操作着想,而不应从设计人员设计方便的角度来考虑。因此,对话设计应注意以下四点。

(1) 对话要清楚、简单,用词要符合用户观点和习惯。

(2) 对话要适应不同操作水平的用户,便于维护和修改。这是衡量对话设计好坏的重要标准。用户开始使用时,要让操作人员觉得系统在教他如何使用,鼓励他使用。随着用户对系统的熟悉,又会觉得太详细的说明、复杂的屏幕格式太啰唆,这时就需要适应不同水平的用户,使得操作界面可以由用户选择或进行个性化设置。

(3) 错误信息的设计要有建设性。用户界面是否友好,使用者的第一个印象往往来自当错误发生时系统有什么样的反应。一个好的错误信息设计,用词应当友善,简洁清楚,并要有建设性,即尽可能告知使用者产生错误的可能原因。

(4) 关键操作要强调和警告。对某些要害操作,无论是不是操作人员的误操作,系统应进一步确认,进行强制发问,甚至警告,而不能一接到命令立即处理,以至造成恶劣的后果。这种警告,由于能预防错误,更有积极意义。

4. 处理过程的设计

概要设计将系统分解成许多模块,并决定了每个模块的外部特征:功能和界面。信息系统处理过程的设计则要确定每个模块的内部特征,即内部的执行过程,包括局部的数据组织、控制流、每一步的具体加工要求及种种实施细节。通过这样的设计,为编写程序制订一个周密的计划。当然,对于一些功能比较简单的模块,也可以直接编写程序。

处理过程设计的关键是用一种合适的表达方法来描述每个模块的执行过程。这种表示方法应该简明、精确,并由此能直接导出用编程语言表示的程序。常用的描述方式包括流程图、决策树和判定表等。

6.4　系　统　实　施

6.4.1　系统实施阶段的任务

系统实施是开发信息系统的最后一个阶段。这个阶段的任务,是实现系统设计阶段提出的物理模型,按实施方案完成一个可以实际运行的信息系统,交付用户使用。系统设计说明书详细规定了系统的结构,规定了各个模块的功能、输入和输出,规定了数据库的物理结构。这是系统实施的出发点。如果说开发信息系统是盖一幢大楼,那么系统分析与设计就是根据盖楼的要求画出各种蓝图,而系统实施则是调集各种人员、设备和材料,在盖楼的现场,根据图纸按开发方案的要求把大楼盖起来。具体讲,这一阶段的任务包括以下四个方面。

1. 硬件准备

硬件设备包括计算机主机、输入输出设备、存储设备、辅助设备(稳压电源与空调设备等)和通信设备等。购置、安装和调试这些设备要花费大量的人力、物力,持续相当长的时间。

2. 软件准备

软件包括系统软件、数据库管理系统以及一些应用程序。这些软件有些需要购买,有些需要组织人力编写,也需要相当多的人力、物力和时间。编写程序和测试程序是这一阶段的主要任务。

3. 人员培训

人员培训主要是指用户的培训,包括主管人员和业务人员。系统投入运行后,他们将在系统中工作。这些人多数来自现行系统,精通业务,但有的缺乏计算机知识。为保证系统调试和运行顺利进行,应根据他们的基础,提前进行培训,使他们适应、逐步熟悉新的业务流程、新的操作方法。有时,改变旧的工作习惯比软件的更换更为困难。

4. 数据准备

数据的收集、整理、录入是一项既烦琐,劳动量又大的工作。没有一定基础数据的准备,系统调试就不能很好地进行。一般说来,确定数据库物理模型之后,就应进行数据的整理、录入。这样既分散了工作量,又可以为系统调试提供真实的数据。实践证明,这方面的工作往往容易被人忽视。因此,要特别强调这一点,不能把系统的实现仅仅归结为编程序或买机器。这几方面的任务是相互联系,彼此制约的。

与系统分析、系统设计阶段相比,系统实施阶段的特点是工作量大,投入的人力、物力多。因此,这一阶段的组织管理工作也很繁重。对于这样一个多工种、多任务的综合项目,合理的调度安排就十分重要。

6.4.2 自顶向下的实现方法

系统的实施有许多工作要做。就程序的编写和数据库的实现而言事情也很多。系统的模块结构图中有大大小小很多模块,先实现哪些模块呢?是先实现上层模块,还是先实现下层模块?下层模块执行具体功能,上层模块是控制性的。传统方法是先实现下层模块,实现一部分就调试一部分。这种方法往往造成返工。单个模块调试通过了,系统联调却不一定能通过,原因是模块之间的接口可能有问题。

结构化方法主张自顶向下实现,尽量先实现上层模块,逐步向下,最后实现下层最基本的模块。即首先调试整个系统的结构及各模块间的接口,确保系统结构和各模块接口的正确性。在实现上层模块时,与这些模块有直接调用关系的下层模块只作为"树桩"(Stub)出现,即只保留它的名字及有关参数传递。这样,虽然这些"树桩"的内部功能还没有实现,但可以测试系统结构的正确性,保证接口的通畅。

系统开发完成以后,需要进行各种测试,测试合格的系统可以交付运行,进入运行和维护阶段。由于信息系统的测试和运行在后面的章节中有专门介绍,这里不再赘述。

6.5 原型法的基本思想

原型法(Prototyping Approach)产生于 20 世纪 80 年代中期。原型法又按照对原型结果的处理方式分为淘汰原型法(又叫试验原型法)和演化原型法(又叫演进原型法)。淘汰原型法只把原型当成与用户进行交流和分析需求的工具,用完以后就废弃掉,根据调研的结论做出新的系统。

如果没有做特别的说明,一般所说的原型法都是演化原型法。其基本思想:在投入大量的人力、物力之前,在限定的时间内,用最经济的方法构造一个系统原型,使用户尽早看到未来系统的概貌,在系统原型的实际运行中与用户一起发现问题,提出修改意见,不断完善原型,使它逐步满足用户的要求。

6.5.1 原型法的基本步骤

用原型法开发信息系统可以分为以下四个步骤。

1. 明确用户基本信息需求

这一阶段不像结构化生命周期法那样要详细定义用户的需求,而是要在几天或几个星期内分析用户的主要功能要求和实现这些要求的数据规范、报告格式、屏幕要求。这个阶段不产生对外的正式文件,但对规模较大的系统,应准备一个初步需求文件。

2. 建立初始原型

借助软件开发工具,在尽量短的时间内制作一个初始系统原型。只要求这个原型满足第一步提出的基本要求,是一个可以与用户进行交流的系统。有时为了更快地获得用户需求,甚至只是在纸上按照最终屏幕显示的假想效果画出相关界面,然后和用户在纸上修改完善系统界面的原型。

构造初始原型时要注意两个原则。

(1)集成原则。尽可能用现成软件和模型来构成,这需要相应的工具。

(2)最小系统原则。耗资一般不超过总投资的10%,但能反映系统的基本特性,并能扩充和完善。

3. 评价原型

用户在开发人员协助下,运行原型系统,评价系统的优点和不足,进一步明确用户要求,提出修改原型系统的具体意见。

4. 修改和完善原型

根据用户的意见,尽快修改原型系统,并交给用户运行。

上述工作流程如图 6.18 所示,后面两步是反复进行的,直到用户和开发人员满意为止。

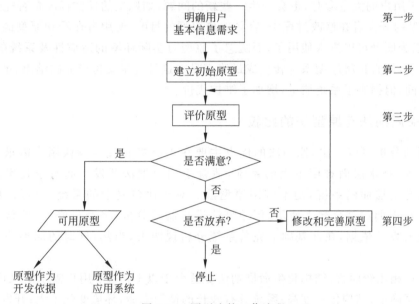

图 6.18　原型法的工作流程

6.5.2　原型法的优缺点

原型法有以下优点。

(1)增进用户与开发人员之间的沟通。传统的开发方法中,用户主要靠阅读大量的技术文件了解未来的系统,然后向系统分析员表达他们对系统需求的意见。原型法展示给用户的是可以实际运行的原型系统或者原型界面,用户可以很早就"看得见,摸得着",可以很清楚地把他们的意见告诉系统分析员。

(2)用户在系统开发过程中起主导作用。结构化生命周期法强调了面向用户的观点,但用户参与较多的是系统分析阶段。采用原型法进行系统开发,用户在整个开发过程中都起主导作用,随时提供现场的第一手资料,帮助开发者认识用户的真正需求。

(3)辨认动态的用户需求。系统分析的困难之一是用户与开发者之间的沟通,尤其对一些动态需求,不容易用语言文字来描述。实际运行的系统原型帮助开发者发掘和验证这类不易用一般语言来规范交谈的动态需求。

(4)启迪衍生式的用户需求。在系统投入运行之前,有些功能用户也无法预先知道。

衍生式的需求是指当系统投入运行之后,用户有了使用经验而提出的需要。在整个开发过程中,原型系统可以启发用户的这些衍生的新需求,并把这些需求告诉开发者。决策支持系统就常有这类需求,适合用原型法进行开发。

(5) 缩短开发周期,降低开发风险。原型法以用户为主导,更有效地辨认用户需求,不仅使系统分析的时间大为缩短,而且减少了开发人员对用户需求的误解,从而降低了系统开发的风险。

原型法也有不足之处。

(1) 原型法不如结构化生命周期法成熟和便于管理控制。

(2) 由于用户的大量参与,也会产生一些新的问题,如原型的评估标准是否完全合理。

(3) 原型的开发者在修改过程中,容易偏离原型的目的,使用者在看到原型的功能逐步完备之后,以为原型可以投入使用了,而疏忽了原型对实际环境的适应性及系统的安全性、可靠性等要求,便直接将原型系统转换成最终产品。这种过早交付产品的结果,虽然缩短了系统开发时间,但损害了系统质量,增加了维护代价。

6.5.3 生命周期法与原型法的比较

由上面的分析可以看出,原型法的优点主要在于能更有效地辨认用户需求。对于分析层面难度大、技术层面难度不大的系统,适合于用原型法开发。而对于技术层面的困难远大于其分析层面的系统,则不宜用原型法。对于比较复杂的系统,也可以将原型法与结构化生命周期法结合起来使用,用原型法进行需求分析,将经过修改、确认的原型系统作为系统开发的依据,在此基础上完善系统分析说明书,当然,这时的原型法是淘汰式原型法。

与原型法相比较而言,结构化生命周期法更适合于以下情况:用户需求定义可以明确;系统运行程序确定,结构化程度高;系统具有较长的使用寿命,环境变化不大;开发过程要求有严格的控制;开发人员对系统任务了解且熟练程度较高;系统文档要求详而全;开发成果重复使用等,如表 6.2 所示。

表 6.2　生命周期法与原型法的选择

有利于生命周期法开发的因素	有利于原型法开发的因素
用户需求定义可以明确	用户需求不明确
系统运行程序确定,结构化程度高	过程非结构化
系统具有较长的使用寿命,环境变化不大	用户环境易变
开发过程要求有严格的控制	系统具有短期寿命
研制人员对系统任务了解且熟练程度较高	具有构建原型的辅助开发工具
系统文档要求详而全	系统要求在短期内运行
开发成果重复使用	没有或很少可借鉴的成果

思 考 题

1. 简述信息系统开发方法的分类。
2. 简述结构化生命周期法的指导思想。
3. 简述结构化方法各个开发阶段的任务。
4. 用业务流程改进的思想,对本章举例中的学籍管理系统的 DFD 图进行优化。
5. 为学校图书馆设计一个图书借阅管理系统:进行业务调查,画出数据流图,写出数据字典。
6. 简述原型法的步骤和优缺点。
7. 简述选择结构化生命周期法与原型法须考虑的因素。

第7章 面向对象开发方法

面向对象(Object Oriented,OO)涉及系统开发的各个方面,包括面向对象分析(Object Oriented Analysis,OOA)、面向对象设计(Object Oriented Design,OOD)以及面向对象的编程实现(Object Oriented Programming,OOP)。面向对象的编程实现涉及具体的编程语言,本章对面向对象的编程实现不做详细的展开。

7.1 面向对象方法概述

系统分析和设计就是要认识客观世界,为之建模并转换为信息系统。面向对象是一种认识(建模)方法论,强调了对现实世界的理解和模拟。面向对象开发方法的出发点和基本原则是尽可能模拟人类习惯的思维方式,使开发软件的方法与过程尽可能接近人类认识世界、解决问题的方法与过程,以减少现实世界到信息世界的转换工作。

7.1.1 面向对象的基本概念

面向对象开发方法是按照人们通常的思维方式来建立问题域的模型,设计出尽可能自然表现求解方法的软件。这里将介绍面向对象的基本概念,理解这些概念是掌握 OO 方法的关键。

1. 对象(Object)

对象的概念可以从三个方面来理解。首先在现实世界中,一切客观存在的事物都可以被看作对象。这个对象可以是有形的,例如一本书或者一辆汽车;也可以是无形的,例如一个计划或者一个抽象的规则,对象具有自身的性质和行为。从面向对象和系统设计的角度来看,对象是对问题域中某个事物的抽象,这种抽象反映了系统中保存的有关这一事物的信息以及它与其他主体的交互。

对象是具有明确语义边界并封装状态和行为的实体,由一组属性和作用在这组属性上的操作构成。例如一辆汽车是一个对象,它包含描述汽车的数据(如品牌、型号和载重等)及其操作(如启动、刹车、加速和减速等)。系统中的对象是对现实世界中事物的抽象,但不是全盘照搬,对象中只包含与问题解决相关的内容。

2. 类(Class)

与对象相关的一个概念是**对象类(Object Class)**,**简称类**,是具有相同属性和操作的一组对象的集合。类的作用是为类中包含的对象提供统一的描述,而一个具体的对象则是其对应类的一个实例。例如在学籍系统中,"学生"是一个类,具有姓名、性别、学号等属性;而"小李""小张"则是类中具体的实例,即对象。

继承（Inheritance）是类的重要特性。在定义和实现一个类时，可以在一个已经存在的类上来进行修改，如增加、删除或修改一些属性。把这个已经存在的类称为父类或超类，把新定义的类称为**子类**。父类发生变化，子类也会相应地发生变化，这种层次结构可以提高系统开发的重用性和易维护性。

3. 方法（Method）

操作以某种方式改变对象，即改变对象包含的一个或多个属性值。方法指的是对象所能执行的操作，也就是类中所定义的服务。方法描述了对象执行操作的算法，以及响应**消息**（**Message**）的方法。例如为了实现窗口关闭操作，必须在窗口类中给出"关闭窗口"的定义。至于该方法是如何编写的内部细节，用户不用关心。方法是封装在具体对象中的，作为用户只需调用它，看到该方法实施的后果，这也体现了面向对象的**封装性**（Encapsulation）。

4. 消息

对象之间的交互主要是通过传递**消息**来实现的，包含要求接收对象去执行某些活动的信息。接收到消息的对象对消息进行解释，并予以响应。这种通信机制叫作消息传递模型，如图 7.1 所示。发送消息的对象不需要知道接收消息的对象如何对请求予以响应。

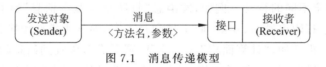

图 7.1　消息传递模型

7.1.2　面向对象方法的特点

面向对象的基本概念决定了面向对象方法具有抽象性（Abstraction）、封装性、继承性、多态性（Polymorphism）和易维护性（Maintainability）等优点。

1. 抽象性

抽象的作用是表示同一类事物的本质，它强调了人们所关心的方面，忽略了一些对人们来说不大重要的信息。例如将世界各地的人归为一类，称为 Person（人），就是一种抽象。虽然人具有不同的特征，但如果系统只需要了解人的姓名和年龄，则 Person 类只有姓名和年龄两种属性。

对象具有对现实世界极强的抽象表达能力，对象不仅可表达结构化数据，也可以表达非结构化数据，如图形、声音和复杂的规则等。类则将数据结构上的抽象与功能上的抽象结合起来，实现了更高级的抽象。

2. 封装性

封装性具有两重含义：一是将有关的数据和操作封装在一个对象中，形成一个相对独立的单位，使得各个对象之间互不干扰；二是将对象中的部分数据和操作对外隐蔽，只留下少量接口以便与外界交互。接口（Interface）规定了可对一个特定的对象发出哪些请求。通过封装,用户不必了解系统的内部实现,只需要了解系统的外部接口和功能即可顺利地操作对象,大大降低了用户操作对象的复杂程度。同时,信息隐蔽也有利于数据安全,防止无关的人对数据进行修改。

封装是保证软件部件具有优良的模块性的基础,封装的目标就是要实现软件部件的"高内聚、低耦合",防止程序间相互依赖性而带来的变动影响。

3. 继承性

继承性体现了OO方法的共享机制。在类层次中,每个子类都可以继承其父类的特性,包括状态和行为。同时子类也可以有与父类不同的地方,即子类可根据自身情况新增或修改父类的行为。继承性使得用户在开发新的系统时不必完全从零开始,可以继承原有的相似系统的功能或者从类库中选取需要的类,再派生出新的类以实现所需的功能,所以,继承的机制提高了软件的可重用性和可扩展性,简化了对象、对象类的定义和创建,是信息组织与分类的行之有效的方法。

4. 多态性

多态性又叫多形性,是指允许不同的对象对同一消息做出响应,同样的消息被不同的对象接受时可导致完全不同的行动。例如,发消息"打印个人基本信息"给教师类对象和学生类对象,教师类对象打印出姓名、年龄、职工号和月工资,而学生类对象则打印出姓名、学号、年龄、学分和成绩。再例如,"计算面积"这一消息,圆形类对象收到信息则计算圆形面积,三角形类对象收到信息则计算三角形面积。同一消息发送给不同类或对象可引起不同的操作,使软件开发设计更便利,编码更灵活,更易于理解。

5. 易维护性

面向对象的抽象封装使对象信息隐藏在局部,当对象进行修改或对象自身产生错误时,由此带来的影响仅局限在对象内部,这极大方便了软件设计、实现和运行过程中的检错和修改。

面向对象的方法更易于人们理解并映射现实世界,可以提高软件开发效率、可靠性及可维护性,从而提高系统开发的成功率。

7.1.3 面向对象方法的开发过程

OO方法开发过程分为四个阶段。

(1)系统调查和需求分析。对原系统面临的问题和用户的开发需求进行调查研究。

(2)分析问题的性质和求解问题。在复杂的问题域中抽象识别出对象及其行为、结构、属性和方法。这一个阶段一般称为面向对象分析,即OOA。

(3)整理问题。对分析的结果进一步抽象、归类整理最终以范式形式确定下来,即OOD。

(4)程序实现使用面向对象的程序设计语言将其范式直接映射为应用程序软件,即OOP。本章后续部分将介绍OOA、OOD和面向对象的主要开发方法,并用一个实例展现面向对象的分析和设计过程。

7.2　面向对象分析和设计

面向对象分析要求把问题空间分解成一些类或对象,找出这些对象的特点(即属性和服务),以及对象间的关系(一般-特殊、整体-部分关系),并由此产生一个规格说明。面向对象设计是将面向对象分析阶段得到的需求转变成符合成本和质量要求的、抽象的系统实现方案的过程。从面向对象分析转到面向对象设计是一个累进的模型扩充过程。

7.2.1　面向对象分析

面向对象分析强调运用面向对象方法,对**问题域**(**Problem Domain**)和**系统责任**(**System Responsibility**)进行分析和理解,找出描述问题域及系统责任所需的对象,并定义对象的属性、操作以及它们之间的关系,目标是建立一个符合问题域、满足用户功能需求的 OOA 模型。

其中,**问题域**指被开发系统的应用领域,**系统责任**指被开发系统应该具备的功能。两者之间有重合,也有不同。例如,要为银行开发一个业务处理系统,银行的日常业务(如金融业务、个人储蓄)、行政管理等就是系统的问题域,但对于业务处理系统而言行政管理并不属于业务处理系统的责任。

因此,分析阶段需要首先进行领域分析,通过多方交流产生项目文档,确定系统责任。在使用 OOA 具体分析一个事物时,大体要遵循以下六个步骤。

(1) 与客户方和用户充分交流,确定需求。

(2) 确定对象和类,包括对象的属性和操作。

(3) 定义类的层次关系。

(4) 进行对象的连接,表达对象与对象之间的关系。

(5) 模型化对象的行为。

(6) 重复进行步骤(1)～(5),直到模型建成。

7.2.2　面向对象设计

从面向对象分析到面向对象设计是一个逐渐扩充和细化模型的过程。其中,OOA 是提取和整理用户需求,并建立问题域模型的过程,不考虑与现实有关的因素。OOD 则是把分析阶段得到的需求转变成符合成本和质量要求的、抽象的系统实现方案的过程。许多分析结果可以直接映射成设计结果,而在设计过程中又往往会加深和补充对系统需求的理解,从而进一步完善分析结果。因此,分析和设计活动是一个多次反复迭代的过程。

1. 面向对象设计的原则

按照软件工程的理论,面向对象的设计要解决的核心问题就是可维护性和可复用性。尤其是可维护性,它是影响软件生命周期的重要因素。一般来说,一个好的系统设计应该具备可扩展性和灵活性。

从 20 世纪 80 年代以来,很多业内专家不断探索面向对象的软件设计方法,陆续提出一些设计原则。这些设计原则能够显著地提高系统的可维护性和可重用性,成为进行面向对象设计的指导原则。其中最常用的是 SOLID 五大原则。

(1) SRP(the Single Responsibility Principle),单一职责原则,一个类有且只有一个职责。如果一个类的职责出现耦合,一个职责的变化可能会影响这个类完成其他职责的能力,引发系统错误。如果一个类有多个职责,则需要将其类拆分成多个不同的类。

(2) OCP(the Open Closed Principle),开放封闭原则,即软件实体(类、模块和函数等)应当对扩展开放,对修改闭合,这意味着程序应该做到在不修改类的前提下扩展一个类的行为。符合 OCP 原则的程序只通过增加代码来变化而不是通过更改现有代码来变化。

(3) LSP(the Liskov Substitution Principle),Liskov 替换原则,即所有引用父类的地方必须能透明地使用其子类的对象。通俗来讲,程序中使用父类代码的地方若替换成子类也应该正常运行。

(4) ISP(the Interface Segregation Principle),接口隔离原则,客户只要关注它们所需的接口,即应当为客户提供尽可能小的接口,而不是提供大的接口。

(5) DIP(the Dependency Inversion Principle),依赖倒置原则,高层模块不应该依赖底层模块。如果高层模块直接依赖于底层模块,则每次底层模块改动,高层模块就会受到影响,整个系统将会变得不稳定。

除 SOLID 原则外,还有很多其他的面向对象原则,在实际操作中不需要死板地遵守这些原则,具体尺度的把握应该根据系统需求和成本、质量等实际情况决定。

2. 面向对象设计的内容

面向对象设计主要分为四个层次:总体设计、中层设计、底层设计和非功能类设计。

(1) 总体设计。总体设计又称为系统构架设计,它的目的是要勾画出系统的总体结构,这项工作由经验丰富的构架设计师主持完成。系统构架设计是以用例模型和分析模型为输入,生成系统的物理构架、逻辑构架(子系统)及其接口、概要的设计类。

(2) 中层设计。中层设计又称为用例设计,是根据分析阶段产生的高层类图和交互图,研究已有的类,并将它们分配到相应的用例中。检查每个用例功能,细化每个用例的类图,描述实现用例的类及其类之间的相互关系,其中的通用类和关键类可重点突出,这些类将作为项目经理检查项目时的重点。

(3) 底层设计。底层设计又称为类设计,是详细设计每个类的属性、方法和关系。

(4) 非功能类设计。主要是补充非功能性需求所需的类,如数据管理、用户界面设计等非功能性的辅助类。目前许多信息系统开发都需要数据库管理系统的支持,面向对象设计中一般也包含数据库设计,如选择什么类型的数据库管理系统,设计相应类完成与数据库的连接和对数据库的操作等功能。用户界面设计是设计用户界面类,完成用户界面功能。

本节所介绍的主要是面向对象分析和面向对象设计的主要内容和任务,在实践中,很多面向对象开发方法都有各自独特的面向对象分析、设计过程和表示范式。在接下来的 7.3 节中介绍几种主要的面向对象分析和设计方法,7.4 节以一个简单应用系统为例,展现了基于 UML 的面向对象的分析和设计过程。

7.3 面向对象开发的主要方法

面向对象的系统开发方法和建模方法有很多,这里仅介绍比较常用的 Booch 方法、Coad 和 Yourdon 方法、Jacobson 方法(OOSE 方法)、Rumbaugh 方法(OMT 方法)方法和统一建模语言(Uniform Modeling Language,UML)。

7.3.1 Booch 方法

Grady Booch 是最早的面向对象方法倡导者之一。Booch 方法提供了丰富的符号系统,包括类图、对象图、状态转移图、时序图、模块图和进程图等。这些符号体系的产生体现了 Booch 方法的基本步骤。

(1) 在给定的抽象层次上识别类和对象。

(2) 识别这些对象和类的语义。

(3) 识别这些类和对象之间的关系。

(4) 实现类和对象,主要是选择数据结构和算法。

Booch 认为软件开发是一个螺旋上升的过程,这四种活动不仅仅是一个简单的步骤序列,而是对系统逻辑和物理视图不断细化的迭代和渐增的过程。

Booch 方法可分为逻辑设计和物理设计,其中逻辑设计包含类图文件和对象图文件,物理设计包含模块图文件和进程图文件,用以描述软件系统结构。Booch 方法的开发模型分为静态模型和动态模型,其中,静态模型描述系统结构;动态模型则包括状态图和时序图,表示系统执行的行为。

7.3.2 Coad 和 Yourdon 方法

Coad 和 Yourdon 方法是早于 UML 的一种面向对象方法,它严格区分了面向对象分析(OOA)和面向对象设计(OOD)两部分。其中,OOA 有五个层次的活动。

(1) 确定类与对象。从问题域出发,寻找并且标识系统中的类与对象。

(2) 确定结构。该阶段分为两个步骤,其中一般-特殊结构捕捉类的层次结构,整体-部分结构表示对象如何成为另一个对象的一部分以及如何组装成更大的对象。

(3) 定义属性。属性包括对象属性以及实例联系(即对象之间的依赖关系)。

(4) 定义服务。包括对象之间的消息连接。

(5) 定义主题。每个主题相当于一个子模型,或子系统。主题由一组类及对象组成,便于模型的理解。

Coad 和 Yourdon 方法的 OOD 模型采用了四层结构。

(1) 问题域部分(Problem Domain Component,PDC)。将面向对象分析的结构放入问题域。

(2) 人机交互(Human Computer Interaction,HCI)部分。对用户进行分类,描述人机交互的脚本,设计命令的层次结构以及详细的交互,生成用户界面的原型。

(3) 任务管理部分(Task Management Component,TMC)。识别任务(进程)以及任务提供的服务,判断任务的优先级,识别进程是由事件驱动还是由时钟驱动,以及任务如何与外界通信。

（4）数据管理部分（Data Management Component，DMC）。确定数据的管理系统。

其中，Coad 与 Yourdon 强调 OOD 的后面三个部分的作用，主要是保证系统基本功能的相对独立，以加强软件的可复用性。假如外部的通信系统更新了，相应的通信协议也应有所变化。在这种情况下，只需要修改任务管理部分中的某些类和对象，而不必对其他几个部分做任何修改。

Coad 和 Yourdon 方法是一种循序渐进的方法，通过 OOA 阶段对类和对象的标识，进而在 OOD 阶段对系统进行设计，保证了系统基本功能的独立性。该方法实用且相对简单，模型容易构造，不过系统动态特征表述不充分，且反映系统整体功能特征的能力相对较差。

7.3.3　Jacobson 方法

Jacobson 提出了面向对象的软件工程方法（Object Oriented Software Engineering，OOSE）。该方法由分析、构造和测试三个阶段组成，如图 7.2 所示。

图 7.2　OOSE 方法过程及模型

OOSE 方法的最大特点是面向用例（Use-Case），并在用例的描述中引入外部角色的概念。Use-Case 指与行为相关的事务序列，每个用例都是用户使用系统的一种方式。当用户对系统输入后，系统就会相应执行一个用例并触发用例中的一个事务。

基于这种系统视图，Jacobson 将 Use-Case 模型与以下五种系统模型关联。

（1）领域对象模型，即需求模型。通过需求模型来表示 Use-Case 模型。

（2）分析模型。通过分析来构造 Use-Case 模型。

（3）设计模型。通过设计来具体化 Use-Case 模型。

（4）实现模型。依据具体化的设计来实现 Use-Case 模型。

（5）测试模型。用来测试具体化的 Use-Case 模型。

OOSE 对建立对象模型中对象和用例之间的关系提供了很多有用的建议，使用系统边界、控制和实现用例的方式来建立分析模型。但由于 OOSE 是面向用例的分析方法，因此在分配系统行为和产生类的过程中，需要有一个翻译的过程。OOSE 方法比较适合支持商业工程和需求分析。

7.3.4　Rumbaugh 方法

Rumbaugh 等人提出的对象模型化技术（Object Modeling Technique，OMT，也称为面向对象技术）可用于系统分析、设计和对象级设计。OMT 方法讨论的核心就是建立三类模型：对象模型、动态模型和功能模型。

（1）对象模型。描述系统的对象结构，包括对象、对象之间的关系及它们的属性和操作。对象模型为动态模型和功能模型提供了框架，强调设计要围绕对象展开。

（2）动态模型。描述系统中与时间有关的操作及顺序，但对操作到底如何进行不关心。

（3）功能模型。描述系统中与数值转换有关的方面，包括函数、依赖和约束等。

OMT 方法中 OOD 阶段分为两个抽象层次：系统设计和对象设计。

（1）系统设计。设计系统的体系结构。以对象模型为基础，将系统分解为若干子系统，标识由问题所指定的并发性，为各子系统分配处理器和任务，选择实现数据管理的基本策略，标识全局资源和访问它们的控制机制，设计系统执行的控制机制，考虑边界条件的处理方式，评审并进行适当的权衡。

（2）对象设计。决定系统主要功能的实现算法，选择适用于算法的数据结构，定义内部类，修改类的组织方式以优化对数据的存取并改进计算效率，设计类的属性。对象设计要实现在系统设计中定义的控制机制，修改类结构以调整类的继承性，设计消息序列以实现对象间的关联，然后将类和关联包装为模块。

7.3.5　统一建模语言

统一建模语言是一种组合了多种模型的语言，由 Booch、Rumbaugh 和 Jacobson 等大师联合起来，组成设计小组，根据应用特点，在 Booch 方法、Jacobson 方法（OOSE 方法）和 Rumbaugh 方法（OMT 方法）的基础上，吸取其他面向对象方法的优势，几经修改完成了 UML 的设计。

作为一种语言，UML 定义了一系列图形符号来对系统进行描述，这些图形符号具有严格的语义和语法。因此，UML 定义了系统建模的概念并给出了可视化方法。1997 年 11 月，对象管理组织（Object Management Group，OMG）正式采纳 UML 1.1 作为建模语言规范，UML 成为一个面向对象软件的标准。

UML 语言经过了一系列的修订和改进，UML 2.5 定义了 22 种图，如图 7.3 所示，其中有 8 个图不是 UML 2.5 官方分类图，规范中没有形式化描述（用楷体字表示）。这些图可分为两大类：结构图和行为图。其中，结构图包括 12 种，分别是类图、对象图、包图、模型图、复合结构图、内部结构图、协作使用图、构件图、表现图、部署图、网络架构图和剖面图；行为图包括 10 种图形，分别是用例图、信息流图、活动图、状态图、行为状态图、协议状态图、顺序图、通信图、时序图和交互概览图。其中顺序图、通信图、时序图和交互概览图属于交互图（因交互图也是类别，所以用灰底黑字表示）。

1. 结构图（Structure Diagram）

结构图强调系统建模中必须呈现的事务。因为结构图所表示的结构，广泛用于软件系统中的文档化软件架构。结构图包括以下内容。

（1）类图（Class Diagram）。描述系统中类的静态结构，包括系统中的类及其联系，如关联、概括和依赖等，也包括类的内部结构（类的属性和操作）。类图描述的是一种静态关系（见图 7.4(a)），它在系统的整个生命周期中都有效。

（2）对象图（Object Diagram）。对象图是类图的实例，包括对象和数据值，其标识与类图类似（见图 7.4(b)）。一个对象图是类图的一个实例。由于对象存在生命周期，因此对象图只能在系统某一时间段存在。

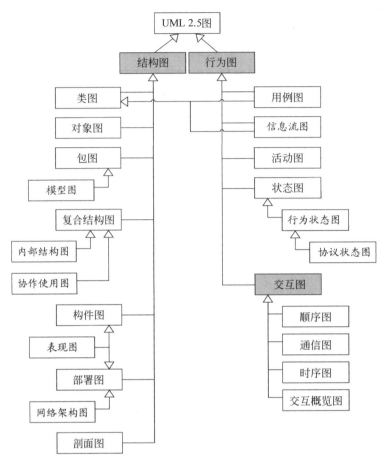

图 7.3　UML 2.5 图形总览

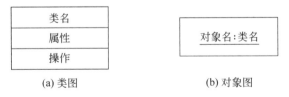

(a) 类图　　　　　　　　　　(b) 对象图

图 7.4　类图和对象图

（3）包图（Package Diagram）。描述系统在逻辑上的分组以及各分组之间的依赖关系。包可直接理解为命名空间，类似文件夹，是用来组织文件的，包图表示包与包之间的关系。包图可用于描述功能系统的分层结构。

（4）模型图（Model Diagram）。模型图是 UML 辅助结构图，它是系统的一些抽象或某一视图，用来描述系统架构、逻辑或行为方面的抽象或视图。例如，它可以用来描述一个多层应用的架构——多层应用模型。

（5）复合结构图（Composite Structure Diagram）。描述一个类的内部结构及其所带来的可能协作。

（6）内部结构图（Internal Structure Diagram）。描述类的内部结构，包括属性和关系等。

（7）协作使用图（Collaboration Structure Diagram）。描述系统中的对象可能的协作以及相应产生系统的一些行为。

（8）构件图（Component Diagram）。构件图也称为组件图，用来描述组成软件系统的构件和各构件间的依赖关系。一个构件可能是一个资源代码构件、一个二进制构件或一个可执行文件。构件图有助于分析和理解构件之间的相互影响程度（见图7.5（a））。

（9）表现图（Manifestation Diagram）。表现图是介于构件图和部署图之间层次的图。构件图描述系统构件以及各构件之间的关系，部署图描述从部署物件（Artifacts）到部署目标。表现图可通过物件来描述构件的表现（实施）以及物件之间的内部结构。由于 UML 2.5 规范未定义表现图，因此可以使用组件图或部署图来显示组件的显示。

（10）部署图（Deployment Diagram）。描述系统实施和执行环境中所使用的硬件和硬件上部署的软件。它可以显示实际的计算机和设备（用节点表示）以及它们之间的连接关系，也可以表示连接的设备类型和构件之间的依赖性。在节点内部放置可执行构件和对象以显示节点与可执行软件单元的对应关系（见图7.5（b））。

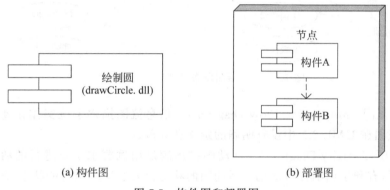

(a) 构件图　　　　　　　　　　　(b) 部署图

图 7.5　构件图和部署图

（11）网络架构图（Network Architecture Diagram）。网络架构图是部署图的一种，可用于显示系统的逻辑或物理网络架构。这类部署图也没有在 UML 2.5 规范中进行形式化定义。

（12）剖面图（Profile Diagram）。也可译为"轮廓图"，运用于元模型层，可对 UML 进行图形符号扩充。这是一个辅助的 UML 图，可自定义版型（Stereotypes）、标签化值以及约束。

2. 行为图（Behavioral Diagram）

行为图表示系统中对象的动态行为，可用来描述系统随时间所发生的变化。行为图包括用例图、信息流图、活动图、状态图、行为状态图、协议状态图和交互图。其中交互图又分为顺序图、通信图、时序图和交互概览图。

（1）用例图（Use Case Diagram）。用例图从用户的角度描述系统功能。它将系统功能划分为对用户有意义的事务,这些事务被称为用例(Use Case),用户被称为角色(Actor),用例图也就是描述角色在使用系统的一项功能时所进行的交互过程的文字描述序列。用例图的主要目的是帮助开发团队以一种可视化的方式理解系统的功能需求,包括基于基本流程的角色(与系统交互的其他实体)关系,以及系统内用例之间的关系。用例图上的用例用椭圆表示,将用例的名称放在椭圆的中心或椭圆下面的中间位置。用例图上的角色(表示一个系统用户),可绘制一个人形符号。角色和用例之间的关系使用简单的箭头来连接。

图 7.6 中的用例图表示的是一个新闻发布管理系统的用例图,管理员只需要一个,登录后可以在后台做发布新闻等操作。任何人都可以浏览新闻,浏览者可以注册成为系统会员,注册后可对新闻进行评论。管理员在后台可以对新闻、评论、注册会员进行管理。

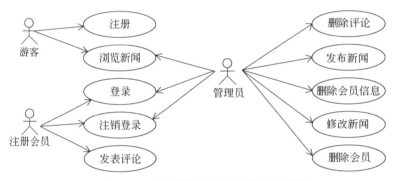

图 7.6　一个新闻发布管理系统的用例图

(2) 信息流图(Information Flow Diagram)。信息流图描述系统实体在高抽象层面的信息交换。该图在 UML 2.5 中没有明确的定义和规范。

(3) 活动图(Activity Diagram)。活动图描述满足用例要求所要进行的活动以及活动间的约束关系,有利于识别并行活动。活动图的状态代表了运算执行的状态,而非一般对象的状态(见图 7.7(a))。活动图和流程图很相似,也可支持并行活动,常被称作是控制流和对象流模型。

(4) 状态图(State Machine Diagram)。状态图用有限状态变化对离散行为进行建模。可描述类的对象所有可能的状态以及事件发生时状态的转移条件(见图 7.7(b))。通常,状态图是对类图的补充。在使用上并不需要为所有的类图画状态图,仅为那些有多个状态、其行为受外界环境的影响并且发生改变的类画状态图。

(5) 行为状态图(Behavioral State Machine Diagram)。通过有限状态转换显示设计系统的一部分的离散行为。该图在 UML 2.5 中没有明确的定义和规范。

(6) 协议状态图(Protocol State Machine Diagram)。显示一些对象的使用协议或生命周期,例如在对象的每个状态下可以调用对象的哪些操作,在哪个特定条件下,以及在对象转换到目标状态之后满足一些可选的后置条件。该图在 UML 2.5 中没有明确的定义和规范。

(7) 顺序图(Sequence Diagram)。顺序图是最常见的交互图类型,着重关注一组生命线间的信息交换。顺序图强调对象之间消息发送的时间顺序,展示了对象的生命线,显示对

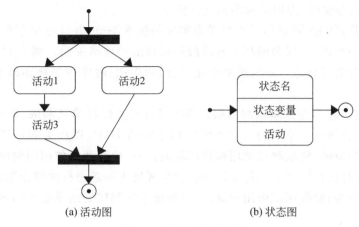

(a) 活动图   (b) 状态图

图 7.7　活动图和状态图

象间的动态合作关系和对象之间的交互(见图 7.8(a))。

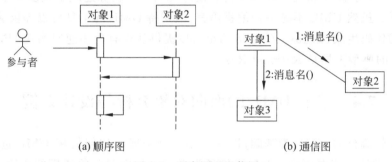

(a) 顺序图   (b) 通信图

图 7.8　顺序图和通信图

(8) 通信图(Communication Diagram)。通信图描述对象间的协作关系,它与顺序图相似,显示对象间的动态合作关系。但通信图关注生命线间的交互,特别是内部结构的架构以及其所对应的信息传递(见图 7.8(b))。如果强调时间和顺序,则偏向使用顺序图;如果强调通信关系,则偏向使用通信图。

(9) 时序图(Timing Diagram)。时序图也称为时间图,用来显示交互行为,该类图形的主要目的是推理交互时间是否合理。时序图关注沿着线性时间轴生命线内和生命线间的条件变化。

(10) 交互概览图(Interaction Overview Diagram)。交互概览图通过一组活动图定义交互,通过这种方式加强了解控制流的概览。由于交互概览图关注于控制流的概览,因此其节点是交互或者交互用例,生命线和消息不在概览层出现。

简而言之,UML 是一种构建信息系统和文档的通用可视化建模语言,可用于信息系统开发的整个生命周期,且不依赖于特定的系统开发过程。

在 OOA 阶段,可以使用用例图来分析用户需求,描述对系统感兴趣的外部角色以及他们对系统用例的功能要求。在分析阶段需要确定系统的问题域,识别类、对象以及类之间的关系,这一部分可以通过类图和对象图实现。在用例的实现过程中,需要类之间的协作,则可以引入 UML 动态模型,使用结构图来进行描述。

需要注意的是,OOA 阶段尽量不要考虑实现的技术细节,并且尽量避免考虑把模型转换成某种特定的编程语言,仅为编程实施阶段提供详细的规格说明。到了 OOD 阶段,则可以根据实际情况对类进行进一步的抽象细化,运用顺序图、时序图等描述动态模型,对变化的部分进行设计。

UML 模型还可作为测试阶段的依据。系统通常需要经过单元测试、集成测试、确认测试、系统测试和验收测试。不同的测试小组使用不同的 UML 图作为测试依据:单元测试使用类图和类规格说明;集成测试使用构件图和通信图;确认测试使用用例图来验证系统的行为;系统测试是将已经确认的软件和硬件在网络环境下一起进行的联合测试,可以用部署图来验证系统的行为;验收测试由用户进行,以验证系统测试的结果是否满足在分析阶段确定的需求。

UML 能表达系统的静态结构和动态信息,并能管理复杂的系统模型,便于项目团队之间的合作开发。它提出了一套 IT 专业人员期待多年的统一的标准建模符号,通过使用 UML,这些人员能够阅读和交流系统架构和设计规划——就像建筑工人多年来所使用的建筑设计图一样。虽然 UML 不是一种编程语言,但支持 UML 的工具可以提供从 UML 到各种编程语言的代码生成(如 Java、C++ 等),也可以提供从现有程序逆向构建 UML 模型。目前支持 UML 的典型工具是 Rational Rose。

7.4   基于 UML 的面向对象分析与设计案例

本节以比较流行的 UML 为基础,以一个小案例来展示如何使用 UML 进行面向对象系统的分析和设计。前面讲到 UML 提供了为系统进行面向对象建模的机制,但没有指定应用 UML 的过程和方法。Rational 统一过程(Rational Unified Process,RUP)是一个面向对象且基于网络的程序开发方法论,由 Rational 公司创造,使用 UML 来制定软件系统蓝图。UML 也可和其他软件开发过程结合使用,使用者在进行系统分析和设计时可自行选择合适的开发过程。

7.4.1   案例需求描述

为了易于理解,这里选择图书馆借阅管理系统作为分析案例。具体需求描述如下。

(1)借书。借阅者(有借书证)来图书馆借书,可先查询书库的图书记录,借阅者可以根据书名、作者、图书编号、关键字进行查询。如果查到则记下书号,交给工作人员,然后等候办理借书手续。如果该书已被全部借出,则做借书登记,等待工作人员在有书时通知借阅者取书。如果一次借书的数量超过规定,则系统提示借阅者"借书数量超限,不能继续借阅"。工作人员登记借阅人信息、借阅的图书信息、借出时间和应还书时间。系统会自动修改书库的图书记录、借阅者库信息。

(2)还书。工作人员根据借书证编号或图书编号,找到借阅者借书信息,查看是否超期,如果已经超期,则进行超期处罚。如果图书有破损、丢失,则进行破损处罚;否则清除借阅记录。系统自动查看是否有等待借阅登记,如果有则向借阅人发出通知,修改书库记录,将该书设置为已预订状态,否则设置为可借状态。

借书登记是当想借的书被借空后,借阅者自愿选择的一种操作,它应该记录读者姓名和联系方式,一旦有书即可通知读者。

到书通知是指当读者预订的书来到之后,按照读者给出的联系方式发出通知。

7.4.2 图书馆图书借阅管理系统分析

1. 从需求到业务用例图

首先要识别出系统的参与者,在图书借阅系统中,可以划分出两种参与者:借阅者和图书管理员。对于复杂系统,借阅者和图书管理员都还可进一步细分,在这里不做细分。因此,从系统需求中识别出两类角色,再对需求进一步分析,获得每个角色的使用用例。根据需求描述,借阅者可以查询图书、借书、还书、预订借阅、查询借阅情况,还可取消预订;图书管理员可以维护图书信息(物理图书的基本信息)、维护书目信息,还可以对借书和还书处理,即添加、编辑、删除借阅,即维护借阅记录,其中还书还包括逾期罚款和到书通知的判定,图书馆管理员还可以创建、修改、删除借阅者的信息和查询借阅情况。通过进一步对系统进行分析,可以得到如下用例:借书、还书、预订、取消预订、书籍查询、借阅者信息维护、物理图书信息维护、书目信息维护、借阅记录信息维护和登录等。图 7.9 展现了图书馆图书借阅管理系统用例图草图。

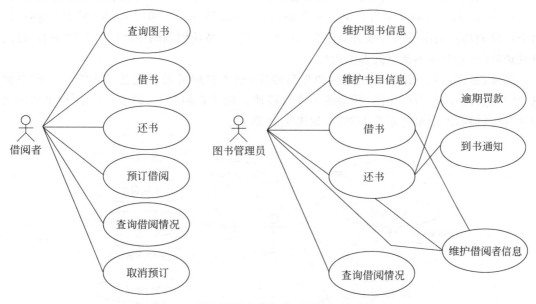

图 7.9　图书馆图书借阅管理系统用例图草图

业务用例图是仅从系统业务角度关注的用例,而不是具体系统的用例。它描述的是"该实现什么业务",而不是"系统提供什么操作"。例如,在实际系统中"登录"也是一个用例,而用户所关注的业务不包含"登录"。业务用例仅包含客户"感兴趣"的内容。完成了业务用例图草图后,可以将这些图形和用户进行交流讨论,在形成共识的基础上,修改草图得到正式的业务用例图。

2. 从业务用例图到活动图

完成了业务用例图后,要为每个业务用例绘制一幅活动图。活动图描述了这个业务用例中,用户可能会进行的操作序列。建立活动图后可以从业务用例分析出系统用例。例如,图 7.10 就是"借阅者还书"的活动图。

这样,将每个业务用例都绘制出相应的活动图,再将其中的活动整合,就得出所有备选系统用例。

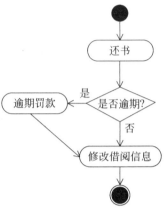

图 7.10 "借阅者还书"的活动图

3. 从活动图到系统用例图

找出所有的备选系统用例后,要对它们进行合并和筛选。合并就是将相同用例合并成一个,筛选就是将不符合系统用例条件的备选用例去掉。一个系统用例应该是实际使用系统的用户所进行的一个操作,它与业务用例图不同。例如,"借书"和"还书"这两个用例是借阅者的业务用例,在借阅者业务用例图中出现,但在系统中借阅者不直接操纵"借书"和"还书"系统功能,借阅者向图书管理员提供填写好的借阅信息卡或要还的图书(如图 7.11 所示,借阅者和图书管理员之间有条虚线,表示信息的传递),而"借书"和"还书"这两个系统的功能是由图书管理员具体操作的。因此,在系统用例图中,"借书"和"还书"是图书管理员的用例,而不是借阅者的用例。

此外,系统用例图没给出功能间的先后顺序,例如管理员需要先登录才能维护图书信息,这些执行顺序可由顺序图、活动图等进行描述。由于篇幅限制,略去中间合并和分析用例的具体过程,给出最终系统用例图,如图 7.11 所示。

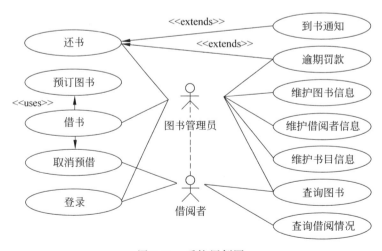

图 7.11 系统用例图

4. 从系统用例图到用例规约

得出系统用例图后,应对每一个系统用例给出用例规约。关于用例规约,没有一个通用的格式,大家可以按照习惯的格式进行编写。对用例规约唯一的要求就是"清晰易懂"。表 7.1 给出"查询图书"这个系统用例的一个规约。

表 7.1 "查询图书"系统用例的一个规约

用例名称	范围	级别	主要参与者	成功保证	主要成功场景
查询图书	图书管理系统应用	用户	用户(指所有使用图书借阅管理系统的用户)	存储图书信息	① 用户访问图书管理系统首页; ② 用户单击查询页面的网络链接; ③ 系统显示图书查询界面; ④ 用户在图书信息中填写一种或多种图书的相关信息(例如图书的书名、作者和出版社等),然后单击"查询"按钮; ⑤ 系统根据用户填写的信息访问后台数据库,查询相应的图书信息,如果查询成功,显示查询到的图书信息,反之则提示查询失败; ⑥ 用户可以重复④和⑤步,直到停止查询; ⑦ 用户可以单击进入其他页面或者退出图书管理系统

5. 业务领域类图

完成了上面几步,下面应该是绘制业务领域类图了。业务领域类图需要描述:系统中有哪些实体,这些实体能做什么操作,以及实体间的关系。根据上面所画的用例图和系统需求,识别出系统中存在的实体(也称为系统对象),抽象成业务领域中的实体类。一般来说实体类的识别可以通过寻找域描述和需求描述中的名词来进行。本例中,假设识别出的实体有借阅者(Borrower)、书目(BookCatalog)、图书(Book)、借阅记录(BorrowRecord)、预订记录(BookReservation)五个。在此基础上,给出这些实体上的操作。例如,借阅者上的操作有增加、删除、修改。进一步分析出这五个实体类间的关系如图 7.12 所示。

注意:这里没有给出每个实体的属性。其实在领域分析阶段,实体的属性并不重要,重要的是找出实体的操作。到此分析部分基本完成,但需要注意的是分析和设计是一个不断迭代的过程,分析和设计阶段并不是一个严格的区分。

7.4.3 图书馆图书借阅管理系统设计

设计没有分析那么好描述,因为分析是面向"客户面"的,它只关心系统本身的功能和业务,而不关心任何和实现以及实际情况有关的内容。但是,设计和平台、语言、开发模型等内容关系紧密,因而比较难找出一个一致的设计过程。

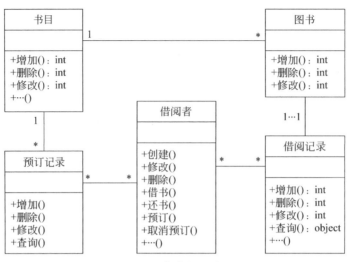

图 7.12　实体类间的关系图

1. 实现类图

实现类图和领域类图不一样,它描述的是真正系统的静态结构,是和最后的代码完全一致的。因此,它和平台关系密切,必须准确给出系统中的实体类、控制类、界面类、接口等元素以及其中的关系。因此,实现类图是很复杂的,而且是与平台技术有关的。

一般来说,实现类图包括界面类、数据库类和实体类。例如选用 Java 语言和 MySQL数据库,用 Java 数据库连接(Java DataBase Connectivity,JDBC)进行数据库连接,那么就要设计图形用户接口(Graphical User Interface,GUI)界面类,如设计登录窗口类、查询窗口类等。因为要和数据库连接,要设计相应的数据库类。此外,在分析阶段,对于设计的实体类要进一步细化,补充实体属性,进而画出实体类图以及类之间的关系图。根据所选平台技术还可以画出包图,例如说该系统用局域网上以 Java 语言开发的 C/S(Client/Server,客户机/服务器)结构,其系统部署图有四个节点:Library Server(图书管理系统服务器)、DB Server(数据库服务器)、PC(图书管理系统客户端 PC)、Printer(打印机),如图 7.13 所示。从逻辑上类可分为三个包,数据库包(DB)、图书借阅管理包(Library)以及界面包(GUI)。系统包图如图 7.14 所示。

2. 动态行为

系统的动态行为模型一般由顺序图、通信图、状态图和活动图来描述。这里使用顺序图描述用例的主要场景,使用状态图描述对象的动态行为。图 7.15 展现了一个预订图书的顺序图,这里 Title 指图书目录,RsvDialog 指预订窗口的界面类。首先图书管理员调用预订reserve()方法启动序列,然后序列按图示步骤执行。

顺序图在实际中是很多的,几乎每个类方法都配有相应的顺序图。除了顺序图外,还可以建立状态图,例如图书对象的状态图,图书(Book)对象有两个状态:借出状态(Borrowed)和未借出状态(Available)。对象 Book 开始处于 Available 状态,当事件 borrow()发生时,对象

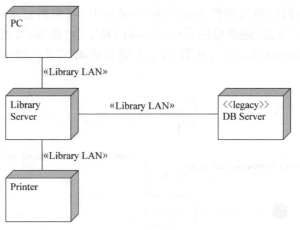

图 7.13　系统部署图

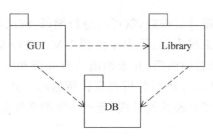

图 7.14　系统包图

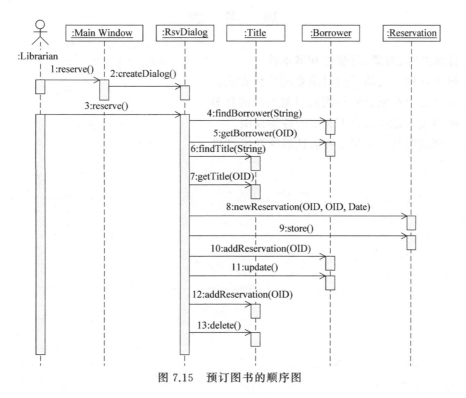

图 7.15　预订图书的顺序图

变为 Borrowed 状态,同时执行动作 borrowRecord.add()将借阅记录存储到数据库中。如果对象处于 Borrowed 状态,还书事件 returnbook()发生,对象 Book 返回状态 Available 同时执行动作 borrowRecord.delete()从数据库中删除借阅记录。图书的状态图如图 7.16 所示。

图 7.16   图书的状态图

在完成了一系列的上述设计过程后,就可以进行编码、调试和测试等工作了。

本节以图书馆借阅管理系统为例,给出了使用 UML 进行面向对象分析和设计的大致过程。当然,由于示例较小和篇幅所限,并未给出所有分析和设计的步骤和详细文档资料。这里,旨在让读者了解使用 UML 进行分析和设计所做的大致工作内容和流程。面向对象软件分析和设计是一个没有固定模式的过程,至于实际的系统分析设计,还需要更深入的学习和实践的积累。

思 考 题

1. 什么是类、对象、封装性和继承性?
2. 简述几种主要的面向对象系统分析方法。
3. 简述面向对象分析与面向对象设计的任务。
4. 简述统一建模语言 UML 的各种视图。
5. 举例说明基于 UML 的信息系统开发过程。

第8章 移动信息系统开发

随着移动互联网的发展,各类移动信息系统(Mobile Information System,Mobile IS)层出不穷。移动信息系统的开发涉及系统开发的各个方面,包括移动信息系统类型的选择,移动信息系统的分析与设计,以及移动信息系统开发方法的选择和编程实现。本章在对不同移动信息系统分析的基础上,介绍了移动App在系统分析设计过程中的特殊之处,以及不同开发方法的选择,对于其中编程实现,因涉及具体的编程语言,本章不做详细展开。

8.1 移动信息系统概述

8.1.1 移动信息系统的类型

移动信息系统已经成为信息系统行业发展的主要方向之一,是随着便携式智能移动终端通信设备(如智能手机)的普及、移动互联网,以及电子商务的发展而兴起的应用新领域,是信息系统在社会化服务领域的重大发展。

移动信息系统按照运行环境可以分为移动端网站、移动客户端应用与微信小程序:移动端网站无须下载和安装,一般通过移动浏览器运行,它是将计算机端网页进行重新解析和设计后适配于移动设备的移动网页,并通过移动浏览器应用程序打开;移动客户端应用是独立的软件应用程序(App),用户需要通过运营商的门户网站或移动应用商城下载并安装移动客户端应用;微信小程序是内置于微信中的应用,不需要下载安装即可使用,它实现了应用"触手可及"的梦想,用户扫一扫或搜一下即可打开应用,在保持使用流畅的前提下,不会占用太多的手机内存。

其中,移动客户端应用是使用频率最高的移动端信息系统。移动客户端应用按照功能可以分为生产力辅助应用、实用工具应用和沉浸式应用三类:生产力辅助应用主要用来帮助用户提高操作效率,它关注具体内容和服务,社交、电子商务、移动网上银行等均属于生产力辅助型应用;实用工具应用主要用于执行简单且需要较少输入量的任务,天气预报、指南针、录音、记事本等均属于这类应用;与以上两种应用相比,沉浸式应用的操作更为简单,内容也更丰富,它包括音乐、游戏等多种媒体形式,为用户提供一个参与度更高的平台。

移动信息系统的品类越来越多,内容越来越丰富,涉及面也越来越广,各大互联网及移动互联网企业、创业公司及团队纷纷加入到移动信息系统的开发队伍中。然而如何依据项目特征选择合适的移动信息系统,如何使自身开发的移动信息系统赢得更多的市场占有率和口碑就成为开发者急需思考和亟待解决的重要问题。

8.1.2 移动端网站

随着手机的普及,移动互联网的快速发展,人们使用手机上网的频率越来越高,企业网站设计开发的重心逐渐由计算机端转向移动端。随着 Web 技术的发展,网页作为一种传统的网络阅读载体,在多媒体的呈现以及实现人机交互功能方面都得到了全面升级。网页上不仅可以轻松实现图像、动画、音视频的展示,还可以通过手机触摸屏、手机重力感应器、手机摄像头、话筒实现人机交互。同时,网页相比手机软件在信息的传播分享和对硬件平台的兼容性上有了独特的优势,随着移动互联网技术的继续发展,这一优势也会越来越明显。

1. 移动端网站与计算机端网站的区别

有人说手机端网页无非就是 PC 端的移植,功能设计照搬即可,但事实并非如此,两者除了显示载体不同外,在其他方面也存在很大差异。主要体现在以下几点。

(1) 网站兼容。PC 端开发考虑的是浏览器兼容性,移动端开发考虑更多的是手机分辨率的适配,以及不同手机操作系统的差异化。

(2) 操作方式。PC 端的操作方式与移动端已经有了明显的差别,PC 端使用鼠标操作,操作相对来说单一,交互效果相对较少;而对于手机端来说,除了手指操作外还可以配合重力传感器等完成更加丰富的操作,有了这些操作,就可设计一些新颖吸引人的交互方式。

(3) 屏幕尺寸。PC 端屏幕大,视觉范围更广,可设计性更强,相对来说容错度更高;而移动端设备相对来说屏幕较小,操作局限性大,容错度较低,在设计上可用空间显得尤为珍贵。

(4) 网络环境。PC 端因其使用环境相对固定,网络较为稳定,出现异常情况的概率相对较小;移动端很多时间处于无线数据网络状态下,网络状况随着地点不同有所变化。

2. 移动端网站类项目的特点

移动端网站类项目通常投入成本较低,开发周期短,更新便利。大多数用户使用此类网站主要偏向于浏览网页信息或进行较为简单的操作,对功能不做过高要求。网站相比 App 来说更易于扩散,因而此类项目往往可以达到较好的营销传播效果。

以"新闻媒体"行业为例,信息量大、更新速度快是新闻媒体的两大重点,移动端网站就可以较好地满足行业需求。同时,用户在使用新闻媒体相关产品时往往偏向于浏览新闻、发表评论、分享新闻链接等操作,不追求更加丰富和酷炫的功能,这些使用习惯也与移动端网站的特点相适应。因而媒体行业针对移动端选择网站开发,就可以在节约成本的同时,收获理想的效果。同时,随着 Web 技术的发展,移动端网站的界面设计更好,用户体验更好,涵盖功能更加丰富。除此以外,若该产品在拥有网站的同时拥有 App,移动端网站便是营销推广的利器,例如在某网站移动端网页界面的右上角设置 App 下载按钮,若用户反复看到这个网页,便可增加下载相应 App 的概率,提高用户留存率。

8.1.3 移动 App

移动客户端应用即移动互联网应用(Mobile Application,移动 App),是装载在智能手机等移动终端中的软件程序,它作为移动互联网的内容载体,能为用户提供各种便捷的服务,例如用户可以通过 App 应用完成阅读、办理事务、进行理财和实现娱乐。移动 App 的出现,逐渐改变了人们对手机等移动设备只能完成简单通话和收发短信功能的固有观念。

1. 移动 App 的优缺点

移动端网站与移动 App 在生活中均有较为广泛的使用,且两者之间不可相互代替,究其根本是因为与移动端网站相比,移动 App 具有如下优点。

(1) 网络依赖度低。网页需在浏览器端运行,对网络的要求比较高,加载速度慢,用户使用不方便。但是移动 App 一定程度上可实现离线操作,对网络的依赖度低,加载速度快,用户体验流畅。

(2) 入口浅。网页需要用户输入网址或者依靠搜索,但是移动 App 抢占的是用户的手机界面,打开手机,点击 App 图标即可直接使用。

(3) 功能强大。网页因为自身的限制,功能比较少,用户体验较差,但是移动 App 功能非常强大,可以提供对应某一类型事务的很多方面的功能。

当然,移动 App 也存在如下缺点。

(1) 开发成本高。由于不同平台有不同的开发语言和界面适配,所以需要开发不同的 App 版本。而移动端网站仅需开发一套网页,即大体可实现"跨平台"的效果。

(2) 应用大小限制。对比网页,App 需要用户下载安装,占据一定的手机内存空间。网页在浏览器端直接浏览即可,无须下载。

2. 移动 App 项目的特点

此类项目的共同点在于,用户都非常追求在程序上的体验,使用频率较高,单次使用时间较长,用户追求更丰富、更精彩的功能,需要定制个性化的界面和更好的服务。用户在使用此类程序时,更多是在享受使用程序的过程,甚至是当成自己空闲时间的娱乐。

以交通、旅游、酒店服务(如携程、去哪儿等)为例,在使用这类程序时,用户的使用重心不在于买下车票或订下酒店这个操作,而是在于精心挑选车票和酒店的过程。用户需要考虑很多因素,例如行程时间、车站和酒店地理位置、天气状况、能够享受到的服务等,需要程序多方面、多角度地展现车次和酒店的具体情况。做好决策后,又需要根据突发情况做出调整,可能会改签车票或退票,也可能会退订酒店,这就需要这个程序的功能足够强大,提供更优质的服务,而微信小程序的代码限制、移动端网页的功能限制决定了两者不能提供这样完整而周到的功能,因而移动 App 是移动信息系统发展的很有潜力的类型。

8.1.4　微信小程序

微信小程序也被称为微信应用号。不同于微信订阅号或公众号,微信小程序被赋予了应用程序的能力,它是一种无须安装即可使用的应用,它实现了应用"触手可及"的梦想,用户扫一扫或者搜一下即可打开应用;也体现了"用完即走"的理念,用户不再需要关心是否安装太多应用的问题。应用将随时随地可用,无须卸载。

1. 微信小程序的优缺点

随着微信小程序的迅猛发展,不禁会让人心生疑虑,移动 App 还会受到用户的青睐吗? 为更好地分析这个问题,首先需从微信小程序相对于移动 App 所具有的优势和劣势进行分析。

微信小程序具有以下优点。

（1）开发难度低。小程序开发门槛相对较低，难度比开发 App 要小，能够满足简单的基础应用。

（2）方便快捷。小程序设计的初衷是用完即走，可以不用下载一些使用低频但可能是刚需的 App（例如外卖软件、乘车码等），极大地节省了使用者的时间和手机的储存空间。

（3）易营销。小程序的流量入口主要依赖分享、公众号和推荐，具有很强的社交裂变能力，可以通过社交机制来获得推广。

（4）适用人群广泛。小程序除了能触达一、二线城市的年轻人外，也很容易接触到其余三、四线城市的人群或是一些不习惯使用 App 的老年人。

当然，微信小程序也存在如下不足之处。

（1）功能有限。目前小程序文件不能超过 2MB，限制了很多较大型的小程序开发，所以，目前的很多小程序都是简化版的 App，功能简单，无法真正代替 App。

（2）入口较深。微信小程序是一个二级页面，是搭建在微信 App 基础上的程序。如果要使用微信小程序，必须先打开微信客户端，这就没有 App 一级入口来得方便。

小程序虽有很多的优点，但想取代 App 还要走很长的路。小程序是移动信息系统的"蓝海"还是"死海"，需要时间来验证。

2. 微信小程序项目特点

微信小程序类项目的功能比较简单，而用户所需要的功能及服务也非常少，它们更偏向于工具类产品。大多数用户使用此类程序的频率不高，使用的时间短，一般也不追求特别好的用户体验，不需要拓展性的功能，仅仅是在当下需要这类程序时使用。

对于"共享服务""快递""物流""日常工具（如日历、计算器）"等功能用户更倾向于微信小程序，且用户不一定选择在手机上安装此类 App。以"快递""物流"类小程序为例，该类小程序的核心功能主要包括扫码填单及物流查询。对于扫码填单功能，用户只需要进行扫码确认或扫码填单，然后就必须跳转到支付界面，此类简单功能往往代码量较小，微信小程序具有更大优势。对于物流查询来说，这项功能更多的是信息获取，可以通过小程序所关联的公众号直接实现。

8.2 移动 App 的分析和设计

移动 App 的分析和设计是开发流程中最重要的工作，一款 App 成功与否也主要决定于此。在 App 分析阶段要回答的中心问题是 App"做什么"，即在需求分析的基础上明确 App 的功能。App 设计要回答的中心问题是 App"怎么做"，即如何实现系统说明书中规定的功能。

8.2.1 移动 App 的分析

1. 移动 App 分析的主要工作

移动 App 分析阶段的主要工作：系统分析员与用户在一起，充分了解用户的要求，并把双方的理解用系统说明书表达出来。注意此处是用户,因为很多企业要求开发出来的App是给其用户使用。将这些用户的需求进行梳理、分类,整理出App功能框架。此过程中需要与用户进行密切的沟通,力求做到没有任何疑问。系统说明书审核通过之后,将成为系统设计的依据和将来验收系统的依据。

对于市场上存在类似功能的App开发,拟开发的App既要源于原App,又要高于原App。所谓"高于原App",就是要比市场上同类App功能更强,效率更高,使用更方便。但新App不是无源之水,无本之木,"源"就是市场上同类App。因此,系统分析员要在总体规划的基础上,与用户密切配合,用系统工程的思想和方法,对行业市场、竞争产品、产品用户展开调研,在此基础上整理得到用户的详细需求。之后通过数据流图、数据字典、处理逻辑、数据存取等系统分析手段提炼新App的逻辑模型,并完成系统说明书。数据流图等系统分析工具已在第6章中进行详细说明,因而在此不做展开,仅对用户需求分析中的行业分析、竞品分析和用户调研进行介绍。

2. 行业分析

行业分析的主要目的是发现行业运行的内在规律,进一步预测未来行业发展的趋势。简单来说就是了解行业历史、分析行业现状、预测行业趋势。以某一类型产品研发为目的进行行业分析时,行业分析框架一般包括如下内容。

(1)行业概述(了解行业一般知识)。

(2)政策分析(分析该行业的政策支持力度)。

(3)现状分析(分析该行业发展现状,包括优势、劣势、机遇和挑战等)。

(4)技术分析(分析行业的关键技术)。

(5)发展趋势及对策分析(分析行业发展趋势并从产品角度提出行业发展策略)。

(6)代表性企业分析(分析行业内的典型企业,主要选择行业巨头、上市企业和明星企业等)。

3. 竞品分析

竞品分析,即竞争性产品分析,是指对现有的或潜在的竞争性App产品的优劣势进行比较分析。一般而言,竞品分析包含两步:第一步选择竞争产品;第二步分析竞品信息。

1)选择竞争产品

选择竞争产品是竞品分析的第一步,也是比较重要的一步。方向必须要正确,才能事半功倍。竞争产品的选择一般考虑两个因素:第一要选择与自身App市场目标方向一致、目标用户群大致相同、功能和用户需求相似的App;另一个是市场目标方向并不一致,但是其App的功能需求与自身App的功能需求有一定交集的App。

假设你的App的定位是一个旅游分享类的App,那你所要考虑的竞品类型应该包括:第一类可以选择穷游、蚂蜂窝等,此类产品与你的App功能和需求相似,均提供旅游目的地的旅游攻略、旅游问答、旅游点评等信息,以及酒店、交通、当地游等产品及服务;第二类可以选择携程、去哪儿等,虽然也继承了旅游分享的功能,但其核心功能并不在此,也可作为补充参考。在数量选择方面,并非越多越好,而应根据具体目的进行合理选择。

2）分析竞品信息

在确认竞争产品,并搜集到大量产品信息后,就需要对信息进行详细分析,主要从战略层、范围层、结构层及表现层四个维度进行分析。

（1）战略层。战略层通常是对竞品的定位进行分析。首先需分析各竞品的市场占有率、市场目标及市场定位,其次需分析不同竞品的目标用户定位,例如该产品的目标用户、用户基数和用户划分等。

（2）范围层。范围层主要是分析各竞品的功能覆盖度及差异,分析它们这些差异都有多少,这些差异有多少价值,根据这个差异可以做出什么样的不同方向。

（3）结构层。结构层就是对比各竞品的功能结构。对比功能结构,既可通过划分模块,理清功能逻辑进行对比;也可以通过画核心功能的流程图来梳理整个流程的逻辑,虽然核心功能大致相同,但不同的产品处理流程还是会有个性化差异。

（4）表现层。表现层即为对比各竞品的界面设计与用户体验,主要包括基本交互操作、界面设计、导航设置、提示规范和文案风格等。这些具体的功能可以看出两个竞品细节差异,同时也可以反映出前面分析的定位和结构,与之前的分析相验证。

4. 用户分析

用户分析是一种理解用户,将他们的目标、需求与自身 App 和商业宗旨相匹配的一种方法。通过用户分析可以明确用户需求点,帮助设计师选定 App 的设计方向。那么应怎样进行用户分析呢？

1）确立目标用户

在定义 App 产品之初会定义一个目标群体,会认为产品是为这部分用户服务的。同时,最初的目标用户可以当作种子用户,种子用户的寻找有很多方法,但是最好是和产品或个人有关联的,例如社群成员、周边的人等,这样的人能给出比较快速有价值的反馈。但目标用户不是一成不变的,可能会随着产品定位的变化而变化。

2）用户调研

在确立目标用户之后,就可以着手用户调研了。用户调研一般有两种方式：①定性方式。即面对面和目标用户进行沟通,了解他们的生活、工作情况,将他们代入想要尝试的产品场景里,例如寄送快递用户是怎么操作的。定性调研的好处是能够容易得到用户一些场景化感受,能够探索问题的原因和深层逻辑。②定量方式。一般是指通过问卷访谈的形式大范围地收集目标用户的基本情况、对问题的看法等。定量调研的好处是能通过数据化的方式推测全局的共性和规律。

3）用户画像

用户画像是根据对用户调研或者对用户行为的后台数据进行分析后制作的,包含用户的基本属性(性别分布、年龄分布、收入、社会地位等)和行为特征(工作时间段、作息规律、操作习惯等)。要注意的是,用户画像一般不针对一个特定的用户,而是对全部目标用户进行抽象后的描述。用户画像的价值在于帮助认知目标用户的基本属性和行为特征,让团队内部对用户有更清晰的认知。

4) 用户故事

用户故事是描述需求的一种表达形式。为了规范用户故事的表达,便于沟通,用户故事通常的表达格式:作为一个<用户角色>,我想要<完成活动>,以便于<实现价值>。通过用户故事可提炼用户场景,故事是存在个性化的,而最终提炼出来的场景一定是具有普适性的。在一个用户场景里,用户有目标、有行为,就可以拆分出来各种产品功能。

8.2.2 移动 App 的设计

1. 移动 App 设计的主要工作

移动 App 设计阶段的主要工作是提出实施方案。该方案是这个阶段工作成果的体现,这个方案以书面正式文件——系统设计说明书的形式提出,批准后将成为系统实施阶段的工作依据。

App 设计的基本任务与一般信息系统一致,主要分为概要设计与详细设计两个方面。概要设计是把总任务分解成许多基本的、具体的任务,这些具体任务合理地组织起来构成总任务。详细设计是为各个具体任务选择适当的技术手段和处理方法,包括代码设计、数据库设计、输入设计、输出设计、人机对话设计和处理过程设计。以上两种设计类型在第 6 章中曾有过详细讨论,此不赘述。然而移动 App 因其依托于智能手机,展示界面有限,且有较多的人机交互,下面对交互设计及视觉设计展开说明。

2. 交互设计

移动 App 界面的交互设计是在交互设计原则的指导下,设计界面的交互结构、顺序、逻辑并进行优化,同时还要考虑不同的交互方式与智能移动设备系统平台之间的关系。一般而言,交互设计主要包括以下三部分。

(1) 信息架构。信息架构是在系统分析的基础上,将应用界面的整体结构与具体功能明晰化的过程,强调如何表现应用界面中的具体功能。受到移动设备屏幕、用户使用方式等条件的限制,其功能架构一般在树状结构的基础上进行。其中,应用的核心功能处于树状结构的顶层,而特殊化场景或个性化场景的功能处于树状结构的底层。信息构架中的层级不宜太深或太复杂,应尽量减少多层级的分类、节点之间横纵向的跳转,平衡信息层级的深度和广度。

(2) 流程图。流程图是以简单的图形和文字说明的形式,表现应用界面中一个或多个任务过程中各个环节进行的顺序和关系。在移动 App 界面中,流程图与用户任务模型中的过程、顺序和决策联系紧密,主要用来辅助设计师厘清思路,设计并验证交互流程中各元素间关系与逻辑的合理性。流程图一般包含任务起点、任务终点、任务步骤、任务路径、任务决策点和任务名称。

(3) 界面原型。界面原型是信息架构、流程图的具体表现形式。按照移动设备的实际尺寸,针对应用程序模拟出一套界面原型。当原型制作完毕,设计师可以邀请用户参与到产品的测试活动中,而测试结果能帮助设计师对应用进行针对性的修改。

① 低保真原型。低保真原型是对应用简单的模拟,它基本停留在应用的外部特征和功

能构架上,可以通过简单的设计工具或手绘的形式迅速制作出来,用于表现最初的设计概念和思路。低保真原型无须增加视觉上的设计,用简单的线条及文字勾画出界面的大体布局和关键元素,将投入原型制作的时间与成本降到最低。

② 高保真原型。高保真原型是在低保真原型的基础上加入视觉设计的原型设计,具有高功能性、高互动性的特点,它可以忠实地展示移动应用界面主要甚至是全部的功能和工作流程,具有完全的互动性,使用户可以像使用真实产品一样完成各种任务,例如数据输入和输出、菜单选择和导航浏览等。

3. 视觉设计

视觉设计即图形用户界面设计,指采用图形的方式显示用户操作界面。视觉设计的目的是使人机操作更加人性化,减轻用户的认知和记忆负担,提升产品的市场竞争力。从交互设计到视觉设计是一个从抽象化到具象化的过程。视觉设计属于表现层,而交互设计则属于结构层。交互设计与视觉设计是一个相互影响和合作的过程。移动 App 的界面视觉设计流程可按照品牌视觉定位、关键词、集合、提炼和萃取、情境板、设计探索、视觉风格标准、视觉元素组件和修正九个步骤进行。

(1) 品牌视觉定位。熟悉该 App 代表的品牌文化,结合市场分析深刻理解该 App 品牌的独特属性及战略定位。

(2) 关键词。通过与相关竞品比较分析,在品牌定位与用户需求的基础上,归纳出能够全面体现该 App 品牌及产品专有属性的关键词,为后续设计的开展起到指导作用。

(3) 集合。在设定好的关键词指导下,收集一些能够让用户在情感和认知上得到共鸣的图形图像材料。要注意在集合过程中所收集的图片是基于目标用户和关键词的,因此当收集的图片数量达到一定程度后,其颜色或质感等属性图片会呈一定规律地向某一类相似属性进行集中。例如,一款医疗产品界面的图片收集是基于"医生和护士(目标用户)"和"整洁、健康(关键词)"的,对集合后的图片进行提炼和萃取后,会发现图片会向浅色调进行集中。

(4) 提炼和萃取。从收集的图形图像材料中提取具有代表性的颜色或质感等属性;提炼和萃取的关键是明确设计目标,尤其是确定能够让用户得到共鸣的情感方向,这就需要设计师本人全身心地融入目标期望(关键词)的环境之中以便从中发掘具有代表性的颜色或质感等属性。

(5) 情境板。设计一些简单的基本框架来匹配从集合材料中提炼和萃取的风格和样式;在情境板设计阶段中,重点在于能让设计师自由地进行一些概念性质的设计,使个人情感能够轻易地融入设计的主题之中。

(6) 设计探索。从不同的视角反复完善界面的设计雏形,提出更多的基于情境板中感受到的风格和样式,从而创造出更多、更具创新的展示设计版本。

(7) 视觉风格标准。从展示设计中精选出最适当的设计来决定 App 产品的最终视觉风格作为后续的设计标准。

(8) 视觉元素组件。根据最终定稿的风格和布局来设计其他界面组件。

(9) 修正。提炼和萃取、情境板和设计探索是界面视觉设计流程的核心阶段,为了让视觉设计得到更多用户在情感和认知上的共鸣,需要在复杂的情境中进行验证并获取不同的反馈,在分析反馈的基础上做出合适的移动 App 设计修正。因此,这三个阶段在整个流程中是一个不断反复的迭代过程。

8.3　移动 App 的开发模式

开发模式主要包括原生开发模式(Native App)和网页开发模式(Web App)两大类,以及在这两大类基础上衍生的混合开发模式(Hybrid App)。三类开发模式分别拥有自身的特点,下面针对这三类开发模式进行简要分析。

8.3.1　原生开发模式

原生开发模式即 Native App,主要针对本地操作系统的应用开发,按照操作系统的不同常划分为两类:一是针对安卓(Android)平台进行的 Java 语言开发;二是基于 iOS 平台采用 Objective-C 或 Swift 语言开发。因原生应用依托于手机操作系统,具有较好的交互性和稳定性,故而常用于开发性能要求较高或使用频率较高的 App。

Native App(原生开发模式)主要有以下优势。

(1)用户体验好。针对不同平台开发不同的 App,可提供最优质的用户界面和系统交互功能。

(2)系统更稳定。因其依托于本地操作系统开发,系统具有较高的稳定性和较快的响应速度。

(3)功能更多样。App 可以访问本地资源,调用手机系统提供的各类功能,例如 GPS 定位、信息推送、摄像头调用、读取通讯录等操作。

(4)可离线使用。用户可将视频、图片等文件保存到本地,供离线使用。再次打开时无须重新加载,访问速度快。

虽然 Native App 开发模式具有较为明显的优势,但因其开发依托于本地操作系统,同样也存在诸多劣势。

(1)开发成本高。不同平台有不同的开发语言和界面适配,因而需要开发不同的版本。

(2)维护成本高。例如一款应用已经更新到新的版本,但是仍然有用户使用前面的版本,需要更多的开发人员去维护之前的版本。

(3)应用更新慢。每一次发布新的版本,都需要经过"提交-审核-上线"等流程,周期较长;且新版本一般需要用户手动更新,或者出现一个易让用户反感的更新提示,这在一定程度上会影响用户使用体验。

8.3.2　网页开发模式

网页开发模式即 Web App 的开发,Web App 运行于网络和标准浏览器上,基于HTML＋CSS＋JavaScript 等 Web 技术开发实现特定功能的应用。与 Native App 不同,Web App 的本质是部署在服务器上的网页,由用户在手机移动端的浏览器上执行和浏览,无须进行安装。但与一般的移动端网页相比,Web App 的界面布局和用户体验更接近真正的 App,而且可以和系统深度融合,调用一些只有移动端才能调用的功能。

与 Native App 相比,Web App 具有以下优点。

(1) 开发成本低。只需开发符合 W3C 标准的网页就能运行在多种移动终端。

(2) 跨平台性好。网页是跨平台的,不再受限于不同的操作系统。

(3) 学习难度低。初级的网页开发人员也可以很快上手进行开发且开源资料较多。

(4) 应用更新易。Web App 运营升级的方式十分简单,在网页上就可以对其进行代码修改,用户不需要任何多余的操作就可以进行升级和使用。

凡事都有两面性,Web App 的开发模式也是如此,其有很多缺陷较难弥补。

(1) 网络依赖度高。对网络的依赖很大,数据基本都来自服务器,因此网络状况会直接影响用户体验。在没有网络的情况下,App 的功能基本不能使用。

(2) 用户留存率低。浏览器只能作为临时性入口,且自身渲染性能弱,用户体验较差。

(3) 系统功能有限。无法调用全部系统级别的权限(例如系统级别的弹窗、通知,GPS定位,访问通讯录等),且与系统的兼容性也会存在一些问题。

8.3.3 混合开发模式

Native App 和 Web App 之间最显著的区别:Native App 具有更加良好的用户交互体验,而 Web App 具有跨平台开发的优势。为了兼具两者的优势,Hybrid App 应运而生。

与 Native App 结构类似,但 Hybrid App 中运行了一个 Webview UI,在该 UI 界面内,用户实际上访问的是一个 Web App(但在外观上却是一个 Native App)。通过将 Native App 和 Web App 两种开发模式进行有机的结合,Hybrid App 开发模式弥补了两者之间的不足之处,可以在具有较好用户体验的同时,实现移动 App 的快捷开发。然而,在一个 Hybrid App 中,不同的页面往往采用不同的开发模式,那么该如何判断该页面具体是采用哪种开发模式呢?最直观的方法是开启手机中的"页面布局"进行判断。若该页面有布局,则为 Native 页面,否则为 HTML5 页面或混排页面。以"知乎 App"为例,如图 8.1(a)所示,其主界面中各元素及控件均有红色的边界线,因而是一个 Native 界面;当点击主界面中的一个问答时,App 会跳转至另一界面,如图 8.1(b)所示,在新界面中可以看到,页面中间问题的回答部分布局丰富,但其中包含的元素却没有显示出红色布局边界,而页面的顶端则可看到清晰的布局情况,因而该页面是一个 Native 与 Webview 混排的界面。

通过以上对 Hybrid App 的分析,可知其具有开发成本低、用户体验好、跨平台性好、更新及维护成本低等优点,但其仍存在一些不足。

(1) 浏览体验与 Native App 相比,略有不足。

(2) 复杂的应用在低配置的设备上运行速度较为缓慢。

(3) 对于一些无法快速渲染 JavaScript 的移动设备而言,用户界面的反应能力相对比较迟缓。

目前,Hybrid App 开发模式是未来移动应用开发的趋势,并且上述缺点会随着移动技术和 Web 技术的快速发展而得到很好的改进。

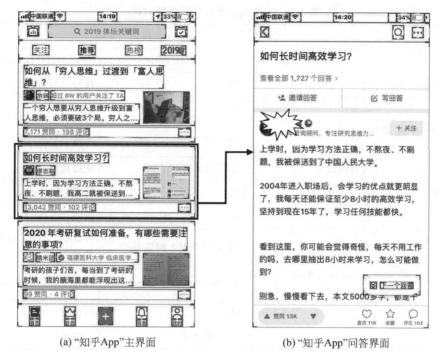

(a) "知乎App"主界面   (b) "知乎App"问答界面

图 8.1 "知乎 App"界面

8.3.4 开发模式的选择

基于上述 Native App、Web App 和 Hybrid App 的特点分析,三者在移动应用中各有利弊,对比总结如表 8.1 所示。

不同的 App 开发模式具有不同的特点,在实际开发过程中,这三种 App 开发模式应该如何选择呢?

1. 选择 Native App 模式

开发的应用针对特定平台,预算充足,对稳定性和响应速度要求较高,对用户体验及界面效果要求较高,且版本更新频率较低,则推荐采用 Native App 开发模式。

2. 选择 Web App 模式

开发的应用对性能和用户体验要求较低,调用系统底层较少,但是讲究开发效率,快速迭代部署,推荐使用 Web App。

3. 选择 Hybrid App 模式

多数 App 开发推荐采用这种模式,在具有良好的用户交互体验的同时,实现跨平台快速开发。但 App 中的不同模块或页面并非采用完全相同的开发模式,应依据其具体需求选择不同的开发方式。

表 8.1　三种 App 开发模式特征对比

特　征	App 开发模式		
	Native App	Web App	Hybrid App
原生功能体验	优秀	差	良好
渲染性能	非常快	慢	较快
是否支持设备底层访问	支持	不支持	支持
网络要求	支持离线	依赖网络	支持离线
更新复杂度	高	低	较低
开发周期	长	短	较短
跨平台	不跨平台	所有 HTML5 浏览器	Android、iOS、HTML5 浏览器
编程语言	Android（Java）、iOS（OC/Swift）	HTML＋CSS＋JavaScript	HTML＋CSS＋JavaScript
开发成本	昂贵	便宜	较便宜
App 发布	应用市场	Web 服务器	应用市场

（1）应用核心功能选 Native，周边辅助功能选 Web。
（2）已稳定的功能选 Native，试错中的功能选 Web。
（3）访问硬件的功能选 Native，信息展示的功能选 Web。
（4）偏交互的页面选 Native，偏浏览的页面选 Web。

8.4　移动 App 开发案例

从 8.2 节和 8.3 节可以看出，移动 App 的开发与计算机端的信息系统的开发既有共同之处也有个性化的差异。本节以一个小案例来展示如何通过信息系统分析设计，使一个想法最终变为 App。

8.4.1　运动 App 的定位

为了易于理解，这里选择运动类 App 作为分析案例。该产品目标如下：以运动为主题，选定某一种运动形式，完成一款 App 产品的分析设计，内容集中在统计和分享运动量方面。

8.4.2　运动 App 的分析

1. 行业分析

接到目标后，可以感觉到这是一个看似简单却又不容易做好的目标。

从关键词分解结果看，很容易想到，产品的核心流程就是"运动-计步-统计-分享"，也就是"产生数据-记录数据-统计数据-分享数据"的过程。相对于骑行、登山、徒步等运动形式，跑步是最为普及，也最容易形成习惯的一种。

在行业分析方面，可以发现在跑步类应用上，市面上已有咕咚、悦跑圈、虎扑跑步、动动、Nike Running 和 Feel 等一众数不胜数，又各自都拥有一定用户数量的竞品。虽然这样多的 App 数量说明这一市场已具有一定的饱和度，新产品脱颖而出的难度比以往任何时候都大，但从另一个角度来看，这样成熟且已经发酵多年的竞品环境，为后来者提供了一片在合适的切入点可以快速成长的沃土。当前国内具有"使用 App 记录跑步"习惯的用户基数相当可观，这也是以往任何时期都不具备的条件。

同时，恰恰是这样的产品数量，也说明没有一家产品能够占据垄断性的地位，每个产品都在"运动-计步-统计-分享"这一主流程的基础上，通过各自的特色，吸引了具有相应目标用户特征的用户群体，都保有自己应有的生存空间。

因此，考虑到跑步族已日趋成熟的 App 使用习惯和较为可观的用户基数，以及众多竞品提供的参考和分析样本，本次设计选择了"夜跑"这一运动形式，作为产品的主题定位。

2. 竞品分析

明确产品定位后，需要对产品的相关竞品进行一定的深度分析，结合产品定位以及各应用商店的人气排行选择两类运动 App：第一类选择与自身 App 定位相似的悦动圈 App、悦跑圈 App、咕咚 App；第二类选择与自身 App 的功能需求有一定交集的 Keep App。以悦动圈 App 为例对其部分特征进行竞品分析。

悦动圈，走路 100% 领现金红包，集计步、跑步、健身、骑行及运动社交于一体的手机应用，两年突破一亿下载用户。首创走路领红包、开宝箱等游戏制运动玩法，拥有行业领先的自动计步稽核算法、GPS 算法。围绕运动记录工具打造线上、线下全方位运动生态，帮助亿万人养成运动习惯，获得健康远离病痛。

（1）**口号**：红包是激励，坚持运动是目的。

（2）**产品定位**："工具＋社交＋电商"类型的产品。

① 工具属性上，提供了计步、跑步、健身、骑行等形式的运动数据记录工具，使用户能对自己的运动量有一个量化的认识。

② 社交属性上，以"跑步"切入体育市场，定位目标人群，构建社区，利用群体认可的运动文化促进陌生人进行社交互动。通过线上运营活动，如红包激励 21 天习惯养成挑战赛、网络马拉松、各种挑战赛等，首先增加用户使用 App 的频次，进而提高产品的留存能力和用户黏性。通过线下运营活动，如线下马拉松、百校大战等，不仅可以增加产品在用户现实生活圈子中的曝光度，扩大影响力，而且可以将线上的陌生人间的弱关系链社交培养成线下的熟人间的强关系链社交，进而提高用户黏性。

③ 电商属性上，除了将体育相关装备作为商城主打外，生活中只要人们使用频次较高的商品都可以加入到商城。作为一款面向大众的产品，用户数量可观，用户黏性较强，盈利可期。

（3）**用户分类**：初级用户＋中级用户＋高级用户。

① 初级用户是开始跑步没多久的用户，通常决定开始跑步前都有自己的小目标，例如

减肥,或者某一天突然意识到要增强自身的身体素质,对热身、跑姿、装备、预防损伤基本没什么了解,因为跑步是门槛最低的运动方式之一,所以对于他们来说,跑起来就行。坚持长期跑步的毅力是这个群体转化成中级用户的最大阻碍。

② 中级用户是坚持跑步相当长一段时间的群体,跑步已经形成了一种习惯和乐趣,对跑姿、装备、预防损伤等有一些了解。他们是整个用户群体中占比最大的一个群体。习惯、乐趣加上毅力会促使这些用户向高级用户转化。

③ 高级用户属于跑步深度爱好者,无论严寒酷暑、刮风、下雨还是雾霾,无论室内还是室外,几乎每天都会跑步,对于运动前的热身拉伸、开始后的跑姿、跑步装备、预防损伤等都有很深的了解。

(4) **功能结构**。

悦动圈 App 的功能主要分为五大块,体现在导航上为①悦动,主要是计步、跑步、健身、骑行功能;②挑战,主要是各项挑战赛事和活动;③发现,包括运动商城、同城陪跑等;④圈子,主要是圈子用户的交流互动以及动态的发布;⑤我的,个人中心页面。"悦动圈 App"功能架构如图 8.2 所示。

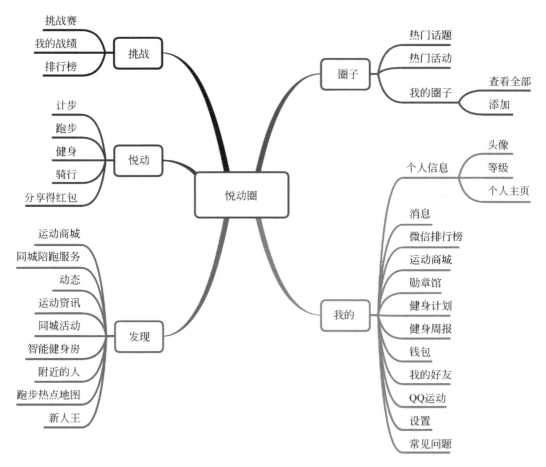

图 8.2 "悦动圈 App"功能架构

（5）**核心功能**。

① 多种记录模式，数据准确。支持跑步、骑行、健身三种记录模式；海量的健身视频，手把手教你健身；计步高达 95.8% 的准确率，远胜市场上同类 App。

② 红包挑战赛，游戏化设计。每日 2 千米，赢取现金红包；个人 PK 赛、团队印花赛，赢取健身礼包。游戏制的玩法让你对运动欲罢不能。

③ 悦动健身圈，运动不再是枯燥的坚持。活动圈、跑步圈、减肥瘦身圈，分享运动心得，自由组团约跑，互相勉励。

④ 科学助跑攻略，方法让坚持更有效。提供跑步心经、装备测评，全面掌握新的运动资讯。

⑤ 量体裁衣，针对性高效训练。准确匹配个人数据，制订合适的健身计划，自动生成每周健康周报。

3. 用户分析

结合产品定位及竞品分析，该 App 的目标用户为 18～35 岁的大学生或职员，年轻，勇于也乐于参与竞争，喜欢新事物，热衷社交，有运动热情，有一定的互联网产品使用经验且对跑步类 App（或运动手环等同类产品）有一定的使用经验或了解。之后通过亲身体验、问卷或访谈等方式对目标用户展开调研，收集目标用户的基本情况和对问题的看法，并在此基础上完成人物建模，以男性目标用户为例进行建模，表 8.2 为人物建模档案示例。

表 8.2　人物建模档案示例

人物模型	描　　述
性别	男
年龄	18～35
职业	大学生或职员
收入	无
设备	iPhone7、4G 网络
兴趣爱好	踢球、听歌、打游戏
常用 App	QQ、微信等
特征	充满好奇心，人缘不错的运动男生
行为	① 每周会在操场跑步 3～5 次，每次跑步 4 千米左右。 ② 用过悦动圈，且坚持连续跑步，参加的印花赛曾拿到奖励。每次跑步都会打开悦动圈。 ③ 跑步的时候会听歌，有时也会听广播。 ④ 习惯用手环等硬件设备，对科技产品比较感兴趣

结合目标用户的特征与经验、用户行为，可以分析得出用户使用产品的场景，并在此基础上总结归纳用户需求，分析用户需要从用户场景、用户行为、用户体验目标及衡量指标四个维度展开。

（1）用户需求：记录运动轨迹与数据。

① 用户场景（每当）：晚上开始运动。

② 用户行为（想要）：即时或在结束后了解自己的运动轨迹和数据。

③ 用户体验目标（就能）：增强对身体行为的了解，获得成就感。

④ 衡量指标：培养跑步时使用产品的习惯（提高）。

（2）用户需求：跑伴功能。

① 用户场景（每当）：希望与跑伴在平台内互动，或约跑伴一起夜跑。

② 用户行为（想要）：邀请朋友、搜索账号或通过推荐列表添加跑伴，或与跑伴线上交流，约定跑步时间。

③ 用户体验目标（就能）：在平台内通过社交互动带来参与感和归属感。

④ 衡量指标：人均跑伴数量。

4. 需求分析

根据基本思路梳理和用户调研的定性结果，可以整理形成 App 的业务需求。按重要性分为核心需求、主任务需求、配套需求三类。

（1）核心需求：赛区/赛季功能、升降级功能、等级证书功能和反作弊措施等。

（2）主任务需求：记录运动数据、可视化的数据统计与分享、跑伴（好友）及声援（留言）功能等。

（3）配套需求：注册功能、推送提醒、问题反馈、用户评分和广告等。

对于每一项业务需求，需要从目标、目的、指标和用户行为四个方面展开分析。

业务需求以"记录运动数据"为例。

① 业务需求：记录自己和跑伴运动的配速、时间和轨迹。

② 业务目标：为一切的运动统计、分享和竞赛提供数据基础。

③ 业务目的：通过数据的记录和积累带给用户成就感，刺激用户使用产品的积极性。

④ 衡量指标：上传的运动数据数量。

⑤ 用户行为：记录运动并上传数据。

以"跑伴及声援功能"为例。

① 业务需求：提供跑伴（好友）系统和声援（留言）功能，同时提供邀请其他社交工具中的好友进入跑伴的入口。

② 业务目标：在不影响主功能体验的情况下，提供最基本的应用内社交功能，设置邀请途径。

③ 业务目的：建立用户间交流、用户引流的渠道，提高用户黏度。

④ 衡量指标：人均好友数量和用户的日均声援数量。

⑤ 用户行为：添加跑伴、声援跑伴、邀请好友。

通过对业务需求及用户需求的梳理，即可得出 App 的总体需求，在此基础上通过数据流图、数据字典、处理逻辑、数据存取等系统分析手段便可提炼新 App 的逻辑模型，并完成系统说明书。

8.4.3 运动 App 的设计

与一般信息系统相同，App 的设计包含概要设计与详细设计两个层面，内容涵盖较广，在此仅对 App 设计过程中较为特殊的交互设计进行展开。

1. 信息架构

交互设计的第一步是梳理信息架构,即在系统分析的基础上,将应用界面的整体结构与具体功能明晰化,强调如何表现应用界面中的具体功能,通常用树状结构表示,以本款 App 为例,本运动类 App 命名为跑步吧 App,主要包含我的、赛季、记录、跑伴和 Go 五大功能模块,如图 8.3 所示。

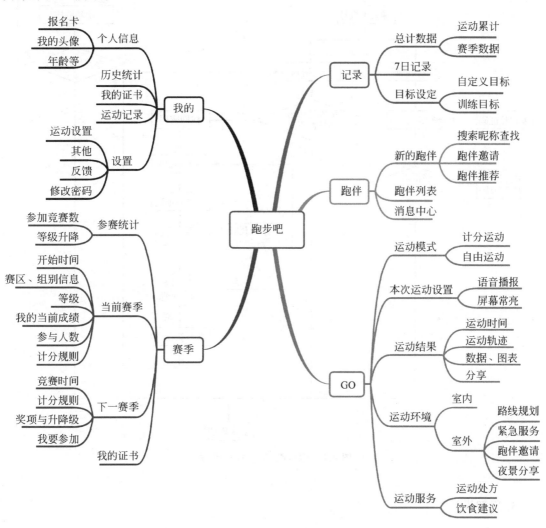

图 8.3　跑步吧 App 信息架构

2. 流程图

流程图是以简单的图形和文字说明的形式,表现应用界面中一个或多个任务过程中各个环节进行的顺序和关系。以跑步吧 App(I ♥ Run)登录流程为例,对于 App 的登录方式主要包括手机登录及微信、微博、QQ 第三方平台登录,而针对手机登录,可以选择账号密码登录或者验证码登录,具体流程如图 8.4 所示。

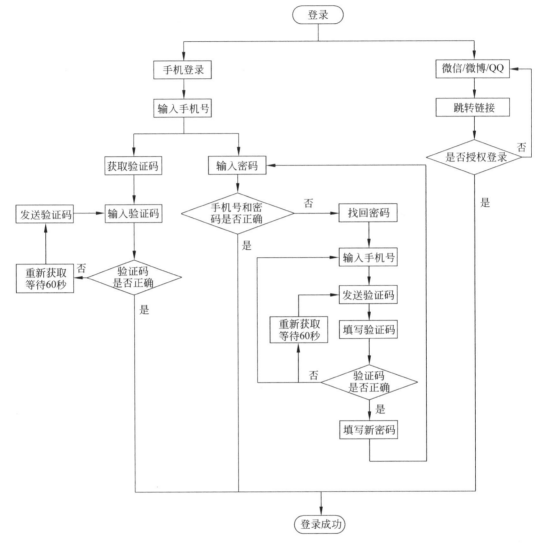

图 8.4　跑步吧 App 登录流程

3. 原型设计

对跑步吧 App 各功能的流程梳理完之后,便是 App 原型设计,首先是设计 App 的低保真原型,低保真原型易于执行且成本较低。此外,它们所需的时间更少,可以快速将想法转换为模型,将抽象的功能转化为可视的界面。在设计低保真界面的同时,也需要考虑基于该界面的交互操作。

以跑步吧 App 登录功能为例,如图 8.5 所示,对其中“手机号+验证码”登录方式的低保真原型及其包含的交互操作说明如下。

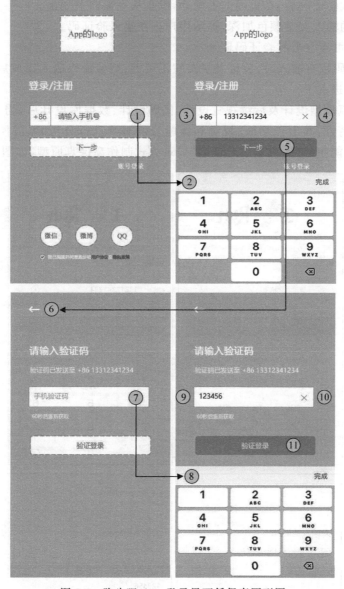

图 8.5　跑步吧 App 登录界面低保真原型图

（1）点击输入手机号。

（2）点击输入手机号后，在页面向上滑动，键盘从底部向上划出。

（3）手机号的输入文字颜色加深，提示用户正在输入手机号。

（4）点击×可清空当前手机号输入。

（5）当手机号没有输入时，"下一步"按钮不可点；当手机号输入完成后，"下一步"按钮文字加深，提示用户可进入下一步。

（6）点击可返回输入手机号界面。

（7）点击输入验证码。

（8）点击输入验证码后，在页面向上滑动，键盘从底部向上划出。

（9）验证码的输入文字颜色加深，提示用户正在输入验证码。

（10）点击×可清空当前验证码输入。

（11）当验证码没有输入时，验证登录按钮不可点；当验证码输入完成后，验证登录文字加深，提示用户可进入下一步。

当完成低保真原型设计及后续视觉设计、代码设计、数据库设计后，需要测试完整解决方案的所有动态特性，并出于功能、视觉和体验目的对其进行分析时，需使用高保真原型。同样，针对登录功能中的"手机号＋验证码"登录方式制作高保真原型，如图 8.6 所示。

图 8.6　跑步吧 App 登录界面高保真原型图

在完成了一系列的上述设计过程后,就可以进行编码、测试和调试等工作了。

本节以跑步吧 App 为例,给出了 App 分析和设计的大致过程。当然,由于示例较小和篇幅所限,并未给出所有分析和设计的步骤和详细文档资料。这里,旨在让读者了解一个 App 从想法到诞生的过程中,进行分析和设计所做的大致工作的内容和流程。App 分析设计是一个没有固定模式的过程,随着系统的不同、App 项目来源的不同(例如有的项目是从零开始开发 App,有的是在现有 App 基础上升级优化),其分析和设计过程也会有变化。至于实际的分析设计,还需要更加深入的学习和实践的积累。

思 考 题

1. 简述移动信息系统的类型及特点。

2. 简述移动 App 的开发模式。

3. 选择一款 App,进行如下操作。

(1) 尝试分析它的产品需求和产品定位。分析方法有竞品分析、用户调研、需求收集和整理等。

(2) 结合需求分析,进行合理的信息架构设计。

(3) 结合交互设计,绘制某一功能的流程图。

(4) 绘制原型图,并给出相应的交互说明。

第9章 大数据环境下的信息系统开发

大数据的产生背景是计算机和互联网技术的发展和渗透,因为计算机网络通信的一系列优良特性,各行各业都纷纷接入互联网,不管是在社交、金融或者健康等领域,人类在这些领域的网上活动形式和内容也越来越丰富,所产生的数据呈现爆炸式增长,数据种类繁多,使用传统数据分析技术对其进行处理已经越来越难以满足要求,于是才出现了"大数据"的概念。

总的来说,大数据具有 4V 特征,分别是体量(Volume)大、速度(Velocity)快、种类(Variety)多、有价值(Value)。其中体量大描述的正是大数据最本质的特征,数据量非常大;速度快体现的是对大数据处理的速度需要达到一定的标准,而今的大数据处理速度的发展也是越来越超出人们的想象;种类多指的是大数据的类型,相对于传统数据来说,大数据具有来源广、类型多的特点,并且在当下万物互联、万物智联的环境下,更是处处可以创造数据;有价值指的是可以对大数据进行分析,从而挖掘出价值。

信息系统开发在大数据环境下将会受到怎样的影响,有着怎样的变化,正是本章探讨的内容。本章将主要从信息系统开发的主要阶段——信息系统规划、信息系统分析与设计以及信息系统实施来分别探讨大数据环境对其产生的影响。

9.1 大数据环境下的信息系统规划

大数据时代产生的思维变革总的来说有三个部分:一是样本等于总体,也就是在大数据时代,人们几乎可以采集所需要的所有数据,而不是通过传统的随机采样方式;二是在数据采集时,需要接受数据的混杂性,如数据格式的多样性,数据会存在错误和缺失的可能性,以及数据会有不精确等情况的出现等;三是更关注数据的相关关系而不仅仅是因果关系,以前人们总是会关注数据之间的因果关系,想要透过现象看到本质,但是在大数据时代,尽管因果关系依然重要,不过寻找因果关系已经远不如相关关系来得简单有效,并且数据之间的相关关系早就被证明大有作用。

与前文提及的三个思维变革一致,大数据时代带给组织信息管理的思维模式是颠覆性的。与此同时,它带给人们的不仅仅是海量的数据,随着对海量数据分析的需求与日俱增,对大数据处理和分析的技术和能力需求也相应提升,越来越多的大数据分析技术与模式得到很好的应用。因此,信息系统采集和分析数据的成本呈现不断下降的趋势,这也促进了组织对数据的更多价值挖掘。在组织的信息系统规划中要高度重视大数据对于组织的价值创造的影响。本节首先指出在如今大数据环境下做好系统规划的重要性,然后论述在大数据环境下系统规划的内容。

9.1.1 大数据环境下系统规划的重要性

在信息系统开发中,第一步就是要做系统规划,它不仅是系统开发中的重要组成部分,也是服务于组织战略规划的一步。系统规划需要制定系统的开发目标,在整个系统开发中起到指明方向的作用,它是服务于组织战略目标的,要确保系统开发的目标与组织战略目标看齐。

系统规划提供了一种通用的语言,可以让系统开发的参与各方对整个系统开发有清晰一致的认识,并且明确自身的责任和分工,从不同的切入口开始着手进行操作。

大数据时代为组织带来了挖掘更多价值的机遇,同时带来了新兴的数据分析技术和框架,不可避免地也带来了相应的问题和挑战。这些问题不仅仅是关于海量数据处理之类技术上的问题,同时还包括组织在进行系统规划时对大数据把握不足而造成的各种挑战,例如实现信息系统大数据模块的目标不清晰,没有根据自身实际情况采用合适的数据解决方案等,导致虽然采用了成本高昂的技术框架,但是解决问题的效率并不高的情况出现。

因此,在制订系统规划时,需要制订相应的大数据规划。大数据规划是系统规划中的重点内容之一。采用了大数据及相应分析技术给组织带来的益处是毋庸置疑的。数字化转型的成功案例表明,深入应用了大数据及其分析技术的组织可以比未采用的竞争对手有更好的竞争力和利润。

9.1.2 大数据时代下系统规划的内容

在制订大数据规划时,需要做好优先顺序抉择。需要根据组织的战略目标进行有针对性的任务分配和取舍,确定在系统开发的哪些模块所需要的业务是需要大数据重点关注的,哪些内外部数据需要整合,以及选择什么样的技术框架和工具等。

大数据时代下信息系统规划应聚焦于三大核心内容:首先是面向大数据的信息系统开发的目的,即组织所开发的信息系统应用在哪些业务范围,大数据分析涉及哪些业务领域;其次是信息系统中所使用的大数据模块开发方式的选择,它是由实现的目标以及组织自身的实力所决定的;最后是实现信息系统中大数据模块的技术路线图,它为信息系统如何实现大数据分析支持提供了指导。

我们知道,组织不是一个独立的存在,它处在一个包含自身内部环境和外部环境的生态系统中。由于组织开发的信息系统是可以为其内部和外部服务的,外部主要是针对商务等活动,在组织内部,又可以划分为支持组织的运营或决策。下面分别介绍面向商务目的的信息系统开发、面向运营业务的信息系统开发和面向决策业务的信息系统开发。

(1)**面向商务目的的信息系统开发**。在大数据环境的影响下,组织的商业模式也需要根据组织的战略规划进行数字化转型。传统企业需要与时俱进,转型为基于大数据、云计算等技术的数据驱动型组织。将大数据融入电子商务中,便成了商务智能,在面向商务业务的信息系统规划中,需要以组织战略为指导,沿着商业业务的流程链与价值链,分析在不同的潜在业务场景中如何利用大数据实现商业模式的优化和改进。

(2)**面向运营业务的信息系统开发**。所开发的信息系统主要面向的对象是组织内部的运营人员,因此需要在紧密围绕组织战略的基础上,规划如何利用大数据技术对运营流程改进优化以及针对运营人员的数据支持,从而规划构建出数据驱动的运营管理体系。

（3）**面向决策业务的信息系统开发**。大数据环境对组织高层管理者的决策提供了更多可能的辅助,信息时代下各类数据之间关系错综复杂,使用大数据分析工具找到其中的相关性,动态地而不是单一地看待问题会为决策者提供更优的决策视角。由于作为组织高层的管理者对大数据的技术掌握和数据解读能力有限,因此需要在规划的时候充分考虑高层使用信息系统这一工具进行决策支持的好用性、易用性和有用性。

1. 开发方式的选择

在确定信息系统开发的目标后,需要根据目标进行开发方式的类型选择。随着云平台、云计算等技术的发展,组织想要实现大数据模块的解决方案有很多,在完成目标的前提下,组织应采用经济实惠并有效的技术和工具组合方案来进行大数据管理,因此就需要在不同的技术和工具组合中选择对组织来说的最优方案。

在进行开发方式类型选择时,一般首先考虑的是可靠性,所开发的信息系统大数据模块需要具备高度可靠的性能,确保软硬件组合方案在数据处理支持中都具有稳定性和安全性;其次是可扩展性,由于大数据自身容量大,增速快等特性,因此所开发的平台需要有良好的动态可伸缩性能,以应对后续数据分析可能出现的数据需求或突发需要更多数据存储空间情况的出现。

大数据时代下的组织在信息系统实施中比以往任何时候都更需要完备的数据管理,然而并不是所有组织所需要的数据管理类型都是相同的,也不是价格最贵、功能最齐全的解决方案就是最好的,组织要根据其需求、背景和环境的不同,选择合适的解决方案。总体来说,可选择的解决方案类型分为三类:一是完全独立开发;二是购买第三方解决方案;三是结合第三方进行联合开发。下面分别对三类解决方案的特点和适用组织类型进行简要介绍。

（1）**完全独立开发**。此类解决方案需要组织内部建立专业开发团队进行全流程的开发,对于完全独立开发的组织来说,具有数据完整安全、技术独立自主、后期可扩展性强等好处,但是这也对组织大数据开发团队的专业性和技术性提出了很高的要求,不仅如此,由于开发一个独立完整的大数据系统并不是一蹴而就就能达到的目标,因此还需要组织进行时间成本的投入,对于那些想要快速进行应用实现的组织来说,时间成本的代价是巨大的。并且由于组织完全独立开发,在资源配置方面会对开发提出更高的要求,在系统实现之后,如何分配有效的时间、场地和人力成本进行运维也是需要组织考虑的问题。因此,此类开发解决方案更加适合那些拥有充足资源保障、强大解决问题能力、专业可靠开发团队以及对应用实现不是足够迫切的组织。

（2）**购买第三方解决方案**。随着大数据重要性的提高,越来越多降低大数据准入门槛的第三方解决方案出现。与前面完全独立开发的解决方案不同,此种类型将大数据解决方案标准化、弹性化、个性化,并且很多的第三方解决方案会聚焦不同组织的行业类型,提供垂直化数据解决方案,其中包括软硬件环境及技术框架模型等。采用购买第三方解决方案,能够使得组织快速进行大数据组件应用实现,同时,第三方还会在应用的时候提供运维支持,不需要组织单独投入大量精力进行运维。但是此种类型也存在不足之处:首先是组织不能掌握数据处理技术的核心能力,第三方的核心技术是不会提供给服务对象的;其次是使用第三方平台的安全性和可靠性不是完全掌握在组织手中的,特别是对于有核心战略数据的组织来说,是否将这些数据放到第三方平台是值得三思的;最后对于组织来说,想基于第三方解决方案进行扩展开发是较难实现的,因为组织无法掌握第三方的核心技术接口。综上所述,购买第三方解决方案更加适合那些有快速数据实现需求、不想要过多运维、数据私密性不强以及无二次开发需求的组织。

（3）**联合开发**。联合开发是对前两种方案的折中,顾名思义,是一种组织与第三方共同进行大数据开发的模式。采用联合开发模式能有效发扬和弥补前面两者的优缺点。首先,有了第三方的参与,大数据应用能够快速落地实现;其次,联合开发中第三方会对组织开放源代码,技术可控性增强;最后,联合开发是第三方在组织内部进行联合实现的,因此数据安全性高,二次开发变得可行。联合开发适用于那些想要进行数据价值快速实现、掌握核心技术能力、将大数据转为自身核心战略同时自身内部也具有一定的专业开发能力团队和资源的组织。

2. 开发路线图

在确定了组织采用何种大数据模块的开发方式之后,就进入到了路线规划阶段。总体来说分为三个方面的内容,分别是数据收集、模型选择以及数据可视化。数据收集,在规划的时候,需要计划好大数据模块所需要的数据格式、范围和容量等大致信息,同时配备相应的数据收集、整合和存储的软硬件能力,这是进行大数据分析的前提;其次根据自身需要选择与时俱进的数据分析模式,以此优化数据分析流程,并且使得结果是有效的,可以提供商务、运营或决策支持作用的;最后需要在信息系统中构建易于使用的交互接口界面等,使得产生的数据分析结果以直观的可视化效果进行呈现,并可以转化为相应的行动指南去指导用户采取行动。

（1）**数据收集**。在系统规划中,组织需要在不同的数据收集阶段,制订不同的数据处理策略和方法,形成完整的数据收集解决方案。因为不同的数据收集对象可能涉及不同的职能部门,在规划中,还需要充分考虑各部门的可协调性和可准入性;同时,需要对收集数据对象有大致的了解,例如数据类型、规模和领域信息等。

（2）**分析模型**。一般对于组织来说,信息系统的开发是具有一定复杂性的。因此,仅仅只采用一种数据分析模型的可能性不大,很大概率会出现多种数据分型模型进行数据分析,提供商务、运营或决策支持的情况,这就需要不同的数据分析模型,这些模型既可以各司其职,又可以形成合力,解决诸如跨职能部门信息共享、价值共创等问题。

（3）**数据可视化**。数据分析模型输出的数据类型可能是丰富多样的,如果它需要为高层管理者提供决策支持,由于管理者大多没有很强的技术背景,很大概率对数据分析的直接结果是难于理解的,并且如果数据结果过于庞杂,会使领导更加难以掌握。只有让其使用者能够理解并使用这些数据时,才能真正发挥价值,因此在系统规划时,需要考虑如何将数据结果通过数据可视化工具形成一个直观的、易于理解的图像化形式进行展示,这样才能更好地为组织的各级人员提供支持服务。

9.2 大数据环境下的信息系统分析设计

在做好大数据环境下的信息系统规划以后,需要更加深入进行系统分析和设计的工作。在当今大数据环境下,对信息系统的分析设计方面不可避免地产生影响。

传统信息系统开发规划的流程一般是从业务的功能设计出发,再到选择实现相应业务功能所需要用到的技术,最后根据相应的功能设计和技术架构中所需要的数据进行收集管理工作。但在以大数据为支撑的信息系统开发的分析设计中,第一位考虑的不再是业务功能,而是数据,因为,越来越多的企业在变成数据驱动型企业,实现数字化转型。大数据环境下数据采集的来源广泛,从大数据分析中可实现的价值是巨大的。因此,信息系统在分析设计时需要遵循以数据为首要关注点,通过分析数据、选择技术框架继而实现对业务功能支撑这一思路,这与传统信息系统分析设计的思路是不同的。下面分别从数据管理层、技术架构层和业务功能层三个方面具体描述,自底向上地展现大数据环境下的信息系统大数据分析设计工作,如图 9.1 所示。

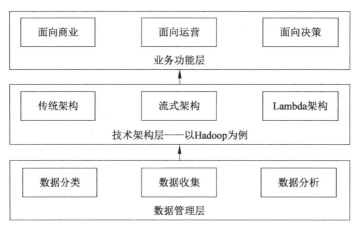

图 9.1 面向大数据的信息系统分析设计结构层次

9.2.1 面向数据管理的分析与设计

毋庸置疑,信息系统的大数据模块的处理对象就是海量大数据,利用大数据技术对不同种类的海量数据进行处理后,形成了有价值的分析结果数据。因此,在进行信息系统大数据模块的分析和设计时需要充分考虑大数据的特性,需要在其中建立起完整的数据架构,明确针对不同数据的采集策略,对采集到的数据使用合适的数据分析模型进行价值提取。

1. 建立数据分类架构

在面向大数据的信息系统分析过程中,首先需要确定数据收集的背景和目标,以及需要收集的数据对象类型。在组织所处的生态系统中,其所涉及的数据类型是众多的,例如互联网企业可能包含网站基础数据、用户行为数据与用户画像数据等;对于生产型企业来说,它可能包含的数据有组织内部数据、产业链上下游数据以及社会外部数据等。数据架构更多的是对种类繁多的数据进行逐一梳理及排列，不同组织的系统需求不同，数据架构也有所不同。对于不同的组织来说，其对于数据类型的划分方式也是不尽相同。这里列举几个基本的划分方法：①按照数据来源划分，可以分为内部数据和外部数据；②按照存储形式划分，可以分为结构化数据、半结构化数据和非结构化数据；③按照数据产生的主体划分，可以分为组织内部数据、外部用户数据和生产机器数据；④按照数据产生领域划分，可以分为金融数据、健康数据和社交数据等。

2. 构建数据收集策略

对于待建的系统中不同的数据类型，要分析采取何种方式进行相应的数据收集。对组织内部数据来说，需要结合组织数据流向，识别所需数据的节点，通过信息系统自带数据采集工具确保能够在数据产生点就能实现采集；对组织外部数据而言，则需要根据不同的情况采取不同的采集策略，例如对外部 App 移动端或互联网端数据，可以采用爬虫技术进行多种数据类型的采集，对并没有对外公开数据的数据采集对象来说，可以向其提出合作或购买意向，使用特定接口进行访问。

3. 选择数据分析模型

仅仅进行数据收集不会产生任何价值，因此需要组织采取相应的数据分析模型实现数据驱动的分类、推荐、预测等一系列的价值创造过程。数据分析模型的种类是多样的，下面对其中几种主要的数据分析模型做简单介绍。

（1）**聚类分析模型**。顾名思义，聚类分析就是将现实或者网络世界对象的集合按照一定分类标准进行类别划分的方法，它最后形成的结果是一个大的集合中有多个小类的情况。聚类分析可以为收集数据的划分方式提供依据，也可以用于衡量不同数据之间的相似性，例如通过信息系统快速推荐类似的用户或者商品等。

（2）**关联分析模型**。关联分析又叫作关联挖掘，其目的在于从数据集合中找出具有频繁模式、相关关系乃至于因果关系。关联分析注重的就是找出数据集合中的相关关系，进行相关分析往往会有令人们意外的有趣发现，例如通过关联分析可以挖掘出"啤酒和尿布"的故事，有一定比例的客户在购买尿布的时候会购买啤酒，那么将少量啤酒放在尿布货架附近便是一个合理的规划。

（3）**决策树分析模型**。决策树是一种可以直观使用概率分析的图解法，它可以用于风险评估和可行性分析，决策树由众多的决策分支构成，形成了树结构，因此称为决策树。决策分析在机器学习领域可以用于做预测，它是一种有监督学习方法，通过学习得到一个分类器，可以用于预测新进的对象属于哪个类别。

9.2.2　面向技术架构的分析与设计

技术架构的分析与设计，是进行系统分析设计时首先需要关注的部分。技术架构是有关软件整体结构和其组件构成的抽象概括，以框架的形式表现实现该模块所需要用到的技术和组件。对于信息系统中大数据分析模块来说，也需要一个面向技术的设计架构。技术架构有两个要点:一是需要对软件技术进行层次划分;二是需要对不同组件之间的关联进行设计。换言之,就是技术架构,不仅要有结构,还要有关系。在进行大数据分析模块技术架构的分析与设计时,需要充分考虑组织系统需求,有所取舍,有所侧重,做好各类技术组件之间的平衡。

Hadoop 是基于分布式计算的大规模批量处理平台,它专门用来处理大于 1TB 的大数据。Hadoop 起源于其发起人 Doug Cutting 创建的搜索引擎项目 Nutch,采用 Java 语言开发,分为两大核心部分:一是分布式文件系统(Hadoop Distributed File System,HDFS);二是分布式计算框架(MapReduce)。

其中,HDFS 作为数据存储文件系统,具有,支持 PB 级的大数据集,提供高可靠、高吞吐率的顺序数据访问,存储与计算共享节点,硬件廉价等特点。MapReduce 计算模型是大数据处理的核心算法,为海量大数据提供计算,通过该计算模型对于分布式计算挑战的考虑和处理,大大降低了开发人员进行分布式开发的门槛,可以将更多精力转移至关注于需求的实现,使得更为简洁的大数据处理成为可能。

下面对围绕 Hadoop 的几种主流大数据架构进行简要介绍。

1. 传统大数据架构

传统大数据架构所要解决的问题是从传统数据仓库转型为大数据架构的问题。在传统大数据架构中保留了数据仓库中的面向数据源的 ETL(将业务系统的数据经过抽取(Extract)、清洗、转换(Transform)之后加载(Load)到数据仓库的过程)动作,其目的便是将数据经过 ETL 动作进入数据存储。对于传统基于商业数据平台的数据仓库的组织来说,如果其要转型,希望能实现大数据架构,其实没有必要将数据仓库抛弃,其中一条可行的思路是将数据仓库中的数据作为数据源输入 Hadoop 中,Hadoop 主要利用其强大的分布式计算能力进行数据预处理,在计算之后可以将所得到的数据继续回流至数据仓库。

2. 流式架构

数据处理方式分为流式处理和批处理。批处理主要用于对海量数据的离线分析操作,而流式处理注重数据的即时处理能力。在流式框架中,直接取消了批处理的操作,数据全部以数据通道的方式接入,进行流式处理,经过流处理的数据,直接以消息的形式传递给用户,虽然后面有结果存储的部分,但是该部分不是存储在数据湖(Data Lake,存储组织所使用的全部原始格式数据)中,而是以窗口的形式存储在外围系统中。流式架构处理的数据的实时性很高,但是因为没有了批处理模块,无法很好做到数据的复现和历史数据的保留。因此,流式架构数据适用于包括预警、监控等对数据有效期要求不高的业务场景中。

3. Lambda 架构

Lambda 架构是一个结合了流式处理和批处理的代表性框架。换句话说,也就是整合了离线处理和在线处理能力的架构,现今大多数的架构基本都是以 Lambda 架构为基础的优化形式。Lambda 架构融合了多种架构原则,它的目标是设计出具有可以满足实时大数据系统关键特性的架构,也就是高容错性、高即时性和高可扩展性等。Lambda 架构的数据通道分为两条——离线批处理和在线流处理。离线海量数据依托 Hadoop 等平台架构采用批处理方式,保障了数据的完整性和一致性;在线实时数据依托流式架构采用流处理方式,保证了数据处理的即时性。

除了上述架构以外,还有如 Kappa 架构、Unified 架构等一系列大数据架构。Kappa 架构是对 Lambda 架构的优化,解决了其中数据冗余部分,以数据流处理为主,通过在其中增加了数据可重播的思想,使得当数据湖中的数据需要进行重新使用或者离线分析时,通过消息队列重播即可。Unified 架构依旧以 Lambda 架构为基础,在其中增加了数据的模型预测部分,直接将机器学习部分与流式架构中数据处理部分融为一体,通过流处理经过的实时大量数据对模型进行持续训练和使用。表 9.1 对上面介绍的不同架构进行了优缺点和适用场景的简单对比。

表 9.1　不同技术架构的优缺点和适用场景对比分析

技术架构	优　点	缺　点	适用场景
传统大数据架构	简单易用,与传统数据仓库逻辑类似	面向业务支撑的灵活度不高,重点在批处理,缺乏流式处理能力	适用于因为传统数据仓库无法满足大数据量及性能的要求而需要转型,且对业务需求仍以传统商务智能场景为主,对数据实时处理能力要求不高的场景
流式架构	使用数据通道替代需要大量时间开销的 ETL 动作,数据实时性提高	缺乏批处理能力,无法进行历史数据存储和重播	适用于预警、监控等对数据有效期要求不高的业务场景
Lambda 架构	包括了实时和离线数据处理,对数据处理场景涵盖全面	实时和离线处理内部逻辑类似,会存在大量冗余	适用于同时对实时和离线数据处理存在需求的场景

对于信息系统大数据模块的技术架构来说,它起着对大数据模块技术和软件工具的选型指导作用。在进行技术架构分析时,除了需要对现有主流大数据架构的了解之外,还需要结合组织的需求,在实际设计中需要更加深入到细节,从硬件设备到软件技术,涵盖数据收集、清洗、存储、分析和可视化等方方面面。同时在具体选择软硬件时,要根据当前需求和成本预算做好同类产品的对比,全面指导技术架构的设计。

9.2.3　面向业务功能的分析与设计

所谓面向业务功能的分析,也就是为组织勾勒出一份业务蓝图。面向大数据的信息系统开发主要是支持三个方面的业务,即商业、运营和决策。下面以面向商务的业务为例,对信息系统的功能分析与设计做简要介绍。

在面向商务的功能分析中,需要以组织战略为指导,沿着商务的流程链与价值链,分析在不同的业务场景中如何利用大数据实现商业模式的优化和改进。例如在营销环节实现对用户的精准推荐,在差异化环节做好用户画像,在商品提升环节做好用户的反馈处理等,使得大数据模块下的功能设计与商务业务紧密结合,真正产生价值。下面分别对几类大数据在商务业务中的功能设计进行简要介绍。

精准推荐：根据用户消费历史记录可以对其潜在消费商品进行预测与推荐,也可以在其进行商品检索时进行关键字联想推荐,根据用户的购买记录和浏览习惯进行合适的广告投放等。

用户画像：利用用户画像等方法对用户进行分类,同时记录用户的信誉情况,进行信用管理,利用大数据合理评价买卖双方的信用,合理控制信用风险的产生,促进大数据环境下的电子商务可持续发展。

反馈处理：客户反馈是电子商务中一个重要的环节。利用大数据设计相应反馈分析功能,实现对反馈数据的更新、统计、查询与分析等功能,可快速应对海量数据统计、查询和更新操作,加工成具有商业价值的数据,为电子商务企业提供全面而准确的客户反馈信息。

对运营层面的业务来说,可以让大数据支持的运营业务包括人才招聘与岗位匹配、运营流程的分析和改进等。

在决策层面来说,组织高层的管理者对大数据的技术掌握和数据解读能力有限。因此,在决策支持中需要做的功能设计的一个重要的方面就是数据可视化,帮助决策者容易获得对海量数据的掌握力和洞察力,同时,在功能设计时可以考虑特定组织或者业务的常见决策支持场景,在功能设计时实现定制化与一键操作化。

9.3 大数据环境下的信息系统实施

在制订好了大数据环境下的信息系统规划并做好相应的分析设计之后,就需要进入信息系统的实施阶段。系统实施是对系统规划和系统分析设计的具体实现,此阶段的主要任务包括：①配置系统软硬件环境；②选择开发环境及开发工具；③软件编程与测试；④网络、数据库建立与测试；⑤用户培训、系统交接。

本节主要对大数据环境下信息系统开发所需的技术工具和主要应用领域进行介绍。

9.3.1 技术工具

在掌握具体技术工具之前,首先需要了解实现大数据的技术支撑因素,同时也是大数据呈现如此普及流行背后的推动因素。这些因素总的来说分为三个方面：一是存储成本；二是计算速度；三是人工智能。

(1) **存储成本**。存储成本低是大数据技术广泛应用的前提。传统信息系统开发在数据管理方面的成本是巨大的,而云计算和云存储的出现,使得大数据的存储成本大大降低。一个关于"云"的形象解释就是,"云"就像自来水厂一样,是按需求使用并且可以无限扩展的,每位用户只需要按照用量进行付费即可。云计算和云存储的出现,为大数据的存储提供了坚实基础,也使得组织更愿意将自己的历史数据存储下来,为后续的数据挖掘分析提供了更多的机遇。

(2) **计算速度**。计算速度快是大数据技术得以应用的要求。大数据时代强调的是海量数据,对数据的分析需求不仅仅局限于离线分析,更多强调的是数据处理的实时性。因此,对数据的计算速度要求是很高的,而一些基于分布式系统流式架构的大数据平台的出现和兴起为计算速度的提升提供了解决方案。

（3）**人工智能**。人工智能是大数据技术应用的方向。拥有海量的数据以及具备处理海量数据的技术之后，就可以开发各种人工智能应用。当今兴起的人工智能产品，大多都是以海量大数据作为训练集对模型进行训练而得到了良好的效果，从而赢得了大多数用户的认可和信任。

正是有了存储、计算和智能三类技术的支撑，才使得大数据切实发挥了价值，从而得到了各界广泛的关注。大数据分析模块的实施也是致力于这三个方面的实现，大数据架构中的关键技术包括大数据存储技术、并行计算技术以及各类数据挖掘分析和可视化技术等，分别对应上述三类支撑技术。

大数据技术工具体系是庞大的，它涉及数据从产生到价值实现整个流程所需要用到的各类软硬件设备和环境，包括数据收集、数据预处理、数据分布式存储、机器学习、并行计算和可视化等各类技术。一个通用化的大数据处理框架，可以自底向上分为数据收集传输层、数据存储层、数据计算层、数据工具层与数据服务层。下面对通用大数据技术框架进行简要介绍，如图 9.2 所示。

（1）**数据收集传输层**。在图 9.2 中，Sqoop 是一款开源工具，主要用于在 Hadoop 与传统的数据库间的数据互相转换传递；Flume 是 Cloudera 提供的一个高可用、高可靠、分布式的海量日志采集、聚合和传输的系统；Kafka 是 Apache 的一个开源分布式流平台；Logstash 是开源的服务器端数据处理管道，能够同时从多个来源采集和转换数据，然后将数据发送到用户指定的存储库；Canal 是阿里巴巴的开源项目，能够非常便捷地将 MySQL 中的数据抽取到任意目标中存储；RocketMQ 是阿里巴巴开源的分布式开放消息系统；爬虫是一种按照一定的规则，自动地抓取万维网信息的程序或者脚本。通过上述工具，实现数据的收集和传输。

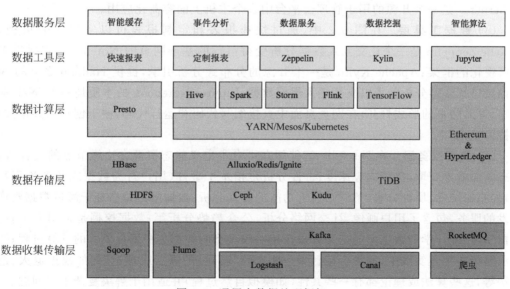

图 9.2　通用大数据处理框架

（2）**数据存储层**。在图 9.2 中，HBase 是 Apache 的 Hadoop 项目的子项目，它是一个适合于非结构化数据存储的分布式开源数据库;Alluxio 是一个开源虚拟分布式文件系统,它使应用程序可以通过公共接口连接到众多存储系统;Redis 是一个使用 ANSI C 语言编写的开源、支持网络、可基于内存亦可持久化、日志型的键-值存储数据库,支持丰富的数据结构;Apache Ignite 是一个水平可扩展以及容错的分布式 SQL 数据库,这个分布式是以数据在集群范围的复制或者分区的形式提供的;HDFS 是适合运行在通用硬件上的分布式文件系统,是一个高度容错性的系统,适合部署在廉价的机器上,HDFS 能提供高吞吐量的数据访问,非常适合大规模数据集上的应用;Ceph 是一个统一的开源分布式存储系统,能够提供较好的性能、可靠性和可扩展性;Apache Kudu 是由 Cloudera 开源的存储引擎,可以同时提供低延迟的随机读写和高效的数据分析能力;TiDB 是由 PingCap 开源的分布式 NewSQL 关系数据库;Ethereum(以太坊)是一个开源的有智能合约功能的公共区块链平台;HyperLedger 是一个旨在推动区块链跨行业应用的开源项目。从图 9.2 中可以看到,Ethereum 和 HyperLedger 不仅属于数据存储层,也属于数据计算层。

(3) **数据计算层**。在图 9.2 中,Hive 是基于 Hadoop 的一个数据仓库工具,用来进行数据提取、转化、加载;Apache Spark 是专为大规模数据处理而设计的快速通用计算引擎;Storm 是一个分布式的、高容错的实时计算系统,Storm 对于实时计算的意义相当于 Hadoop 对于批处理的意义;Apache Flink 是由 Apache 软件基金会开发的开源流处理框架;TensorFlow 是一个基于数据流编程的符号数学系统,被广泛应用于各类机器学习算法的编程实现;Presto 是用于大数据的高性能分布式开源社区驱动 SQL 查询引擎,其架构允许用户查询各种数据源,甚至可以在一个查询中查询来自多个数据源的数据;Apache YARN(Yet Another Resource Negotiator)是 Hadoop 的集群资源管理系统,支持各式分布计算模式;Mesos 是 Apache 下的开源分布式资源管理框架,它被称为分布式系统的内核;Kubernetes 是一个开源的用于管理云平台中多个主机上的容器化应用。

(4) **数据工具层**。在图 9.2 中,通过快速报表和定制报表可以实现报表可视化。Apache Zeppelin 是一个让交互式数据分析变得可行的基于网页的 Notebook,它提供了数据可视化的框架;Apache Kylin 是一个开源的分布式分析引擎,提供 Hadoop 之上的 SQL 查询接口及多维分析能力以支持超大规模数据;Jupyter Notebook 的本质是一个 Web 应用程序,可以网页的形式打开,在网页页面中直接编写代码和运行代码,便于创建和共享文档,支持可视化。

(5) **数据服务层**。在图 9.2 中,智能缓存可自主定义静态资源在边缘节点的缓存规则,静态资源就近获取,保障响应速度;事件分析是指基于事件(用户行为数据或业务流程数据等)的指标统计、属性分组、条件筛选等功能的查询分析;数据服务是指基于海量数据资产所开发的服务,包含了用户画像、社交网络分析、公众趋势分析等;数据挖掘是指用人工智能、机器学习、统计学和数据库的交叉方法在相对较大型的数据集中发现模式的计算过程;智能算法是指在工程实践中,经常会接触到一些比较"新颖"的算法或理论,例如模拟退火、遗传算法等,这些算法或理论都有一些共性(如模拟自然过程)并适用于解决复杂工程问题。

9.3.2　应用领域

当前,大数据环境下的各行各业都在进行数字化转型(Digital Transformation/DX)。

所谓数字化转型,其目的是通过转型的方式对组织创新性地实现优化和提升,其核心是进行组织业务转型,而数字化转型的基础正是以大数据为代表的数字技术。数字化转型不是一蹴而就的事情,它包含了组织方方面面的参与和重构,以及相关的信息系统建设。这里简要介绍若干面向大数据的信息系统的应用领域。

(1) **环境领域**。通过大数据技术提高天气预测的准确性和实时性,通过信息系统中的大数据模块可以实时监测和预测自然灾害,如龙卷风或地震的运行强度、范围和轨迹等,有利于最大化降低人们的损失。

(2) **金融领域**。金融行业又可以细分为银行业、保险业和证券业。在银行业中,可以通过大数据对交易数据进行分析,进行欺诈风险识别等;在保险业可以使用数据来提升产品的精算水平,识别保险办理人的骗保风险等;在证券业可以通过大数据对用户进行交易习惯和行为分析等。

(3) **零售领域**。传统零售领域在大数据环境下,摇身变成如今炙手可热的电子商务领域,在电子商务中大数据的最主要应用就是精准营销,也就是如何通过大数据分析为消费者进行潜在购买商品的个性化推荐,以及挖掘消费者需求,进行合理的供需匹配。

(4) **医疗领域**。对于医疗领域来说,拥有大量的医疗数据,包括病例和医药信息等,通过大数据技术建立病人信息库、疾病信息库,可以辅助医生在面对新的病情时给出合理的治疗方案。

(5) **教育领域**。大数据技术也在不断融入教育领域,不论是校园安全监控、学习资源云平台,都离不开大数据技术的支持,通过大数据可以分析总结出教育机制的实现效果,同时为有针对性地对其进行调整提供了决策支持。

除上述领域外,大数据技术还在智慧城市、智慧政务、智慧交通、智慧物流和智慧养老等信息系统的应用领域发挥了其价值,推动了各个领域的发展。

思 考 题

1. 谈谈大数据环境下信息系统规划的重要性。
2. 阐述大数据环境下信息系统规划的具体内容。
3. 面向大数据的信息系统分析与设计一般包括哪几个层次?分别包括哪些工作?
4. 对围绕 Hadoop 的几种主流大数据架构的优缺点及适用性进行分析比较。
5. 通用大数据处理框架一般包括哪些层次?每个层次列出一到两种工具。

第 四 部 分

信息系统的开发管理

第10章 信息系统建设的项目管理

通俗地讲,项目就是在一定的资源约束下完成既定目标的一次性任务。信息系统的建设是一类项目。因为信息系统的建设符合项目的几个特点:首先信息系统的建设是一次性的任务,有一定的任务范围和质量要求,有时间或进度的要求,有经费或资源的限制。所以信息系统的建设也是一类项目的建设过程,可以用项目管理的思想和方法来指导信息系统的建设。信息系统项目具有如下特点。

(1) **信息系统项目的目标是不精确的,任务的边界是模糊的,质量要求更多是由项目团队来定义的。**

对于信息系统的开发,在许多情况下,客户一开始只有一些初步的功能要求,给不出明确的想法,提不出确切的要求。信息系统项目的任务范围很大程度上取决于项目组所做的系统规划和需求分析。由于客户方对信息技术的各种性能指标并不熟悉,所以,信息系统项目所应达到的质量要求——各种技术指标更多地由项目组来定义,而客户更多的是尽可能地审查。为了更好地定义或审查信息系统项目的任务范围和质量要求,客户方可以聘请第三方的信息系统监理。

(2) **信息系统项目在进行过程中,客户的需求会不断被激发,被不断地进一步明确,导致项目的进度、费用等计划不断更改。**

尽管已经做好了系统规划、可行性研究,签订了较明确的技术合同。然而随着系统分析、系统设计和系统实施的进行,客户的需求会不断被激发,被不断地进一步明确,导致程序、界面以及与其相关的文档经常需要修改。在修改的过程中又可能产生新的问题,并且这些问题很可能在过了相当长的时间以后才会被发现。这样,就要求项目经理要不断监控和调整项目的计划执行情况。

(3) **信息系统项目既是智力密集型的项目,又是劳动密集型的项目,受人力资源影响很大,项目成员的素质和文档管理的水平对信息系统项目的质量以及是否成功有决定性的影响。**

信息系统项目工作的技术性很强,充满了大量高强度的脑力劳动。尽管信息系统辅助开发工具应用越来越多,但是项目的各个阶段还是渗透了大量的手工劳动,这些劳动十分细致、复杂且容易出错。因此,信息系统项目既是智力密集型项目,又是劳动密集型项目。

由于信息系统开发的核心成果——应用软件是不可见的逻辑实体,如果人员发生流动,对于不深入掌握软件知识或缺乏信息系统开发实践经验的人员,如果没有很好的文档管理,是不可能在短时间里做到无缝承接信息系统的后续开发工作的。

另外,信息系统的开发特别是软件的开发渗透了人的因素,带有较强的个人风格。为高质量地完成项目,项目负责人必须充分发掘项目成员的智力才能和创造精神,不仅要求项目成员具有一定的技术水平和工作经验,而且还要求他们具有良好的心理素质和责任心。与其他行业相比,人力资源的这一特点十分突出,必须给予足够的重视。因此,在信息系统项目的管理过程中,要将人力资源放到与进度和成本一样高的地位上来对待。

与其他项目的管理一样,信息系统项目的管理也涉及项目的范围、进度、费用、质量、人力资源、沟通、风险、采购、干系人和整体十个方面的管理内容。鉴于信息系统项目的上述三个特点,在以下内容中,重点就信息系统项目的进度与费用管理、质量管理、人员管理与文档管理做重点分析,并对信息系统的各种变更进行一定的讨论。

10.1 信息系统项目的进度与费用管理

"凡事预则立,不预则废。"信息系统项目应事先编制好各方面的计划。本节首先对信息系统项目的成本与规模进行估计,据此制订出项目的费用计划和进度计划,然后对信息系统建设过程中因费用超出预算或进度超出计划的情况进行分析,给出进度计划和费用计划发生变更时的一些处理思路和解决办法。

10.1.1 信息系统项目成本的构成及测算的一般过程

信息系统项目的成本随着系统的类型及功能要求的不同而异。但是,可以从信息系统生命周期的各阶段划分为系统开发成本与运行维护成本两大类,在各类中又根据费用的目的进行逐级细分,如图 10.1 所示。其中,系统开发成本又可分为系统分析与设计费用、系统实施费用和管理费用,或者从构成上分为软件开发成本、硬件成本和其他成本三大类。

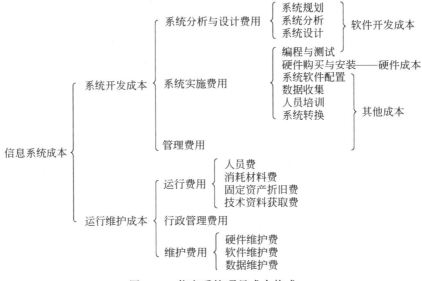

图 10.1 信息系统项目成本构成

在图 10.1 中,最难确定的是信息系统开发成本中的软件开发成本,而硬件成本和其他成本相对容易估算出来。至于运行维护成本,则可以在测算出信息系统的开发成本后,根据开发成本与运行维护成本比值的经验数据来计算。并且,对于信息系统项目的用户来讲,项目开发成本的不确定性因素较大,而项目的运行维护成本由于多次发生,且在自身的使用中发生,相对来讲容易控制一些。所以信息系统项目成本测算的重点是软件开发成本。

软件开发成本测算出来以后,与硬件成本和其他成本累加则构成信息系统项目的开发成本,在此基础上,根据运行维护成本与开发成本之间比值的经验系数导出信息系统的运行维护成本。开发成本与运行维护成本之和即为信息系统项目的总成本。

例如,有的信息系统开发商对于上述经验系数做了如下内部规定,建议在与用户签订信息系统项目时予以参考。

(1) 如果信息系统的运行维护期是 3 年,建议信息系统的开发成本与运行维护成本的费用比例应安排为 7：3。

(2) 如果信息系统的运行维护期是 4 年,建议信息系统的开发成本与运行维护成本的费用比例应安排为 6：4。

(3) 如果信息系统的运行维护期是 5 年,建议信息系统的开发成本与运行维护成本的费用比例应安排为 5：5。

(4) 如果信息系统属于完全定制化开发,建议软件开发成本、硬件成本与其他成本的费用比例应安排为 2：1：1。

(5) 如果信息系统属于套装软件(如 ERP)的实施,建议软件开发成本、硬件成本与其他成本(主要是实施费用)的费用比例应安排为 1：1：1,等等。

显然,信息系统项目成本的测算重点在于软件开发成本的测算,软件开发成本的测算又离不开软件规模的测算。所以,下面就对软件的规模与成本估算的方法予以讨论。

10.1.2　软件开发规模与成本估算的方法

在信息系统项目立项和项目管理工作中,客户和项目经理都十分重视软件开发成本的估算。然而,由于软件是逻辑产品,成本估算涉及人、技术、环境和政策等多种因素。因此,在项目完成之前,很难精确地估算出项目的成本开销。人们常用的估算方法有四种。

(1) 参照已经完成的类似项目,估算待开发项目的软件开发成本和工作量。

(2) 将大的项目分解成若干小的子系统,在估算出每个子系统软件开发成本和工作量之后,再估算整个项目的软件开发成本。

(3) 将软件按信息系统的生命周期分解,分别估算出软件开发在各个阶段的工作量和成本,然后再把这些工作量和成本汇总,估算出整个软件开发的工作量和成本。

(4) 根据实验或历史数据给出软件开发工作量或成本的经验估算公式。

上述四种方法可以单独或组合使用,以便取长补短、互相参考,提高软件开发成本估算的精度和可靠性。要注意的是,采用分解技术自底向上估算时应考虑系统集成时需要的工作量,否则会低估软件开发成本。

1. 软件度量的两种典型方式

1) 软件代码行的方式

用软件代码行(LOC)数表示软件开发的规模是十分自然和直观的。代码行数可以用人工或软件工具直接测量。利用代码行数不仅能度量软件的规模,而且还可以度量软件开发的生产率、开发每行代码的平均成本、每千行代码存在的软件错误个数(即千行代码缺陷率)等。

$$软件开发的生产率:P_l = L/E \tag{10.1}$$

其中,L 是应用软件的总代码行数;E 是应用软件的工作量,用人月(PM)度量;P_l 是软件开发的生产率,用每人月完成的代码行数(LOC/PM)度量。

$$每行代码的平均成本:C_l = C/L \tag{10.2}$$

其中,C 是软件开发的总成本,用元或美元度量;C_l 是软件项目每行代码的平均成本,用元(或美元)/代码行度量。

用软件代码行数估算软件的开发规模简单易行,其缺点也有不少。

第一,代码行数的估算依赖于程序设计语言的功能和表达能力。

第二,采用代码行估算方法会对设计精巧的软件开发产生不利的影响。

第三,在软件开发前或开发初期估算它的代码行数十分困难。

第四,代码行估算只适用于过程式程序设计语言,对非过程的程序设计语言不太适用,等等。

2) 软件功能点的方式

面向功能的软件功能点度量与统计代码行数的直接度量方式不同,是涉及多种因素的间接度量方式。它是根据软件拟实现的基本功能定义的,因此,在系统分析初期就能够估算出软件开发的规模。

这种方法用若干个信息量的"加权和"CT 和若干个因素的"复杂性调节值"F_i(例如式(10.3)中设计了 14 个因素,即 $i=1,2,\cdots,14$)计算功能点 FP,例如某企业规定软件功能点的计算公式如下:

$$FP = CT\left[0.65 + 0.01\sum_{i=1}^{14}F_i\right] \tag{10.3}$$

其中,CT 是软件运行所需要的输入、输出、界面等的个数分别乘以各自的权重计算出总加权和,F_i 则是系统的代码关于可重用性、可维护性、可与别的系统对接性等指标的衡量,取值为 $0,1,\cdots,5$,表示 F_i 在 FP 中起作用的程度。当 $F_i=0$ 时,表示否定或 F_i 不起作用;当 $F_i=5$ 时,表示肯定或 F_i 作用最大。对于 CT 中的因素和 F_i 的具体因素,每个企业可以根据自己看重的方面进行设计,权重及系数(如式(10.3)中的 0.65 和 0.01)则可以根据对本企业以往的软件开发项目的历史数据进行回归分析得到。

与用代码行定义软件的开发效率、成本等度量一样,用功能点也可以定义相应的概念。

$$软件开发的生产率:P_f = FP/E \tag{10.4}$$

其中,P_f 表示每人月完成的功能点数。

$$每功能点的平均开发成本:C_f = C/FP \tag{10.5}$$

其中,C_f 表示每功能点的平均开发成本(元或美元)。

采用功能点度量的优点主要有两条:第一,与程序设计语言无关,它不仅适用于过程式语言,也适用于非过程式的语言,这对于面向对象的开发方式尤为有用;第二,由于在信息系统项目启动时就能基本上确定系统的输入、输出等参数,所以功能点度量能用于软件开发成本在初期的预估。

缺点主要是它涉及的主观因素比较多,如 F_i 的选取与评估人的经验和态度有较大的关系,并且 FP 的值没有直观的物理意义。

软件开发的规模是影响软件开发成本和工作量的重要因素。应用软件代码行和功能点估算是成本和工作量估算的基础。

管理水平达到一定程度的开发商,会积累实际项目的数据。有了以前做过项目的实际代码行数或功能点数、实际开发的人月数、实际的软件开发成本数就可以根据式(10.1)和式(10.2)分别得到软件开发平均生产率 P_l、每行代码的单位成本 C_l,或根据式(10.4)和式(10.5)得到软件开发平均生产率 P_f、每功能点的单位成本 C_f。

在此基础上,开发商就可以对新系统的规模和费用进行估计。开发商首先估算出新的信息系统或其各子系统的 L 或 FP 的乐观值 a、悲观值 b 和一般值 m,然后根据下列加权公式计算出期望值:

$$e = (a + 4m + b)/6 \tag{10.6}$$

当新系统 L 或 FP 的期望值估算出来之后,根据以前开发软件的软件开发平均生产率、每行代码或每功能点的开发成本,就可以计算出新系统的规模和费用。

例如某信息系统待开发的软件按功能点估算得到期望值为 310 个功能点,假设已知以前完成项目的软件开发平均生产率为 5.5FP/PM,每功能点的开发成本为 0.2 万元,于是工作量根据式(10.4)可以估算为

$$E = FP/P_f = 310/5.5 = 56 \text{(人月)} \tag{10.7}$$

软件开发成本根据式(10.5)可以估算为

$$C = FP \times C_f = 310 \times 0.2 = 62 \text{(万元)} \tag{10.8}$$

如果当前估算的软件子项目比以前完成的项目复杂,那么所用的生产率值可以低于平均生产率,反之也可以高于平均生产率。有了 P_l 或 P_f、C_l 或 C_f 的历史数据,就可以实现对软件开发工作量的快速估算和快速报价。

2. 软件的自动估算工具

现在市场上也有一些自动估算工具,这些自动估算工具使得管理或计划人员能够估算待开发软件项目的成本和工作量,还可以对人员配置和交付日期等进行估计。它们需要以下一种或多种数据。

(1)定量估算软件项目规模,如用总代码行数或者用功能点数据。

(2)定性地说明项目的特性,诸如复杂性、需要的可靠性,或事件的关键性。

(3)开发人员和开发环境的描述。

根据这些数据,由自动估算工具实现的模型就能给出完成软件项目所需的工作量、成本、人员配备、某些情况下的开发进度和相应风险的估算。

10.1.3　信息系统项目的进度和成本计划

1. 信息系统项目工期和预算的分摊估计

根据 10.1.2 节的测算,能估测出信息系统项目所需要的工作量、总的项目建设时间和

项目成本。现在假设项目经理已经和客户在上述测算的基础上经过讨价还价,基本达成了一致,并签订了开发合同。

那么,项目经理就要开始组织队伍形成项目团队,建立一个项目的工作分解结构(Work Breakdown Structure,WBS)。工作分解结构是指将一个信息系统项目分解成易于管理的几部分或几个细目,细目再展开成子细目,任何分支最底层的细目叫工作包。

工期估计和预算分摊估计各有两种办法:一种是自上而下法,即在项目建设总时间和总成本之内按照每一工作包的相关工作范围来考查,以项目总时间或总成本的一定比例分摊到各个工作包中;另一种方法是自下而上法,它是由每一工作包的具体负责人来做估计的方法。

经验表明,让某项工作的具体负责人进行估计(即自下而上法)是较好的方法,因为这样做既可以得到该负责人的承诺,对他(她)产生有效的参与激励,又可以减少由项目经理一个人进行所有活动的工期估计时所产生的偏差。当然,某些情况下,如对一个需花费数年时间、由几百人来做不同工作才能完成的大型信息系统项目来说,让每个人在项目开始时就做出其所要完成活动的各项估计是不实际的。

在上述估计的基础上,项目经理对分摊预算进行累计,得到项目的预计总成本;找出项目的关键路径,将关键路径上的工期进行累计,得到项目的预计总工期,然后分别与合同规定的项目总建设时间和总成本比较,根据一定的规则进行调整。

现在某企业准备开发一个客户关系管理的信息系统(CRM 项目),合同双方将系统交付使用作为项目终结的依据,双方同意维护期间费用另行支付。合同规定,项目总开发时间为 50 周,项目的总成本(包括软件开发成本、硬件成本和开发中的其他成本)是 100万元。

项目团队制订了该项目的工作分解结构,第 1 层为项目名称,第 2 层按照信息系统的生命周期将该项目划分为 6 个子项目,分别是系统规划、系统分析、系统设计、系统实现、系统测试和系统转换,第 3 层是分别对这 6 个子项目进行分解,得到了 22 个工作包。该系统的工作分解结构此处省略,WBS 第 2 层和第 3 层的内容可以参见表 10.1 中的第 1 列和第 2 列。

表 10.1　CRM 项目工作包列表、紧前工作、工期估计和预算分摊估计

子项目	工 作 包	紧前工作	工期估计/周	预算分摊/万元	预算累计/万元
系统规划	1. 收集数据	—	3	1.5	1.5
	2. 可行性研究	—	4	2	3.5
	3. 准备系统规划报告	1,2	1	0.5	4
系统分析	4. 与业务人员沟通	3	5	3	7
	5. 研究现有的系统	3	8	4	11
	6. 明确用户需求	4	5	2	13
	7. 准备系统分析报告	5,6	1	1	14

子项目	工 作 包	紧前工作	工期估计/周	预算分摊/万元	预算累计/万元
系统设计	8. 分析数据输入和输出	7	8	4	18
	9. 处理数据和建数据库	7	10	4	22
	10. 审查数据字典	8,9	2	1	23
	11. 准备系统设计报告	10	2	2	25
系统实现	12. 开发软件	11	15	15	40
	13. 硬件规划与采购	11	10	38	78
	14. 网络实现	11	6	5.5	83.5
	15. 准备系统实现报告	12,13,14	2	1.5	85
系统测试	16. 测试软件	15	6	6	91
	17. 测试硬件	15	4	1.5	92.5
	18. 测试网络	15	4	1.5	94
	19. 准备系统测试报告	16,17,18	1	1	95
系统转换	20. 人员培训	19	4	2	97
	21. 系统转换	19	2	4	101
	22. 准备系统转换报告	20,21	1	1	102

项目经理带领各工作包负责人,集体讨论出各项工作包之间的顺序关系,在第3列中注明该工作包的紧前工作包的序号,估计出每项工作包的工期和预算分摊,估算的结果如表10.1所示。从表10.1中可以看到项目各活动的预算分摊累计的最后结果是102万元,而不是合同规定的100万元。除非严重超过合同款项或者说合同中的预算被严重低估,否则,合同双方很难再就合同款项进行谈判。例如本例中仅超过2万元,占合同总价款的2%,就只能在项目团队成本的内部控制上下工夫。这时,项目经理需要对各工作包的预算分摊进行适当的调整,主要是对预算估计比较大或工期比较长的工作包进行调整,使总的预算不超过合同金额。

2. 制订信息系统项目进度计划

在表10.1的基础上,可以画出该项目的**网络图**,如图10.2所示。

到此为止,已经估计出该项目中每项工作包的工期,为了确定这些工作包是否能在要求的时间内完成,必须制订一个项目进度计划,为每项工作包的执行提供一个时间表,这个时间表主要解决以下两个内容。

1) 最早开始时间和最早结束时间

最早开始时间(the Earliest Start time,ES)和**最早结束时间**(the Earliest Finish time,EF)是指在项目合同开始时间的基础上,每项活动能够开始和完成的最早时间。ES和EF是通过网络图的正向计算得到的,即从项目开始沿网络图到项目完成进行计算。

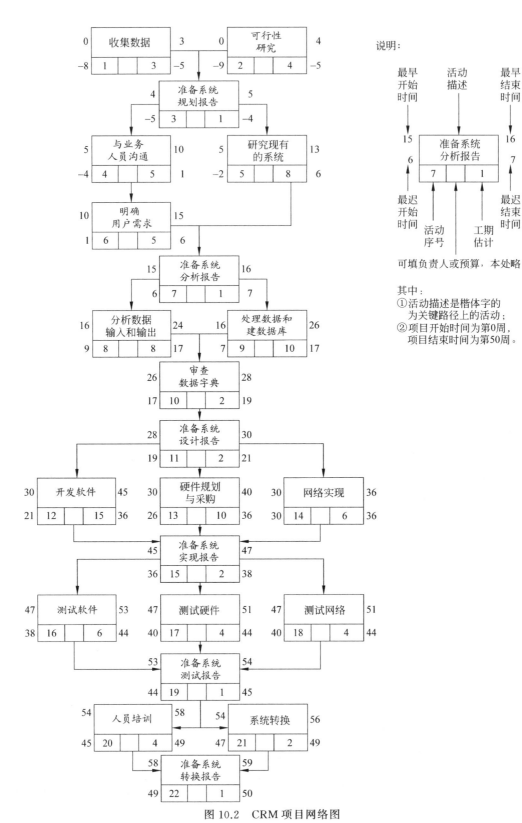

图 10.2 CRM 项目网络图

在进行这些正向计算时,必须遵守一条规则:某项活动的最早开始时间必须相同或晚于直接指向这项活动的所有活动的最早结束时间中的最晚时间。

最早结束时间则可以在这项活动最早开始时间的基础上加上这项活动的工期估计计算出来,即 EF＝ES＋工期估计。

2) 最迟开始时间和最迟结束时间

最迟开始时间(the Latest Start time,LS)和**最迟结束时间**(the Latest Finish time,LF)是指为了在项目合同要求完工时间内完成项目,每项活动必须开始和完成的最迟时间。LF和LS可以通过网络图的反向推算得出,即从项目完成沿网络图到项目的开始进行推算。

在进行这类反向计算时,必须遵守一条规则:某项活动的最迟结束时间必须相同或早于该活动直接指向的所有活动最迟开始时间的最早时间。

最迟开始时间则可以在这项活动最迟结束时间的基础上减去这项活动的工期估计计算出来,即 LS＝LF－工期估计。

在以上四个时间分别用正推法和反推法推导的基础上,可以绘制出附有开始时间和结束时间的进度时间表,如表10.2所示。在网络图中也可标出每项活动的上述四个时间,参照图10.1中每个活动描述框的四个角上的数据。要注意表10.2中,最后一个工作包的最早结束时间是项目团队认为自己能够完成项目的时间,即团队内部认可的项目总工期。最后一个工作包的最迟结束时间则一般是客户要求完成项目的时间。

表 10.2　CRM 项目进度表

工　作　包	工期估计/周	最早		最迟		时差
		开始时间	结束时间	开始时间	结束时间	
1. 收集数据	3	**0**	3	−8	−5	−8
2. 可行性研究	4	0	4	−9	−5	−9
3. 准备系统规划报告	1	4	5	−5	−4	−9
4. 与业务人员沟通	5	5	10	−4	1	−9
5. 研究现有的系统	8	5	13	−2	6	−7
6. 明确用户需求	5	10	15	1	6	−9
7. 准备系统分析报告	1	15	16	6	7	−9
8. 分析数据输入和输出	8	16	24	9	17	−7
9. 处理数据和建数据库	10	16	26	7	17	−9
10. 审查数据字典	2	26	28	17	19	−9
11. 准备系统设计报告	2	28	30	19	21	−9
12. 开发软件	15	30	45	21	36	−9
13. 硬件规划与采购	10	30	40	26	36	−4
14. 网络实现	6	30	36	30	36	0

工 作 包	工期估计/周	最早		最迟		时差
		开始时间	结束时间	开始时间	结束时间	
15. 准备系统实现报告	2	45	47	36	38	—9
16. 测试软件	6	47	53	38	44	—9
17. 测试硬件	4	47	51	40	44	—7
18. 测试网络	4	47	51	40	44	—7
19. 准备系统测试报告	1	53	54	44	45	—9
20. 人员培训	4	54	58	45	49	—9
21. 系统转换	2	54	56	47	49	—7
22. 准备系统转换报告	1	58	**59**	49	**50**	—9

在这个 CRM 项目中,表 10.2 中最后一项活动"准备系统转换报告"的最早结束时间和项目的要求完工时间之间有一个 9 周的差距,这个差距叫作**总时差**,有时也叫作浮动量。也就是说,团队内部认可的项目总工期为 59 周,与客户要求完成项目的时间 50 周相差 9 周,换算成百分比是相差 18%,接近 20%。

一般来讲,一个信息系统项目的进度如果延后了预计工期的 20% 以上,那么这个项目属于高风险项目,有可能失败。在这种情况下,项目经理应该拿着上述图表,一方面与客户沟通,争取延长项目的工期;一方面与公司的管理层沟通,争取追加资源;还要积极调整那些工期估算大的工作包,使工作能够细分、并行进行或采用新的方法,通过以上三种方法,最终使得团队内部认可完工的时间与合同要求的时间相一致。

假设项目经理与客户沟通的结果是客户同意延长到 59 周,那么就可以直接将图 10.2 结合日历转化为**甘特图**,即用条形图的左端和右端分别给出每项工作的开始时间和结束时间,得到该 CRM 项目的进度计划。

3. 信息系统项目的关键路径

还可以求出每个工作包的时差(又称为机动时间、松闲时间)。时差可以用每项活动的最迟结束(开始)时间减去它的最早结束(开始)时间算出,即

$$时差＝LF－EF \quad 或 \quad 时差＝LS－ES$$

如果某项活动的时差为正值,表明该项活动花费时间总量可以适当延长,而不必担心会出现在要求完工时间内活动无法完成的窘况。反之,如果时差为负值或零,则表明该项活动要加速完成以减少花费的时间。在本例中,项目的总时差为负值(见表 10.2),表明完成这个项目缺少时间余量。

要对项目的进度做到较好的控制,必须找到项目网络图中的关键路径。一个大的网络图从开始到完成可以有很多条路径。一些路径可以有正的时差,另一些可能有负的时差。时差为零或负值的路径且耗时最长的路径被称为**关键路径**,其他路径一般被称为非关键路

径。在表 10.2 中时差为-9 的工作包是该项目关键路径上的活动。

上面提到的预算分摊、进度表、网络图、甘特图以及关键路径,不但可以在项目这一层次进行,对于每个工作包的负责人来讲,他(她)也可以将自己负责的工作包进一步分解,在自己工作包内部使用上述计划的方法。

10.1.4 信息系统项目计划的变更和控制

信息系统项目计划的变更管理也就是信息系统项目的控制过程。10.1.3 节举的例子中合同规定项目建设时间为 50 周,总费用是 100 万元,而项目团队内部估计的工期是 59 周,分摊预算累计的结果是 102 万元。如果项目的委托方坚持不修改进度和成本,那么,项目经理必须修改相应的进度计划和成本计划。这是项目启动之初的计划变更。

项目执行过程中,也会经常出现到某一个项目的里程碑或报告期时,项目的进度早于或晚于计划进度、已经发生的实际成本低于或高于计划成本,这时都需要对相应的计划进行调整。如果发现项目的进度落后或预算超支需要调整,那么,调整的重点应放在如下三个方面。

第一,对近期内即将发生的工作包加强控制,积极挽回时间和成本,这是因为早控制早主动。

第二,工期估计最长或预算估计最大的工作包应进一步审核预估依据,并做好该工作包压缩时间和费用的准备工作,因为估计值越大的工作包更有压缩的可能。

第三,将某些可以再分的工作包进一步细分,研究细分后的活动之间并行工作或知识重用的可行性,如可行,则可以有效地压缩时间和费用。

10.2 信息系统项目的质量管理

范围、进度、成本和质量是项目管理的四个核心要素。目前人们对信息系统项目提出的要求,往往只强调系统必须完成的功能(即工作范围)、应该遵循的进度计划以及建设这个系统花费的成本,却较少注意在整个生命周期中信息系统应该具备的质量标准。这种做法的后果是,许多系统的维护费用非常高,为了把系统移植到另外的环境中,或者使系统和其他系统配合使用,都必须付出很高的代价。

10.2.1 信息系统建设需要全面质量控制

信息系统的质量管理不仅仅是项目开发完成后的最终评价,而是在信息系统开发过程中的全面质量控制。也就是说,不仅包括系统实现时的质量控制,也包括系统分析、系统设计时的质量控制;不仅包括对系统实现时软件的质量控制,而且还包括对文档、开发人员和用户培训的质量控制。

之所以对信息系统采取全面质量控制,是因为在信息系统生命周期的各个阶段,对上一阶段的理解和本阶段的设计与实现上都存在这样或那样的问题,如图 10.3 所示,在该图中阶段之间的接口至少存在列出来的 9 个问题,要想每一个问题都能顺利解决并不太容易。

并且,根据一些软件公司的统计资料,在后期引入一个变动比在早期引入相同的变动所

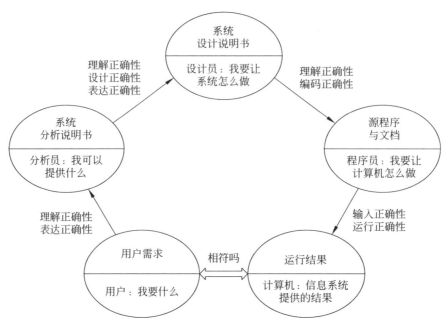

图 10.3　信息系统生命周期各阶段之间的关系

需付出的代价高 1~3 个数量级。因此,要从信息系统开发的一开始就进行质量控制,以便尽量在早期发现错误,及早更正。

10.2.2　信息系统质量的指标体系

信息系统的质量是比较难管理的。难管理的重要原因之一是信息系统的质量指标难以定义,即使能够定义,也较难度量。由于信息系统的核心是其中运行的应用软件,而软件质量的指标及其度量有较多的研究成果,这里介绍一种从管理角度对软件质量的度量。表 10.3 中从产品运行、产品修改和产品转移三个方面列出了软件质量因素的简明定义。信息系统作为一个产品,也可以参照这三种倾向来定义。

表 10.3　软件质量因素的定义

质　量　因　素		定　　义
产品修改	可理解性	理解和使用该系统的容易程度
	可维修性	诊断和改正在运行现场发现的错误所需要的工作量的大小
	灵活性(适应性)	修改或改进正在运行的系统需要的工作量的多少
	可测试性	软件容易测试的程度
产品转移	可移植性	把程序从一种硬件配置和软件系统环境转移到另一种配置和环境时,需要的工作量的多少
	可重用性	在其他应用中该程序可以被再次使用的程度(或范围)
	互运行性	把该系统和另一个系统结合起来需要的工作量的多少

质量因素		定　义
产品运行	正确性	系统在预定环境下能正确地完成预期功能的程度
	健壮性	在硬件发生故障、输入的数据无效或操作错误等意外环境下,系统能做出适当响应的程度
	效率	为了完成预定的功能,系统需要的计算机资源的多少
	完整性(安全性)	对未经授权的人使用软件或数据的企图,系统能够控制(禁止)的程度
	可用性	系统在完成预定应该完成的功能时令人满意的程度
	风险性	按预定的成本和进度把系统开发出来,并且为用户所满意的概率

10.2.3　信息系统实施全面质量控制的办法

为了在信息系统的建设过程中实施全面质量控制,主要采取下述措施。

1) 实行工程化的开发方法

信息系统特别是复杂信息系统的开发,是一项系统工程,必须建立规范的工程控制方法,要求开发组的每一个人都要遵守工程规范。

2) 实行阶段性冻结与改动控制

信息系统具有生命周期,这就为人们划分项目的阶段有了参考。一个大的项目可分成若干阶段,每个阶段有各自的任务和成果。这样一方面便于管理和控制工程进度,另一方面可以增强开发人员和用户的信心。

在每个阶段末要"冻结"已经取得的成果,作为下个阶段开发的基础。冻结之后不是不能修改,而是其修改要经过一定的审批程序,并且涉及项目计划的调整。

3) 实行里程碑式审查与版本管理

里程碑式审查就是在信息系统生命周期的每个阶段结束之前,都正式使用验收的标准对该阶段的冻结成果进行技术审查。这样,如果发现问题,可在阶段内部解决。

版本管理是保证项目小组顺利工作的重要技术。版本管理的含义是通过给文档和程序文件编上版本号,记录每次的修改信息,使项目组的所有成员都了解文档和程序的修改过程。广义的版本管理技术称软件配制管理(Software Configuration Management),并已有功能完善的软件工具支持。

4) 实行面向用户参与的系统开发

在需求分析与确认、界面开发与交互设计、系统测试等各阶段,如果可能尽量请用户参与。用户参与越早,可以越早发现系统的偏差或存在的问题;用户参与越深入,可以更细微地捕捉用户的需求,激发用户新的需求,从而改善系统的质量,提升用户的满意度。

5) 强化项目管理,引入外部监理与审计

要重视信息系统的项目管理,特别是项目人力资源的管理,因为项目成员的素质和能力以及积极性是项目成败、好坏的关键。同时还要重视第三方的监理和审计的引入,通过第三方的审查和监督来确保项目质量。

6）尽量采用面向对象和基于构件的方法进行系统开发

面向对象的方法强调类、封装和继承,能提高软件的可重用性,能将错误和缺陷局部化,同时还有利于用户的参与,这些对提高信息系统的质量都大有好处。

基于构件的开发,又称为"即插即用编程"(Plug and Play Programming)方法,是从计算机硬件设计中吸收过来的优秀方法。这种编程方法是将编制好的软件构件(Component)插在已做好的框架(Framework)上,从而形成一个大型软件。构件是可重用的软件部分,构件可以自己开发,可以使用其他项目的开发成果,也可以向软件供应商购买。当发现某个构件不符合要求时,可对其进行修改而不会影响其他构件,也不会影响实现和测试,这就好像整修一座大楼中的一个房间,不会影响其他房间的使用。

7）按照 CMM 持续改善的要求管理软件的开发过程

软件能力成熟度模型(Capability Maturity Model for Software,SW-CMM)为软件企业的过程能力提供了一个阶梯式的进化框架,阶梯共有五级,分别是初始级、可重复级、定义级、管理级和优化级。信息系统的开发方应不断提高自己的级别,本着持续改善的原则不断优化软件的开发过程。

8）进行全面测试

要采用适当的手段,对开发的信息系统进行全面测试。

10.3　信息系统项目的人员管理

人在信息系统项目中既是成本,又是资本。人力成本通常都是信息系统项目成本构成中最大的一块,这就要求我们对人力资源从成本上去衡量,尽量使人力资源的投入最小;对人力资源从资本角度考虑,就要尽量去发挥资本的价值,使人力资源的产出最大。因此,本节主要从人力资源平衡和项目团队激励这样两个方面去讨论信息系统项目的人员管理问题。

10.3.1　信息系统项目的人力资源平衡

信息系统项目的人力计划,主要基于前面说到的工作量和进度预估,工作量(人月)与项目总时间(月)的比值就是理论上所需的平均人力数。当然,这些人力不一定在项目期内是均衡的,有的阶段需要的人多一些,有的阶段需要的人少一些。至于人力具体如何选取与分配,有许多学者从软件工程的角度提出了一些思路,例如人员-进度权衡定律等,信息系统项目可以此为参照,从项目管理的角度分析人力资源的平衡情况。

1. 两个重要定律

1）人员-进度权衡定律

软件工程专家 Putnam 在对大型软件项目工作量(一般在 30 人年以上)估算研究基础上,得到公式:$E = L^3 / (C_k^3 t_d^4)$,该模型以大型软件项目的实测数据为基础,描述了开发工作量、开发时间和软件代码行数之间的关系。其中:

L 表示源程序代码行数;

E 表示工作量(以人年记,包括维护);

t_d 表示开发时间(以年记);

C_k 表示技术状态常数,因开发环境而异。技术状态常数 C_k 的取值如表 10.4 所示。

表 10.4 技术状态常数 C_k 的取值

C_k 的典型值	开发环境	开发环境举例
2000	差	没有系统的开发方法、缺乏文档、复审以及批处理方式
8000	好	有合适的系统开发方法,有充分的文档、复审以及交互执行方式
11 000	优	有自动开发工具和技术

从这个公式可知,开发软件项目的工作量(E)与开发时间(t_d)的 4 次方成反比,将 $0.9t_d$ 代替公式中的 t_d 计算 E,可发现,提前 10% 的时间要增加 52% 的工作量,显然是降低了软件开发生产率。因此,软件开发过程中人员与时间的折中是一个十分重要的问题。Putnam 将这一结论称为"软件开发的权衡定律"。

我们知道,信息系统项目的建设时间主要取决于应用软件的开发时间。因此,信息系统项目中也表现出这种人员与进度的非线性替代关系。将这种人员与进度之间的非线性替代关系称为人员-进度权衡定律。

2) Brooks 定律

曾担任 IBM 公司操作系统项目经理的 F. Brooks,从大量的软件开发实践中得出了另一条结论:"向一个已经拖延的项目追加开发人员,可能使它完成得更晚。"鉴于这一发现的重要性,该结论被称为 Brooks 定律。这里,Brooks 从另一个角度说明了"时间与人员不能线性互换"这一原则。

上述两个定律的合理解释是,当开发人员以算术级数增长时,人员之间的通信将以几何级数增长,从而可能导致"得不偿失"的结果。一般说来,由 N 个开发人员组成的小组,要完成既定的工作,相互之间的通信路径总数为 $C_N^2 = N(N-1)/2$,而通信是需要时间的。所以,当新的开发人员加入项目组之后,原有的开发人员必须向新来的成员详细讲解某个活动或工作包的来龙去脉。由于信息系统开发具有较强的个人风格,所以交流沟通的时间更容易拉长,而后来者还不一定能达到原来开发人员的工作质量。

2. 人力资源计划的平衡

信息系统开发人员作为技术工种,可不是一旦需要就马上找得到的,那么在制订人力资源计划时,就要尽量使整个项目期人员的波动不要太大。换句话说,尽可能使人力资源的供给与对人力资源的需求平衡,人们称这样的过程为人力资源计划的平衡。

人力资源平衡法是制订使人力资源需求波动最小化的进度计划的一种方法。这种平衡人力资源的方法是为了尽可能均衡地利用人力资源并满足项目要求完成的进度。人力资源平衡是在不延长项目完工时间的情况下建立人力资源均衡利用的进度计划。

为了说明人力资源计划平衡的方法,下面举例具体说明。现有一个学籍信息管理系统已经立项,由于系统较小,准备采用原型法开发,并拟订了一个带有活动工期和人力需求的网络图,如图 10.4 所示。为了方便讨论,假设参加这个项目的所有成员都是多面手,也就是说,项目成员之间是可以相互替代的。

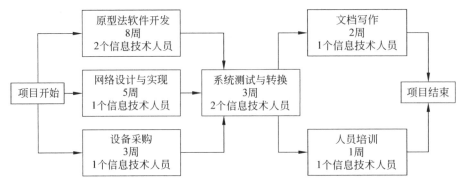

图 10.4　反映学籍信息管理系统项目人力资源需求的网络图

如果不采用项目管理的思想,一般人们都会希望各项活动尽可能早开始、尽可能早结束。现在就假设网络图中每一活动在其最早开始时间执行,基于此,可以绘制带人力资源分配的甘特图(见图 10.5)。

(a) 甘特图

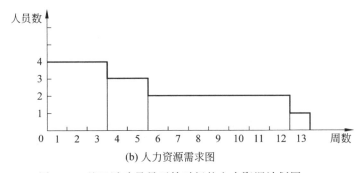

(b) 人力资源需求图

图 10.5　基于活动最早开始时间的人力资源计划图

196

从图 10.5(a)中可以看出,学籍信息系统项目总共需要 13 周,总的工作量为 33 人周;从图 10.5(b)中可以看出,前三周需要 4 个开发人员,第 4、5 周需要 3 个开发人员,第 6～12 周只需要 2 个开发人员,第 13 周需要一个开发人员。如果该团队保持稳定的人数,项目经理会按最大需求数申请 4 个人组成团队。这样该项目团队的人力需求波动较大,浪费也较大。

为了使人力资源尽可能的平衡,来考察该项目的网络图,从图 10.4 中可以看出,该项目的关键路径(即工期最长的路径)是原型法软件开发、系统测试与转换、文档写作 3 个活动。而其他 3 个活动处于非关键路径上,可以将非关键路径上的设备采购活动推迟到第 6 周开始,这样,得到调整后的带人力资源分配的甘特图,如图 10.6 所示。

(a) 甘特图

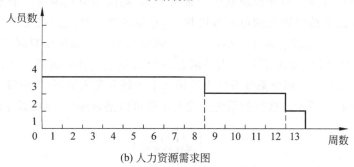

(b) 人力资源需求图

图 10.6　基于资源平衡的人力计划图

从图 10.6(a)中可以看出,学籍信息系统项目总共还是需要 13 周,总的工作量仍为 33 人周,也就是说虽然调整了人力资源的分配,但并未影响进度;从图 10.6(b)中可以看出,前 8 周需要 3 个开发人员,第 9～12 周只需要 2 个开发人员,第 13 周需要一个开发人员。如果该团队保持稳定的人数,项目经理会按最大需求数申请 3 个人组成团队。显然,相对图 10.6(b)来讲,调整后该项目的人力需求波动较小,团队工作效率较高。

大家可以发现,上述很简单的一个调整,由 4 个人的需求变为了 3 个人的需求,为整个项目省了 25% 的人力,如果项目成本以人力成本为主,那么就为整个项目节省了近 25%

的成本。所以,采用正确的项目管理方法,能够有效地节约成本,提高人力资源的效率。

有的读者会说上述这个题目出得比较巧妙,另两个非关键路径上的活动(即网络设计与实现、设备采购)工期相加刚好等于关键路径上的活动(原型法软件开发)的工期,所以能够做上述调整。但实际上,在实际工作中,一个网络图通常有 10 项以上甚至更多的活动,总是能找到可以调整的空间。这个案例只有 6 个活动,所以有意设计得巧妙一些。

实际上,不管网络图多么复杂,人力资源平衡的机理就是通过将非关键路径上的活动在最早结束时间和最迟结束时间之间调整,使非关键路径上需要的资源在时间上进行调整,从而使项目总的人力资源需求保持大体上的稳定。

也有的读者会说,这个案例中的人好像什么都能干,例如做网络设计与实现的人也能做设备采购。是的,这就是人力资源部门应该安排一些人进行适当的轮岗,不但能做自己的工作,还能够做一些相关的工作。这样才能做上面的资源平衡,如果每个人都只能做自己的事情,那就是异种资源,是不能做上述资源平衡工作的。

10.3.2 信息系统项目的团队建设

关于信息系统项目团队的组织,在第 5 章项目的启动中有所涉及,谈到了项目小组可以按职能式、项目式以及矩阵式等多种模式组织。下面主要谈项目团队的具体人员构成以及团队成长过程中有效的激励方式。

这里的项目小组,是指项目团队的基层单位,例如一个项目团队可以分为若干项目小组,那么,这里的项目小组就是项目团队的基层单位,是本节中讨论的项目小组。

一般说来,每个项目小组的人数不能太多,否则组员间彼此通信的时间将占系统建设时间的一个很大比重。此外,通常不能把一个信息系统划分成大量独立的单元模块或子系统。这是因为,如果项目独立单元模块数或子系统太多,则这些单元模块或子系统之间的接口将是复杂的,不仅出现接口错误的可能性增加,而且系统测试将既困难又费时间。

每个项目小组的规模应该比较小,以 2～7 名成员为宜。如果项目属于大中型规模,建设时间较长,那么就必须考虑项目建设人员因各种原因发生变动的情况。这时项目小组推荐的具体构成是这样的:1 个高级系统开发人员带 2 个中级开发人员,每个中级人员再带 2 个初级开发人员,如图 10.7 所示。这里的系统开发人员既可以是程序员,也可以是测试员等。

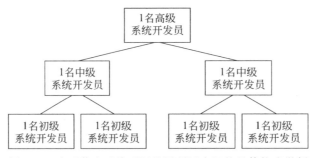

图 10.7　大型信息系统项目基层项目小组的具体构成举例

采用这种按技术水平分层的具体构成模式,主要基于两点考虑:第一,信息系统的建设工作中既有创造性很强的事务,也有经验性很强的事务,还有照葫芦画瓢的简单事务,如果所有活动都让高级人员去完成，那么成本很高，是人力资源的极大浪费，还会引起高级人员的不满，而上述三类活动刚好适合三类人员去完成，做到人尽其能；第二，由于项目建设时间太长，容易发生人员更替，并且由于信息系统开发技术主要是"干中学"的知识，中级和初级开发人员在系统建设的过程中会成长起来，如果一旦发生上一层次人员的变动，下层人员由于一直参与项目的研发，基本上可以"无缝"地把工作承接起来。

如果项目小组成员不发生人员更替更好，项目小组的整体素质将会随着时间的推移而提高得很快，从而使项目的进度加快。初、中、高级人员最初的薪水水平可以按类似 0.5：0.8：1.0 的比例定位。当然，随着初、中级人员技术水平的提高，他们的薪水也应该不断提高，因为他们在同等的时间可以完成更多、更复杂的工作，并且会有更好的质量。

在信息系统项目实施过程中，应该对信息系统项目建设团队进行合理的激励。激励的结果是使参与信息系统的所有成员组织成一个工作富有成效的项目团队。有成效的项目团队具有如下特点：①能清晰理解项目的目标；②每位成员的角色和职责有明确的期望；③以项目的目标为行为的导向；④项目成员之间高度信任，高度地合作互助等。

10.4 信息系统项目的文档管理

信息系统的文档，是系统建设过程的"痕迹"，是系统维护人员的指南，是开发人员与用户交流的工具。规范的文档意味着系统开发采用了有效的项目管理方式，意味着信息系统的质量有了形式上的保障。文档的欠缺、文档的随意性、文档的不规范极有可能导致原来的开发人员流动以后，系统不能维护、不能升级，变成一个没有扩展性、没有生命力的系统。所以，为了建设一个良好的信息系统不仅要充分利用各种现代化信息技术和正确的系统开发方法，同时还要做好文档的管理工作。

10.4.1 信息系统文档的作用

在软件工程的学科领域里，文档和程序加在一起合称为软件。文档与程序的区别在于前者是人可读的，后者主要是机器用来执行的。如果将源程序加上注释，也可成为文档的一部分。

这里的信息系统的文档，不但包括应用软件开发过程中产生的文档，还包括硬件采购和网络设计中形成的文档；不但包括上述有一定格式要求的规范文档，也包括系统建设过程中的各种来往文件、会议纪要、会计单据等资料形成的不规范文档，后者是建设各方谈判甚至索赔的重要依据。显然，文档的含义在信息系统学科领域里是较软件工程学科宽泛的。

所以，文档是软件的一部分，更是信息系统的一部分。没有文档的软件，不称其为合格的软件；没有文档的信息系统，不称其为完整的信息系统。文档在信息系统建设和运行过程中有如下七种典型沟通作用。

（1）用户与系统分析人员在系统规划和系统分析阶段通过文档进行沟通。这里的文档主要有可行性研究报告、总体规划报告、系统开发合同和系统分析说明书等。有了文档，用户就能依此对系统分析员是否正确理解了组织的需求进行评价，如不正确，可以在已有文档基础上进行修正。

（2）系统开发人员与项目管理人员通过文档在项目期内进行沟通。这里的文档主要有系统开发计划（包括工作分解结构、网络图、甘特图和预算分配表等）、系统开发月报以及系统开发总结报告等项目管理文件。有了这些文档，每个项目成员就会明确自己的目标、可用的资源和约束，项目管理人员也有了管理和考评的依据。

（3）前期开发人员与后期开发人员通过书面文档的沟通。这里的文档主要有系统开发各阶段的文档，如系统分析说明书、系统设计说明书等。有了这些文档，不同阶段之间的开发人员就可以进行顺利的工作衔接，同时还能将因为人员流动带来的风险降低，因为接替人员可以根据文档理解前面人员的设计思路或开发思路。

（4）系统测试人员与系统开发人员通过文档的沟通。系统测试人员可以根据系统分析说明书、系统开发合同、系统设计说明书和测试计划等文档对系统开发人员所开发的系统进行测试。系统测试人员再将评价结果撰写成系统测试报告。

（5）系统开发人员与用户在系统运行期间的沟通。用户通过系统开发人员撰写的文档来帮助运行系统。这里的文档主要是用户手册和操作手册。

（6）系统开发人员与系统维护人员通过文档进行沟通。这里的文档主要有系统设计说明书和系统开发总结报告。有的开发总结报告写得很详细，记录了系统开发过程中的各种主要技术细节。这样，即使系统维护人员不是原来的开发人员，也可以在这些文档的基础上进行系统的维护与升级。

（7）用户与维护人员在运行维护期间的沟通。用户在使用信息系统过程中，将运行过程中的问题进行记载，形成系统运行报告和维护修改建议。系统维护人员根据维护修改建议以及系统开发人员留下的技术手册等文档，对系统进行维护和升级。

上述七个方面是文档在沟通方面的主要作用，其实，文档还可以作为监理和审计的对象，作为开发其他信息系统的参照。

如果发生合同纠纷，文档还能体现出证据的作用。因为每份文档都是项目建设中有关成员的一种书面承诺。绝大多数文档都是需要签名的，而签名就表示对自己所签署的那部分文档内容的认可并承担责任。特别是用户提出并签署的需求变更申请书必须妥善保管，这些文件在发生纠纷时往往能成为保护自己甚至索赔的重要依据。

10.4.2　信息系统文档的类型

信息系统的文档有许多种分类方法。

（1）按照产生的频率分为一次性文档和非一次性文档，前者如系统分析说明书、系统设计说明书等，后者如开发过程中用户提交的需求变更申请书；非一次性文档还可以分为频率固定文档和频率不固定文档，频率固定文档有项目组月度开发报告、信息系统运行日志、运行月报等，频率不固定文档有会计单据、需求变更申请书、维护修改建议书等。

（2）按照信息系统生命周期的阶段不同，可以划分为：系统规划阶段文档，如系统设计任务书、项目开发计划书等；系统分析阶段的文档，如系统分析说明书等；系统设计阶段的文档，如系统设计说明书、需求变更申请书等；系统实现阶段的文档，如程序设计报告、系统测试报告、系统开发总结报告、用户手册和操作手册等；系统运行与维护阶段的文档，如维护修改建议书等。国家标准《计算机软件产品开发文件编制指南》基本是按照软件的生命周期进行讲解的,可以作为信息系统文档的参照。

(3) 按照文档不同的服务目的,可以将信息系统的文档分为三类:用户文档、开发文档与管理文档。用户文档主要是为用户服务的,开发文档主要是为开发人员服务的,管理文档主要是为项目管理人员服务的。上述三种文档的内容如图 10.8 所示。

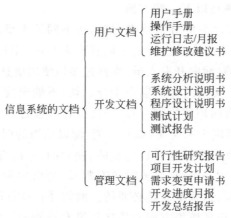

图 10.8　按照服务目的不同划分的文档类型

当然,图中的分类不是绝对的,例如项目开发计划对于开发人员来讲很重要;测试计划和测试报告对于管理人员来讲也很重要。

10.4.3　信息系统文档编制的要求

为了使信息系统的文档能起到前面所提到的多种沟通作用,就必然要求文档的编制要保证一定的质量。

1. 文档质量差的原因

质量差的文档不仅使读者难以理解,给使用者造成许多不便,而且会削弱对信息系统的开发管理(管理人员难以确认和评价开发工作的进展),增加信息系统的开发成本(一些工作可能被迫返工),甚至造成更加有害的后果(如误操作等)。

造成信息系统文档质量不高的原因主要有以下四个。

(1) 认识上的问题:不重视文档编写工作。

(2) 规范上的问题:不按各类文档的规范写作,文档的编写具有很大的随意性。

(3) 技术上的问题:缺乏编写文档的实践经验,对文档编写工作的安排不恰当。

(4) 评价上的问题:缺乏评价文档质量的标准。

这里重点阐述一下认识上的问题。信息系统建设过程在很大程度上是应用软件的开发过程,就软件的两大部分——程序和文档而言,程序相对来说是"硬件",是必须最终完成的,作为开发者往往认为只要最终程序正确,能够满足系统需求就达到了系统要求;而文档是"软件",有一些是必须完成,而有些则无严格要求,并且也可以事后补充。因此,为了追求开发进度,一些文档资料常常被忽略。另外,文档经常是给别人看的,文档的作用很多是在事后才能体现出来的,使得系统开发人员缺乏书写文档的动力和自觉性。于是在程序工作完成以后,不得不应付一下,把要求提供的文档赶写出来。这样的做法不可能得到高质量的文档。

2. 高质量文档的要求

高质量的文档应当体现在以下一些方面。

(1) 针对性。文档编制之前应分清读者对象,按不同的类型、不同层次的读者,决定怎样适应他们的需要。例如,管理文档主要是面向管理人员的,用户文档主要是面向用户的,这两类文档不应像开发文档(面向开发人员)那样过多地使用信息技术的专业术语。

(2) 精确性与统一性。文档的行文应当十分确切,不能出现多义性的描述。同一项目的不同文档在描述同一内容时应该协调一致,应是没有矛盾的。

(3) 清晰性。文档编写应力求简明,如有可能,配以适当的图表,以增强其清晰性。

(4) 完整性。任何一个文档都应当是完整的、独立的,它应自成体系。例如,前言部分应做一般性介绍,正文给出中心内容,必要时还有附录,列出参考资料等。同一项目的几个文档之间可能有些部分相同,这些重复是必要的。例如,同一项目的用户手册和操作手册中关于本项目功能、性能和实现环境等方面的描述是没有差别的。特别要避免在文档中出现转引其他文档内容的情况。例如,一些段落并未具体描述,而用"见××文档××节"的方式,这将给读者的查阅带来许多不便。

(5) 灵活性。各个不同的信息系统项目,其规模和复杂程度有许多实际差别,不能一律看待。对于较小的或比较简单的项目,所用的文档可由项目负责人做适当调整或裁减。

(6) 可追溯性。由于各开发阶段编制的文档与各阶段完成的工作有着紧密的关系,前后两个阶段生成的文档,随着开发工作的逐步扩展,具有一定的继承关系。在一个项目各开发阶段之间提供的文档必定存在着可追溯的关系。例如,某一项功能需求,必定在系统设计说明书、测试计划以至用户手册中有所体现,必要时应能做到跟踪追查。

(7) 易检索性。无论是发生频率固定的文档,还是频率不固定的文档,在结构的安排和文件的装订上都必须能使查阅者以最快的速度进行检索。

10.4.4 信息系统文档的管理

要强调的是,由于在整个信息系统的生存期中,各种文档作为半成品或是最终成品,会不断地生成、修改或补充。同时,这些信息系统的文档还会成为新一代系统研制时的参考和依据。因此,信息系统文档的生命周期普遍要比信息系统的生命周期长。也就是说,绝大多数信息系统的文档要在相应的信息系统淘汰 3~5 年后才能销毁。

为了最终得到高质量的信息系统文档,达到 10.4.3 节提出的质量要求,在信息系统的建设过程中必须加强对文档的管理。文档管理应从以下五个方面着手进行。

1. 文档管理需要制度化

必须形成一整套的文档管理制度,其内容可以包含文档的标准、修改文档和发布文档的条件、开发人员在系统建设不同时期就其文档建立工作应承担的责任和任务。根据这一套完善的制度来最终协调、控制系统开发工作,并以此对每一个开发成员的工作进行评价。

2. 文档需要标准化、规范化

在系统开发前必须首先选择或制定文档标准，在统一标准制约下，开发人员负责建立所承担任务的文档资料。对于已有国家或行业规范的文档，应尽量按相应规范撰写文档。对于没有参考格式的文档，如需求变更申请书，应该在项目团队内部出台相应的规范和格式。图 10.9 即是某个项目团队制订的需求变更申请书的参考格式。

申请日期		需求变更内容的关键词	
申请人		归属子系统	
变更内容			
变更理由			
对其他子系统的影响及所需资源			
申请人评估		负责人评估	
若不变更，负责人批复意见			
若变更，那么			

优先级		编号		执行人		结束时间	
负责人		负责人签发日期					

图 10.9 需求变更申请书的参考格式

3. 文档管理需要人员保证

项目团队应设文档组或至少一位文档保管人员，负责集中保管本项目已有文档的两套主文本。两套文本内容应完全一致。其中的一套可按一定手续，办理借阅。

4. 需要维护文档的一致性

信息系统开发建设过程是一个不断变化的动态过程，一旦需要对某一文档进行修改时，要及时、准确地修改与之相关联的文档。否则将会引起系统开发工作的混乱。这一过程又必须有相应的制度来保证。

（1）项目成员可根据工作需要在自己手中保存一些个人文档。这些个人文档一般都应是主文本的复制件，并注意和主文本保持一致，在做必要的修改时，也应先修改主文本。要注意，项目成员个人一般只保存着主文本中与他工作相关的部分文档。

（2）项目开发结束时，文档管理人员应收回开发人员的个人文档。发现个人文档与主文本有差别时，应立即着手解决。这常常是未及时修订主文本造成的。

（3）在新文档取代旧文档时，文档管理人员应及时更换旧文档。在文档内容有更动时，管理人员应随时修订主文本，使其及时反映更新的内容。

（4）主文本的修改必须特别谨慎。修改以前要充分估计修改可能带来的影响，并且要按照提议、评议、审核、批准和实施等步骤加以严格的控制。

5. 需要维持文档的可追踪性

由于信息系统开发的动态性，系统的某种修改是否最终有效，要经过一段时间的检验，因此文档要分版本来实现。各版本的发布时机及要求也要有相应的制度。

撰写文档的目的是为了指导信息系统的开发、维护和帮助用户的使用，前面讲到的都是如何提高文档本身的质量，文档管理的另一个重要问题：如何在需要的时候，将它们迅速、准确、全面地检索出来？这涉及文档管理信息系统的建立和使用，有条件的信息系统项目组可以考虑采用文档管理信息系统管理各类文档。

思 考 题

1. 说说信息系统项目的特点，并谈谈你对这些特点的理解。

2. 用图表形式给出信息系统的成本构成。

3. 软件有哪两种度量方式？各有什么优缺点？

4. 信息系统建设为什么需要全面质量控制？如何实行全面质量控制？

5. 软件开发项目人力资源有哪两个重要定律？你怎么看待这两个定律在信息系统项目中的应用？

6. 信息系统项目进行人力资源平衡的机理是什么？

7. 详细说明信息系统文档的作用和类型。

8. 文档在信息系统开发中没有受到足够重视的原因是什么？高质量的文档应该具有哪些特性？

9. 信息系统文档的管理应从哪几方面着手？

第 11 章 信息系统的监理、审计与评价

在本章,首先考虑一种监理的机制,通过监理的引入,使开发方和用户双方的信息和信息处理能力尽量对称;另一方面,为了保证信息系统能够保护资产的安全、数据的完整、有效地实现组织目标并有效率地利用组织资源,引出信息系统审计的概念。在本章的最后,对信息系统的评价进行探讨。

11.1 信息系统建设风险及监理的引入

按照利益主体的不同,可以将信息系统项目的实施双方简单地称为用户方(由业务人员组成)和开发方(由系统开发人员组成),并且在这两方之间存在一个合同关系,这时可发现,信息系统建设的双方是一对委托人-代理人的关系。由于双方在技术和业务上的信息互不对称,就很有可能发生通过损害对方使自己受益的事情。作为委托人的用户方要改变自己对有关信息系统建设的信息不对称的地位,需要设计一套机制和合同来激励或约束作为代理人的开发方,聘请咨询和监理就是委托人可以采取的对策。

11.1.1 委托人-代理人理论

委托人-代理人关系事实上就是居于信息优势与处于信息劣势的活动参加者之间的相互关系。简单地说,只要在建立或签订某种合同或约定前后,活动参加者双方所掌握的信息不对称,这种相互关系都可以被认为属于委托人-代理人关系。具体地讲,企业雇主与雇员、证券投资者与经纪人、学校与教师等,都可以构成委托人-代理人关系。

1. 不利选择

不利选择是指在建立委托人-代理人关系之前,代理人已经掌握某些委托人不了解的信息,而这些信息有可能是对委托人不利的。代理人利用这些有可能对委托人不利的信息签订对自己有利的合同,而委托人则由于信息劣势而处于对己不利的选择位置上,即为不利选择。例如,经理与资本家签订合同时,经理对于自身能力的了解一般要比资本家更为全面和具体。如是否有真才实学等问题,资本家就处于不利的战略选择地位。

2. 道德风险

道德风险是指代理人在为其自身效用最大化的同时损害委托人或其他代理人效用的行为。在这种情况下,代理人并不承担他们行为的全部结果。这是因为,建立委托人-代理人关系后,委托人无法观察到代理人的某些私人信息,特别是有关代理人努力程度方面的信息,在这种环境下,代理人可能会利用其私人信息采取某些损害委托人利益的行为,例如偷

懒。道德风险的一个常见例子是代理人（如雇员）工作的努力程度，因为委托人（如雇主）不能无成本地观察或管理这种不确定性。

3. 激励机制

激励就是委托人如何使代理人从自身效用最大化出发，自愿地或不得不选择与委托人标准或目标相一致的行动。通俗地讲，激励机制的核心就是"我怎样使某人为我做某事"。

委托人设计激励机制的对象与目标（见表 11.1）：首先，针对代理人的隐蔽信息而面临的不利选择地位，激励的目标是如何使代理人"自觉地"显示他们的私人信息或真实偏好，即如何让人说真话；其次，针对代理人的隐蔽行动而可能面临的道德风险问题，激励的目标就是如何使代理人"自动自觉地"尽最大努力工作，诱使代理人不采取道德风险行动，即"如何让人不偷懒"。

表 11.1　激励机制的对象与目标

对　策　行　动	机　　制	激　励　目　标
隐蔽信息 （不利选择）	激励机制	如何让人说真话
隐蔽行动 （道德风险）		如何让人不偷懒

为了获得隐蔽信息，委托人可以让代理人出示有关的市场信号，如文凭、专利以及资格证书等，也可以采用投标的方式，还可以采用技术支持即开发信息系统收集信息等。

11.1.2　信息系统建设的风险

学者们曾在用户方（甲方）与开发方（乙方）的配合上做了很多研究，提出了一系列可操作办法，例如信息系统建设双方的领导必须重视，最好能自始至终参与；开发员与业务员必须经常互相沟通、交流，或者是双向培训，使开发员的技术用语与用户的业务术语在项目含义上基本一致；干部队伍、开发队伍和用户队伍最好能在项目实施期内保持稳定；以与组织生产实际需求和发展目标相适应为依据，制定组织信息系统的建设规划；系统目标要与组织目标相一致，紧密与组织实际问题相结合；一定要选好合作伙伴；信息系统建设应与组织创新、制度创新、市场创新和管理创新协调一致，等等。

在提出上述操作方法时，暗含如下三个假设。

（1）甲方对乙方的公司背景、技术专长和产品专长等信息的了解是充分的，也就是说，甲方对与项目有关的背景知识有一定的**信息量**支持。

（2）甲方对建设信息系统的方法、技术和步骤基本是了解的，能够对信息产品的选择和技术方案的选定做出正确的评价，也就是说甲方对于已经获得的、与该信息系统项目有关的信息内容有很好的**信息处理能力**。

（3）乙方是诚实的、勤奋的和有信誉的。

然而上述三个假设都不能完全成立。

1. 开发方可能不说"真话"

由于信息技术更新换代快，新技术层出不穷，一般组织的技术人员很难掌握最新的信息技术和信息设备,这就使得甲方与乙方在信息系统的实际建设中信息严重不对称。

由于乙方拥有甲方所难以观察到的隐蔽信息,如是否真正在技术上领先,是否真正做过一些成功的项目,是否使以前的用户真正从信息系统建设中获得了效益等,这样,就使甲方在与乙方签合同时处于极为不利的对策地位,即由于乙方存在隐蔽信息,甲方处于"不利选择"的地位。当然,有实力的乙方为了解决市场失灵的问题,或者聪明的甲方为了改变自己的对策地位,会促使乙方提供有关做过其他项目的证明,特别是成功的证明。

然而,类似"证明"这样的市场信号在中国目前的信息系统市场上发挥的作用却很有限。因为,不少验收或鉴定都是走过场,并不一定能代表乙方的真实信息。有经验的甲方往往是要乙方提供完成过项目的文档和演示相应软件。即使这样,这里面还有问题:一是技术性先进的产品不一定就真正发挥了作用;二是甲方不一定能评价这些材料和软件的优劣。

2. 用户方可能听不懂"真话"

委托人-代理人理论中设计解决"不利选择"的激励机制的目标是如何让人说"真话",但在信息系统项目这样一个环境里,乙方可以说"真话",但甲方却不一定能"理解"或"明白"乙方的真话。

这里面有一个真话或信息的适用性问题。技术或产品确实很先进,乙方确实很有实力,但未必就一定能开发出适合于甲方的信息系统。还有,甲方可以搞项目招标,可以获得许多标书,假定这些标书都说了真话,在一般的对策模型里,对策双方信息已经对称(因为一般的模型只考虑**信息量**对策双方对称),但甲方并不一定就能找到最适合本单位的开发方和最优的技术方案。这是因为许多甲方对于新的信息技术的知识依然欠缺,对投标方提供的有关上述信息技术的信息缺乏处理能力,也就是说,对策双方的**信息处理能力**严重不对称。

这就是说,引起委托人处于不利选择地位的原因有两个:一是信息量的不对称;二是信息处理能力的不对称。

3. 开发方不一定能"占便宜"

对策双方的信息量和信息处理能力严重不对称,不但表现在有关信息产品和信息技术的知识上,还表现在对策双方对甲方的业务上。由于乙方对甲方的业务术语理解不一定全面和准确,有可能在乙方看来含义非常简单的一个业务功能在甲方的经典著作或国家标准中含义非常丰富,需要做大量的工作。这样,乙方按照自己的理解与甲方签了协议,但真正实施时却必须按甲方的国家标准去实施,这种扯皮的事在项目实施过程中也时有存在。因而在信息系统项目的对策模型中,很难说乙方就一定能在合同中处于优势,或者说开发方不一定能"占便宜"。

4. 开发方可能"偷懒"

由于信息化热潮的影响,许多公司纷纷进入信息系统建设的市场,这些公司中难免有不少是属于鱼目混珠一类的,它们可以在报价中拼命压低价格赢得标书,但在实际建设中却以各种手段欺骗用户,使用户蒙受巨大损失。还有一些很有名气的公司承接信息系统建设业务之后,由于各种业务量太大,对其中一些中小项目投入精力不够,或者外包给一些临时团队做项目,出了问题要么说用户当时没有说清楚,要么说用户水平太低不会用。

上述现象的描述将我们引入了委托人-代理人对策模型的另一类问题,即合同签订之后乙方利用甲方难以观察到的隐蔽行动获得对策的优势地位,如简化功能模块、忽视信息安全、模拟管理现状、雇用新手开发等行为,由于甲方很难观察到乙方是否勤奋的信息,所以面临着"道德风险"的问题。

5. 开发方可能"南辕北辙"

然而,即使乙方很勤奋,将方案做得很先进、很完美,充分考虑各模块的设置,也重视信息安全等问题,仍有可能因为乙方对甲方业务信息的信息处理能力不够,而使得乙方的方案和产品偏离甲方的真实需求。这就是说,对于甲方来讲,不但存在着因乙方"偷懒"造成的"道德风险",还有乙方对甲方业务知识的信息处理能力不足造成的风险。

6. 用户方管理的不配套

在信息系统项目的对策模型中,还存在着一种其他项目中没有的风险,这就是信息系统的建设不但是一项信息系统工程,还是一项管理工程。前面都是讲因为它是信息系统工程而存在风险。信息系统项目作为一项管理工程,对甲乙双方来讲都存巨大风险。

这是因为,**信息系统是先进生产力的代表**,它必然要求有先进的生产关系与其相适应。一个信息系统要建设成功,必须要求业主单位积极调整管理体制、运作机制和业务流程,而这必然会触及某些部门或某部分人的利益,而这往往是甲乙双方在签合同之初没有充分考虑到的。这样,信息系统项目在实施之后,就会由于甲方改革不力或与信息系统的实施步调不一致而导致信息系统迁就现有体制、模拟现有体制,从而导致新的信息系统不能发挥应有效益,甚至失败。这是因甲方引起,对甲乙双方都极为不利的项目风险。

有许多组织讲,若一个信息系统建设失败了,将不仅仅是经济上的损失,更是时间上的损失和心理上的打击,因为现在竞争太激烈了,若没有在技术创新上占据领先地位,反而打击了员工的士气,就有可能被竞争对手击败。

综上所述,信息系统的建设不但存在因信息量不对称引发的风险,还存在因对策双方信息处理能力不对称引起的风险;不但有信息系统工程的特殊性引发的风险,还有信息系统的建设同时又是管理工程引发的风险;不但有经济风险,还有时间风险、心理风险等。因此,需要探索一种激励机制来回避这些风险。

11.1.3 咨询和监理有助于降低风险

咨询的引入有助于降低上述风险。因为好的咨询机构既能为甲方提供有关信息技术等信息的信息量的支持,又能提供信息处理能力的支持,从而大大降低信息系统建设的风险。在本书中,我们将咨询看作是监理的一种形式,并且是一种最简单的形式,所以在本书中,主要探讨监理问题。

1. 信息系统监理的含义

信息系统监理是指具备相应资质的第三方(丙方),根据信息系统的开发规律以及国家法律法规、开发合同和监理合同的要求,对信息系统开发过程中的行为、事件和文档进行审查和监督,为用户方提供与项目有关的信息和信息处理能力的支持,以确保信息系统建设成功。

监理方的监理与开发方的项目管理有联系,但更主要的是区别。它们的联系都是按照信息系统的开发规律与项目管理的思想进行管理。它们的区别是主体不一样,项目管理是由开发方实施的,在成本、进度和质量三者中主要考虑前两者,特别是成本,并且项目管理涉及信息系统建设的各个环节;而监理是由第三方即监理方实施的,在成本、进度和质量三者中主要考虑的是质量,其次是进度,最后才是成本,并且监理的内容主要取决于监理方与用户方签订的监理合同,不一定涉及信息系统建设的各方面。

2. 信息系统监理可以降低风险

作者认为,只有具备以下至少三个基本素质,监理人员才能真正胜任信息系统的监理工作。

(1)公正、独立、有很强的责任感。

(2)不但非常熟悉信息技术和信息产品,而且非常熟悉管理工作。

(3)有丰富的、成功的信息系统建设经验。

具备这三个基本素质并持有相应资质的监理人员,就能极大地降低信息系统的建设风险。首先,监理非常熟悉信息技术和信息产品,有丰富的、成功的信息系统建设经验,就能向甲方提供大量关于信息产品和信息技术的信息量和信息处理能力的支持,就能对信息产品、信息技术、信息系统建设方案进行正确评价和选择,并能对乙方提供的各种证明材料、演示软件等市场信号进行辨析,从而改变在与乙方对策过程中的不利选择地位,降低因乙方隐蔽信息而造成的风险。

其次,在信息系统的建设过程中,监理方可以根据自己的经验判明乙方是否偏离了甲方的实际需求,是否简化了系统的功能模块,是否采用了性能较低的配置或质量较差的产品,是否隐含了安全问题或系统的缺陷,等等。这时,丙方可以为甲方提供信息量和信息处理能力的支持,使甲方能了解乙方是否有"偷懒"行为或"偷工减料"行为,从而改变甲方在与乙方对策中的地位,降低因乙方存在隐蔽行动而造成的"道德风险"。

除上述两种主要由乙方形成的风险外,监理方还能大大降低由于甲方因管理改革不到位或不及时造成的风险。监理方有丰富的管理知识和成功的信息系统建设经验,它能在开发合同签订之初,指出甲方为了建设该信息系统需要调整的业务流程或管理体制,并制订出一个详细的改革计划,在系统建设过程中,不断督促甲方按计划排除阻力进行调整,从而降低信息系统建设中因生产关系不能及时调整适应新的生产力的风险。

所以,**监理方不仅仅对乙方有约束,对甲方也有约束。对乙方而言,是监督和管理,重在监督;对甲方而言,是督促和助理,重在助理。**

监理作为信息系统项目的第三方而存在,但只与甲方签订监理合同,主要为甲方提供信息量和信息处理能力的支持。这样,三方之间构成一个修正了的对策模型,如图 11.1 所示。图中的虚线分别构成相互的信息约束,图中的实线分别构成甲乙、甲丙的合同约束。

我们在几何学中知道,三点决定一个平面,三方如果能形成一种制衡机制,那么系统风险是最小的。监理制度正是为了降低信息系统建设的各种风险而设计的。

其实,除了用户方非常希望有个"第三方"在他们建立信息系统时帮助把好质量、进度、成本三大关,有实力的乙方也希望有个"第三方"对其提供的信息系统方案及工程实施结果给予公正、恰当和权威的评价。

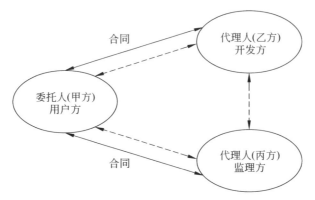

图 11.1   监理机制下的信息系统各方对策模型

11.2   信息系统监理的具体内容

在 11.1 节分析了监理存在的理由,本节对信息系统监理的具体模式、监理在信息系统生命周期各个阶段的工作要点、监理的工作准则和监理费用的计价方式等监理的具体内容做详细的分析。

11.2.1   信息系统监理的模式

信息系统监理的模式按照监理内容的程度不同,可以粗略地分为如下三种:咨询式监理、里程碑式监理和全程式监理。

1. 咨询式监理

咨询式监理是其中最简单的一种,只对用户方就系统建设过程中提出的问题进行解答,其性质类似于业务咨询或方案咨询。这种方式费用最少,监理方的责任最轻,适合于对信息系统有较好的把握、技术力量较强的用户方采用。

2. 里程碑式监理

里程碑式监理是指按照信息系统的开发规律,将信息系统的建设划分为若干个阶段,在每一个阶段结束时都设置一个里程碑,在里程碑到来时通知监理方进行审查或测试。一般来讲,这种方式比咨询式监理的费用要多,当然,监理方也要承担一定的责任。不过,里程碑的确定需要乙方的参与,或者说监理合同的确立需要开发方的参与,否则就会因对里程碑的界定不同而互相扯皮。

3. 全程式监理

全程式监理是最复杂的一种，不但要求对系统建设过程中的里程碑进行审查，还应该派相应人员全程现场跟踪、收集系统开发过程中的信息，不断评估开发方的开发质量和效率。这种方式费用最高，监理方的责任也最大，适合那些对信息系统的开发不太了解、技术力量偏弱的用户方采用。

为了更深入地研究信息系统的监理，我们选择全程式监理进行讨论。并且，如果没有特别说明，下面的讨论都是针对全程式监理的方式。

11.2.2 信息系统监理的内容

信息系统监理是监理单位受用户方的委托，对信息系统建设实施的监督管理。监理的主要内容是对信息系统工程的质量、进度和投资进行监督，对项目合同和文档资料进行管理，协调有关单位间的工作关系。笼统地说，其主要职能有以下几项或其中的一部分。

（1）协助用户方组织信息系统建设的招标、评标活动。

（2）协助用户方与中标单位签订信息系统的开发合同。

（3）根据用户方的授权，监督管理开发合同的履行。

（4）根据监理合同的要求，为用户方提供技术服务。

（5）监理合同终止后，向用户方提交监理工作报告。

开发方承担用户方的信息系统开发工作，需要完成包括系统规划和可行性研究、系统分析、系统设计、系统实现和运行维护等各项工作，监理方的工作实际上也是贯穿系统建设全部过程的，下面就详细地分析各阶段监理的要点。

1. 系统规划和可行性研究阶段

（1）为用户方的高层讲解信息化和数字化转型的意义，协助用户方根据组织的战略目标制订信息系统的战略规划。

（2）对用户方现有信息资源、信息处理能力、技术基础、环境条件和资金设备等资料进行分析。

（3）协助组织确定信息系统的开发方式。

（4）协助制定开发信息系统的技术路线和接口规范。

（5）组织招标和评标活动。

（6）协助组织做好投资风险分析，提出可靠的经济效益分析表。在此基础上，根据资金筹措的情况列出分期工程的实施计划。协助撰写可行性研究报告或对可行性研究报告审查。

2. 系统分析阶段

（1）协助用户方明确新系统的具体任务、目标、作用和地位。

（2）与开发方分工培训用户方的业务支持人员，使他们对信息系统的开发有初步的了解。

（3）协助用户方规范业务流程，并能形式化表达。

（4）提出与新系统相适应的管理改进方案，并列出时间表。

（5）协助用户方审核开发方提交的系统分析报告。

3. 系统设计阶段

（1）协助用户方设计并制订现有业务流程的改进方案。

（2）协助用户方审核开发方提交的信息编码体系设计方案。

（3）协助用户方审核开发方提交的详细设计报告。

（4）协助用户方审核开发方提交的产品和设备的购置计划。

（5）对组织的管理人员开展有针对性的培训。

4. 系统实现阶段

（1）抽样审查程序设计说明书。

（2）按开发合同和详细设计报告检查各子系统的质量和进度是否按计划执行。

（3）督促用户单位按照既定时间表调整业务流程和组织机构。

（4）协助用户方审查开发方的测试大纲和详细测试计划。

（5）对用户单位的业务支持人员进行系统测试方面的培训，协助用户方准备测试用例。

（6）协助用户方对开发方交付的子系统或整个系统测试，撰写测试报告。

（7）审查开发方提交的技术报告、用户手册等相关文档。

5. 系统运行与维护阶段

（1）督促开发方与用户方相互配合，培训相关的操作人员和系统管理员。

（2）监督新老系统交替期间数据有序转换，监督用户单位的员工执行新的业务流程和操作规程，并在执行中加以改进。

（3）对出现的软件、系统接口等方面的技术问题，根据开发合同督促开发方进行修正。

（4）监督用户单位认真做好各审计点的数据记录及分析，进行新旧系统的生产效率、产品质量、成本效益及设备运行状态的对比分析。

（5）协助项目审计工作，根据审计结果对新系统进行综合评价。

11.2.3 信息系统监理的费用和收益

1. 信息系统监理的费用

实行信息系统建设的监理制，其中一个很重要的问题是如何对监理提供的服务定价，理论上监理费的构成应该是指监理单位在信息系统建设监理活动中所需要的全部成本，再加上应交纳的税金和合理的利润。

监理费的计算方法，一般由用户方与监理方协商确定。对于信息系统监理费的确定，可以参照以下四种模式中的一种计算。

1）按时计算法

这种方法是根据监理所实际使用时间（计算时间的单位可以是小时，也可以是工作日，或按月计算)的费用来计算监理费的总额。采用这种方法时,比较难的是监理双方要事先确定好不同级别人员的单位时间费率。这种计算方法主要适用于临时性的、短期的监理业务活动,例如咨询式监理业务。

2)固定价格计算法

这种方法适用于小型或中等规模的信息系统监理费的计算,尤其是监理内容比较明确的信息系统监理。用户单位和监理单位都不会承担较大的风险,经协商一致,就采用固定价格法,即在明确监理工作内容的基础上,以一笔监理总价包死,工作量有所增减变化,一般也不调整监理费。或者,按规模大小分为若干档,每档定一个系数,不同规模的监理费可以等于固定价格乘以相应系数。这种方法适用于程序比较规范的里程碑式监理业务。

3)按信息系统建设成本的百分比计算法

这种方法是按照信息系统规模大小和所委托的监理工作的繁简,以项目总投资的一定的百分比来计算。在一般情况下,系统规模越大,建设投资越多,计算监理费的百分比越小。这种方法比较简便,颇受用户单位和监理单位双方的欢迎。采用这种方法的关键一环是确定计算监理费的百分比,一般是根据经验和监理的范围确定这个百分比。

4)按减少的项目风险计价

最后一种定价方式是服务的价格参照监理方的服务减少信息系统建设风险的多少而定。风险与用户单位的信息量和信息处理能力有关。前面所说的各类风险,在不同的用户单位其风险等级是不相同的。对不同的信息产品,风险也不一样。例如,对于大多数用户单位来讲,关于计算机产品、网络产品、软件产品、数据库产品的信息量和信息处理能力是不一样的。

对监理服务的定价是以用户方与开发方签订的总标的为基数,再乘以一定取费系数计算。根据风险等级不同,取费系数可以相应浮动。举例来说,对于一个计算机、网络、软件、数据库、集成等知识不确定性渐增的业主单位,可以将硬件的取费系数定为 0.5%,网络为 1%,数据库为 4%,软件为 5%,应用集成为 6%。将项目总标的划分为上述若干部分,即可得出监理服务价格。

2. 信息系统监理的收益

随着信息系统的广泛应用,信息系统的成功率有所提高,中国企业目前信息系统的成功率大概能达到 40%,管理水平高的大型企业有的能超过 50%。当然,也有的学者认为严格意义的成功是指"符合合同要求的功能和质量、不拖期、不超支、团队满意、客户满意"这些条件一起满足的项目,那么,这个意义上的成功率仍然不到 30%。当然,对于什么是成功也有不同的理解。

为了推测监理的效益,有如下假设。

(1)成功信息系统项目的投入产出比为 m,即信息系统运行后发挥的效益是信息系统项目各方面投入的 m 倍。

(2)无监理状况下信息系统建设成功率为 50%。

(3)有监理状况下信息系统建设成功率提高到 90%。

(4)监理的取费系数为 5%,即监理的费用为总标的的 5%。

那么对于甲方来讲,对于总标的为 A 的项目,采用监理的效益为

监理的期望效益 ＝ 监理后的收益 － 监理前的收益 － 监理的成本
$$= A \times m \times 90\% - A \times m \times 50\% - A \times 5\%$$
$$= A(40\% \times m - 5\%)$$

以 m 为 2 倍计(一般成功的项目远高于 2 倍),则监理的期望效益为 $0.75A$,监理的成本只占监理前后收益之差的 6.25%(即 0.05/0.8),所以,与聘用监理获得的收益相比,花费的成本是非常低的,只有 $6\% \sim 7\%$。聘用监理非常有利于信息系统建设的成功,有助于甲方的利益。

11.3 信息系统的审计

相比信息系统监理已有的大量实践来说,信息系统审计是一个比较新的事物,在国内还处于发展阶段。在本节,先讨论信息系统审计的由来与发展,然后列举信息系统审计的基本内容,最后就信息系统审计师这一职业做一简单介绍。

11.3.1 信息系统审计的由来与发展

1. 审计的含义和分类

审计从字面意义上讲,"审"是审查的意思,"计"是会计的意思,而会计的概念是核算与监督,那么,"审"与"计"连在一起,就是审查与监督的意思。可以概括地说,审计是由独立的专门机构和专门人员对被审计单位的会计记录、财务事项及其他经济资料所反映的经济活动的真实性、合法性、合理性和效益性进行审查、评价和鉴证的一项独立性的经济监督活动。随着时代的发展,审计的对象和范围也在不断扩大,除以会计记录、财务收支继续作为审计对象外,以经济效益、经济责任和信息系统等为对象的审计也得到了较大发展。

审计有许多种分类方法。按审计目的和内容的不同可划分为财务审计、经济效益审计、财经法纪审计、经济责任审计和信息系统审计等类型;按审计的主体分类即按审计的执行者分类,可分为国家审计、内部审计和社会审计三种类型;按审计实施时期的不同可分为事前审计、事中审计和事后审计;按审计执行地点分类,可分为就地审计、送达审计和委托审计;按审计范围分类,可分为全部审计和局部审计;按审计动机分类,可分为强制审计、请求审计;等等。

2. 计算机审计

早期的计算机应用比较简单,相应地,计算机审计业务主要关注对被审计单位电子数据的取得、分析、计算等数据处理业务,还称不上信息系统审计。从财务报表审计的角度来看,这一阶段的主要业务内容是对交易金额和账户、报表余额进行检查,审查其真实性和准确性。

随着信息技术在被审计单位的各个领域的广泛应用,信息系统的安全性、可靠性与其所服务组织所面临的各种风险的联系越来越紧密,并且直接或间接地影响财务报表的真实、公允。显然,计算机审计这一概念已经不能反映这一业务的全部内涵,信息系统审计的概念随

之出现。

3. 信息系统审计

计算机审计在发展的初期，还只是传统财务审计业务的一种辅助工具，对客户的电子化会计数据进行处理和分析，为财务报表审计人员提供服务。如今的信息系统审计的业务已经超出了为财务报表审计提供服务的范围，在很多大型会计公司内部，信息系统审计部门已经成为一个独立的对外提供多种服务的部门。为财务报表审计提供服务只占信息系统审计部门业务内容很小的一部分。与信息安全相关的防火墙审计、安全诊断、信息技术认证等新型业务也不断涌现。"未来审计行业和审计技术的发展动力将主要来自于信息系统审计的发展"，这一观点已经逐渐成为国外会计、审计界的一个共识。会计公司以及整个社会对信息系统审计师需求量将随之成倍增长，信息系统审计师的地位也在不断提高。

所以，从信息系统审计的发展来看，信息系统审计包含以下三层含义。

首先是用计算机和信息系统做工具，辅助一般的财务审计工作，市场上有专门的审计软件包出售，可以简称为**计算机审计**。

其次是对信息系统支持的业务信息或业务数据审计，检验其正确性和真实性，可以简称为**信息系统运行审计**。

最后是对信息系统的开发过程进行审计，可以简称为**信息系统开发审计**。

据此，我们可以知道，审计软件包为信息系统的开发提供了新的领域，而信息系统运行审计和信息系统开发审计是本节讨论的主要内容。

11.3.2　信息系统审计的基本内容

信息系统审计的内容是根据审计的目的而确定的，具体包括数据文件审计、应用程序审计、处理系统综合审计、内部控制制度审计和信息系统开发审计等。其中，数据文件审计主要属于计算机审计的领域，应用程序审计、处理系统综合审计、内部控制制度审计主要属于信息系统运行审计的领域。

1. 数据文件审计

数据文件审计包括由计算机打印出来的数据文件和存储在各种介质之上的数据文件的审计。存储在介质上的文件，包括会计凭证、会计账簿和会计报表，需要用信息技术进行测试。测试方法主要包括三个方面：一是测试信息系统数据文件安全控制的有效性，主要是检查文件存取的控制；二是测试数据文件的控制功能的可靠性，可以用实际数据和模拟数据进行测试；三是测试数据文件内容的真实性和准确性，可以挑选重要文件或重要项目打印输出后进行检查，也可以利用审计软件包进行检查。

2. 应用程序审计

计算机应用程序的审计是信息系统审计的重要内容，这是因为组织处理日常业务的目的、原则和方法都体现在计算机程序之中，它们是否执行国家的方针政策，是否执行财经纪律和管理制度也往往在应用程序中体现出来。所以计算机应用程序的审计内容主要是检查计算机的程序控制功能是否可靠,处理日常业务的程序和方法是否准确。

对计算机程序的审计可以分为对程序进行直接检查和通过数据在程序上的运行进行间接检查两种。对程序进行直接检查包括直接对程序进行逐句审查,或借助流程图作为工具,用标准的图形、符号等来反映程序的控制功能和数据处理的逻辑。对程序进行间接检查是利用实际数据或模拟数据进行检查,即根据被审单位的实际数据或用模拟数据在程序上进行处理,然后将处理结果与正确的结果进行比较。

3. 处理系统综合审计

处理系统综合审计是对信息系统中的硬件功能、输入数据、程序和文件四个因素进行综合审计,以确定其可靠性和准确性。主要程序是先对硬件功能进行检查后,分别对输入数据的准确性、每个重要程序的准确性和每个重要文件的准确性进行测试,在此基础上对整个信息系统的处理功能进行综合评价。

4. 内部控制制度审计

为了使信息系统能够安全可靠地运行,严格内部控制制度是十分必要的,它可以保证数据功能所产生的信息具有正确性、完整性、及时性和有效性,并纠正可能产生的舞弊和犯罪行为。

内部控制制度的审计程序包括四个阶段:一是初步审核和评价阶段,即对控制的目标、构成系统的基本要素、主要环境控制措施、应用系统和应用项目的基本情况等的了解;二是详细审核和评价阶段,即在初步审核的基础上确定控制领域、控制点、控制目标和必要的内部控制措施;三是符合性测试阶段,即对控制措施的实施情况及遵守情况进行测试,以便对内部控制制度的强弱和可靠性做出最后的结论;四是最后评价阶段。

5. 信息系统开发审计

信息系统开发审计是指对信息系统开发过程进行的审计。审计的目的一是要检查开发的方法、程序是否科学合理,是否受到恰当的控制;二是要检查开发过程中产生的资料和文档是否符合规范。

信息系统审计与其他审计一样,具有监督、评价和鉴证三个职能。审计的结果以审计报告的形式表现出来。审计报告一般包括审计概况、审计范围、审计过程中发现的问题和审计结论等内容。

由以上信息系统审计的内容可知,信息系统审计与信息系统监理、信息系统测试和信息系统评价各有不同。

(1)信息系统监理重在对系统规划与开发过程监督和管理,而信息系统审计不但要对开发过程审计,还要对运行过程审计,如内部控制制度审计等。

(2)信息系统测试主要是测试系统是否实现了设计的逻辑模型,并且主要是从技术上进行测试,而信息系统审计更重要的是测试系统是否忠实于组织的实际运作原型,是否符合国家的法律法规,如应用程序审计等。

(3)信息系统的评价是信息系统审计的延伸,信息系统的评价更带有主观性,与评价指标的选取有关,而信息系统的审计相比较更客观,强调的是数据的真实性和系统性能的客观性,如处理系统综合审计。

11.3.3 信息系统审计师及相关组织

随着信息技术在财务会计、管理领域应用程度的不断提高,信息系统审计业务也逐渐受到职业会计师行业的重视。在我国,信息系统审计业务还处于逐渐增长阶段。其实,信息系统审计在国外已经有了一个相当长时期的发展,而且也产生了相应的专业组织和专业资格。

信息系统审计与控制协会(Information Systems Audit and Control Association, ISACA)成立于 1969 年,它是从事信息系统审计的专业人员唯一的国际性组织,信息系统审计师资格(Certified Information System Auditor,CISA)也是这一领域的唯一职业资格。ISACA 通过制定和颁布信息系统审计准则、实务指南等专业标准来规范和指导信息系统审计师的工作。

获取信息系统审计师资格(CISA)的人员被称为信息系统审计师,也称为 IT 审计师或 IS 审计师,是指既通晓信息系统的软件、硬件、开发、运营、维护、管理和安全,又熟悉经济管理的思想,能够利用规范和先进的审计技术,对信息系统的安全性、稳定性和有效性进行审计、检查、评价的专家级人士。

信息系统审计师目前已经成为全球范围最抢手的高级人才之一,这些人才一般都具备全面的计算机软硬件知识,对网络和系统安全有独特的敏感性,并且对财务会计和单位内部控制有深刻的理解。随着信息技术在管理中的广泛运用,传统的审计技术受到巨大的挑战,国际会计公司、专业咨询公司和高级管理顾问都将控制风险,特别是控制计算机环境风险和信息系统运行风险作为管理咨询和服务的重点。几乎所有的大型跨国公司,由于普遍使用大型管理信息系统,都非常重视对信息系统安全和稳定性的控制,常常高薪聘请信息系统审计师进行内部审计。

我国的信息系统审计工作目前还处于发展初期,培育我们自己的信息系统审计人才队伍已经是当务之急。中国已经获得 CISA 认证的审计师分布在银行、证券、政府、高端制造业、信息服务业等高端行业内,越来越受到国内各大企事业单位认可。

11.4 信息系统的评价

事实上,目前仍有不少组织不太重视对信息系统的评价,分析起来可能有以下几个原因:自己对实施结果不满意,担心分析和评价会暴露出更多问题,影响有关人员的业绩;时间已经超期,大家希望早些结束项目实施,早日摆脱出来;比较公正和有经验的分析评判者不多,评判的结果不一定科学;等等。然而,从项目管理的角度出发,对信息系统的实施结果进行分析和评价是必要的,因为进行分析和评价的目的是要使用户组织和系统建设人员知道以下几点。

(1)整个系统实施工作和计划目标的吻合程度。

(2)系统的实施效果究竟如何。

(3)系统还需要提高的方面。

（4）如果可能,还可从中总结出一套适合本单位建设信息系统的经验教训。

基于以上四点原因,信息系统的建设需要科学的评价。本节就围绕评价的指标与方法展开讨论。

11.4.1　信息系统的广义评价与狭义评价

信息系统的评价分为广义和狭义两种。广义的信息系统评价是指从系统开发的一开始到结束的每一阶段都需要进行评价。狭义的信息系统评价则是指在系统建成并投入运行之后所进行的全面、综合的评价。

一个典型的信息系统建设项目要经过这样一些发展阶段,即系统规划、系统分析、系统设计和系统实施,直至最后投入运行。项目在生命周期的每一阶段都面临着决策,这一决策要以给定的条件和相应的分析评价为基础。当某一决策将项目推进一步,评价活动也就跟着需要更进一步开展。可以说,伴随着系统开发的各主要阶段,都有相应的评价活动,如表 11.2 所示。

表 11.2　信息系统生命周期各阶段对应的评价活动

项目	系统规划	系统分析	系统设计	系统实施	系统运行
评价目的	确定系列项目的范围以及项目是否是有益和可行的	逻辑设计是否达到系统目标要求	物理设计是否实现逻辑模型目标	功能、性能是否满足要求	全面、综合评价
评价方法或标准	成本-效益分析,多指标评估法等	逻辑设计标准	详细设计标准	编程标准、测试标准	成本-效益分析,多指标评估法等

按评价的时间与信息系统所处阶段的关系,又可从总体上把广义的信息系统评价分成立项评价、中期评价和结项评价三种类型。

1. 立项评价

立项评价是指系统规划阶段中的可行性研究。评价的目的是决定是否立项进行开发,评价的内容是分析当前开发新系统的条件是否具备,明确新系统目标实现的重要性和可能性,主要包括技术上的可行性、经济上的可行性、管理上的可行性和开发环境的可行性等方面。由于事前评价所用的参数大都是不确定的,都是预测的结果,所以评价的结论具有一定的风险性。

2. 中期评价

中期评价包含两种含义:一是指项目方案在实施过程中,因外部环境出现重大变化,比如市场需求变化、竞争性技术或更完美的替代系统的出现,或者发现原先设计有重大失误等,需要对项目的方案进行重新评价,以决定继续执行还是中止该方案;另一种含义也可称为阶段评价,是指在信息系统正常开发情况下,对系统分析、系统设计、系统实施阶段的阶段性成果进行评价,由于一般都将阶段性成果提交的时点视为信息系统建设的里程碑,所以,阶段评价又可叫里程碑式评价。

3. 结项评价

信息系统的建设是一个项目,是项目就需要有终结时间。结项评价是指项目准备结束时对系统的评价,一般是指在信息系统投入一段时间的试运行后,为了了解系统是否达到预期目的和要求而对系统运行的实际效果进行的综合评价。所以,结项评价又是狭义的信息系统评价。信息系统项目的鉴定是结项评价的一种正规的形式。结项评价的主要内容包括系统性能评价、系统的经济效益评价以及组织管理效率提高、管理水平改善、业务人员劳动强度减轻等间接效果。通过结项评价,用户可以了解系统的质量和效果,检查系统是否符合预期的目标和要求;开发人员可以总结开发工作的经验、教训,这对今后的工作将是十分有益的。

信息系统监理贯穿于立项评价、中期评价和结项评价之中,监理的过程也是不断评价的过程。如果信息系统的审计也贯穿始终,那么每一步评价都需要以审计的结果为基础。显然,信息系统监理、信息系统审计和信息系统评价密不可分。

11.4.2　信息系统的综合评价

信息系统的综合评价,即前面提到的狭义的信息系统评价,一直是信息系统与信息管理学科中的重要研究问题,世界各国采用了多种方法,从各个角度对此进行研究。

但是,我们所面对的信息系统是一个复杂的社会系统,它所追求的不仅仅是单一的经济性目标。除了从费用、经济效益、财务方面的考虑外,它还涉及技术先进性、可靠性、适用性、易维护性和用户界面友好性等技术性能方面的要求,以及改善员工劳动强度和组织运营环境,增强组织竞争力等社会效益或组织文化方面的目标。上述目标的多重性产生了对信息系统进行多指标综合评价的必要性。

这里的信息系统多指标综合评价,是指对信息系统所进行的一种全方位的考核或判断,它具备以下特征。

(1) 它的评价包含多个独立指标。

(2) 这些指标分别体现着信息系统的不同方面,通常具有不同的量纲。

(3) 综合评价的目的是对信息系统做出一个整体性的判断,并用一个总评价值来反映信息系统的一般水平。

一般说来,信息系统多指标综合评价工作主要包括三个方面的内容:一是综合评价指标体系及其评价标准的建立,这是整个评价工作的前提;二是用定性或定量的方法确定各指标的具体数值,即指标评价值;三是各评价值的综合,包括综合算法和权重的确定、总评价值的计算等。

根据信息系统的特点和综合评价指标体系的构成原则,这里给出一个较为完整的信息系统综合评价指标体系的理论框架,该框架的具体构成如图 11.2 所示。

图 11.2 是从以下三个方面出发,进行综合考虑而建立起指标体系理论框架的。

(1) 从信息系统的组成部分出发,信息系统是一个由人-机共同组成的系统,故可按人——运行质量、用户需求;机——系统质量、技术水平这两条线索构造指标。

(2) 从信息系统的评价对象出发,对于开发方来说,他们所关心的是系统质量和技术水

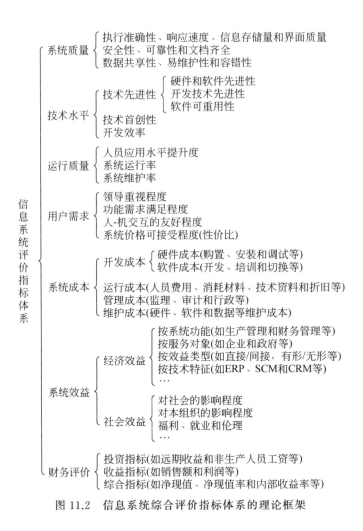

图 11.2　信息系统综合评价指标体系的理论框架

平;对于用户方而言,则关心用户需求和运行质量;系统外部环境则主要通过社会效益指标来反映。

（3）从经济学角度出发,分别按系统成本、系统效益和财务评价三条线索建立指标。

图 11.2 所列的七项二级指标已基本包含信息系统综合评价的主要方面,但是第三、四级指标则需根据待评价信息系统的目标和范围,进行有重点的细化,尤其是经济效益评价指标的设立,不仅与待评价系统的目标、特点和类型有关,也与系统所处的层次和看问题的角度有关,必须视具体情况而定。

在确定指标以后,再确定各指标的权重,并用审计结果结合定性分析给各指标打分,最后确定该系统的总分和等级,总结建设该系统的经验教训,指出下一步的发展方向。

思　考　题

1. 信息系统建设过程中存在哪些风险?在此基础上阐释信息系统监理的作用。

2. 信息系统监理有哪些模式?你觉得哪种模式比较好?

3.信息系统监理在生命周期的不同阶段各有什么工作内容？

4.信息系统监理的费用如何计算？你觉得哪种方式比较好？

5.讲一讲信息系统审计的由来及其含义。

6.信息系统审计有哪些具体内容？

7.试着提出一套信息系统综合评价的指标体系。

8.请你比较信息系统咨询、信息系统监理、信息系统审计和信息系统评价之间的联系和区别。

第 五 部 分

信息系统的测试与运行

第 12 章　信息系统测试

信息系统测试是信息系统开发过程中非常重要而漫长的阶段。其重要性表现在它是保证系统质量和可靠性的关键步骤,是最有效的排除和防止系统缺陷与故障的手段。

目前,信息系统测试在整个信息系统的开发周期中所占的比例日益上升,许多项目开发组织已将开发资源的 40% 用于测试中。对于一些特别重要的甚至是人命关天的大型系统,如飞行控制、军事武器系统、核反应堆控制、金融应用系统等,其测试的工作量和成本更大,甚至超过系统开发其他阶段总和的 3～5 倍。

本章重点讲述信息系统测试的基本概念、测试目标、测试过程和测试步骤,并对基于Web 系统的测试理论与方法进行了相应介绍。最后对自动化测试的概念和使用场合、测试工具进行了简要说明。

12.1　信息系统测试概述

从表面上看,测试阶段的目的和其他阶段的目的是相反的,测试之前的所有开发活动都是在积极地构造系统,但测试人员却是努力找出软件、系统中的错误。事实上,查找错误也就是为了纠正错误。测试阶段发现的错误越多,后期的纠错和维护的工作就越少。所以它们的目的都是一样的,都是为了开发出高质量、高可靠性的系统。

12.1.1　测试的基本概念、目标和原则

1. 测试的基本概念和目标

什么是测试? 测试的目标是什么? Grenford J. Myers 对测试的目标进行了归纳。

(1) 测试是为了发现错误而执行程序的过程。

(2) 好的测试方案是能够发现迄今为止尚未发现的错误的测试方案。

(3) 成功的测试是发现了至今尚未发现的错误的测试。

测试的目标就是希望能以最少的人力和时间发现潜在的各种错误和缺陷。通俗地说,测试是根据开发各阶段的需求、设计等文档或程序的内部结构精心设计的一批测试用例(即输入数据及其预期的输出结果),并利用这些测试用例来运行程序,以便发现错误的过程。信息系统测试应包括软件测试、硬件测试和网络测试。硬件测试、网络测试可以根据具体的性能指标来进行,而信息系统的开发工作主要集中在软件上。所以我们所说的测试更多的是指软件测试。

正确认识测试的目标是非常重要的,这关系到人们的心理作用。如果测试的目标是为了证明程序没有错误,在设计测试用例时就会引用一些不易暴露错误的数据;相反,如果测试是为了发现程序中的错误,就会力求设计出容易暴露错误的测试方案。所谓"好"与"坏"、

"成功"与"失败"的测试方案,也同样存在心理学的问题。所以 Myers 把测试目标定义为"发现错误""发现迄今为止尚未发现的错误""发现了至今尚未发现的错误的测试"。

2. 测试的原则

根据测试的概念和目标,在进行信息系统测试时应遵循以下基本原则。

(1)应尽早并及时地进行测试。

有的人认为"测试是在应用系统开发完之后才进行",这种想法用于测试是非常危险的。开发的各个阶段都有可能出现错误,有时表现在程序中的错误,并不一定是由于编码产生的,很有可能是设计阶段,甚至是需求分析阶段的问题所引起的,而且开发各阶段是连续的,早期出现时的小问题到后面就会扩散,最后需要花费不必要的人力、物力来修改错误。尽早进行测试,可以尽快地发现问题,将错误的影响缩小到最小范围。因此,测试应贯穿在开发的各阶段,坚持各阶段的技术评审,这样才能尽早发现和纠正错误,提高整个系统的开发质量。

(2)测试工作应避免由原开发软件的人或小组来承担(单元测试除外)。

从心理上来讲,人们由于各种原因都不愿否认自己的工作,总认为自己开发的软件没有错误或错误不大,而测试的目的就是为了发现错误;另一方面,开发人员对功能理解的错误很难由本人测试出来,而且在设计测试方案时,很容易受制于自己的编程思路,具有局限性。所以测试工作由不是该项目开发的人或其他测试机构来进行会更客观、更有效。

(3)在设计测试方案时,不仅要确定输入数据,而且要确定输出结果。

把预期的输出结果作为测试方案的一部分可以提高测试的效率,在测试时按照测试方案输入测试数据,其输出结果与预期结果相比较就能发现测试对象是否正确,也能避免由于粗心而把一些似是而非的结果当成正确结果,出现失误。

(4)测试用例不仅要有合理、有效的输入条件,也要有不合理、失效的输入条件。

在测试中人们往往习惯按照合理的、正常的情况进行测试,而忽略了对异常、不合理的、意想不到的情况进行测试,而这些正好是隐患,如果没有排除,在今后的正式运行中就有可能暴露出来,所以利用不合理的输入条件比用合理的输入条件更能发现错误。例如在测试学生成绩录入功能时,也应该将负数作为输入数据进行测试。

(5)不仅要检测程序是否做了该做的事,还要检测是否做了不该做的事。

多余的工作会带来相应的副作用,会影响程序的效率,有时会带来潜在的危害或错误。例如在测试生成职工工资单这一功能时,程序在产生在职职工工资的同时,是否也把已经调离的职工工资产生出来,这样就错了。

(6)充分重视测试中的群集现象。

经验表明,测试后软件中仍存在的错误概率与已经发现的错误数成正比。这个事实可以用米中含沙来比喻,如果我们随便从米袋中抓一把米,而米里含有沙时,就不能说沙只有这些。往往是手中的沙越多,说明米袋中的沙含量就越高。根据这一规律,应该对出现错误多的程序段进行重点测试,以提高测试效率。

(7)严格按照测试计划来进行,避免测试的随意性。

测试计划应包括测试内容、进度安排、人员安排、测试环境、测试工具和测试资料等。严格地按照测试计划可以保证进度,使各方面都得以协调进行。

(8) 妥善保存测试用例,作为文档的组成部分,为维护提供方便。

测试用例都是精心设计出来的,可为重新测试或追加测试提供方便。当纠正错误、系统功能扩充后,都需要重新开始测试,而这些工作重复的可能性很大,可以利用以前的测试用例或在其基础上修改、扩充测试用例。

12.1.2 测试对象与测试信息流

1. 测试对象

由于信息系统的开发任务很大程度上是软件系统的开发,所以测试对象除了硬件部分、网络部分以外,更主要的是软件(在后面所说的测试中,非特别注明,通常是指软件测试)。但是,在软件的测试过程中是否仅局限于程序测试,而置其他阶段的工作于不顾呢?

据美国一家公司的统计表明,在查找出来的软件错误中,属于需求分析和软件设计的错误约占 64%,属于程序编写的错误仅占 36%。因此,在软件测试时,应该把各阶段的文档加上源程序进行测试,即软件测试对象=文档+程序。

2. 测试信息流

由于测试的对象主要是软件,所以测试阶段的信息流主要分析软件方面的信息流程。测试阶段的信息流如图 12.1 所示。输入信息分成软件配置、测试配置和测试工具三类。软件配置由系统分析说明书、系统设计说明书和源程序等组成。测试配置由测试计划、测试方案组成。测试方案不仅仅是测试时使用的输入数据(称为测试用例),还包括每组输入数据要检测的功能和预期的输出结果。在软件配置包含所有文档的情况下,可以把测试配置看成是软件配置的一个子集。测试工具不是必需的输入项,利用它来进行测试工作主要是为了提高测试效率、实现自动化测试。

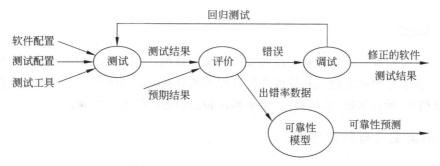

图 12.1　测试阶段的信息流

测试人员利用测试工具或根据提交的软件配置和测试配置进行测试,每组输入数据都有对应的测试结果,测试结果和预期的输出结果相比较,如果不一致,说明程序有错,此时可以用调试技术定位错误并改正。调试与测试不同,调试需要程序的编写人员来完成。

通过对测试结果的收集和评价,系统开发质量和可靠性的一些定性和定量指标就可以逐步确定下来。显然,在测试过程中如果经常出现严重错误,则说明开发的质量和可靠性一定不高,更需要多加测试。反之,如果软件的功能看起来完成得很正常,遇到的错误也比较容易修改,则存在两种可能:一是软件的质量和可靠性是令人满意的;二是所做的测试还不够全面,不够充分,未能发现隐藏着的错误。如果是后一种情况,则很有可能是测试配置选择不恰当,导致问题不能够充分暴露出来,这些潜伏着的问题最终会被发现,如果在维护阶段来纠正,其代价将比开发时期高出许多倍。

对测试结果的积累可用于构造可靠性模型,据此可估计出错的情况,并对软件的可靠性进行预测。

12.2 软件测试的方法与过程

软件测试的方法和技术是多种多样的。对于软件测试方法,可以从不同的角度加以分类。

(1) 按照是否需要执行被测软件来划分,有静态测试和动态测试。

(2) 按照是否针对系统的内部结构和实现算法来划分,有黑盒测试和白盒测试。

(3) 按照软件测试方法来划分,有手工测试和自动测试。

(4) 按照开发过程来划分,有单元测试、集成测试、确认测试和系统测试等。

12.2.1 静态测试与动态测试

1. 静态测试

静态测试不实际运行被测程序,主要对被测程序的编程格式、结构等方面进行评估。其内容包括:检查代码和设计是否一致;检查代码逻辑表达是否正确和完整;检查代码结构是否合理,等等。经验表明,使用这种方法可以有效地发现 $30\%\sim70\%$ 的逻辑设计和编码错误。

2. 动态测试

动态测试是指在计算机上直接用测试用例运行被测程序,检验程序的动态行为和运行结果的正确性。根据动态测试在软件开发过程中所处的阶段和作用,动态测试可分为单元测试、集成测试、确认测试、系统测试、验收测试和回归测试等几个步骤。

12.2.2 黑盒测试与白盒测试

1. 黑盒测试

黑盒测试也称为功能测试或数据驱动测试。将被测对象看成黑盒子,在完全不考虑其内部结构和特性的情况下,测试被测对象的外部特性。通常,根据系统分析说明书设计测试用例,通过输入和输出的特性检测是否满足指定的功能。所以测试只作用于程序的接口处。黑盒测试可从用户的角度出发来进行测试,主要针对软件界面、软件功能、外部数据库访问等方面进行测试。黑盒测试的缺点主要是无法测试程序内部特定的部位。

2. 白盒测试

白盒测试也称为结构测试或逻辑驱动测试。将被测对象看成透明的白盒。根据程序的内部结构和逻辑来设计测试用例,对程序的路径和过程进行测试,检查是否满足设计的需要。其原则如下。

(1) 程序模块中的所有独立路径至少执行一次。

(2) 在所有的逻辑判断中,取"真"和取"假"的两种情况至少都能执行一次。

(3) 每个循环都应在边界条件和一般条件下各执行一次。

(4) 测试程序内部数据结构的有效性,等等。

白盒测试可以对程序内部特定的部位进行覆盖测试,主要针对被测单元内部是如何进行工作的测试。

12.2.3 软件测试过程

测试过程基本上与开发过程平行进行。一个规范化的测试过程通常包括以下基本的测试活动:拟订测试计划;编制测试大纲;设计和生成测试用例;实施测试;生成测试报告。

1. 拟订测试计划

测试计划是一个关键的管理功能,其目的是为有组织地完成测试提供一个基础。在制订测试计划时,要充分考虑整个项目的开发进度,以及一些人为因素、客观条件等,使得测试计划是可行的。测试计划的内容主要有测试的内容、进度安排、测试所需的环境和条件(包括设备、被测项目和人员等)、测试培训安排,等等。

2. 编制测试大纲

测试大纲是测试的依据。它明确详尽地规定了在测试中针对系统的每一项功能或特性所必须完成的基本测试项目和测试完成的标准。无论是自动测试还是手工测试,都必须满足测试大纲的要求。

3. 设计和生成测试用例

根据测试大纲,设计和生成测试用例,产生测试设计说明文档,其内容主要有被测项目、输入数据、测试过程和预期输出结果,等等。

4. 实施测试

测试的实施阶段是由一系列的测试周期组成的。在每个测试周期中,测试人员和开发人员将依据预先编制好的测试大纲和准备好的测试用例,对被测软件或设备进行完整的测试。

5. 生成测试报告

测试完成后,要形成相应的测试报告,主要对测试进行概要说明,列出测试的结论,指出缺陷和错误,另外,给出一些建议,如可采用的修改方法,各项修改预计的工作量、修改的负责人等。

12.2.4 软件测试步骤

由于每种测试所花费的成本不同,如果测试步骤安排得不合理,将造成为了寻找错误原因而浪费大量的时间以及重复测试。因此,合理安排测试步骤对于提高测试效率、降低测试成本有很大的作用。信息系统测试分别按硬件系统、网络系统和软件系统进行测试,最后对整个系统进行总的综合测试。软件测试步骤如图 12.2 所示。

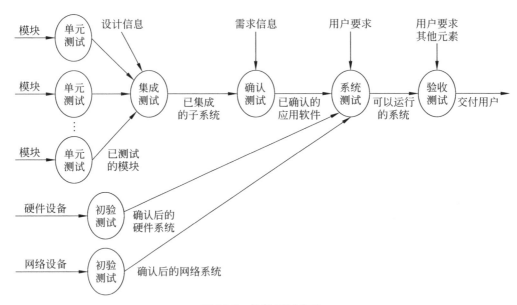

图 12.2 软件测试步骤

1. 硬件测试

在进行信息系统开发中,通常需要根据项目的情况选购硬件设备。在设备到货后,应在各个相关厂商配合下进行初验测试,初验测试通过后将与软件、网络等一起进行系统测试。初验测试所做的工作主要如下。

1）配置检测

检测是否按合同提供了相应的配置。例如系统软件、硬盘、内存和 CPU 等的配置情况。

2）硬件设备的外观检查

所有设备及配件开箱后外观有无明显划痕和损伤。这些包括计算机主机、服务器和存储设备等。

3）硬件运行测试

首先进行加电检测,观看运行状态是否正常,有无报警、屏幕有无乱码提示和死机现象,是否能进入正常提示状态。然后进行操作检测,用一些常用的命令来检测机器是否能执行命令,结果是否正常。最后检查是否提供了相关的工具,如帮助系统、系统管理工具等。

通过以上测试,要求形成相应的硬件测试报告,在测试报告中包含测试步骤、测试过程和测试的结论等。

2. 网络测试

在网络设备到货后,应在各个相关厂商配合下进行初验测试,初验测试通过后将与软件、硬件等一起进行系统测试。初验测试所做的工作主要如下。

1)配置检测

检测是否按合同提供了相应的配置。

2)网络设备的外观检查

所有设备及配件开箱后外观有无明显划痕和损伤。这些包括交换机和路由器等。

3)硬件运行测试

进行加电检测,观看交换机、路由器等工作状态是否正常,有无错误和报警。

4)网络连通测试

检测网络是否连通,可以用 PING、TELNET、FTP 等命令来检查。

通过以上测试,要求形成相应的网络测试报告,在测试报告中包含测试步骤、测试过程和测试的结论等。

3. 软件测试

软件测试实际上分成五步:单元测试、集成测试、确认测试、系统测试和验收测试,它们按顺序进行。首先是单元测试,对源程序中的每一个程序单元进行测试,验证每个模块是否满足系统设计说明书的要求。集成测试是将已测试过的模块组合成子系统,重点测试各模块之间的接口和联系。确认测试是对整个软件进行验收,根据系统分析说明书来考察软件是否满足要求。系统测试是将软件、硬件、网络等系统的各个部分连接起来,对整个系统进行总的功能、性能等方面的测试。

验收测试是以用户为主的测试。系统开发人员和质量保证人员也应参加。在验收测试之前,需要对用户进行培训,以便熟悉该系统。验收测试的测试用例由用户参与设计,主要验证系统的功能、性能、可移植性、兼容性和容错性等。测试时一般采用实际数据。

12.2.5 软件的调试

测试的目的是为了发现尽可能多的错误,而对于所暴露的错误最终需要改正。调试的任务就是根据测试时所发现的错误,找出原因和具体的位置,并进行改正。

除单元测试以外,测试工作应避免由原开发人员来承担。但调试工作主要由程序开发人员来进行,也就是说,谁开发的程序一般由谁来进行调试。

调试过程如图 12.3 所示。首先执行设计的测试用例,对测试结果进行分析,如果有错误,需要运用调试技术,找出错误原因和具体的位置。调试结果有两个:一是能确定错误原因并进行了纠正,为了保证错误已排除,需要重新执行暴露该错误的原测试用例以及某些回归测试(即重复一些以前做过的测试);另一种是未找出错误原因,那么只能对错误原因进行假设,根据假设设计新的测试用例证实这种推测,若推测失败,需进行新的推测,直至找到错误并纠正。通常确定错误原因和具体的位置所需的工作量在调试过程中是非常大的,大约占调试总工作量的95%,而且花费的时间也不确定。

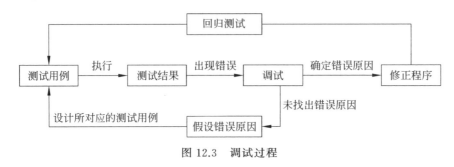

图 12.3　调试过程

随着测试技术和软件开发环境的发展,可以提供功能越来越强的自动测试和调试工具,支持断点设置、单步运行和各种跟踪技术,为软件的调试提供了很大方便。但无论哪种工具都代替不了开发人员对整个文档和程序代码的仔细研究和认真审查所起的作用。

12.3　基于 Web 的信息系统测试

当前,基于 Web 的信息系统应用越来越广泛。由于 Web 信息系统有自己独特的特点,所以在对 Web 应用系统进行测试时,不仅要借用传统软件测试和系统测试的方法和技术,还需要研究测试和评估 Web 系统的新方法和新技术。

12.3.1　网页测试

在 Web 系统中,网页含有非常丰富的内容,对它的测试可以从以下几方面考虑。

1. 用户界面测试

用户界面测试主要包括用户界面的色彩搭配、整体布局、样式是否统一、控件是否合理、提示信息和页面信息是否有语法错误等。除此之外,还可以通过走访、调查问卷等方式征求最终用户的意见,实现对整个 Web 应用系统的页面结构测试。

2. 链接测试

链接是 Web 应用系统的一个主要特征,它是在页面之间切换和指导用户去一些不知道地址的页面的主要手段。链接测试可分为以下三个方面。

(1) 测试所有链接是否按指示的那样确实链接到了该链接的页面。

(2) 测试所链接的页面是否存在。

(3) 保证 Web 应用系统上没有孤立的页面(所谓孤立页面是指没有链接指向该页面)。

链接测试必须在集成测试阶段完成,也就是说,在整个 Web 应用系统的所有页面开发完成之后应进行链接测试。

3. 表单测试

在网站上,表单是实现网页上数据传输的基础,其作用就是能实现访问者与网站或网站管理员之间的交互功能,如用户注册、登录和信息提交等。在这种情况下,必须测试提交操作的完整性,以校验提交给服务器的信息的正确性。例如填写的所属省份与所在城市是否匹配等。

4. 状态测试

在 Web 应用程序中,通常用 Cookie、Session 等来存储用户信息和用户在某应用系统中的操作。如果 Web 应用系统使用了 Session,需要测试 Session 失效的情况。

如果 Web 应用系统使用了 Cookie,就必须检查 Cookie 是否能正常工作并且对这些信息是否已经加密。测试的内容可包括 Cookie 是否起作用,是否按预定的时间进行保存,刷新对 Cookie 有什么影响等。

5. 导航测试

导航描述了用户在一个页面内操作的方式。导航测试在不同的链接页面之间,或在不同的用户接口控制之间(如按钮、对话框、列表和窗口等)层次是否清楚,是否符合用户的操作习惯。导航测试主要包括以下内容。

(1)导航是否直观。

(2)Web 系统的主要部分是否可以通过主页访问。

(3)Web 系统是否需要站点地图、搜索引擎或其他的导航器帮助。

Web 应用系统的层次一旦决定,就要着手测试用户导航功能,让最终用户参与这种测试,效果将更加明显。

6. 应用程序特定的功能测试

根据系统分析说明书和系统设计说明书,还需要对应用程序的特定功能和逻辑进行测试。测试主要包括以下内容。

(1)所有页面的搜索功能是否实现,是否能正确显示搜索结果,对异常情况能否报错。

(2)前后台数据的交互是否正确(如网上书店,能否实现图书、订单等信息的实时更新),数据传递是否正确。

(3)如果有分页功能,需测试分页功能是否实现,能否正确跳转到指定的页数。

(4)用户对页面的操作是否随着权限的变化而变化。

(5)如果有上传或下载文件的功能,需测试上传或下载文件的功能是否实现。

12.3.2 网站测试

在网页测试的基础之上,还需要对整个网站进行测试。主要包括以下内容。

1. 数据库测试

在 Web 应用技术中,数据库起着重要的作用,数据库为 Web 应用系统的管理、运行、查询和实现用户对数据存储的请求等提供空间。对数据库相关方面的测试主要包括以下内容。

(1) 数据库的设计是否合理和完善。

(2) SQL 语句编写是否正确、高效。

(3) 当网站需要支持多种类型数据库产品时,需进行 SQL 兼容性测试。

2. 服务器性能及负载测试

网站可能每日接受数十万、百万次的服务请求。如果 Web 系统响应时间太长,用户就会因没有耐心等待而离开。非常有必要对服务器性能进行测试。

负载测试是为了测量 Web 系统在某一负载级别上的性能,以保证 Web 系统在需求范围内能正常工作。负载级别可以是某个时刻同时访问 Web 系统的用户数量,也可以是在线数据处理的数量。

服务器性能及负载测试通常是通过模拟应用的方法来实现,也就是说,通过某种程序方法(或测试工具)模拟上万次的链接和下载来判断服务器的响应时间、并发访问数量和负载能力。

3. 安全性测试

现在的 Web 应用系统基本采用先注册、后登录的方式。因此,必须测试有效和无效的用户名和密码,要注意是否对大小写敏感,可以试多少次的限制,是否可以不登录而直接浏览某个页面等。Web 应用系统是否有超时限制,也就是说,用户登录后在一定时间内(例如10 分钟)没有点击任何页面,是否需要重新登录才能正常使用。有些页面需要一定权限才能访问,是否屏蔽了直接输入 URL 的访问等。

为了保证 Web 应用系统的安全性,日志文件是至关重要的。需要测试相关信息是否写进了日志文件、是否可追踪。服务器端的脚本常常构成安全漏洞,这些漏洞又常常被黑客利用。所以,还要测试没有经过授权,就不能在服务器端放置和编辑脚本的问题。

4. 客户端兼容性测试

客户端兼容性测试主要包括以下几方面。

1) 平台测试

市场上有不同类型的操作系统,最常见的有 Windows、Linux 等。Web 应用系统的最终用户究竟使用哪一种操作系统,取决于用户系统的配置。这样,就可能会发生兼容性问题,同一个应用可能在某些操作系统下能正常运行,但在另外的操作系统下可能会运行失败。因此,在 Web 系统发布之前,需要在不同的操作系统下对 Web 系统进行兼容性测试。

2) 浏览器测试

浏览器测试是指测试网页在不同浏览器和不同版本下的运行和显示状况。在实际工作中,用户会使用不同的浏览器登录互联网,框架和层次结构风格在不同的浏览器中有不同的显示,甚至根本不显示。通过此项测试和修改,可以保证网页在大多数的浏览器中都能正确显示。

3）分辨率测试

需要测试在不同分辨率下网页有哪些变化，是否能正常显示。

5. 接口测试

在很多情况下，Web网站不是孤立的，它可能会与外部服务器通信，请求数据、验证数据等。因此，对于与Web网站有关的接口也应该一并进行测试。

12.4　自动化测试及其工具

以前对应用系统的测试大多采用手工的测试方法，或设计一些测试程序来进行测试，造成测试效率低、花费时间长，这种传统的手工测试已远远不能满足现实需求。为了提高软件测试效率，保证软件测试质量，提高软件测试的自动化水平是一个有效的解决方法。

12.4.1　自动化测试概述

测试的许多操作是重复性的、非智力性的和非创造性的、需要进行准确细致的工作。采用计算机自动化测试方式最适合完成这样的任务。自动化测试利用软件测试工具自动实现全部或部分测试，从而达到提高测试质量和测试效率、减少测试过程中的重复劳动的目的。

1. 自动化测试的优缺点

与手工测试相比，自动化测试主要有以下优势。

（1）测试流程自动化管理可以使得测试活动更加规范，测试也能在项目的早期开始并随着时间一直扩展。

（2）在多个平台上的测试能够同时进行，更好地利用资源。

（3）可以在较少的时间内运行更多的测试，提高测试效率。

（4）可执行一些手工测试困难或不可能进行的测试。如对于在网络上运行的应用系统，在进行大量用户的测试时，不可能同时让足够多的测试人员同时进行测试，但却可以通过自动化测试工具模拟产生许多用户，达到测试的目的。

（5）测试是可复用的。由于自动化测试通常采用脚本技术，这样可以只需做少量的修改或不修改，就能在不同的测试过程中使用相同的测试用例。

当然，自动化测试也存在一些缺点，主要表现在：不能完全取代手工测试；手工测试可能比自动测试发现更多的意外缺陷；测试自动化没有创造力，不能灵活处理意外事件，等等。

2. 自动化测试的适用场合

应该根据具体情况选择采用手工测试还是自动化测试。通常，适合于自动化测试的主要有以下场合。

（1）在软件开发项目中，某些模块的需求变动很大，而有些模块却相对稳定。对于那些相对稳定的模块可考虑采用自动化测试，而变动较大的模块仍采用手工测试。

（2）在手工测试困难或无法完成，需要投入大量时间与人力时也可以考虑采用自动化测试。例如压力测试、并发测试和强度测试等。

（3）对于一些需要重复性测试工作的可以考虑采用自动化测试。例如，对平台兼容性（不同的操作系统、不同的数据库以及不同的硬件配置等）的测试。

12.4.2 自动化测试工具的分类

随着软件测试的地位逐步提高，测试工具的应用已经成为普遍的趋势。目前用于测试的工具很多，基本可以覆盖整个软件测试周期。按照这些测试工具的功能和作用，可以分成以下几大类：测试管理工具、测试用例设计工具、白盒测试工具、功能测试工具和性能测试工具等。

1. 测试管理工具

测试管理工具用于对测试进行管理。它贯穿了整个软件测试过程，包括制订测试计划、测试用例设计、测试实施和缺陷跟踪等。它管理整个测试过程中所产生的文档、数据统计和版本信息。

测试管理工具将测试过程流水化，让不同人员可以通过工具实时交换相关信息，随时了解测试进程、问题等，从而能够更加有效地组织管理整个软件的测试流程。测试管理工具的代表有 HP 公司的 Quality Center（见图 12.4）、IBM 公司的 Rational ClearQuest 等软件。

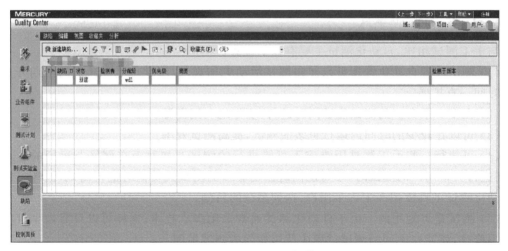

图 12.4　Quality Center 操作界面

2. 测试用例设计工具

测试用例设计工具主要是用于测试用例的设计。它又具体分为以下两类。

（1）基于需求说明的测试用例设计工具。

（2）基于代码的测试用例设计工具。

基于需求说明的测试用例设计工具主要用于系统级别的测试，在使用中不受软件开发语言和平台的限制。在使用这类工具生成测试用例之前，需要事先手工将需求说明转化成工具所能理解的格式,由工具对转化后的需求说明进行分析,生成测试用例。用这类工具生成测试用例的质量直接取决于需求功能说明书的质量。

基于代码的测试用例设计工具主要用于单元测试中,它通过读入程序源文件,并对其中的代码结构进行分析,产生测试输入数据进行测试。由于这种工具与代码结合得很紧密,所以,一种工具只能对应一种或一类特定的语言,而且这类工具也只能产生测试的输入数据,不能产生输入数据后的预期结果。

3. 白盒测试工具

白盒测试工具一般是针对被测源程序进行的测试,测试中发现的缺陷可以定位到代码级。根据是否运行代码,白盒测试工具可进一步细分为静态测试工具和动态测试工具。

1) 静态测试工具

静态测试工具在不执行程序的情况下直接对被测源程序进行分析。它一般根据预订定义的语法规则对代码进行扫描,找出不符合编码规范的地方。

静态测试工具的代表有 Telelogic 公司的 Logiscope 软件、Perforce 公司的 Helix QAC (原 PRQA)软件、Microsoft FxCop 等。图 12.5 是 Helix QAC 的界面。

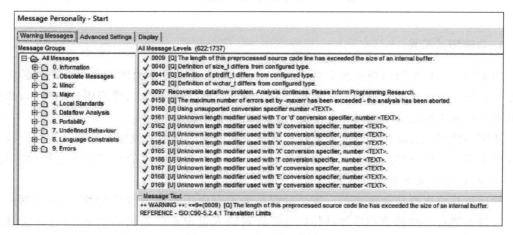

图 12.5　Helix QAC 的界面

2) 动态测试工具

动态测试工具就是通过选择适当的测试用例,运行测试程序,将测试结果和预期结果相比较,以发现错误。动态测试工具能使被测程序有控制的执行,监视和记录程序的运行情况。通常的方法是在被测程序所生成的可执行文件中插入一些监测代码,检测各语句、分支和路径的执行次数、运行结果等,以便统计各种覆盖情况。如果测试的覆盖率没有达到要求,则要设计新的测试用例来满足覆盖要求。除了覆盖分析之外,也常分析程序对资源的占用情况,帮助优化程序,提高系统性能。

目前,最流行的单元测试工具是 xUnit 系列框架。根据支持的语言环境不同可分为 JUnit(Java)、CppUnit(C++)、DUnit(Delphi)、NUnit(.Net)、PhpUnit(PHP)和 PerlUnit (Perl)等。

IBM 公司也推出了一系列的动态测试工具,如主要用来检查内存和资源泄露问题的测试工具 Rational Purify(见图 12.6);又如对测试所达到的覆盖率进行统计、分析的测试工具 Rational PureCoverage,还有 Micro Focus 公司的 DevPartner 软件等。

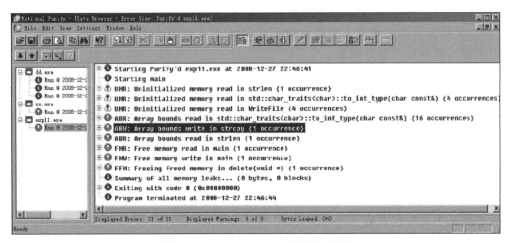

图 12.6　Rational Purify 的操作界面

4. 功能测试工具

功能测试工具是回归测试所主要用到的工具,其测试对象多为图形界面(GUI)的应用程序。它的一般原理是利用脚本的录制(Record)/回放(Playback),模拟用户的操作,然后将被测程序的输出记录下来同预先给定的标准结果相比较。

使用功能测试自动化工具的主要过程就是录制→修改参数并设定预期值→运行→检查操作结果是否正确→形成报表。录制就是记录下人工对被测程序的全部操作过程(如单击某个按钮,在某个文本框中输入数据等),形成了脚本(Script)。

然后就是修改参数和预期值。这个过程是为了对应用程序进行反复的、不同数据的测试而对脚本进行一些修改和添加;同时,也要针对输入设定希望输出的结果,这样才能比较测试结果是否符合要求。

运行脚本,测试工具就会按照脚本中的内容,对被测程序进行操作。运行完毕脚本后,就会生成相应的测试报表,供测试人员分析问题。测试报表可以告诉测试人员非常详细的信息,如数据库中哪个表的哪一行有问题等。

这样,通过脚本录制和回放功能可以大大减轻测试人员的工作量。此外,在录制的脚本中可以设置检验点以便测试工具能够对操作结果的正确性进行检查,还可以根据具体的测试需要对脚本进行编程,使得脚本更加灵活。

典型的功能测试自动化工具:IBM 公司的 Rational Functional Tester(RFT)和 HP 公司的 Unified Functional Testing(UFT)(原 QuickTest Professional,QTP)等。

5. 性能测试工具

性能测试工具就是模拟应用程序实际工作中所可能产生的高并发、不稳定的网络带宽、有限的服务器资源等环境,对被测程序进行压力或响应时间的测试,通过测试结果来确认和发现问题,从而对系统性能进行优化,确保应用系统的成功部署。通常所说的压力测试、容量测试和强度测试都属于性能测试的范畴。通常进行的性能测试内容主要包括:系统的响应时间,系统能够承受多大程度的并发操作,在网络带宽不足、内存或处理器资源紧张的情况下是否能够正常工作等。

使用性能测试工具对应用系统的性能进行测试的主要过程如下。

首先,录制手工操作被测系统的操作过程,以脚本的方式保存。

然后,根据具体的测试要求,对脚本进行修改,并对脚本运行的过程进行设置(如设置并发的用户数),使脚本的运行环境和实际要模拟的测试环境一样。

最后,运行测试脚本。性能测试工具在模拟环境下执行预先录制的脚本,并实时显示与被测系统相关的各项性能数据。

性能测试工具的代表:IBM 公司的 Rational Performance Tester(RPT)和 HP 公司的 LoadRunner 等。

12.4.3　开源测试工具解决方案

相对于商业测试软件,开源测试工具有免费、功能简单、轻便和有更好的扩展自由度等优点。从单元测试、功能测试、性能测试到测试管理都有相对应的开源软件测试工具。借助开源软件测试工具完全可以构造一个完整的测试解决方案。开源测试工具举例如表 12.1 所示。

表 12.1　开源测试工具举例

类型	代表的测试工具和说明	参 考 网 站
测试平台	TestMaker:是一个分布式的自动化测试平台,主要对应用程序的性能进行监控和管理。支持 Java、.NET、PHP、Ruby 和 Perl 等的功能测试以及负载和性能测试,主要适合 Web 和 SOA 等的应用	https://www.oschina.net/p/testmaker
	LuckyFrame:集自动化测试以及质量管理的统一平台	http://www.luckyframe.cn/
缺陷跟踪	Bugzilla:基于 Web 的产品缺陷记录及跟踪工具	http://www.bugzilla.org
	MantisBT:基于 Web 的软件缺陷管理工具,适合中小型软件开发团队	http://www.mantisbt.org/
测试用例管理	TestLink:基于 Web 的测试用例管理工具,主要功能是测试用例的创建、管理和执行,并且还提供了一些简单的统计功能	http://www.ltesting.net/ceshi/open/kycsglgj/testlink/
	TestCenter:实现测试用例的过程管理,对测试需求过程、测试用例设计过程、业务组件设计实现过程等整个测试过程进行管理	http://www.spasvo.com/products/tce.asp
	禅道:集产品管理、项目管理、测试管理于一身,同时包含事务管理、组织管理等诸多功能,是中小型企业项目管理的首选工具	https://www.zentao.net/

类型	代表的测试工具和说明	参 考 网 站
单元测试工具	针对各种语言进行的单元测试工具,如 JUint、PHPUnit 等	http://www.junit.org/
	针对各种对象(HTTP、Database)进行的单元测试,如 HttpUnit 和 DBUnit 等	http://c2.com/cgi/wiki? HttpUnit
功能测试工具	Selenium:基于 Web 应用的功能测试和验收测试	http://seleniumhq.org/
	Citrus:是一个采用 Java 开发的测试框架。它为企业 SOA 应用程序和消息解决方案提供完全自动化的集成测试	http://www.citrusframework.org/
	Abbot:用来对 Java 的图形界面应用程序进行功能和单元测试的框架。主要功能包括模拟用户行为、检查组件状态,测试过程会被记录下来并可以进行回放	http://abbot.sourceforge.net
	Watir:是一款基于 Ruby 语言的开源免费的 Web 系统自动化测试工具	http://watir.com/
	Postman:提供功能强大的 Web API 和 HTTP 请求的调试	https://www.getpostman.com
	SoapUI:一个 GUI 自动化测试工具	https://www.soapui.org
性能测试工具	ApacheJMeter:用于对服务器或网络模拟繁重的负载来测试它们的强度或分析不同压力类型下的整体性能	http://jakarta.apache.org/jmeter/
	OpenSTA:专用于 B/S 结构的性能测试工具。可对测试脚本进行编辑,完成大规模的压力测试	http://www.opensta.org
	Locust:使用 Python 开发,基于事件、支持分布式并且提供 Web UI 进行测试执行和结果展示的性能测试工具	https://www.locust.io/

思 考 题

1. 测试应遵循什么原则? 为什么要遵循这些原则?

2. 软件测试的过程和步骤是什么?

3. 硬件测试和网络测试各包括哪些内容?

4. 测试与调试有什么区别? 它们各有什么用途?

5. 试对某个较小规模的 Web 网站进行测试,先做出测试设计,然后用相应方法进行测试。

6. 简述自动化测试的优点和缺陷。

7. 选取一种本章所列选的开源测试工具,自学相关内容,认识其主要功能并学习使用方法,尝试进行实例的测试。

第13章 信息系统的运行与安全管理

随着信息化逐渐走向深入,信息系统领域的重心也逐渐从系统建设转移到系统运行方面。对于业务部门来讲,运行的信息系统可视为由 IT 部门提供的服务,所以对信息系统的管理就是 IT 服务管理。信息系统的运行需要做好制度保障和组织保障,新旧系统的切换以及日常运行管理,根据系统的运行情况或用户要求,维护或升级系统。在信息系统运行过程中,要高度重视信息系统的安全问题。本章专门讨论信息系统的运行和安全的内容。

13.1 IT 服务管理与运行制度建设

在信息系统应用生命周期中,运行维护阶段通常有以下两个重要特点:一是通常时间跨度最长;二是业务对信息系统有较强的依赖性,并且易受到劣质信息系统服务质量的负面影响。如图 13.1 所示,一个信息系统从开发到上线实施相对仅需要不多的时间,运行维护却要很长时间。运行与维护阶段是信息系统应用生命周期的关键阶段,如果在这个阶段中没有任何指南作为管理参考,就有可能造成投资的浪费、服务的不可靠、反应速度慢和质量低下。

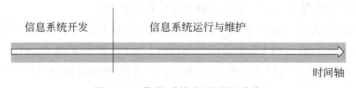

图 13.1　信息系统应用时间分布

在认识到信息系统等 IT 资源作为一种服务对组织业务运作的重大意义后,人们开始探索如何对 IT 服务进行有效的管理。20 世纪 80 年代,人们在总结以前 IT 管理的经验和教训的基础上从提高 IT 服务品质和降低 IT 服务成本的原则出发,摸索出了 IT 服务管理的规范化方法。本节首先介绍两个权威的 IT 服务管理的模型:COBIT 和 ITIL。然后,对信息系统的运行制度进行阐述。

13.1.1 COBIT 和 ITIL 简介

1. COBIT

COBIT(Control Objectives for Information and Related Technology),直译为信息和相关技术的控制目标,但一般都译为"信息系统和技术控制目标",是美国信息系统审计与控制协会 ISACA(Information System Audit and Control Association)开发的。COBIT 已经成为一个在国际上公认的、权威的信息技术管理和控制的标准。

COBIT 的最初版本 COBIT V1.0 在 1996 年发布,目前已经更新至现在的 2019 版本(下面称为 COBIT 2019,2018 年 11 月发布)。最早版本 COBIT 的目的非常简单,就是 IT 部门的审计标准体系,后来的版本中,逐渐加入了控制指标、管理体系和 IT 治理等方面。

COBIT2019 主要适用于企业或组织中那些利用相关的信息技术和数据的业务流程负责人,它的目标是提供一个综合的框架来帮助企业分别实现治理(Governance)与管理(Management)IT 系统和资源,其手段是通过优化风险水平和平衡资源使用来达到信息系统和信息资源的最佳收益。COBIT 2019 保证了他们所管理的业务中信息及其相关技术的质量、可靠性和可控性。

2. ITIL

ITIL(Information Technology Infrastructure Library)即信息技术基础构架库,是 20 世纪 80 年代英国商务部(Office of Government Commerce,OGC)为解决“IT 服务质量不佳”的问题,而提出的一整套对 IT 服务的质量进行评估的方法体系。ITIL 的最早版本是 1986 年由 OGC 颁布的,一开始是作为政府部门 IT 项目投资和运行管理的最佳实践指南,问世后不久便被推广到英国的私营企业。1999 年颁布的 ITIL V2.0 版本,其基于流程型的最佳实践指导方法大获成功,传遍欧洲并随后开始在美国兴起,成为 IT 服务管理领域全球广泛认可的最佳实践框架。2007 年发布的 ITIL V3.0,它整合了前两版的精华并融入了 IT 服务管理领域成果。最新的是 2019 年发布的 ITIL V4.0,它保留了 ITIL V3.0 的优点,并且核心元素保持不变,提出了服务价值系统(Service Value System,SVS)的概念。ITIL V4.0 的重点放在综合服务管理上,而不仅仅局限在 IT 服务管理。

ITIL 虽然已经成为 IT 管理领域的事实上标准,但由于它没有说明如何来实施它,因此以 ITIL 为核心,世界上的一些 IT 企业开发了自己的 IT 管理实施方法论。如微软公司针对所有的微软产品开发的“微软运作框架”(MOF)、惠普公司开发的 IT 服务管理的方法论“惠普 IT 服务管理参考模型”等。

随着技术与应用的发展,ITIL 也处在不断革新变换的过程之中。ITIL 为组织的 IT 服务管理实践提供了一个客观、严谨、可量化的标准和规范,并在全球 IT 服务管理领域得到了广泛的认同和支持。

13.1.2 建立和健全信息系统的运行制度

管理任何一个规范的组织,其每一项具体的业务都应有一套科学的运行制度。信息系统也不例外,同样需要一套完善的管理制度以确保信息系统的正确和安全运行。信息系统的运行管理制度是对员工在信息处理方面的要求和约束,应该在信息系统的运行过程中不断完善。具体包括以下内容。

(1)信息收集整理制度。在确定岗位职责时,应该明确每一个员工应该负责收集哪方面的信息,并对其进行分类整理,辨别真伪,保证其质量,将信息收集的质量放入考核体系之中。

(2)信息录入制度。制度中要明确规定录入人员的权限和要求,包括正确性、及时性和可靠性,以及奖惩措施。

（3）信息更新制度。组织根据自己的需要,设立专人或由人兼职对于组织中的已经过时的、失效的或者暂时没用的信息进行定期或不定期地更新,保证信息的有效性和一致性。

（4）信息共享制度。信息系统的最重要的目标是让组织的员工能够更多地分享相关的信息,从而提高他们自我管理和决策的水平。因此,组织应该明确规定信息共享的范围和程度,并建立相关的激励机制和考核措施保证这一制度的顺畅执行。

（5）信息报告制度。信息报告制度是指组织的每一个员工都有责任对组织内在的隐患、竞争对手的新举措等报告给高层领导人,员工对公司发展的建议也有渠道上传给高层负责人,对于积极提出建议和报告的员工应有相应的奖励措施,以提升员工对组织事务的参与感。

（6）信息人才培养制度。组织要大力引进和培养既懂经营管理又懂信息化的复合型管理人才。对在组织信息化建设中起重要作用的关键人才,要加大收入分配方面的激励。加强全员培训,提高全员信息化意识和运用信息技术的能力。

要说明的是,安全是信息系统正常运行的重要保证。因此,设计相应的信息系统安全管理制度非常必要。在 13.4 节中会进一步分析。

13.2　信息系统运行的组织建设

信息系统要运行,首先要解决的问题是运行期间信息系统部门的组织问题。信息系统部门在组织中的地位如图 13.2 所示。

13.2.1　信息系统运行期间的部门组织

目前我国各组织中负责系统运行的大多是信息中心、计算中心和信息处等信息管理职能部门,从信息系统在组织中的地位来看,系统运行与维护部门的组织结构有四种形式,如图 13.2 所示。

1. 分散孤立型信息部门

图 13.2(a)是一种较低级的方式,信息系统为部门独自所有,不能成为组织的共享资源。有些组织虽然将某个业务信息系统交由某部门托管,但由于部门管理的局限性而制约了系统整体资源的调配与利用,使系统的效率和效益大受影响。

2. 与其他部门平级型信息部门

图 13.2(b)是一种将信息系统的管理机构与组织内部的其他部门平行看待,享有同等的权力。这种方式下信息系统的地位,要比第一种方式高。尽管信息资源可以为整个组织共享,但信息系统部门的决策能力较弱,与系统运行有关的协调和决策工作将受到影响。

3. 高层参谋型信息部门

图 13.2(c)是一种由最高管理层直接领导,系统作为组织的信息中心和参谋中心而存在。这种方式有利于集中管理、资源共享,能充分发挥领导的指挥作用和系统向领导提供的决策支持作用,但容易造成脱离业务部门或服务较差的现象。

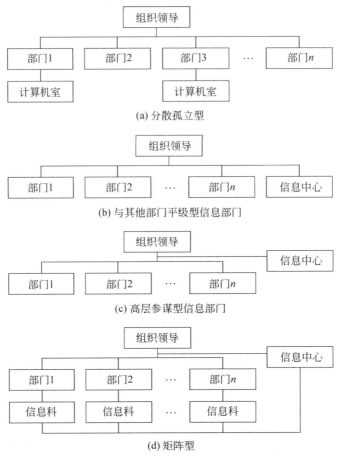

(a) 分散孤立型

(b) 与其他部门平级型信息部门

(c) 高层参谋型信息部门

(d) 矩阵型

图 13.2　信息系统部门在组织中的地位

4. 矩阵型信息部门

图 13.2(d)是第三种方式的改进。由于目前计算机、网络、通信等各项技术的发展,信息系统部门不但以信息中心存在于各业务部门之上,同时,又在各业务部门设立信息科,或者信息科干脆与业务部门成为一个整体,只是规定专人负责该业务部门的信息系统业务,这个专人或信息科在业务上同时又归信息中心领导。这样信息中心既能站在组织的高度研究信息系统的发展,又能深入了解并满足各业务部门的需要,有利于加强组织的信息资源管理。

一般来说,在中小型单位中信息系统部门中的人员较少,常常是一人身兼数职,而在大型组织中的信息系统管理部门的构成比较复杂,人员较多,分工也较细。值得注意的是,随着信息技术外包市场的培育和蓬勃发展,将会有越来越多的组织将非关键业务信息系统的运行维护工作外包给专业的第三方 IT 服务提供商管理。

13.2.2　首席信息官及其职责

由于信息系统在组织中的作用越来越大,越来越多的组织设立了首席信息官一职,首席信息官往往是由一个负责组织战略信息管理活动的高层管理人员担任。当然,负责战略信息管理并不意味着无视战术层次和操作层次的信息管理,首席信息官实质是站在战略的高度统筹一个组织的信息管理。也就是说,组织中的信息管理不能仅仅只依赖于一个首席信息官。在首席信息官的统筹之下,还应设有 13.3.1 节中的信息系统管理部门。

1. 首席信息官的知识体系

随着我国信息化建设的深入,将需要一大批合格的首席信息官来主持组织的信息化工作。合格的首席信息官必须具备良好的知识结构、丰富的实践经验和极强的沟通能力。

图 13.3 是首席信息官应该具备的知识体系。整个知识体系共由初级、中级、高级 3 大模块,10 个小模块,28 个知识点组成。其中,企业首席信息官和政府首席信息官各需要了解 25 个知识点,初、中、高三级中分别包括 10 个、7 个和 8 个知识点。

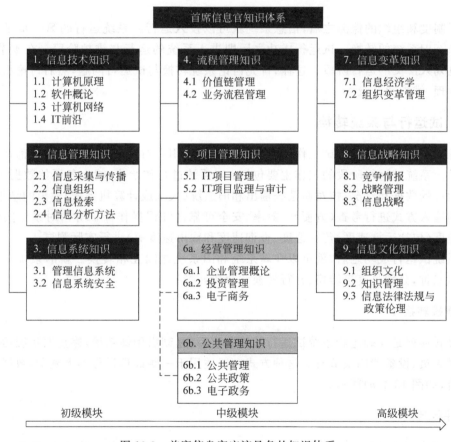

图 13.3　首席信息官应该具备的知识体系

2. 首席信息官的职责

以首席信息官为首的信息系统部门的工作责任主要包括以下 10 个方面。

(1) 参与制订组织发展战略,领导组织信息战略的制订。

（2）制订组织信息制度和信息政策。

（3）培育良好的信息文化。

（4）提升组织和员工的信息素质、信息能力。

（5）为高层管理者提供决策所需的信息支持和信息能力支持。

（6）进行信息系统项目规划，领导重要的信息系统项目的实施。

（7）监控所有信息系统项目的实施，监控现有信息系统的运行。

（8）领导组织内所有信息部门为操作部门和业务功能提供咨询或服务。

（9）与业务部门一道，考虑如何使信息和知识为产品或服务增值。

（10）将积累的经验和教训知识贡献给行业协会和社会。

13.3　信息系统的转换、维护与升级

有了制度和组织的保障之后，信息系统就可以投入运行。系统运行的第一步是新系统试运行和新旧系统的转换。试运行成功之后即进入系统的运行与维护阶段。在本节中，将试运行也列入广义的运行阶段。这样，首先讨论系统转换与试运行问题，然后讨论系统运行的日常管理、维护和升级。

13.3.1　试运行与系统转换

系统的试运行是系统调试工作的延续，一般来讲，用户对新系统的验收测试都在试运行成功之后。系统试运行阶段的工作主要包括：对系统进行初始化、输入各原始数据记录；记录系统运行的数据和状况；核对新系统输出和旧系统（人工或计算机系统）输出的结果；对实际系统的输入方式进行考查（方便性、效率、安全可靠性和误操作保护等）；对系统实际运行和响应速度（包括运算速度、传输速度、查询速度和输出速度等）进行实际测试。

新系统试运行成功之后，就可以在新系统和旧系统之间互相转换。新旧系统之间的转换方式有三种，分别是直接转换、并行转换和分段转换。

1. 直接转换

直接转换就是在确定新系统试运行准确无误后，立刻启用新系统，终止旧系统运行。这种方式对人员、设备费用很节省。这种方式一般适用于一些处理过程不太复杂，数据不很重要的场合，如图 13.4（a）所示。

2. 并行转换

这种切换方式是新旧系统并行工作一段时间，经过一段时间的考验以后，新系统正式替代旧系统，如图 13.4（b）所示。由于与旧系统并行工作，消除了尚未认识新系统之前的惊慌与不安。在银行、税务和一些单位的核心系统中，这是一种经常使用的切换方式。它的主要特点是安全、可靠。但费用和工作量都很大，因为在相当长时间内系统要两套系统并行工作。

3. 分段转换

分段转换又称为逐步转换。这种切换方式实际上是以上两种转换方式的结合。在新系统全部正式运行前，一部分一部分地替代旧系统。其示意图如图13.4(c)所示。那些在转换过程中还没有正式运行的部分，可以在一个模拟环境中继续试运行。这种方式既保证了可靠性，又不至于费用太大。但是这种分段转换要求子系统之间有一定的独立性，对系统的设计和实现都有一定的要求，否则是无法实现这种分段转换的设想的。

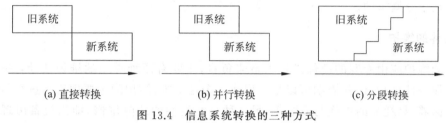

(a) 直接转换   (b) 并行转换   (c) 分段转换

图 13.4　信息系统转换的三种方式

综上所述，第一种方式简单但风险大，万一新系统运行不起来，就会给工作造成混乱，这只在系统规模小，且不是支撑关键业务或对系统质量要求不高的情况下采用。第二种方式无论从工作安全上，还是从心理状态上均是较好的。这种方式的缺点就是费用大，所以系统太大时，费用开销更大。第三种方式是为克服第二种方式缺点的混合方式，因而在较大系统使用较合适，当系统较小时不如用第二种方便。

13.3.2　信息系统运行的日常管理

试运行成功之后即进入系统运行的日常管理阶段。对于信息系统的日常运行，建立日志是一种基本的方法。通过日志，系统管理员可以了解到有哪些用户在什么时间、以什么样的身份登录到系统，也可以查到对特定文件和数据所进行的改动。现在大多数的操作系统和数据库都提供了跟踪并自动记录的功能。例如系统管理员可以观察到一天中对某个文件进行访问的所有用户，并分析在他们访问的前后该文件发生了什么变化。

这里，必须十分强调的是提高组织中各类用户的素质，防止员工因操作失误给组织带来损失。例如在销售订货系统的应用文件中输错了一种很受欢迎的产品的价格时，其结果要么由于价格输低大大影响利润，要么由于价格输高大大影响销售量。还有一个例子，一个被设计用来实施市场预测的表格产生了一个360万美元的错误预测，其原因是把所有小数都四舍五入成了整数，这样1.04的通货膨胀率就从计算中被排除了。

为了减少意外事件引起的对信息系统的损害，要制订应付突发性事件的应急计划，然后每日要审查应急措施的落实情况。应急计划主要针对一些突发性的、灾害性的事件，例如火灾、水害等。因此，机房值班员每日都应仔细审查相应器材和设备是否良好，相应资源是否做好了备份。

资源备份包括两个方面的工作，即数据备份和设备备份，数据备份是必须要做的，在关键的领域，还必须进行设备备份。另外，要保证备份文件是一次灾害和事件影响不到的地方，这样，才能确保事件之后可以依靠所做的备份恢复原系统。

13.3.3　信息系统的维护与升级

系统运行过程中可能会出现各种问题,如因系统错误出现的问题和因需求变更出现的问题等,为了解决这些问题,使系统能正常进行,需要对系统进行相应的维护,为了使系统的性能更高或适应新的业务需求,还需要有计划地升级原有信息系统。

系统维护的成本一直呈增加趋势,从人力资源的分布看,现在世界上90%的信息技术人员在从事系统的运行和维护工作,开发新系统的人员仅占10%。这些统计数字说明系统维护任务是十分繁重的。

1. 硬件的维护

硬件的维护应由专职的硬件维护人员来负责,主要有两种类型的维护活动:一种是定期的设备保养性维护,保养周期可以是一周或一个月不等,维护的主要内容是进行例行的设备检查与保养、易耗品的更换与安装等;另一种是突发性的故障维修,即当设备出现突发性故障时,由专职的维修人员或请厂方的技术人员来排除故障,这种维修活动所花时间不能过长,以免影响系统的正常运行。

2. 应用软件的维护

应用软件的维护主要是指根据需求变化或硬件环境的变化对应用程序进行部分或全部的修改。修改时应充分利用原程序,修改后要填写程序修改登记表,并在程序变更通知书上写明新旧程序的不同之处。

3. 数据的维护

数据的维护工作主要是由数据库管理员来负责,主要负责数据库的安全性和完整性以及进行并发性控制。另外,数据库管理员还要负责定期发布数据字典文件及一些其他的数据管理文件,以保留系统运行和修改的轨迹;当系统出现硬件故障并得到排除后要负责数据库的恢复工作。

数据的维护中还有一项很重要的内容,那就是代码维护。注意这里所说的代码不是指程序代码,而是指为了数据存储和查询的方便准确,设立的一系列代码,如中国人民大学的单位代码是10002;性别中男的代码为1,女为2。由于组织结构的变革或业务规范的修改,可能会修改相应的代码。不过代码维护发生的频率相对较小。

4. 系统维护的管理

要强调的是,系统的修改,往往会"牵一发而动全身"。程序、文件、代码的局部修改,都可能影响系统的其他部分。因此,系统的维护工作应有计划、有步骤地统筹安排,按照维护任务的工作范围、严重程度等诸多因素确定优先顺序,制订出合理的维护计划,然后通过一定的批准手续实施对系统的修改和维护。

在进行系统维护过程中还要注意的问题是维护的副作用。维护的副作用包括两个方面:一是修改程序代码有时会发生灾难性的错误,造成原来运行比较正常的系统变得不能正常运行。为了避免这类错误,要在修改工作完成后进行测试,直至确认和复审无错为止;二是修改数据库中数据的副作用,当一些数据库中的数据发生变化时可能导致某些应用软件不再适应这些已经变化了的数据而产生错误。为了避免这类错误,一是要有严密的数据描述文件,即数据字典系统;二是要严格记录这些修改并进行修改后的测试工作。

总之,系统维护工作是信息系统运行阶段的重要工作内容,必须予以充分的重视。维护工作做得越好,信息系统的作用才能够得以充分发挥,信息系统的寿命也就越长。

5. 信息系统的升级

升级与维护的区别有两点:一是升级体现出更明确的计划性和目标性,而维护则更多地体现为应急性;二是升级更多地体现为里程碑性和质的飞跃,例如硬件升级或软件升级,而维护则更多地体现为日常性和量的积累。

系统在不断维护时会产生许多不同的软件版本,这些版本之间可能只有微小的差异,那么,在进行版本控制时可规定为一个大的版本,例如 4.0 版本,而将具有小差异的版本定义为第二级的版本,例如 4.1 版本,甚至是第三级的版本,例如 4.1.2 版本。那么,可以将版本之间第一级的数字相同的修改和完善称为系统维护,而将版本之间第一级数字的增加规定为系统的升级。

显然,版本第一级数字的增加(例如由 3.0 跃迁到 4.0 版本),系统的性能将会有明显提高,完成的功能会有显著的不同。这些性能和功能要么是在做系统的总体规划时有所考虑的,要么就是随着市场环境和技术环境的改变而做出新的规划的,总之,具有很强的规划性和目标性。版本第二级和第三级数字的不同则更多是为了区别每次的维护,也有的系统不在变动版本的数字上做文章,而是推出补丁程序,版本之间的微小差异以补丁程序的版本来区别。

由于升级具有质变性,因而信息系统在升级过程中应该慎重,最好参照前面所说新旧系统之间的系统转换进行。

强调升级的概念,可以突出系统维护的计划性,因为只有有计划才能区别出不同的版本;另一方面,可以使信息部门的主管未雨绸缪,提前就下一个大版本的性能与功能进行规划,并要求维护人员收集未来信息系统的需求信息。当然,下一个版本的开发还是要在信息系统生命周期的理论指导下进行。

13.4 信息系统安全及其管理

对于一个现代化的国家,其国防、经济、政治、文化乃至人民生活都深深地依赖于各类信息系统,信息系统是否安全可靠,对于信息社会有决定性的影响。安全问题导致的担心,在某种程度上还阻碍了信息系统的进一步深入使用。如何更好地管理好信息系统的安全,就成为一个需要认真研究的问题。可以使用朴素易懂的话来描述信息系统安全工作的目的。

(1) 进不来。让非授权用户无法进入。

(2) 拿不走。让用户不能进行权限以外的操作。

(3) 看不懂。即使以上两项都被攻破,信息被窃取,也无法利用。

（4）改不了。非法入侵者和非授权使用者无法对信息进行修改。

（5）跑不掉。系统有详尽的日志，可以做到事后追查。

13.4.1　信息系统安全的含义及其影响因素

1. 信息系统安全的含义

信息系统的安全管理是一项复杂的系统工程，它的实现不仅是纯粹的技术方面问题，而且还需要法律、制度、人员素质等诸因素的配合。因此，信息系统安全管理的模型应该是一个层次结构，如图 13.5 所示。从该图中可以看出各层之间相互依赖，下层向上层提供支持，上层依赖于下层的完善，最终实现数据信息的安全。

第7层	数据信息安全
第6层	软件系统安全措施
第5层	通信网络安全措施
第4层	硬件系统安全措施
第3层	物理实体安全环境
第2层	管理细则和保护措施
第1层	法律规范和伦理道德

图 13.5　信息系统安全管理的层次模型

不难看出，信息系统的安全是一个系统的概念，它既包括信息系统物理实体的安全，也包括软件和数据的安全；既存在因为技术原因引起的安全隐患，也有非技术原因（如因为人员的素质和伦理道德）等因素引起的安全隐患。在此基础上，我们给出一个信息系统安全的定义：信息系统安全是指采取各种技术和非技术的手段，通过对信息系统建设中的安全设计和运行中的安全管理，使运行在计算机网络中的信息系统是有保护的，没有危险，即组成信息系统的硬件、软件和数据资源受到妥善的保护，不因自然和人为因素而遭到破坏、更改或者泄露系统中的信息资源，保证信息系统能连续正常运行。

2. 信息系统安全的影响因素

信息系统尽管功能强大，技术先进，但由于受到它自身的体系结构、设计思路以及运行机制等方面的限制，也隐含着许多不安全的因素。常见的影响因素：数据的输入、输出、数据存取与备份，源程序以及应用软件、数据库、操作系统等的漏洞或缺陷，硬件、通信部分的漏洞、缺陷或者遗失，还有电磁辐射、环境保障系统、组织内部人员的因素、软件的非法复制、"黑客"、计算机病毒和经济（信息）间谍等，它们的具体表现如表 13.1 所示。

表 13.1　引发信息系统安全的各种可能因素

影 响 因 素	具 体 表 现
数据输入	数据容易被篡改或输入虚假数据，当然有时是误输入
数据输出	经过处理的数据通过各种设备输出，信息就有泄露和被盗看的可能
数据存取与备份	不能完全将非法用户的侵入拒于系统之外，还可能因为没有备份而使系统难以恢复
源程序	用编程语言书写成的处理程序，容易被修改和窃取，并且本身也许存在漏洞
应用软件	如果软件的源程序被修改或破坏，就会损坏系统的功能，进而导致系统的瘫痪；另外，文档的遗失将使得软件的升级与维护十分困难

影 响 因 素	具 体 表 现
数据库	数据库中存有大量的数据资源,而有些数据价值连城,如遭到破坏或失窃,其损失将是难以估计的
操作系统	操作系统是支持系统运行、保障数据安全、协调处理业务和联机运行的关键部分,如遭到攻击和破坏,将造成系统运行的崩溃
硬件	计算机硬件本身也有被破坏、盗窃的可能,此外,组成计算机的电子设备和元件存在偶然故障的可能,而且这种偶然故障可能是致命的
通信	信息和数据通过通信系统进行传输,有被窃听的危险
电磁辐射	计算机是用电脉冲工作的设备,信息是以脉冲来表示的。因此,计算机所处理的信息将以电磁波的形式向周围辐射,只要接收到这些电磁波,就能发现它的内容,造成信息的失密;同时,计算机也容易遭受外界电磁辐射的干扰
环境保障系统	信息系统需要一个良好的运行环境,周围环境的温度、湿度、清洁度以及一些自然灾害等,都会对计算机硬、软件造成影响
组织内部人员的因素	低水平的安全管理、低下的安全素质、偶然的操作失误或故意的违法犯罪行为等,都会成为影响信息系统安全的重要因素
软件的非法复制	软件的非法复制也是影响信息系统安全的因素,这除了会造成软件的失密外,还会给犯罪人员提供分析、入侵、盗取和破坏系统的机会
"黑客"	一些非法的网络用户,出于各种动机,利用所掌握的信息技术进入未经授权的信息系统,恶意的"黑客"可能导致严重问题
计算机病毒	病毒对计算机及网络系统的威胁和破坏越来越严重
经济(信息)间谍	出于商业目的采用各种手段(包括技术的和非技术的)窃取竞争对手的机密数据

13.4.2 信息系统安全的风险分析

不同的组织、不同的信息系统对安全需求不同。此外,安全需求的提出还要充分考虑组织的经济承受能力因素。这就需要对信息系统安全的风险进行分析。信息系统的项目经理和组织的信息主管必须采用通常的商业策略来评估风险,并决定控制的力度。

风险分析是有效保证信息系统安全的前提条件。只有准确地了解信息系统的安全需求、安全漏洞及其可能的危害,才能制定正确的安全策略。风险分析与评估是通过一系列的管理和技术手段来检测当前运行的信息系统所处的安全级别、安全问题、安全漏洞,以及当前安全策略和实际安全级别的差别,评估运行系统的风险,在此基础上,可制订适合具体情况的安全策略及其管理和实施规范,为安全体系的设计提供参考。

风险分析意味着要提出两个基本问题:第一,一旦损失发生,组织将做出何种反应?第二,这种反应的成本为多少?首席信息官应当对组织由于信息系统缺乏安全导致的直接损失进行评估。此外,首席信息官还必须在比直接资产损失更广的范围内考察潜在损失。潜在损失包括诸如由于库存系统的错误,引起了大量缺货现象所产生销售额的损失等诸多风险。

由于风险分析与评估的内容涉及很多方面,因此进行分析时要依照多层面、多角度的原则,从软件到硬件,从物资到人员,要事先制订详细的分析计划和分析步骤,避免遗漏。另外,为了保证风险分析结果的可靠性和科学性,风险分析还要参考有关的信息安全标准和规定,做到有据可查。

风险分析可以使用以下方式实现：问卷调查、访谈、文档审查、黑盒测试、操作系统和应用软件的漏洞检查和分析、网络服务的安全漏洞和隐患的检查和分析、抗攻击测试、综合审计报告等。在识别尽可能多的风险事件的基础上,要分析每个风险事件发生的可能性以及一旦出现安全问题,可能造成什么样的影响等。

不能花费 10 万元去控制一个仅价值 5 万元的信息系统损失风险。任何一个信息系统都有可能遭受风险,彻底摆脱风险是不可能的,当然也是负担不起的。通过评估潜在风险损失,信息系统的管理者可以明确何种风险可以接受,何种风险不能接受。

估算风险损失的常用方法有评估可能产生的损失总量和损失实际发生的概率。例如,假设首席信息官正在考虑如何应用控制以减少位于办公大楼第 6 层的一间上锁的办公室内 50 台微型计算机的失窃风险。进一步假设,这些微型计算机账面价值约 30 万元,这包括所有的微型计算机和相应的外部设备。然而,首席信息官知道这些设备及设备中资产的更新价值是 100 万元,这不仅包括各种微型计算机和外部设备,还包括安装机器的成本和机器中软件及数据文件的成本。管理者会考虑大楼现在的位置以及办公室位于大楼的第 6 层,目前的安全程度——如上锁的办公室和使用钥匙才能进入的电梯和附近较低的犯罪发生率(100 个公司中有一家失窃)等事实,根据这些数据,管理者就能判断出这类盗窃事件发生的概率只有 1%。利用这些数据和结论,首席信息官计算出由盗窃引起的潜在风险损失为 1 万元(100 万元×1%),而不是 100 万元。评估的结果将会具体影响首席信息官采取的具体控制策略。

当经过风险评估,发现采用安全手段所需的代价过高以致不能完全排除损失时,保险就是一种好方法。保险作为一种补偿手段,是一种主动的风险防范行为,正受到越来越多的重视。

13.4.3 信息系统安全的管理

在明确了信息系统安全的需求,并对信息系统的风险进行分析之后,要进行信息系统安全的管理,这里的管理包括对信息系统的安全进行事先设计、建立安全管理制度,采用相应的信息系统安全技术等。信息系统的安全技术有很多种,例如,采用杀毒软件或入侵检测软件监视信息系统的运行;使用"防火墙"软件或设备来控制外部对于系统内部网络的存取。本节主要对信息系统安全的设计和安全制度的建立进行阐述。

1. 信息系统安全的设计

信息系统的安全问题不但表现在信息系统的运行过程中,在信息系统的规划、设计与实现阶段就已经开始了。信息系统安全的设计包括物理实体安全的设计、硬件系统和通信网络的安全设计、软件系统和数据的安全设计等内容。

举例来说,在物理实体安全的设计方面,可以对出入机房进行控制。例如机房平时应只设一个出入口,另外再设若干紧急情况疏散口。在软件安全设计方面,选择安全可靠的操作系统和数据库管理系统,设计、开发安全可靠的应用程序。在数据安全设计方面,则包括数据存取的控制、防止数据信息泄露、防止计算机病毒感染和破坏、数据备份的方法等几项工作。

对于数据的存取控制,应该编制用户存取能力表及存取控制表。编制用户存取能力表,可以对系统的合法用户进行存取能力的限制,确定和控制每个用户的权限。存取控制表则规定了文件的访问者及其被允许进行的操作,如读、写、修改、删除、添加和执行等。

为了能更好地进行存取权限控制,在进行系统授权时应遵循下面的原则。

(1) 最小特权原则。即用户只拥有完成分配任务所必需的最少的信息或处理能力,多余的权限一律不给予,这也称为"知限所需"原则。

(2) 最小泄露原则。用户一旦获得了对敏感数据信息或材料的存取权,就有责任保护这些数据不为无关人员所知,只能执行规定的处理,将信息的泄露控制在最小范围之内。

(3) 最大共享策略。让用户最大限度地利用数据库中的信息,但这不意味着用户可以随意存取所有的信息,而是在授权许可的前提下的最大数据共享。

(4) 推理控制策略。所谓的推理控制策略就是防止某些用户在已有外部知识的基础上,从一系列的统计数据中推断出某些他不应该知道,而且应当保密的信息。因此,必须限制那些可能导致泄密的统计查询。

2. 信息系统安全制度的建立

信息系统的安全制度,实际上是日常运行制度中的重要内容之一。包括硬件、软件及其他资源的安全管理制度,下面分别介绍。

1) 硬件资源的安全管理制度

第一,参观中心机房必须经过审查,身份登记与验证出入,带入带出物品检查。

第二,专人负责启动、关闭中央计算机系统。操作人员在指定的计算机或终端上操作,对操作内容按规定进行登记。不做与工作无关的操作,不运行来历不明的软件。不越权运行程序,不查阅无关参数。

第三,对系统进行定期保养和维护;对系统运行状况进行监视,跟踪并详细记录运行信息。出现操作异常,立即报告。

2) 软件资源的安全管理制度

第一,必须有重要的系统软件、应用软件管理制度,如要求系统软件的更新维护、应用软件的源程序与目标程序分离等。

第二,必须有密码口令管理制度,做到口令专管专用,定期更改并在失密后立即报告。

第三,必须有病毒的防治管理制度。及时检测、清除计算机病毒,并备有检测、清除的记录。

3) 其他资源的安全管理制度

第一,必须有人员调离的安全管理制度。例如,人员调离的同时马上收回钥匙、移交工作、更换口令、取消账号,并向被调离的工作人员申明其保密义务,人员的录用调入必须经人事组织技术部门的考核和接受相应的安全教育。

第二,建立安全培训制度,进行信息安全法律教育、职业道德教育和信息安全技术教育。对关键岗位的人员进行定期考核。

除此之外,任何信息系统的运行都必须遵守相关的标准和国家法律法规,例如可以参照国际标准——ISO27001(即之前所称的 BS7799 标准)设计信息安全管理体系标准。我国一直十分重视信息安全保密工作,专门成立了中共中央网络安全和信息化委员会办公室。因此,各级组织应该自觉维护和遵守国家信息安全的各项法律法规。

思 考 题

1. 谈一谈你对信息系统运行管理重要性的理解。
2. 信息系统在运行期间有哪几种组织模式?各有什么特点?
3. 首席信息官应该具备怎样的知识结构?
4. 系统转换有哪几种方式?各有什么优缺点?
5. 给出信息系统安全的定义,谈一谈你对信息系统安全管理层次模型的理解。
6. 列举引发信息系统安全的各种因素,并举两个影响信息系统安全的例子。
7. 在系统授权时应考虑哪些原则?

第 六 部 分
信息系统的热点内容

第14章 信息系统的伦理问题与应对

随着信息技术的发展,信息系统变得越来越以人为中心,存取或交互的用户数据越来越多,涉及的利益相关者也越来越多,系统开发人员以及其他各方在系统开发和运营的各个环节都面临着各种各样的伦理问题。除此之外,随着大数据和人工智能的发展,新兴科技带来的价值抉择和伦理挑战也等待人们解决。这些不同环境下的伦理问题应该怎样进行分析解决,信息系统相关人员应该怎样应对,专业人员应该怎样管理,都是必须要面对的。因此,本章从信息系统不同开发环境和阶段的伦理问题、信息系统不同角色涉及的伦理问题、信息系统伦理问题的分析应对和信息系统专业人员的管理方法四个方面,介绍信息系统的伦理问题及其应对方法。

14.1 信息系统不同开发环境和阶段的伦理问题

在计算机和网络技术的高速发展下,新的技术和网络环境使得信息传递和处理速度更快,提高了系统和人们的工作效率,但同时,互联网、大数据和人工智能等新环境和技术的发展带来了诸多现实的伦理和法律问题,如表14.1所示。该表列出了信息伦理、大数据伦理和人工智能伦理三个方面的问题及其分类。本节将就这三个方面以及信息系统开发的不同阶段涉及的伦理问题进行具体讨论。

表 14.1 不同技术环境的伦理问题

技术环境	分 类	具 体 问 题
信息伦理	信息伦理意识	伦理意识不强,如认为非法获取信息无伤大雅
	信息伦理关系	人与人之间关系准则不规范,如双方不严格履行合同约定
	信息伦理行为	窃取他人成果、对客户不负责等
大数据伦理	身份伦理问题	身份窃取、"人肉"搜索等
	隐私伦理问题	隐私泄露、过度推荐等
	所有权伦理问题	未经允许利用他人信息进行研究分析
	数据中立伦理问题	价格歧视、大数据"杀熟"等
人工智能伦理	算法伦理问题	人工智能算法执行的未知性和信任危机
	设计伦理问题	人工智能机器人的偏好性
	应用伦理问题	人类自主行动能力和自主意识可能逐步丧失

14.1.1 伦理、企业伦理与信息伦理

信息系统的建设和运营过程中涉及各类干系人,不同身份的干系人出于自己的利益经

常会出现各种伦理问题。下面分别介绍伦理、企业伦理和信息伦理的内容。

1. 伦理的概念及重要性

每一个社会在长期的发展过程中都会形成一套被社会普遍接受的行为规则,人们一般会按照这些规则去做事情。伦理(Ethics)就是指在处理人与人、人与社会、人与自然相互关系时应遵循的道理和准则。

伦理不仅包含对人与人、人与社会和人与自然之间关系处理中的行为规范,而且也蕴含依照一定原则来规范行为的深刻道理,即做人的道理,包括人的情感、意志、人生观和价值观等方面。伦理指出了人之间符合某种道德标准的行为准则,这种行为规范一般没有明文规定,而是约定俗成的,并且随着道德标准的普遍上升而呈上升趋势。

一般谈到伦理,常常会想到道德一词。伦理与道德都涉及某种规范系统。如果要严格区分,则道德偏重于个人层面,而伦理偏重于社会层面。不过在平常使用上,两者常被看作同义词,伦理道德一词常常连在一起用。

人们对违反伦理的行为有一些普遍共识,如撒谎、欺骗和假公济私等都被认为是违背伦理的。但有时人们在做出伦理抉择时也常面临矛盾,不确定该遵循哪一个标准,例如,当你发现你的同学在考试时作弊,你就面临着是向老师告发还是维持同学之情而保持沉默的抉择,还有一个典型的例子就是雇主在监控雇员电子邮件时是否侵犯了个人隐私?

伦理道德标准一般受到年龄、文化、种族、信仰和性别等因素的影响。不同背景的人的伦理道德标准可能会不同,即使在同一个国家,人们对于伦理道德标准也有争议,例如在美国,人们对于死刑和枪支管制等问题就有不同的看法。个人的伦理道德标准还会受家庭、生活经历、教育背景、宗教信仰、个人价值观和朋友、同事等因素的影响。

伦理道德对于每个人的发展都很重要,如果一个人为人诚实、公正、慷慨、忠诚,他(她)就容易被社会所接受,将来在工作中也容易得到信任和发展。相反,如果一个人经常做出一些不道德的行为,例如撒谎、欺骗等,那么他(她)就会遭到社会的不信任,甚至唾弃。所以,每一个人都应当约束自己,做事前要充分思考,尽量按照伦理道德规范做事,不要对别人和社会造成伤害。

2. 企业伦理的概念及重要性

企业伦理的概念是美国 20 世纪 70 年代提出的,目前,我国对企业伦理的认识与研究尚处于起步阶段,但是企业伦理已经引起我国企业家和社会的重视。企业伦理(Business Ethics)是企业在处理企业内部员工之间,企业与社会、企业与顾客之间关系的行为规范的总和。

在竞争激烈的市场经济中,利润关系到每一个企业的生存。所以有些人认为,盈利就是企业经营的主要目标,伦理则是企业追求的道德规范,企业的经营目标与企业社会责任没有必然联系,甚至认为企业的经营目标和经营伦理是相矛盾的。有的经营者为了追求利润,不惜采取各种非法途径去达到目的,如假冒仿制、欺诈行骗、商业贿赂和行业垄断等不正当竞争行为。无视伦理准则,违反法律法规,不讲公众意识的不正当竞争不仅损害了诚实经营者和广大消费者的权益,企业本身也失去了公众的信任。追求利润作为唯一目标的思维方式是落后于时代的,在当今信息时代,如果企业只追求利润而不考虑企业伦理,则企业的经营活动将会越来越为社会所不容,必定不会得到持续发展。

其实,企业伦理与企业的生存是可以同时兼顾的,伦理是企业赖以生存的基石,是企业一种极为宝贵的无形资产。如果在企业经营活动中没有适当的伦理观作为指导,企业经营就不会成功。高尚的道德觉悟是企业间竞争与合作的基础。遵循伦理,可以使企业及其员工远离法律纠纷,可以使企业树立良好的企业形象,获得持久经营和发展,从而促进对企业经济目标的实现。企业经济目标和伦理目标相辅相成,只有同时并举,企业才能真正兴旺发达。因此,在现代企业制度建设中,必须加强伦理建设。一个注重伦理建设的企业应当重视人性,积极采取对社会有益的各种行为,承担起自己的社会责任,而不应当与社会发生摩擦与冲突。

企业可以从以下几方面入手推动企业伦理的建设。

(1) 由董事会设定企业伦理目标,推动伦理建设。

(2) 任命一个企业伦理官员。

(3) 制定并执行企业伦理守则。

(4) 加强员工企业伦理教育。

(5) 在员工的评估中加入伦理方面的考核。

(6) 执行社会审计(Social Audit)等。

目前,中国企业处于正在构建国际新秩序的竞争环境中,这就更要求企业以诚信为本,在创造经济利益的同时,将企业伦理作为企业运作的一个重要部分,在组织内建立一套行之有效的伦理监督机制,肩负起应尽的社会责任。有时企业按照伦理规则经营,可能在短期内没有带来好的结果,例如没有带来更多利润,但从长期看,对企业实现可持续发展是有利的。

3. 信息伦理

相应地,由于我们专注于信息系统的伦理问题,从而引出信息伦理的概念。信息伦理指涉及信息开发、信息传播、信息管理和应用等方面的伦理,信息伦理是有关信息的人与人之间以及人与社会之间关系的行为规范。信息伦理可以分为两个方面、三个层次,如图 14.1 所示。

图 14.1 信息伦理结构层次

信息伦理的两个方面即主观方面和客观方面。主观方面指人类个体的信息活动中自己主观心理涉及的伦理,主要包括主观的观念意识和行为活动,例如对于获取他人隐私数据的漠视和主动履行自己义务和契约的行为等。客观方面主要指人与人之间的社会关系以及反映这样关系的行为准则和相应规范,即人在社会中应该遵守的道德和伦理。三个层次指的是信息伦理意识、信息伦理关系和信息伦理活动。信息伦理意识是信息伦理的第一层,即个人对于信息伦理的观念和信念,指个人的行为遵守的道德意识和原则,属于主观方面的信息伦理。信息伦理关系是信息伦理的第二层,包括信息社会中人与人和人与群体组织的关系,例如网络中人与人的信息共享,这样的共享需要一定的行为规定和每个人需要履行的义务和责任,这样的关系是网络中每个人都认同和共同维系的,属于信息伦理的客观方面。信息伦理活动是信息伦理的第三层,人们在网络和信息社会上的各种活动,一方面人们的活动是自身伦理意识的反映,另一方面行为活动也受到社会关系和相关伦理道德的限制,因此难以区分它属于客观还是主观。

总的来说,客观的伦理关系长期下来会影响个人的伦理意识,而伦理关系和伦理意识共同作用,影响每个个人以及团体做出的伦理行动,三者共同的良性作用,可以减少伦理问题的产生。

14.1.2 大数据环境涉及的伦理问题

大数据通常被定义为无法在较短时间内用常规手段收集和处理的数据集合。由于物联网、社交媒体等产生的数据和业务信息系统中产生的数据集成,会更容易确认用户的身份,更有可能泄露用户隐私,带来一系列的伦理问题。因此,认识大数据伦理非常重要。将大数据伦理分为以下四个方面内容进行分析。

1. 身份泄露

身份界定了一个人的特征和属性。在现实社会中每个人都有自己的身份,身份证中包含了唯一的证件号码以及姓名、籍贯等相关属性,以此证明我是政府档案中的"我"。在网络中也是如此,但相比之下,网络中的身份覆盖范围更广,不仅一个人在不同环境下有不同身份,一个公司甚至是物体资产都可以具有自己的身份。每个不同身份对应着不同的关系人和信息,这也就意味着与不同身份相关的价值观和伦理关系也是多方面的。

在大数据改变我们过去对身份含义理解的同时,也在改变其背后的伦理关系。首先,大数据技术能够根据网上身份提供的行为数据信息追溯到现实身份。网络上的身份和现实身份能否直接由别人建立联系?这样在技术上可能的手段是否在伦理上也是可行的?其次,由于技术上可以由网络身份追溯到现实身份,那么身份盗用问题显得更为严重,以查找现实身份及相关信息为目的"人肉搜索"也成为可能。互联网上各种不同应用系统中很多都需要填写私人信息,身份盗用事件更加频繁,加以现实身份的可追溯性,网络犯罪就可能发展成为现实犯罪。因此,在大数据环境下的身份泄露问题需要引起重视。

2. 隐私泄露

随着大数据时代的发展,消费者和网络使用者在越来越多的地方上留下了私人信息,他们对于隐私和个人信息的关注也随之增长。这里的隐私信息不仅包括个人的固定特征信息，如姓名、出生日期和籍贯等，还包括在网上的一些行为信息和个人偏好信息，如购物历史、浏览历史和兴趣爱好等。

在大数据时代，隐私泄露的事件更容易发生。人们在不同的地方进行登记注册时，可能需要提供个人的电话号码和住址等信息，问题在于当这些信息被当作隐私的一部分提交后，哪些人有权力将其公开？哪些人有权利使用它？能够使用它做什么？更进一步而言，个人信息的不同部分，从隐私角度上都是同样重要的吗？这一系列的伦理问题都是基于大数据技术而产生的。相信这样的情形并不罕见：你在一个软件搜索某个词语，不久后在另一个软件收到了与之相关的推荐。几十年前，在网上进行活动的人们可以做到真正的"匿名"，而大数据环境下的现在，人们网上活动事实上已经趋近于透明化，而这样的透明将进行到何种程度，大数据创新带来的利益和共享数据信息所带来的风险将如何平衡，这是目前急需解决的问题。

3. 信息的所有权

沿着这样的思路，随着大数据技术的发展，我们对于与自己相关的隐私信息所有权的保留程度也像身份和隐私信息一样发生了变化。也就是说，如果大数据时代下，我们拥有自己的隐私数据，那么在现实世界中，我们的购物信息、浏览历史、兴趣爱好和个人偏好等信息是属于我们个人的财产吗？是否应该有相应的完备法律来进行规定，这样的财产应该受到怎样的保护，使用这些财产的权力是否或怎样进行转接？欧洲"人类脑计划"试图集成整个欧洲的医疗档案，以对成千上万的患者进行研究，它的目标是通过生物学和临床医学的模式来界定疾病，最终建立病变大脑的计算机模型并预测疾病的治疗效果。但这项研究计划涉及公众的隐私权和信息的所有权：这样涉及公众隐私的信息未得到相关个体的同意能否用于科学研究？

随着技术的发展和现实问题的出现，相关的法律已经在发展和完善的过程当中，但其中一些较为细节的地方和实际操作上仍然处于比较模糊的状态，对此需要更详细的讨论来商讨解决办法。

4. 数据中立性

大数据时代使用已有数据进行推荐是研究的热点，暂且不说数据的来源和数据本身相关的伦理问题，我们先来考虑智能推荐的数据中立性问题。例如一个穷人在搜索一个类型的商品之后，喜欢按价格进行排序，并且总是收藏和购买最便宜的东西。这样他在系统中价格敏感维度得分较高，因此系统也更倾向于推荐便宜商品。表面上看这样的做法没有问题，是基于历史点击做出的判断，但背后实际上是价格和经济上的歧视。对比现实的购物门店，如果在门口挂上"穷人不得入内"的布告牌，相信该店门肯定会被砸掉，但事实上基于互联网大数据的价格歧视广泛存在，也更加隐晦和频繁。这样看似越来越精准的推荐可能会导致穷人接触的东西使他越来越穷，富人接触的东西使他越来越富，从而导致不同社会位势出生的人走向不同的方向，出现更多的人生路径依赖，去强化原来的俗话"龙生龙，凤生凤，老鼠的孩子会打洞"。表面上看，只是根据数据做出的推荐，而数据是中立的。但是出现的结果却不是中立的。

除此之外,还有"大数据杀熟"问题:同一平台针对不同消费者制定不同价格。网友"廖师傅"在微博上称,自己常通过某网站预订同一个出差常住的酒店,常年价格在 380～400 元,他用自己的账号查到酒店价格是 380 元,而朋友的账号查询价格仅为 300 元。由于熟客对于该产品或服务更有黏性,而对于价格问题敏感度较低,商家利用这样的原理本质上迎合了商业公司利润最大化的终极目标,但对于顾客来说是不公平的。"大数据杀熟"其实就是价格歧视的一种体现,也是表面数据处理中立带来结果不中立的伦理问题。

14.1.3 人工智能涉及的伦理问题

随着科技的发展,人工智能技术已经越来越多地被应用到信息系统中。嵌入人工智能的信息系统在实施和运行过程中带来的伦理问题也同样困扰着人们。下面从人工智能的算法、设计和结果三个方面介绍相关的伦理问题。

1. 人工智能算法涉及的伦理问题

人工智能算法相关的伦理问题主要由算法运行的自主性带来。人工智能算法的大概思路是给机器赋予一种学习的能力,使之能够作用于有关数据,完成给定任务,例如数据挖掘和机器学习的算法。然而,这样的学习能力和学习过程对于人类来说目前还是未知和不确定的,尽管算法本身是由人类编写的,但这并不意味着人类对算法的运算过程完全了解。AlphaGo 这样的系统能够在围棋比赛中战胜人类世界冠军,并不只是因为其强大的运算能力,未知的运行方式也可能是原因之一。由于其运行过程是未知神秘的,那么这也就意味着人工智能的算法在运用时可能会有未知的风险,甚至危及人类的安全。就目前的情况来看,这样的未知会导致人类对其的信任危机。当然,学术界也在研究"可理解的人工智能算法",希望对人工智能的运算过程能够了解。

2. 人工智能设计涉及的伦理问题

人工智能算法的目的是为了实现人工智能技术的应用,在这其中还需要对具体应用的产品和功能进行设计。设计者在进行设计时,必定会考虑产品的本质功能以及如何实现这样的功能,人工智能技术也是如此。人工智能产品在进行设计时,也是通过设计者或设计者团队的人为主观意图进行设计的,这就意味着人工智能这项技术在设计时会受到设计者的人为价值偏好的影响,对于一个带有一定自主性的技术来说,这很可能会导致伦理问题。例如早教机器人这款产品肩负着帮助父母教育孩子的重任,但早教机器人的设计导致其在教育人生观价值观时必定带有一定偏好,它该怎样教育孩子如"能屈能伸"这样较为复杂的处事方式?而一个被设计为脾气好、总是微笑的机器人是否又能教出真正的好孩子呢?

在设计方面已有很多伦理问题,而当这样的产品与人类产生更多交互乃至发生利益碰撞时,则会带来更复杂的问题。

3. 人工智能结果涉及的伦理问题

毋庸置疑,人工智能的算法和设计都是为了将其产生的结果和产品应用在人们的生活之中,但是随着应用产品的增多和应用层面的深入,更多的问题也难以避免。首先,人工智能在某些工作上可能会做得足够优秀到可以替代人类,但这是否意味着剥夺人类做这些工作的权利是合理的?例如,如果未来无人驾驶变得非常普及,那么可以想象有人驾驶反而将会变成危险的因素。如果交通事故都是由人类造成,那么是否会由此剥夺人类驾驶的权力?例如有人开车上路就会被抓进警察局,如同今天的酒驾。随着人工智能渗透进入人类生活,尽管人工智能并没有完全替代人类做出选择,但毫无疑问的是,人类生活中对于人工智能的依赖正在逐步加强,正如前面所说,人工智能带有偏好信息,假如人工智能的自主性更高,那么依赖人工智能的人类做出的选择很大程度上会受到人工智能偏好性的影响,从而丧失了人们的自主行动能力和自由的意识。

另外人工智能也带来了隐私问题。人工智能的学习和运行需要大量现有数据,为了更好地完成任务,它需要将人类行为进行识别学习,而人工智能的不透明运行阻止了人类进行过多监管,这些信息将如何使用或如何保存都是未知的,因此信息也有被泄露的风险,所以隐私泄露的伦理问题也不容忽视。

除此之外,人工智能的不透明运行和自主性导致了它与一般机器不同,这样的不透明性和不确定性导致了在实际运行时设计者、制造者、使用者和监督者之间责任划分的困难性,例如无人驾驶汽车撞人到底是谁的责任?是软件开发者、整车生产商、车主,还是保险公司?当更多的人工智能参与到人们生活中后,不同人工智能、人与人工智能之间的更多问题将会出现,这都需要未来我们一同去面对和寻求解决的方案。

14.1.4　信息系统开发不同阶段的伦理问题

由于不同的信息系统开发实际情况不同,开发过程中的每个环节都会有相应的风险导致系统的开发遭遇伦理问题。通常来说,系统规模越大,功能越复杂,风险也会越大,下面从信息系统开发的生命周期角度讨论其中可能出现的伦理问题。

1. 系统分析和设计阶段

系统分析阶段通常由问题分析和需求分析构成,系统设计阶段的主要工作是概要设计以及将概要设计的结果具体化的详细设计。在进行这些步骤时,首先需要收集信息才能进行后续工作,采集工作需要从不同信息源使用不同方式进行。在进行需求调研时,采集信息的可靠性和完整性以及采集过程中的不当行为(如有意或无意获得了用户方的核心商业机密信息)等伦理问题经常发生。

信息可靠性低可能由两方面原因造成:信息源头失真和信息不全,具体表现为调研对象不恰当或调研内容不完整。原始信息若本身失真,那么无论经过怎样后续加工和分析都会使信息真实性受到巨大影响。另一方面,不断被加工转发的信息即使在传播中并没有失真,片面残缺的信息在后续的分析中也只会带来错误不全的信息,最终带来后续设计和实施的错误,甚至是项目的失败。

在信息可靠的情况下,另一种伦理问题是信息的不当获取。比较典型的是疑似侵权的采集。由于计算机技术的发展,在当前大数据环境下的数据收集很容易导致他人隐私权被侵犯,如使用数据挖掘技术记录和提取用户的活动、资料、浏览历史和消费记录等特征。这样采集的信息本身不一定存在不可靠的情况,但采集和使用过程涉及一定伦理问题。因为这样搜集用户对系统功能使用的偏好数据的方式本身是否合适就是存疑的,尽管这样的数据是在公开平台发表的,但是部分信息的收集和使用权限并没有完全明确。

数据收集到之后可能需要对其进行一定的处理和分析才能得到相应的可用结果,而很多数据处理过程往往是不可逆的,在数据处理之前开发人员可能已经有一个预判断结果,从而在处理过程中带有自己的主观偏向,导致数据结果与真实结果有一定偏差。为了避免这样伦理问题的出现,信息系统开发人员在进行数据处理时需要注意数据处理过程的客观性。

2. 系统实施和维护阶段

系统实施阶段指将系统设计阶段的设计方案转换成可执行的应用系统,主要工作包括搭建计算机网络系统、建立数据库系统、程序设计与调试、整理数据和系统初始化,培训操作人员和试运行等。系统维护阶段的任务主要是在系统使用过程中发现错误并及时加以改正。

系统实施阶段中最主要的伦理问题是知识产权问题,特别容易出现在程序设计阶段。由于技术的发展,程序的套用、移植和复制变得轻而易举。程序代码通常隐藏在背后不容易被他人发现,但如果采用的不是开源软件或代码,直接复制摘用是不可取的。能做出这样行为的信息系统开发商也可能会做出更不可靠的行为,例如将技术不成熟或开发不完全的系统直接交付给用户使用,造成用户在使用中遇到如系统漏洞和信息泄露等各种问题,从而遭受时间、金钱和信息多方面的损失。

系统运行和维护阶段是生命周期中历时最久的阶段,事实上也是系统发挥作用的起点。实际投入运行之后,系统很多的问题才会被发现和改正。手机上的 App 频繁更新也是因为在使用过程中不断发现系统存在的问题和用户新的需求。用户在使用信息系统的过程中,经常会遇到各种各样的问题,其中有些是因为身为非计算专业人员的用户的不正确使用造成,也有一些是系统设计时的遗留问题。但是在系统交付使用之后,这样的问题可能会由于难以区分是否是开发方的原因而被搁置,责任心不强的开发方也可能做出不去处理问题的选择,使得这样的系统问题一直处于未解决的状态,影响用户的正常使用。

除了上述伦理问题之外,在信息系统开发各个过程中还涉及信息系统专业人员与所在企业、供应商和用户之间存在的信息泄露和沟通等伦理问题,具体内容在 14.2 节讲述。

14.2 信息系统不同角色涉及的伦理问题

在整个信息系统的建设和运行过程中,信息系统涉及的干系人非常多,有开发方、用户方以及供应商等组织,也有开发人员、业务人员等个体。这些干系人出于追求自己的利益,经常会出现各种各样的伦理问题,而这些伦理问题的产生将对信息系统的建设和运行产生一些负面的影响。本节将从信息系统专业人员以及信息系统用户这两类不同主体的角度来分析相关的信息系统伦理问题。

14.2.1 信息系统专业人员涉及的伦理问题

信息系统的生命周期由系统规划、系统分析、系统设计、系统实现、系统运行和维护等几个相互连接的阶段组成，每个阶段都有各自明确的任务，需要由不同的专业人员去完成。这些专业人员包括项目经理、系统分析员、程序员、测试员、数据库管理员和运行维护工程师等，他们在信息系统的建设和运行期间，将会与所在单位、供应商、用户单位以及全社会产生联系。在信息系统专业人员面对这些干系人时，可能会面临许多伦理决策。

1. 信息系统专业人员与所在企业有关的伦理问题

信息系统专业人员在被企业聘用之前，需要讨论以下方面的问题并达成共识：工作职位、期望的总体表现、具体的工作责任、着装标准、工作地点、工资、工作时间和公司福利等。其他方面的要求在公司的员工手册中一般都有说明，如保护公司商业机密、度假政策、家庭事假和病假的政策、培训费用、企业资源的使用（计算机和网络）等。

一般每个公司都有自己的商业秘密，例如商业计划、系统的设计方案、新软件代码和新的用户界面设计等。大部分公司会担心他们的员工将商业秘密透露给竞争对手以获取个人利益，尤其在员工离开公司后。所以，信息系统专业人员进公司时一般会签保密协议。但是IT行业员工跳槽频繁，泄露商业秘密的现象时有发生。

因此，作为信息系统专业人员必须遵守所在企业的有关规定，按照伦理规范使用这些公司的资源，避免以后牵涉到法律纠纷。

2. 信息系统专业人员与供应商有关的伦理问题

信息系统专业人员在不同的阶段将会与不同的供应商打交道，例如硬件供应商、平台软件供应商、数据库管理系统供应商等。与各种供应商处理好关系，将会对信息系统专业人员带来便利，使双方的信息沟通变得容易，而且可以从供应商那里得到更好的产品和服务。

信息系统专业人员要想处理好与供应商的关系，就要公正地对待他们，不能利用自己的买方地位威胁他们，向他们提出无理的要求。同时，在选择供应商时，应当客观公正。有些供应商为了增加销售额和维护关系，可能会不择手段，常常会做出违背伦理的行为，例如行贿信息系统专业人员，这时，信息系统专业人员应当能抵制住诱惑，不接受贿赂，否则可能会面临法律纠纷。

3. 信息系统专业人员与用户有关的伦理问题

只有用户使用方便且满意的系统才能称得上是好的系统。为用户所接受、在实际工作中真正服务于用户的成功信息系统，离不开用户的参与。从最初的系统规划的制订，到系统分析、系统设计，以及最后的系统实施的全过程，都需要用户与系统开发人员的真诚合作。用户不仅是使用信息系统的主人，也是开发信息系统的主人。只有系统开发人员与用户真诚的合作，才有可能使最终开发的系统成功。

在实际开发过程中，一些信息系统专业人员可能由于工期紧，不愿意或无法提供完整和准确的关于项目的状态报告，不愿意考虑用户新的需求，甚至不想与用户沟通，怕用户发现项目中的问题,从而出现相关的伦理问题,最后,双方往往会相互指责。所以,信息系统专业人员应该积极主动地与用户沟通交流,既站在自己的角度,也站在用户的角度换位思考,追求双方的共赢。

4. 信息系统专业人员与社会有关的伦理问题

大部分国家都通过相关法律建立了产品和服务的安全标准,用以保护公众。社会希望专业人员开发的信息系统能够给社会提供正面的效益,而不是给社会带来危害,这就需要建立职业标准。

一个信息系统专业人员的行为确实可能会影响社会中的相关人员。例如一个用于监控化工产品制造过程是否安全的信息系统,如果系统设计员在设计时遗漏了相关数据的采集或监测,就会对工人和附近居民带来风险。又例如2012年10月7日下午4时许,北京地铁5号线站内的所有电视屏突然统一显示四个字的不文雅网络口语词汇,引起大家的愕然。随后北京地铁官方微博对此做出回应:"经核查确认是由于近日地铁5号线PIS系统正在进行调试和人员培训,由于一名学员误操作将和旁边同事之前调侃的话点击发布""给您带来的不便,在此深表歉意。"这是一个典型的信息系统专业人员的行为影响社会公众的例子,此事可以引发社会公众质疑信息系统专业人员的职业素养和相关组织对员工的伦理教育是否到位。

可是,目前还没有一个正式的组织来负责建立和维护用于保护社会公众的信息系统专业人员职业标准,需要大家进一步探索。

14.2.2　信息系统用户涉及的伦理问题

目前,许多企业都建设了自己各种类型的信息系统,使用这些信息系统的用户数量在不断增多。由于不少企业都提供计算机和网络给员工使用,让员工访问公司的信息系统和数据,以及互联网,实际上,这些用户在应用信息系统的过程中,也会出现如下一些伦理问题。

信息系统用户常涉及的第一个伦理问题是软件盗版。如果信息系统专业人员在为用户单位建设信息系统过程中使用了盗版软件,用户就在不知情的情况下也使用了盗版软件。作为信息系统的用户,一旦发现应当及时报告,尽量避免使用盗版软件。有时用户是故意使用盗版软件,例如将办公室有版权的软件复制回家使用,就是一个典型的伦理问题,是对软件开发者知识产权的明显侵犯。

第二个伦理问题是信息技术资源的不当使用。有些员工在工作时间,使用公司的计算机和网络访问与工作无关的网站、进入聊天室、访问不良网站和玩计算机游戏等。这些行为影响了他们的工作效率和浪费了时间,为公司带来一定的损失。所以,目前许多公司为了自身的权益,监控雇员的电子邮件、FTP记录、上网记录和电话记录等,实际上公司这样做又一定程度上触犯了雇员的隐私。最好的办法还是信息系统用户恪守自己的伦理道德,正确使用公司的资源。

第三个伦理问题是信息的不当分享。每一个公司都在企业的数据库中存储了大量的个人数据或机密信息。个人数据记录了企业员工的个人信息,如员工的工资信息、考勤数据、健康状况和业绩评比等。机密信息描述了一个公司的战略和它的运营情况,包括公司的战略和战术发展计划、销售和促销计划、制造过程、产品配方，以及研发信息等内容。如果公司员工将这些信息分享给没有被授权的人或单位，即使是无意的，也会侵犯到公司或其他同事的隐私，或者将来有可能公司的竞争对手会拿到这些公司的机密信息。

为了避免以上问题的出现，公司应当制定信息系统的安全使用政策，要求自己的员工严格遵守，一旦违反，要有适当的惩罚措施。

14.3 信息系统伦理问题的分析与应对

对伦理问题进行探究，可以帮助用户减少对信息系统使用中未知的恐惧，从而使用户更快接受和使用系统；从对信息系统伦理问题的成因有更透彻的理解出发制定相关的法律法规或企业制度，可以减少不同角色之间出现的伦理冲突。2014年6月25日在清华大学举办的工程伦理教育论坛中提到，要从知识传授、能力培养到价值塑造的路径解决伦理问题。

14.3.1 信息系统伦理问题的分析框架

尽管不是所有的伦理问题都有完备的解决方案，但针对一般的伦理问题，都可以使用一定的框架进行分析，该框架可以帮助我们厘清伦理问题，梳理解决思路。分析过程主要由以下五个步骤组成。

（1）What fact——描述伦理事实。明确问题是解决伦理问题的第一步，只有弄清楚问题本身才能开始分析，进而寻求解决方法。

（2）What loss——定义利益冲突。明确问题之后，下一步需要找出信息系统伦理问题牵涉到的利益争论和矛盾点，进一步明确伦理问题。

（3）Who——确定利益相关者。伦理问题本身明确之后需要确定问题牵扯到的相关利益人员，可能的利益相关者有系统的开发人员、业务人员、项目经理、系统开发企业、供应商、用户企业、用户人员和监管方等。

（4）How——确定可能选项。问题和利益相关者明确后需要找出可能做出的若干选项对策，分析各种方案的优缺点。举例来说，现在很多手机App都会有意或无意收集用户的信息，存在用户信息滥用的伦理问题。那么，作为手机App的拥有者，对于用户的私人信息，至少有如下策略是可以采用的。

① 告知。告知用户可能收集个人信息，如果不点击"接受"按钮，告知也可以用该App，但可能是受限的功能或基础功能；如果点击"接受"按钮，告知可以用全部功能或今后的升级功能。

② 付费或发红包给用户。由于收集了用户信息，并可能作为商业用途，因而给用户支付一定的费用。

③ 向用户收费。如果用户每月支付一定费用，App的拥有者坚决不收集或不转移用户的私人信息。

这三种方法各有特点，可以在不同的情境下采用。

（5）What effect——确定可能后果。确定可能选项后需要进一步明确每个选项可能对应的后果，通过对不同选项对应的可能后果进行比较分析，根据实际情况进行商讨，选择出能让大多数利益相关者满意的实施方法,做出选择。

通过以上五个步骤的分析,基本能够针对不同的伦理问题做出当下较为合适的解决方案,但要彻底应对这样的伦理问题还需要更多的应对策略。

14.3.2　信息系统伦理问题的应对策略

要解决信息系统的伦理问题,必须从多个方面着手,进行全方位的考虑,从根本上预防和解决伦理问题。首先,由于伦理问题都与人相关,所以第一步需要提高相关人员(如技术开发人员和使用人员等)的伦理规范意识和责任感;其次,伦理问题需要社会和法律来规范所有人员的行为、技术使用和违反的处罚方式,提高道德失范的成本;最后,需要提高专业人员的技术水平和理性决策能力,使之能够更好地面对伦理困境。下面对意识、规范、能力三个方面描述信息系统伦理问题的应对策略。

1. 培养伦理意识

伦理意识是通过系统学习和实践逐步培养起来的,缺乏伦理意识的技术工程师往往会在无意识的情况下做出有悖伦理的决定和行为,因此伦理意识的培训十分重要。伦理意识强的技术人员在工程事件中有更好的自觉性和能动性,能够减少“无意识”伦理问题的发生,也能够在问题发生后及时发现问题的苗头,有意识地在摇篮中扼杀伦理问题的出现,从而能够在整体上掌握技术的发展方向,使之保持正常平稳的发展前景。

同样,产品使用者也需要信息伦理教育。许多网民和信息系统使用者对于信息技术和伦理问题的看法和安全意识并不成熟,在使用信息产品时更容易发生数据泄露等伦理问题。伦理意识的培训能够提高他们对数据的敏感度和对隐私安全的重视程度,从而减少数据泄露的危险和相关伦理问题的出现;也能够提高他们对伦理问题的敏感性,加深他们对伦理问题的理解,从而在问题发生后能得到更好的协商和解决方案。因此,对于系统的各种相关人员都需要培养伦理意识。

2. 掌握伦理规范

伦理规范包括规范技术工程师和相关人员面对伦理问题时应该遵循的行为准则和规范。这样的规范应该为技术人员如何解决伦理问题提供依据,也为伦理问题出现后各方利益相关人员的责任划分和惩罚判别提供判别标准。

由于这样的规范和标准是所有人在网上活动中必须遵守的基本原则,所以需要权威机构进行制定。当前大数据和人工智能伦理问题的规范形式较为严峻,目前关于人工智能和大数据等新兴技术还没有较为全面统一的法律体系。一直以来信息系统伦理问题都困扰着人们,在技术发展飞速的今天,更是急需得到相关国际组织的重视并且及时出台相应的政策、规则和法律来对伦理问题进行问题划分和技术规范。由于伦理问题范围较广,各个国家的社会和历史背景也不尽相同,所以伦理规范也不应该一成不变。伦理规范体现的是在一定的社会发展阶段最能够反映社会主流价值观念和伦理思想的行为准则,国际上也需要一套基本通用的伦理规范条例,这对于工程中的实践行为具有重要的指导意义。

3. 提高伦理能力

这里的伦理能力主要是指伦理的决策能力,即面对伦理困境时,在拥有伦理意识和依靠伦理规范的基础上,技术工程师需要具备更为复杂的理性决策能力。

伦理规范和法律的规定只是一个大致的行为方向,即怎样做才能不违反伦理道德,但这并不能覆盖到每个实际问题发生时的具体操作和判断。对于技术人员来说,面对实际伦理困境时是否能够做出正确判断需要的是技术工程人员自身的能力和经验。随着技术的发展,在现在的信息系统开发和运行实践当中,涉及的无论是技术问题还是相关人员的利益关系都变得空前复杂,与之相对的是信息系统伦理问题牵扯的技术和人员也更错综复杂。因此,如果要走出面对的伦理困境,对于技术工程人员的伦理决策能力的要求也就越高,提高决策能力十分必要。

意识、规范和能力三方面都是应对伦理问题策略的重要组成部分,但只有意识到位、规范约束、能力足够三位一体,同时运作,这样才能从根本上应对和解决信息系统的伦理问题。

14.4　信息系统专业人员的管理

在信息系统建设过程中,信息系统专业人员是有关伦理问题出现的主要根源,对这些人员的管理是提高伦理行为的主要手段。本节首先介绍信息系统专业人员的渎职及其带来的危害,然后从制定职业伦理规范方面对信息系统专业人员的管理进行介绍。

14.4.1　信息系统专业人员的渎职及其危害

渎职指的是负有某种法定或约定职责的人员未能尽到职责,或在执行职责时犯了严重过失。一个有理性的人都应当注意履行自己的职责。例如,驾驶员应当安全驾驶,以避免撞到他人造成伤害;工厂不应当将污染物排到空气或河流中,应当生产安全的产品,为员工提供安全的工作环境,等等。

信息系统专业人员在系统开发工作中,可能因为玩忽职守给用户带来伤害或损失。例如,设计的系统和开发的软件没有进行认真测试,存在很多错误和缺陷,将来系统的运行可能会不稳定,存在安全隐患,甚至完全瘫痪。专业人员对由于疏忽而造成的伤害应当负责任。但是目前大部分国家还没有关于信息系统专业人员"渎职"的统一标准,也没有相关法律,所以法院对于与计算机或网络有关的失职一般很难起诉。尽管如此,信息系统专业人员还是需要认真履行自己岗位说明书中的职责,负责任地完成相应的任务。

14.4.2　信息系统专业人员的职业伦理规范

职业伦理规范描述了一个特定的职业群体在职业活动中应该遵循的行为准则和核心价值观。很多行业制定了自己的职业伦理规范,用于管理和控制公司及其员工的行为。大部分的伦理规范由专业组织自己确定,一般包括两个部分:第一部分概述专业组织长期的发展目标和战略;第二部分一般列出期望该组织的成员遵守的规则和原则。一些职业伦理规范还包含接受继续教育的承诺。

有些行为虽然在法律中没有定义是非法的,但不一定就是符合伦理的。职业伦理规范不能提供所有的伦理行为标准,也没有一个规范能包含所有的行为标准。然而,遵守职业伦理规范,可以给个人、职业和全社会带来好处,具体包括以下四个方面。

(1) 使决策更加符合伦理要求。

(2) 促进高标准的实践和伦理道德行为。

(3) 增强来自公众的信任和尊重。

(4) 提供一个合适的评估基准。

信息系统专业人员应当有一种职业精神,对其开发的信息系统产品和提供的服务应当承担责任。职业伦理规范可以帮助信息系统专业人员形成关于责任和诚信的强烈意识。一个合格的信息系统专业人员,不仅应当是本领域的专家,而且也应当使自己的工作适应人类文明的一般准则,具有多方面的自律能力。

目前,发达国家的一些信息技术组织和协会已经开始从规则或章程上来规范信息技术从业人员的道德伦理标准。计算机伦理协会(Computer Ethics Institute,CEI)作为计算机伦理联盟创建于1985年,它的会员来自于信息技术专业人员、学术界、企业界和公共政策团体。该协会的目标是为信息技术的使用者提供方法来增加伦理意识。CEI是在信息技术不断进步的背景下,面对伦理与公共政策问题展开研究的最早的专业组织之一。计算机伦理协会(CEI)制定了"计算机伦理十戒",用来约束计算机使用者的行为。

(1) 不应该用计算机去伤害他人。

(2) 不应该去干扰别人的计算机工作。

(3) 不应该到他人的计算机里去窥探别人的文件。

(4) 不应该用计算机进行偷窃。

(5) 不应该用计算机去作伪证。

(6) 不应使用或复制没有付钱的软件。

(7) 不应未经许可使用别人的计算机资源。

(8) 不应剽窃别人的智力成果。

(9) 应该考虑你所编的程序和你正在设计的系统的社会后果。

(10) 应该以深思熟虑的方式来使用计算机。

数据处理管理联盟(Data Processing Management Association,DPMA)对信息人才提出了如下要求。

1) 对业主

(1) 尽一切努力保证自己具有最新知识和正确的经验,以适应工作的需要。

(2) 避免兴趣上的矛盾,并保护业主已意识到的任何潜在的矛盾。

(3) 保护委托给我的信息的隐私性和机密性。

(4) 不错误地表达和删除源于实情的信息。

(5) 不企图利用业主的资源获得自己的好处,或做任何未经正式批准的事情。

(6) 不利用计算机系统的弱点得到个人的好处或达到个人的目的。

2) 对社会

(1) 用我的技术和知识传播给公众。

（2）尽我最大努力，保证产品得到社会信任和应用。

（3）支持、尊重和服从地区、州和联邦法律。

（4）不错误地表达和删除公众关心的源于问题和实情的信息，也不允许这种已知的信息搁置作废。

（5）不利用个人性或秘密性的知识，不以任何非法的形式得到个人好处。

3）对专业

（1）忠于自己所有的专业关系。

（2）当看到非法的或不道德的事件时，应采取合适的行动。然而当反对任何人时，必须坚信自己是有理的、正确的、负责任的，并不带任何个人情绪。

（3）尽力与人共享我的专业知识。

（4）和他人合作以达到了解和识别问题。

（5）在没得到特殊许可和批准的情况下，不利用信誉去做其他工作。

（6）不利用他人缺乏经验和缺乏知识去占便宜，以得到个人好处。

美国计算机协会（Association for Computing Machinery，ACM）执行委员会为了规范会员的道德行为，指明道德是非，表决通过并发布了《伦理与职业行为规范》，其内容包括"一般的道德守则""比较特殊的专业人员职责"和"组织领导守则"三大部分。

借鉴国外计算机专业组织完整的职业伦理规范，我国的相关专业组织以及从事信息系统建设的企业应该根据我国文化背景的特点来制定和完善我们自己的信息系统专业人员的伦理规范标准。

思 考 题

1. 分别列举大数据和人工智能环境下的伦理问题，并分析其出现原因。
2. 谈谈信息系统开发的不同阶段涉及的伦理问题。
3. 举例说明一个信息系统伦理问题，按照伦理问题的五个步骤进行分析。
4. 谈谈你对意识、规范、能力三位一体的信息系统伦理问题应对策略的理解。

第15章 信息系统的热点领域

作为一个虽有较长历史，却依然蓬勃发展的学科，信息系统不断有新的热点领域出现。这里有思想进步引发的技术进步，如 Web Services、面向服务的架构（Service-Oriented Architecture，SOA）和云计算等；也有社会进步引发的技术进步，如重视人机交互和重视老年用户等；也有纯粹的技术进步，如物联网和区块链等，这些新的技术、平台或环境都在影响信息系统的特性，如有用性、可用性、易用性和趣味性等。这些热点领域大体上都是在实践着无论何时、无论何地、无论何种设备、无论何种平台、无论何人都能够安全、高效地获得数据、管理业务，提升竞争力，最终增进人类福祉的目标。

15.1 基于 Web Services 的信息系统

一直以来，信息系统领域的从业者都希望以后的软件开发能够像搭积木一样，将模块化的小应用、小功能按照一定的规范搭接在一起，需要什么就到模块库中找什么，需要更换的话也只需更换相应模块。就像计算机的主机一样，各种芯片、配件可以在主板上插拔、配置或更换。在信息系统领域，Web Services 就是这种模块化的应用，本节简要阐述基于 Web Services 的信息系统。

15.1.1 Web Services 的含义和类型

1. Web Services 的含义

Web Services 可译作 Web 服务或网络服务，但在信息系统领域，直接称为 Web Services 的比较多。万维网联盟（World Wide Web Consortium，W3C）将 Web Services 定义为：Web Services 是由通用资源标识符（Uniform Resource Indication，URI）标识的一个软件系统，其接口和绑定可以通过可扩展标记语言（Extensible Markup Language，XML）定义、描述和发现。它使用基于 XML 的消息通过互联网协议与其他软件直接交互。

Web Services 是独立的、模块化的应用，能够通过因特网来描述、发布、定位以及调用。在 Web Services 的体系架构中包括三个角色：服务提供者（Service Provider）、服务请求者（Service Requestor）、服务注册代理（Service Registry）。角色间主要有三个操作：发布（Publish）、查找（Find）和绑定（Bind）。图 15.1 清楚地描述了三种角色以及角色之间的作用关系。

图 15.1 的含义：服务提供者在实现服务之后发布其服务到服务注册代理的一个目录上；当服务请求者需要调用某服务时，它利用 Web 服务注册代理查找所需的服务，并获得关于调用该服务的相关信息；然后服务注册代理绑定服务提供者和服务请求者，服务调用的实现就直接在服务提供者和服务请求者之间进行，而无须再经过服务注册代理。

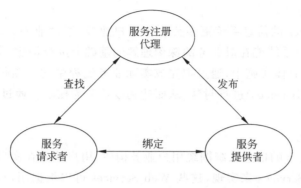

图 15.1　Web Services 的运作模型

2. Web Services 的类型

综合当前 Web 应用以及 Web Services 的特点,按 Web Services 实施的领域可将其分为四类。

1) 面向企业业务的 Web Services

该类服务针对的是那些面向企业应用的服务,包括企业内部的 ERP 系统,企业间的 SCM、CRM 等系统。当这些系统以 Web Services 的形式在网络中出现时,企业内的应用集成将更容易,而在企业间众多合作伙伴的系统集成也将不再是无法完成的任务。

2) 面向个人用户的 Web Services

此类服务针对 B2C 网站,为面向浏览器的 Web 应用增加 Web Services 的应用界面。这将使用户获得更加便捷的服务。例如可以在个人理财桌面系统中集成 Internet 上的股票价格查询 Web Services、机票预订 Web Services 等,使得个人理财应用的自动化程度更高。

3) 面向设备的 Web Services

此类服务的使用终端一般是手持设备或日用家电。对于前者而言,可以在不用修改网络服务体系架构的前提下,令先前的网络服务支持除微型计算机以外的各种终端,如掌上计算机、手机等。后者则可能是未来一个具有很大市场前景的应用,有了 Web Services 作为基础框架,智能型的日用家电将真正获得通用标准的支持,从而有了与因特网接入并广泛使用的可能。

4) 面向系统的 Web Services

一些传统意义上的系统服务,如用户权限认证和系统监控等,其作用范围将从单个系统或局部网络拓展到整个企业网络或整个 Internet。这样,基于同一系统服务的不同应用将得以在 Internet 环境中部署,如跨国企业的所有在线服务可以使用同一个用户权限认证 Web Services。

15.1.2　基于 Web Services 的信息系统特点及类型

1. 基于 Web Services 的信息系统特点

基于 Web Services 的信息系统一般具有如下特点。

273

1）以业务为中心

基于 Web Services 的信息系统更多关注于用户业务，通过业务人员参与系统的规划、设计和管理，使得信息系统能在对业务的深刻理解的基础上进行构建，实现信息系统与用户业务的密切结合。在具体实施中，通过把完成实际业务流程中的一项任务所需的信息资源组织为服务（即 Web Services）进行封装，从而达到以业务为核心。通过业务选择技术，避免技术制约业务的问题。

2）灵活适应变化

基于 Web Services 的信息系统围绕用户业务构建，用户业务在实现层通过表现为一系列松散耦合的 Web Services 来实现，这些 Web Services 可以根据用户需求随需组合，使得信息系统对于业务的适应能力明显提高。

3）重用 IT 资源，提升开发效率、减少成本

基于 Web Services 的信息系统强调对 Web Services 的重用，大量具有高重用的 Web Services 资源，为快速构建新的业务功能和业务系统奠定基础，使得 IT 系统的开发和软件生产效率得到提升。同时，重用过程有利于保护用户前期的信息化投资和 IT 资产积累，节省 IT 系统开发成本，实现用户信息化的可持续性建设与发展。

4）易于集成现有系统

由于 Web Services 采取简单的、易于理解的标准 Web 协议作为组件界面描述和协同描述规范，完全屏蔽了不同软件平台的差异，实现了最高的可集成性。现有系统既可以作为独立的应用程序，也可以封装为一个 Web Services。因此，只要对 Web Services 接口进行封装，就可以访问原有的遗留系统。

5）促进跨组织的信息系统集成

用 Web Services 集成应用程序，可以使公司内部的商务处理更加自动化。另一方面，通过 Web Services，组织可以把需要和外界联系的商务应用"暴露"给指定的供应商和客户。用 Web Services 来实现跨组织信息系统集成的最大好处在于可以容易地实现互操作性。只要把商务逻辑"暴露"出来，成为 Web Services，就可以让任何指定的合作伙伴调用这些商务逻辑，而不管他们的系统在什么平台上运行，使用什么开发语言。这样就大大减少了花在跨组织信息系统集成上的时间和成本，使得跨组织的互连互通更加容易实现。

2. 基于 Web Services 的信息系统类型

现阶段，基于 Web Services 的信息系统应用在逐渐增多，这里，按 Web Services 在信息系统中的不同作用，将基于 Web Services 的信息系统分为三类。

1）基于 Web Services 架构的系统

此类系统在建设时完全采用 Web Services 技术。将业务需求逐层分解，进而识别出一定粒度的服务，将众多服务按一定的业务流程组合起来，构成完整的系统。此类系统具有面向服务的架构（Service Oriented Architecture，SOA），可以更迅速、更可靠、更具重用性地构架整个业务系统，从容地面对业务的急剧变化。

2）基于 Web Services 的企业系统集成

为了互通企业中的"信息孤岛"，实现遗留系统的价值，企业应用集成（Enterprise

Application Integration，EAI）应运而生。现有的各系统可以封装为一个个的 Web Services，基于 Web Services 的信息系统集成可以称为"面向服务的集成"。

3）应用 Web Services 实现数据交换

有些企业内部或企业之间的体系结构、操作系统平台和数据库之间存在差别，造成系统之间信息交互的困难。基于 XML、Web Services 进行数据交换，可以使异构数据源间的信息有效安全地互访与共享，使得企业之间、企业内部不同系统之间能够很好地实现数据交换。

15.2　基于 SOA 的信息系统

快速响应市场变化是企业重要的核心竞争能力，而信息系统的相对固定性和组织业务的相对多变性的矛盾已经成为困扰众多组织的难题。这就要求必须从根本上改变组织信息系统的架构模式，从底层重建动态的组织信息系统架构，以此架构为基础开发新的信息系统，使组织信息系统能够随着企业业务需求的变化而变化。面向服务的架构正是这样一种动态信息系统架构，本节对其进行简要介绍。

15.2.1　基于 SOA 的信息系统架构的特点

SOA 的核心就是把业务功能包装成标准的服务，之后把这些服务按照一定的架构组装成企业应用，它提供了出色的可重用性和灵活性，可以有效地重用现有的系统并及时开发出新的功能。

SOA 并不是一种现成的技术，而是一种架构，是一种组织 IT 基础结构及业务功能的方法。目前 SOA 一个非常有吸引力的解决方案是基于 Web Services 和工作流的，企业可以作为服务提供者将业务及其接口作为 Web Services 发布，以这些 Web Services 作为基础组件，然后利用工作流集成这些组件，构造灵活的业务流程。与 Web Services 强调独立的、可编程的模块化应用不同，SOA 更多地强调系统的架构，即服务的组装方式。

在技术上，SOA 可以通过"服务总线""中间件"等黏合剂来连接企业内外各种业务相关的异构系统、应用以及数据源，使它们能够无缝地进行连接、共享和交换数据，从而尽可能地减少"信息孤岛"的问题。它的最终的目标是实现面向服务的企业（Service-Oriented Enterprise，SOE），在这样的企业中，所有的业务流程和服务都非常灵活，当业务发生变化后，团队可以迅速地创建、配置和重新布置业务流程，可以使得该企业快速地响应市场。因此，SOA 成为了适合现代企业应用程序架构的实现方式。

基于 SOA 的信息系统架构应该具有以下特点。

（1）工业化的标准。系统应该建立在工业化的开放标准之上，易于扩展和集成。

（2）层次化的架构。系统架构应该具有层次性，而且层次之间应该是低耦合关系，单个层次内的变化不会引起其他层次较大的变化。

（3）组件化的功能。系统应该以元功能完备的、细粒度的、可重用的对象化组件为基础，在此基础上，从业务需求的层面来抽象出各种服务，以此作为构造业务流程的组件，以保证系统的灵活性和开放性。

（4）模型化的流程。系统应该总结行业最佳实践经验,用工作流技术构造一套相对比较优化的流程模型库,一般的业务流程可以直接使用行业最佳流程。对企业特有的业务流程,可以使用组件灵活地进行组装。

（5）平台化的应用。系统应该提供统一的应用平台,统一提供工作流应用和功能性应用,并统一对用户权限做出统一管理。客户端界面根据工作流和功能应用动态生成,避免二次开发的负担。

利用 SOA 构造组织信息系统架构有以下几个优点。

（1）对组织战略更好的支持。利用 SOA 可以使组织在设计构造信息系统时,提升抽象的级别,将抽象的级别提升到组织处理的业务领域层,专注于组织业务的实现,从而将整个组织战略业务都纳入 IT 考虑的范畴。

（2）充分利用现有的组织信息资产。利用 SOA 架构,可以非常方便地通过 Web Services 接口和工作流集成组织现有的信息系统,节约成本、最大化企业资产价值。

（3）实现持续的业务流程改进。使用工作流通过 Web Services 接口对业务组件灵活组装,当业务流程变化时,只需要改变组装的顺序或结构,信息系统就可以支持新的业务流程,实现持续的业务流程改进。

（4）更好的可集成性、更好的灵活性、更高的可用性和可维护性。SOA 基于工业化的开放标准,具有良好的伸缩性,服务提供者可以彼此独立调整,以满足服务需求。不同的系统和平台之间只需要提供 Web Services 的接口,然后使用支持 Web Services 的工作流就可以实现良好的集成。这也为不同企业间构建协同商务提供了一个很好的选择。

综上所述,可以看出 SOA 的一个中心思想就是使得组织的应用摆脱面向技术的解决方案的束缚,轻松应对业务变化、发展的需要,有众多优点。

15.2.2　基于 SOA 的信息系统的实现

根据以上分析,这里给出一种基于 SOA 的企业信息系统架构(本架构从系统本身逻辑结构出发,忽略操作系统、中间件应用服务器等其他因素)的示例,如图 15.2 所示。图 15.2 中的架构在参照工业化的标准基础上,能够使组织信息系统快速响应市场需求。

（1）层次化的架构。将组织信息系统架构划分为三个低耦合的层次:数据层、企业领域模型层和应用平台层。每个层次都有联系,但都通过一定的方式使其相对独立:数据层和企业领域模型层间采用关系/对象数据映射实现解耦,企业领域模型层和应用平台层之间通过分别的开发部署和接口调用实现解耦。这样就可以在某个层次发生变化时,别的层次不必受到较大影响。

（2）组件化的功能。综合运用面向对象分析和业务流程建模方法,构建企业领域对象,然后暴露一部分接口发布为 Web Services,以此作为企业信息系统的基础组件。业务流程建模方法可以比较全面地分析企业的功能,满足元功能的完备性,从业务流程中抽象出元功能作为服务组件,元功能的封装满足恰当粒度要求,面向对象的设计保证可重用性,Web Services 技术保证标准化易于集成。

（3）模型化的流程。运用工作流建模技术,总结行业最佳经验和企业特殊需求,构建行业领域标准流程库和企业自建流程库。对于非常成熟的行业性流程,直接采用行业流程模

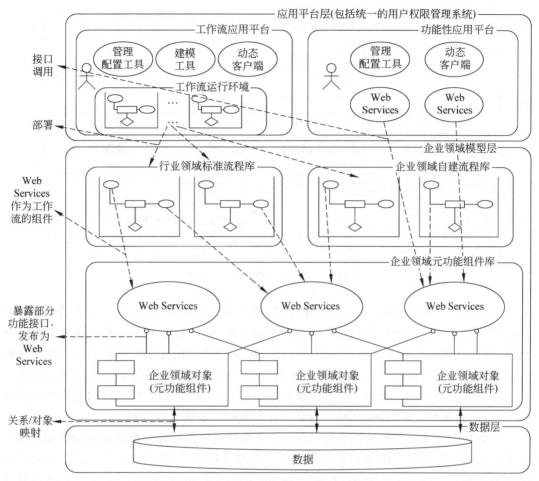

图 15.2　基于 SOA 的信息系统架构模型

板来构造自己的业务流程,对企业特有的流程,再二次组装开发,所有的流程都是利用元功能组件库中的 Web Services 灵活组装,然后部署在应用平台,保证工作流随着业务流程的变化而变化。

(4)平台化的应用。系统提供统一的应用平台层,对于业务流程性的操作,系统提供工作流应用平台;对于功能性的应用,系统提供功能性应用平台。用统一的用户权限管理统一对工作流应用和功能应用两个平台用户权限的管理,不同的工作流或功能只有拥有相应权限的用户才可以操作。客户端由工作流和功能具体情况动态生成,保证灵活性,避免二次开发的负担。

对于图 15.2 中的企业领域模型层,从逻辑上来看,又可以分为组件、服务和业务流程三个层次,其逻辑层次关系如图 15.3 所示。

(1)组件层。组件层的实现方法主要是面向对象的分析与设计。面向对象的分析与设计方法相对已经比较成熟,这里要说明的一点是组件层中的组件与面向对象程序语言中的类是不同的,这里的一个组件可能是由多个类提供逻辑操作支持的。

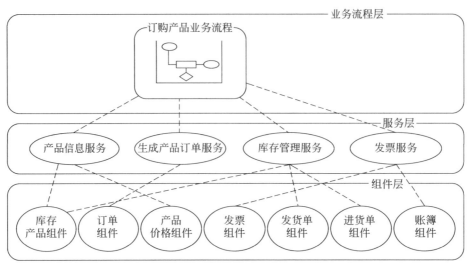

图 15.3 企业领域模型层逻辑层次

（2）服务层。服务层是 SOA 的灵魂,在组件层之上设置服务层,就可以将信息系统设计的抽象级别从系统功能提升到业务需求。在服务层,每个服务都是根据企业业务需求所设计的,这样就使系统需求分析更贴近于应用。服务层的实现方法要综合面向对象的分析与设计和业务流程建模两种方法,从业务流程建模中抽象出需要的服务组件,再将下层的对象组件组合发布为 Web Services。每个服务的粒度应该是恰当的,粒度过粗会影响业务流程的灵活性,过细则会降低抽象级别,而且设计实现的代价也会大大提高。

（3）业务流程层。业务流程是为实现特定业务目标而执行的一组长期运行的动作或活动。业务流程层的实现方法是业务流程建模。通过使用基于 Web Services 的工作流语言(例如 Business Process Execution Language for Web Services(BPEL4WS)),可以很好地实现企业业务流程层次的灵活整合。当业务流程发生变化时,只需要修改 BPEL4WS 流程中服务的组合方式,服务对组件的调用并不需要变动,这样就保证了信息系统的灵活性,实现了业务流程的持续改进。

15.3　云计算环境下的信息系统

云是网络、互联网的一种比喻说法。在云计算环境下,信息系统的运作模式和开发内容都会发生一定的变化,本节简要地讨论云计算环境对信息系统产生的影响。

15.3.1　云计算的含义、特点和类型

1. 云计算的含义

云计算(Cloud Computing)是分布式计算(Distributed Computing)、并行计算(Parallel Computing)、效用计算(Utility Computing)、网络存储技术(Network Storage Technologies)、虚拟化(Virtualization)、负载均衡(Load Balance)等计算机和网络技术发展

融合的产物。

云计算是一种按使用量付费的模式,它使用户以标准化的机制通过网络访问一个共享的、按需可配置的计算资源(例如网络、服务器、存储、应用软件或服务)。这些资源已被"池化"(即这些资源被用过后将保存起来,等下次再用时,可再重复使用),并且可自动地进行调控和优化。同时这些资源能够被快速地进行提供和发布,具有高速的可伸缩性。

2. 云计算的特点

云计算具有如下特点。

(1)按需提供自服务。用户可单方面地制订计算能力,例如服务的时间和网络存储,这些都是自动完成的,无须与服务的提供商联系。

(2)无处不在的网络可用性。这些计算能力可以通过网络以标准化的机制来获得,这样就可以在异构的环境下通过胖客户端或瘦客户端来访问(例如,移动电话、便携计算机和个人数字助理等)。

(3)独立的池化资源。服务方通过池化计算资源的模式来服务共享用户,这种模式允许服务方用不同的物理和虚拟资源根据客户的需求进行动态分配和重分配。

(4)高速的可伸缩性。可快速且有弹性地定制计算能力,能够支持快速的大规模运算和快速的释放资源来减小规模。对于消费者,能够定制和使用的资源总是无限的并且能够在任何时间购买到任何数量。

(5)可测量的服务。云计算系统能够通过对资源的测量来自动地控制和优化资源的使用。这种测量包括存储、计算和活跃用户数等。

3. 云计算的服务模式和类型

云计算有三种服务模式,分别如下。

(1)基础设施即服务(Infrastructure as a Service,IaaS)。云所提供的内容是用户可以定制计算、存储和网络以及其他的计算基础资源,用户可以在这些资源上运行任意的软件,这里的软件包括系统软件和应用软件。

(2)平台即服务(Platform as a Service,PaaS)。云所提供的内容是用户可以在云的基础设施上用提供商支持的编程语言和工具开发用户自己的应用,PaaS实际上是指将软件研发的平台作为一种服务。

(3)软件即服务(Software as a Service,SaaS)。云提供的内容是客户对服务提供商提供的应用软件的使用。服务提供商的应用软件是运行在一个云的基础设施上,并且可以通过各种客户端设备来访问,访问所用的接口是一个瘦客户端接口,例如Web浏览器。

云计算有四种服务类型,分别如下。

(1)私有云。云的基础设施只对一个特定的组织开放,它可以通过这个组织或者一个第三方机构来管理。

(2)社区云。这种云的基础设施是由几个组织共享的,它所支持的是一个特定的社区,这个社区有共同的关注点(如行为、安全需求、政策或协议),它可以由本社区的组织或一个第三方的机构来管理。

（3）公共云。大多数公众或一个大的工业组织都可以访问这种云的基础设施，一般这种云属于一个专门有偿或无偿提供云服务的组织。

（4）混合云。混合云是上述两种或两种以上的云的组合。

很多人预测将来互联网计算都会集中到云计算中。存储、计算和所有其他的资源都由云来提供。但正如电视的出现没有取代电影一样，云计算应该也不会完全取代现在的客户端的计算。未来的互联网计算模型更可能是图 15.4 所示的三角模型。在这个模型中，云计算和客户端计算会相互依存，共同发展。

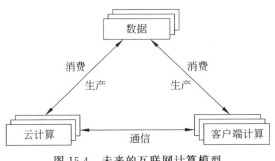

图 15.4　未来的互联网计算模型

15.3.2　不同类型企业对云计算的采纳方式

云计算所具有的低成本、按需收费、高可伸缩的计算能力等特点使得云计算必然会对组织信息系统造成深远的影响。不同规模的企业根据其自身财力，对 IT 系统的要求和业务复杂度会选择不同的云计算服务类型。

1. 小型企业对云计算的采纳方式

一般而言，小型企业财力有限，可能不具有独立开发自己的信息系统的能力和资金。对于这种企业基于云计算的 SaaS（软件即服务）无疑是最为合适的解决方案。

采用这种模式，企业自身不用花费精力去设计开发信息系统，不用成立专门的部门去维护信息系统，也不用花费购置硬件和租赁机房的钱。这一切都交给云计算的服务提供商来做。企业只需每年交一定的费用，开通一个账号就可享受到信息系统所带来的便利。现在很多 IT 巨头也看到了基于云计算的 SaaS 服务的巨大商机，纷纷推出自己的在线产品。例如传统的 ERP 公司 SAP 就推出了在线 ERP 供中小型企业使用。

当然，基于云计算的 SaaS 服务也有许多不可克服的缺陷。首先，由于是 SaaS 模式，所有的企业共享一个业务流程，较难反映企业独特的流程，定制能力较差。因此，SaaS 服务多是提供客户关系管理、财务记账管理等流程比较规范的功能模块。每个企业的核心流程或独有流程功能则很难通过基于云计算的 SaaS 服务来满足。其次，客户的数据多是保存在服务提供商那里，用户对数据如果不可控，就存在丢失数据和数据泄露的风险。同时如果服务提供商破产或停止运营，则客户的相关业务就会受到影响，即客户对服务提供商的依赖过重。

小型企业一般可通过应用多个基于云计算的 SaaS 服务来满足企业对不同业务模块的

需求,也可以分散依赖某个服务提供商的风险。对于特殊的业务流程,则须通过自主开发来满足。

2. 中型企业对云计算的采纳方式

中型企业介于小型企业和大型企业之间,因此其信息系统无论在运算数据量还是在复杂性上都有了很大提升。随着云计算的推广,其信息系统应主要由内部系统、部署在基于云计算的 PaaS 平台和 IaaS 平台上的外部信息系统及购买的基于云计算的 SaaS 服务组成,如图 15.5 所示。

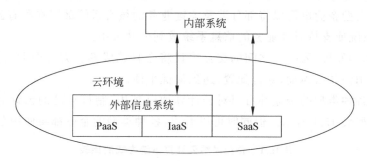

图 15.5　中型企业信息系统架构

首先,中型企业中一般都有遗留系统,这些系统一般运行在内部平台中,并且正在支撑组织的业务运作。企业中有一部分数据由于具有重要性和保密性,不能放到 Internet 的外部环境中。因此,在今后的相当长的一段时间里,中型企业的内部系统在企业的运营中仍占有主导地位。

在此基础上,企业可以利用 PaaS 和 IaaS 来部署自己的外部信息系统。中型企业一般都有自己的对外合作系统,如企业网站和电子商务系统等。随着业务规模的扩大,这些网站和电子商务系统所承受的访问量和用户数将可能呈现几何级数上升。如果单靠企业自己,无疑会陷入升级服务器、更新应用程序的循环中。在此情况下,通过购买 PaaS 和 IaaS,将一部分应用放到服务提供商的计算平台中已成为重要趋势。

借助服务提供商提供的 PaaS,企业可以独立开发相关的应用,然后将其部署到服务提供商的平台上,由服务提供商负责硬件的维护、平台的搭建和网络的畅通。这样企业自身节省了机房空间、硬件的维护费和网络带宽的租赁费用,只需要支付一定数量的服务租赁费。服务提供商则根据签订的服务等级协议(Service-Level Agreement,SLA),提供更稳定的系统和更大的带宽,从而使中型企业的客户得到更好的用户体验。

对于一些计算量大、数据量多的商务应用,则可以使用 IaaS 来解决数据存储容量和大规模计算问题。例如,可以通过云存储服务来存储海量的客户数据。

最后,对于一些成熟的 SaaS 服务,中型企业也会有条件地整合到自己的信息系统中,这样能够节省相应的开发费用并且获得更稳定的服务。

总之,借助云计算,中型企业能够灵活配置,以较少的成本实现自己的信息系统解决方案。综合采用内部系统,以及基于云计算的 PaaS、IaaS 和 SaaS,实现服务质量提升的同时减少成本支出。

3. 大型企业对云计算的采纳方式

大型企业可以通过建立统一的基于云计算的数据中心来构建私有云,为整个公司的企业架构提供支持。各业务部门或分公司可以有计划地将自己的信息系统从硬件到软件迁移到总公司的数据中心中。总部数据中心将以提供 IaaS 服务为主体,通过统一管理、硬件共享、平衡调度实现管理的规范化、规模化和节省成本。

当然,大型企业拥有自己的私有云并不代表它们不使用公共云。公共云由于其规模更大,从业人员更加专业,所以无论在计算成本还是在存储成本上相对于大型企业的私有云会有优势。因此,大型企业也可以将部分涉及关键业务的核心系统部署在私有云上,而将一些非关键业务的系统或支持对外业务的信息系统放到公共云中。

随着云计算的发展,云与云之间的交互协议将会日趋成熟。大型企业可以通过以自建私有云为主,使用公共云为辅,综合配置,达到最优平衡。

综上所述,各种类型的企业都可以对云计算加以利用,制订自己的云计算战略,实现信息系统的升级,如表 15.1 所示。但同时可以看出,各种类型的企业都将使用公共云。

表 15.1　企业采纳云计算系统方式的比较

企业类型	服务模式	部署方式	信息系统的构成
小型企业	以 SaaS 为主	公共云	以 SaaS 为主,部分特殊业务流程可部署在内部系统中
中型企业	以 PaaS 为主,IaaS、SaaS 为辅	公共云	以内部系统为主,企业网站、电子商务网站等对外系统部署在公共中的 PaaS 平台中,并借助 IaaS 进行大规模数据计算和存储。对于一些成熟的 SaaS,选择性地整合到自己的信息系统中
大型企业	综合使用 SaaS、PaaS、IaaS	私有云为主,公共云为辅	构建企业内部的私有云,提供以 IaaS 服务为主体的云服务。同时将部分非关键业务放到公共云中,综合使用私有云和公共云,达到成本与性能的平衡

15.3.3　云计算对信息系统开发的影响

云计算环境一方面对信息系统开发的各个阶段都会提出相应的任务要求,另一方面由于云计算强大的计算能力,可以使原来难以实现的功能得到实现,从而完善和丰富信息系统。本节就从这两方面进行分析。

1. 信息系统规划阶段

信息系统规划阶段的任务是对组织所处的环境、组织的目标以及现行系统的状况的初步调查,并在此之上制定信息系统的发展战略,对即将建设的信息系统的需求进行分析和预测,考虑新建信息系统时所要受到的各种约束,考察新系统的必要性和可行性。

在云计算环境下,由于强调硬件共享和规模效应,所以无论是公共云还是私有云,都存在隐私信息在传输、处理和存储过程中泄露的风险。尤其是在公共云中,用户通过 Internet(因特网)将数据存储在服务提供商的主机上,由服务提供商进行管理,因此不确定性因素更多。针对这些特点,在此阶段不仅要完成前述的一般性规划任务,同时还要在此基础上收集隐私和信息安全相关的需求,并且根据信息系统的建造规模和成本,确定云计算技术的采用规模和程度,例如,是采用私有云还是公共云。

2. 信息系统分析阶段

信息系统分析阶段的主要任务是对现行系统进行全面而细致的调查,分析问题域,尤其是对组织中的业务流程进行分析,构造出信息系统的概念模型,即明确系统边界,系统需要完成的功能、处理过程以及信息结构,为下一步的系统设计做好准备。

在云计算环境下,相对于传统的信息系统,要增加对系统中数据隐私性的分析。数据隐私性的分析可以通过对数据字典和数据流图的改进来进行。举例来说,一般数据字典有六类条目,分别是数据元素、数据结构、数据流、数据存储、外部实体和处理。改进措施则是在这些条目中加入隐私程度这个元素。隐私程度可以按照物理部署的种类进行分级。例如对于既有内部系统又有部署在云环境中的外部系统的信息系统来讲,可以将隐私程度分为两级:用数字 1 表示既可以部署在内部系统也可以部署在外部云环境中的隐私级;用数字 2 来表示只能部署在内部系统中的隐私级。通过对隐私程度的分级,就可以在逻辑模型性中清楚地看到哪些系统或模块必须是内部系统,哪些系统或模块可以采用云计算提供的各种服务。

3. 信息系统设计阶段

信息系统设计阶段则是根据信息系统分析阶段的成果,要根据实际的技术条件、经济条件和社会条件,对系统的逻辑模型进行分析,确定系统的实施方案,即系统的物理模型。对于内部系统来说,其设计工作与传统的信息系统设计无重大区别,而在云环境中的信息系统则要根据所采用的服务的类型和级别进行具体设计。

对于采用 SaaS 的信息系统,由于主要是采用服务提供商已开发好的系统,所以信息系统设计阶段的工作主要是根据前面系统分析得出的功能模块,选择符合要求的 SaaS,并且对服务进行有针对性的定制,以满足企业的个性需求。这种模式在系统设计阶段开发工作量少,开发成本小,能够充分地利用外部资源。

对于采用 PaaS 的信息系统,首先需要选定好所采用的云平台,并且要对云平台所能提供的服务有明确的了解。由于平台是由服务商提供的,可能使用时会有很多限制。因此,在使用时要进行平台选型,多寻找几种替代方案进行比较分析。

对于采用 IaaS(基础设施即服务)的信息系统,需要特别注意的是如何使信息系统的设计符合分布式并行计算和大规模存储的要求。

4. 信息系统实施阶段

信息系统实施阶段的一般任务有程序代码的编写、程序测试、准备数据文件,对相关人员进行培训、采购计算机、服务器等设备,整个系统的调试等。

在基于云计算环境的信息系统实施阶段,首先要选定好所用的云计算平台。如果系统中采用了公共云,则要根据系统分析与设计中所得出的隐私需求以及性能需求与云计算服务提供商签订好 SLA(Service-Level Agreement)协议,并且确保云计算服务提供商的技术水平和资质能够满足所签订的协议。

其次在设计系统架构时,应将与云计算服务交互的接口封装独立打包,这样能够更好地管理系统结构和代码,使以后信息系统迁移到别的云环境成为可能。

最后在信息系统的开发与测试过程中需要特别注意程序迁移的问题。如果系统中需要使用公共云所提供的服务,则一般在开发和测试阶段需要首先在本地搭建一个虚拟环境,等开发测试成功后再转移到公共云中。在转移的过程中,一定要在部署之后进行详尽的测试。这其中可能会出现很多预先无法预测到的问题,这就需要在项目管理中预留出一定的时间,并且时刻注意风险。在转移之后,要随时根据系统的流量和需求不断地调整配置,通过磨合来达到成本和服务质量的最佳平衡。

5. 信息系统功能的提升

前面讲述了如何在信息系统开发的各个阶段进行调整来适应云计算环境的要求。实际上,组织还可以利用云计算强大的计算能力,在规划和设计信息系统时加入许多以往难以实现的功能来完善和丰富信息系统。

首先云计算环境强大的计算能力和存储能力使数据挖掘和数据分析有了更强有力的平台。在云计算环境下,可以通过申请与配置几十、几百甚至几千个虚拟机,企业可以在短时间内获得所需的计算资源用以满足其特定需求。财务成本和时间成本的下降将使得很多企业采用最新的数据挖掘技术。例如银行可以利用云平台对客户的信用卡信息进行数据挖掘,用来应对信用卡欺诈,同时保险公司也可以运用云平台检测保险欺诈等。

其次,云计算环境尤其是公共云平台有很强的开放性和互动性。如果企业将各自信息系统的非隐私部分放到公共云中,则可以利用 Web Services 技术实现互连互通,加强企业与企业之间的信息联系,促进上下游或企业联盟之间的整合。

总之,应用了云计算后,企业的硬件采购和维护成本下降的同时,还可以更多地利用强大低成本的计算资源来丰富信息系统的功能,实现更智能、更开放的系统。

15.4　信息系统的其他热点

信息系统是一个活力很强的学科,随着社会的发展、技术在不断地迈出前进的脚步。自计算机诞生开始,人机交互研究就从未停止过。随着信息技术的发展,人们对交互的方式提出了新的更高要求,希望交互过程更友好、更自然,交互体验更愉悦、更舒适。因此,人机交互再次成为当前的研究热点。老龄化社会的到来,使老年人受到前所未有的关注,面向老龄化社会的信息系统也成为研究的热点。物联网和区块链极大地拓展了信息系统的应用价值,人们需要思考它们对信息系统究竟会产生什么样的影响。

15.4.1　面向人机交互的信息系统开发

由于以前受计算机等硬件设备性能的制约,开发工具和开发技术的制约,传统的信息系统开发方法关注重点是信息系统的有用性(Usefulness),即关注系统功能能否满足组织的需求,而对系统的用户——人的需求考虑不足,在人机交互方面缺乏系统性的思考,这样开发的系统虽然具有有用性,但是可用性(Usability)却有待提高。近些年来,信息系统人机交互问题和信息系统的可用性问题日益引起学者关注,以人为中心的开发方法或者面向人机交互的信息系统被提了出来。

面向人机交互的信息系统强调以用户为中心,这就要求信息系统要专门对用户进行分析和研究,发掘用户的典型特征,充分考虑和满足用户的心理需求,真正让用户喜欢用、习惯用。

1. 面向人机交互的信息系统与传统信息系统的区别

面向人机交互的信息系统以人机交互为主要特点,在设计开发时将其作为基本目标贯穿其中,传统信息系统虽然也有人机交互的表现形式,但并不是其主要特点,一般都存在缺乏智能、用户界面不够友好等问题。因此,人机交互信息系统与传统信息系统有很大的区别,如表 15.2 所示。

表 15.2　人机交互信息系统与传统信息系统的对比

比较项	传统信息系统	人机交互信息系统
基本原则	以系统功能为主导,强调功能的需求分析	以用户为中心,关注用户分析和环境分析
交互方式	交互方式简单,多以文本为主	交互方式多样化,实现多通道交互
开发方法	强调开发过程,注重系统的开发技术	综合运用美学、认知心理学、行为学、艺术设计学和人机工程学等辅助信息系统的设计,注重系统的可用性评价
特性关注	更多关注系统的有用性	更多关注系统的可用性和易用性
情感关注	不太关注情感,注重技术投入和技术创新	注重高情感投入,实现情感与技术的平衡

总的来说,传统信息系统以系统功能为主导,看重系统的正常运行和功能的具体实现,没有专门针对用户的研究和分析。面向人机交互的信息系统要求站在用户的角度,以用户的主观需求和愿望为中心,对信息系统的使用者,即用户进行专门的研究和分析,对用户所处的环境进行细致调查,可以说用户在信息系统的设计和开发过程中处于主导地位。

传统信息系统不太关注情感,注重技术的创新与投入,希望通过技术的革新来充分发挥信息系统的功能,提高系统的运行效率,而面向人机交互的信息系统则追求用户的情感投入,计算机不再是生硬而呆板的“死”工具,而是富有感情,能够智能地“思考”和“学习”,使人与计算机的交互更加友好、自然。

2. 面向人机交互的信息系统的主要特点

根据上述面向人机交互的信息系统与传统信息系统的不同,结合人机交互技术的发展状况,可以归纳出人机交互的主要特点。

1）以用户为中心

信息系统最终是为用户使用的,在面向人机交互的信息系统中用户处于绝对的主导地位,以用户为中心是面向人机交互的信息系统设计与开发的根本原则,用户对信息系统的心理需求和愿望,是信息系统分析与设计的基本依据,用户对信息系统的操作习惯和方式也直接关系着信息系统是否为用户满意。

2）交互方式的多通道

虽然传统信息系统在输出方式上实现了文本、声音、图形和图像等表现形式的多样化,但其输入方式多为文本输入,而人机交互信息系统追求交互方式的多样化,用户能够使用自然语言(语音)、手势、姿势等多种表达模态来控制计算机系统,从而实现交互方式的多通道。

3）环境可感知

在传统的信息系统中,人被排除在信息系统的环境之外,人只是操作的发起者。面向人机交互的信息系统试图营造一种无限接近现实的在视觉、听觉和触觉等主观感觉上逼真的虚拟环境,用户是信息系统的参与者,置身于虚拟环境的包围之中,体验到无限真实的身临其境之感。

4）高情感、智能化和拟人化

面向人机交互的信息系统不再只是人类解决问题的工具,而是能够与用户"对话"、熟悉用户的操作习惯、理解用户的个性化需求、会思考和学习的智能体。它在与用户交流沟通的过程中,逐渐培养其与用户的感情,根据用户的喜好,而调整改变信息系统的布局、外观、显示效果和功能等。

长期以来,人们仅仅把计算机和信息系统当成一种身体之外的工具,被视为人们的一种工具,是人的脑、眼和手的外延。利用它去处理烦琐复杂的计算,没有投入太多的感情,也没有考虑计算机的"感情"。人机交互的理念,则强调人类与计算机系统的"感情"对话,强调计算机的可用性和可理解性。通过对话,计算机能够了解人的"感情"和行为,为人类提供更加自然、更加智能、更具人性关怀的计算机服务。

最后要强调的是,在以人为中心的开发方法中,非常强调对任务的分析,以及在任务分析的过程中考虑人机功能的合理分配。

15.4.2 面向老龄化社会的信息系统

根据全国老龄工作委员会办公室的预测,中国老年人口到 2033 年前后将增长到 4 亿,21 世纪中叶,60 岁以上人口将达到峰值 4.87 亿,占总人口的比重将上升到 2053 年的 34.8％。以上数据显示,我国正面临严重的人口老龄化趋势,正在快步进入老龄化社会。

老龄化社会将对国家的基本国策产生深远影响,并带来一系列的问题和机遇。老年人口规模的扩大也会使信息系统的用户构成发生明显的改变。这给 IT 产业既带来巨大的挑战,也带来许多机遇。这就要求信息系统领域的从业者要深入分析老年人信息需求的内容,研究老年人信息系统采纳过程中的特点和影响因素,设计适合老年人使用的信息系统。

接下来,从如下两方面对老年人与信息系统的关系进行探讨:一是信息技术和信息系统(Information Technology/Information Systems,IT/IS)产品如何支持老年人的信息需求,使老年人的信息需求得到满足? 二是老龄社会的到来对 IT/IS 的产品会产生哪些影响?

1. IT/IS 对老年人信息需求满足的支持

在老龄化社会即将到来的今天,IT/IS 将会发挥重要的作用,对老龄化社会产生积极的影响。具体地讲,IT/IS 可以从满足老年人的生理、安全、情感、受尊重和自我实现等信息需求角度出发,提供相应的信息技术以及信息产品,从而提高老年人的生活质量。IT/IS 对老年人产生的支持作用及相应的 IT/IS 产品如表 15.3 所示。

表 15.3　IT/IS 对老年人产生的支持作用

针对的需求层次	针对的信息需求	相关的 IT/IS 产品举例
生理需求	衣食住行信息	老年生活信息网站等
	护理信息	护理 App 和健康监测 App 等
安全需求	医疗保健信息	报警系统、建立老年人健康跟踪档案和远程医疗等
	养老政策信息	养老政策和保险网站
情感需求	亲友活动信息	电子邮件、微信和虚拟现实技术等
	情感交流信息	在线社区、老年婚恋网站和陪伴机器人等
受尊重需求	自我评价信息	老年人自我评价网站等
	社会评价信息	老年人社会评价网站等
自我实现需求	知识技能信息	远程老年大学、老年慕课和老年教学软件等
	岗位信息	老年人经验日志、技术论坛、老年人工作辅助工具和老年人再就业信息平台等

(1) IT/IS 产品对老年人生理需求的支持。老年人的生理需求除了衣食住行等基本需求外,很重要的一点就是护理的需求。如生活信息网站可以为老年人提供代买、代送的服务,护理 App 可以为有需要的老人提供护理服务。

(2) IT/IS 产品对老年人安全需求的支持。在生命安全方面,可以利用 IT 技术制造适合于老年人的应急设备,如有报警功能的手杖等。这种手杖不仅可以在老年人意外摔倒或昏厥时发出报警的声音,还可以及时向老年人的监护人报告老人的具体位置。在医疗保健信息的支持方面,可以通过医疗信息系统的建设和运行,建立老年人健康跟踪档案,完整地记录老年人以往的医疗信息和基本状况,为医生提供相关信息。还可以采用远程医疗,并通过互联网向老年人提供医疗服务信息,有助于为行动不便的老人介绍居家诊疗服务。除了要给老年人提供各种老年人辅助器具和医疗机构的信息外,还可以通过互联网及时发布养老政策和保险的详细信息。

(3) IT/IS 产品对老年人情感需求的支持。从满足感情交流的角度出发,可以利用电子邮件、微信、老年婚恋网站和虚拟现实技术等方式将老年人的接触面打开,让老年人方便地感受到亲情、友情和爱情的存在。陪伴机器人还可以降低老年人的孤独感。从满足归属感的角度出发,网络的普及可以让那些不方便出门的老年人通过在线社区中互动的形式,了解社会团体和信仰的相关信息,并参与感兴趣的活动,从而增强老年人的归属感。

（4）IT/IS 产品对老年人受尊重需求的支持。老年人期望受尊重，期望得到家庭成员、团体成员以及相关的社会公众一个好的评价。相关机构可以在互联网上开设老年人自我评价系统网站，根据科学的自我评价指标体系，老年人可以进行自助式自我评价。老年人所在的社区或团体也可以开设网上社会评价系统，实现互评机制。结果只有被评价的老人自己能看到，但是评价者可以是多元的，老年人可以根据自我评价和社会评价的结果信息调整自己的态度和行为，树立正确的自我意识，增强自信心，并且通过学习进一步加强自己的能力，保持或提高在家庭中的地位、在所参与团体中的地位以及一般性的社会地位。

（5）IT/IS 产品对老年人自我实现需求的支持。IT/IS 产品不仅可以帮助老年人掌握与时俱进的技能，也可以为他们创造新的途径以完善自我。首先是普及老年人的 IT 教育，相关机构可以向老年人推荐他们喜爱的网站和远程老年大学，提供相关的慕课，让他们掌握最新信息和知识，紧跟时代的步伐。其次，利用 IT 技术，开发一些与老年人从事工作相关的辅助工具，如老年人阅读器、老年人助听器和老年人网页浏览器等，降低一些工种的体力支出，增强容错性能，放宽职位对工作年龄的限制，合理有效利用老年资源。最后，可以考虑借助网络技术，为老年人创造或发现新的就业渠道，例如可以建立老年人再就业的信息平台，合理配置人力资源，达到老年人力资源的再利用。网络技术可以规避老年人行动上的弱势，同时可以发挥老年人经验丰富的优势，例如可以通过网络上经验日志、技术论坛等方式汇集老年人的智慧，为社会创造价值，也满足了老年人发挥余热、实现自我的需求。

2. 老年人信息需求对 IT/IS 产品发展的影响

老龄化社会的到来为 IT 产业的发展带来挑战的同时也带来了机遇。针对老年用户越来越多的现实，IT/IS 领域的从业者需要从以下方面研究，来应对老龄化社会带来的挑战，把握其中蕴含的机遇。

（1）挖掘并创造老年人的信息需求。可以预见的是专门为老年人设计的 IT/IS 产品会逐渐增多。目前一般情况下老年人是被动适应 IT/IS 产品，而比较少地主动提出自己的需求，许多老年人潜在的信息需求可能仍然没有被发掘，这也是造成目前 IT/IS 产品在老年人中普及较低的主要原因之一。因此，学术界和产业界需要持续与老年人沟通，挖掘老年人的需求，从而创造适应老年人需要的 IT/IS 产品。

（2）建立覆盖老年用户的信息系统。在老龄化社会到来的今天，信息系统建设不但要考虑技术架构或技术实现方式，更要从用户的角度关注用户构成的变化。在各类信息系统的设计上，需要充分考虑老年人这个用户群体。准备升级改造或正在规划中的信息系统，应该在设计阶段注意考虑老年用户的使用行为和特点。

（3）设计适应老年用户的信息系统。老年人在听力、视力、反应速度和理解能力等都有所下降。无论是针对老年人的 IT/IS 产品还是公众信息产品在交互设计、界面设计上都必须考虑到老年用户的上述特点。实际上，除企业信息系统的用户主要面向中青年外，电子商务、电子政务和电子社区三个领域的用户中老年人的参与越来越多，所以面向老年人的信息系统设计必然是一个研究的重点。例如有实力的企业可以建立专门面向老年人的智慧养老服务平台，更好地为老年人提供服务。

15.4.3 物联网环境下的信息系统

物联网(The Internet of Things, IoT)就是物物相连的互联网。这包含两层意思：第一，物联网的核心和基础仍然是互联网，是在互联网基础上的延伸和扩展的网络；第二，其用户端延伸和扩展到了任何物品与物品之间，进行信息交换和通信。随着物联网技术的蓬勃发展，从厂家、研究机构，到政府机构，无不关注并推动着此领域的快速发展。

1. 物联网的含义和特点

物联网是在互联网的基础上，利用无线射频识别(Radio Frequency Identification, RFID，又称为电子标签)、红外感应器、全球定位系统、激光扫描器和无线数据通信等技术，按约定的协议，让所有能够被独立寻址的普通物理对象实现互连互通的网络。在这个网络中，物品能够彼此进行"交流"，而无须干预。

与传统的互联网相比，物联网有如下特征。

(1) 它是各种感知技术的广泛应用。物联网上部署了海量的多种类型传感器，每个传感器都是一个信息捕捉器，不同类别的传感器所捕获的信息内容和信息格式不同。传感器获得的数据具有实时性，按一定的频率周期性地采集环境信息，不断更新数据。

(2) 它是一种建立在互联网上的泛在网络。物联网技术的重要基础和核心仍旧是互联网，通过各种有线和无线网络与互联网融合，将物体的信息实时准确地传递出去。在物联网上的传感器定时采集的信息需要通过网络传输，由于其数量极其庞大，形成了海量信息。随着第五代通信技术成为主流传输技术，其高带宽、广连接和低时延等特性将使物联网得到更广泛的应用。

(3) 它能够对物体实施智能控制。物联网不仅仅提供了传感器的连接，其本身一般也具有智能处理的能力，能够对物体实施智能控制。物联网将传感器和智能处理相结合，利用云计算和边缘计算(Edge Computing)等各种智能技术，扩充其应用领域。从传感器获得的海量信息中分析、加工和处理出有意义的数据，以适应不同用户的不同需求，发现新的应用领域和应用模式。

2. 物联网对信息系统的影响

物联网是把感应器嵌入和装备到电网、铁路、桥梁、隧道、公路、建筑、供水系统、大坝和油气管道等各种物体中，然后将物联网与现有的互联网整合起来，实现互联网与物理系统的整合。在这个整合的网络当中有关键的信息系统，能够对整合网络内的人员、机器、设备和基础设施实施实时的管理和控制，在此基础上，人类可以以更加精细和动态的方式管理生产和生活，达到"智慧"状态，提高资源的利用率和生产力水平，改善人与自然间的关系。

在第1章信息系统的定义中指出，信息系统是一个以人为主导，吸取经验和遵照规律并重，利用适合的信息技术以及相应设备，根据相应的业务模型和数学模型，进行信息的收集、传输、加工、储存、更新和维护，以提高组织的效益和效率为目的，支持组织的高层决策、中层控制、基层运作的集成化的人机系统。

因此，物联网首先作为互联网的延伸，为信息系统提供各种数据的收集、简单处理及传输。然后，信息系统作为物联网感知数据的处理单元，对收集的各种数据进行复杂的处理、统计和分析。在此基础上，一方面信息系统反馈给物联网连接的相应设备，让这些设备对相应的反馈进行响应和处理；另一方面，以各种图表、方案的方式输出，供决策部门使用。可以说，物联网技术丰富了信息的来源，拓展了组织管理控制的空间，为组织的数字化转型奠定了数据基础，而信息系统相对于物联网来说则起到了类似中央处理器的作用。

物联网用途广泛，遍及智慧交通、智慧社区、智慧医疗、智慧养老、工业监测、公共安全和食品溯源等许多领域，那么物联网必将对上述相关信息系统产生深刻的影响。

在供应链管理层面，基于物联网的信息系统可以实现供应链管理的高度敏捷化和集成化，可以将企业内部和企业之间的生产活动进行整合，通过完成自动化生产线运作，实时了解生产状况，及时根据生产进度发出补货信息，实现流水线均衡，使生产变得更加柔性化。在物联网被充分利用到供应链管理系统中后，企业可以实现对原材料、零部件、半成品和产成品的识别与跟踪。通过在各个环节上实现对货物的智能化管理，可以加强对产品质量的控制及追踪，保证企业能够提供尽可能高品质的产品。

15.4.4　区块链技术支持下的信息系统

1. 区块链的含义与类型

区块链（Blockchain）是一个系统，该系统的实现原理：利用区块链让系统中的任意多个节点把一段时间内系统交互的数据，通过密码学算法计算并记录到一个区块（Block），并且生成该区块的指纹以用于验证和连接下一个区块，系统所有参与节点共同认定记录的真实性。

通俗地说，区块链技术是一种系统内全体成员参与记账的一种方式，在区块链系统中，系统会把通过网络进行交易的产品或服务信息生成数据块，每一个数据块中不仅包含了该交易信息，也包括了交易商品或服务来源的信息，以及交易的时序信息，从而使数据块之间形成一个链（Chain），这些信息形成账本内容发送到系统内所有的其他人进行备份。

区块链是比特币（Bitcoin）的底层技术，但是我们可以"不要比特币的皮，只吃区块链的肉"。将区块链技术用在各类信息系统中。如果说一般的信息技术是解放生产力的话，那么区块链则会从很大程度上解放生产关系，通过建立人与人之间的信任而发展生产力。

区块链根据参与主体或服务对象的不同，又可以分为公有链、私有链和联盟链。公有链上的数据网络所有人都可以访问，同时所有人也都可以发出自己的交易并等待写入区块链中。私有链是指对单独的实体开发的区块链，参与的节点只有实体内部的成员，数据的访问和使用有严格的权限管理，是存在一定的中心化控制的区块链。联盟链指对特定的联盟成员开放，是指参与区块链的节点是事先选择好的，节点之间可以实现资源与信息的共享与互认。例如地区大学之间建立基于大学联盟链的信息系统，上链学校的学生可以互相选择链上其他学校的课程，并且学分互相认可。

2. 区块链的特点

区块链的本质是一个对参与者公开透明的可信赖的账本系统，它能安全地存储交易数据,并且不用任何中心化机构的审核。区块链技术有如下特点。

(1) **交易去中心化**。日常生活中,人们的交易活动一般都会存在一个中心媒介,交易双方之间需要依靠中介组织开展业务活动,而交易主体双方之间较难达成直接的业务关系。以银行为例,人们去银行存款,资金存入银行,银行再将这些资金贷款给企业,这时银行就是中介组织。而区块链使用系统内全员记账的方式,不需要一个中心记账,可以不用第三方介入,也不需要向中介支付费用,就能实现人与人之间点对点交易和互动,达到节约交易成本的作用。

(2) **交易去信任**。这里说的去信任是指不用考虑交易伙伴是否值得信任,而是人们都信任这个区块链应用系统,这个系统是基于算法的值得信任的可信系统。所以这里的去信任是去掉对交易伙伴的信任,前提是系统是可信的。这是因为系统中所有节点之间无需信任也可以进行交易,因为数据库和整个区块链系统的运作是公开透明的,在系统的规则和时间范围内,节点之间无法欺骗彼此,系统是可信的。

(3) **信息不可篡改**。交易的数据信息一旦被写入区块中就不能更改撤销。交易的账本如果在中介组织手上,造假的可能性就会存在。另外,即使某个人手里的账本丢失或损坏,由于其他人手里都有副本,完全不用担心数据丢失,可以在下一个时间节点复制即可得到全部数据。

(4) **信息可溯源**。交易的数据信息(包括产品或服务的来源信息)在极短时间内会被打包成数据区块,然后会被复制到区块链系统中的所有节点,实现全系统内数据同步。每个节点都能回溯交易双方过去的所有交易信息,每次交易的产品或服务的来源也是可以清晰回溯的。正是由于这个特点,区块链在物流管理系统和供应链管理系统中得到了很好的应用,甚至有些地方出现了"区块链大米"和"区块链鸡",我们在佩服这些商家与时俱进的敏感同时,也感叹这是对于区块链信息可溯源特性的最好科普。

(5) **共识机制**。共识机制是区块链运行的基础,是指所有记账节点之间根据什么样的规则达成共识,来选择和认定记录的真实性和有效性。例如全系统认可的是最长的一条区块链,因为在此之上的交易次数或工作量最大。如果想要修改某个区块内的交易信息,就必须将该区块和该链条后面所有区块的信息进行修改。这种共识机制是交易数据记账的基础,可以避免虚假交易和信息篡改。

(6) **资产上链**。区块链是交易数据的区块连接成的链条。因而资产(无论是实物资产或数字资产)信息在链条中记录就非常重要。资产上链就是指资产信息能够在链条中记录,这也是区块链运行的基础。例如"区块链大米",是否使用农药、使用多大剂量,可以将使用的配方和配置过程拍照给购买方,这些服务信息可以通过区块链系统记账,形成一条不可篡改的信息链,从而形成一种去中心化、自动信任的交易模式。通过将实体资产信息建模上链,将会彻底改变整个价值流通,从而优化生产关系,解放生产力。

除此之外,区块链还有公开透明、集体维护、可靠数据库和非对称加密等技术特性,这里就不一一赘述。

3. 区块链对信息系统的影响

首先,在信息系统规划阶段,要考虑哪些业务需要采用区块链来支持呢?或者说,哪些业务信息系统需要考虑引入区块链呢？目前，一秒钟内能打包进数据块的业务不超过一万笔，尽管随着技术的进步，可以打包的次数越来越多，但是高频的业务，例如微信支付这样每秒几十万次的小额支付就不适合采用区块链来支持。另外，若待开发的信息系统每天都会发生很大的数据存储规模，再进行子节点复制所有数据区块的存储方式会占用大量的空间、产生很高的成本，此时便应斟酌是否采用区块链技术。实际上，低频、数据规模较小，但在信任、价值等"敏感"领域有较高精度要求的业务可考虑采取区块链技术支撑信息系统的开发，但是高频、低值、数据量大的业务就不一定要引入区块链系统中。

其次，在信息系统的分析设计阶段，要考虑哪些业务可以采用智能合约自动处理业务呢？智能合约主要是基于区块链系统里可信的不可篡改的数据，自动地执行一些预先定义好的规则和条款，并且生成新的数据区块，发布给该区块链系统的全体成员。智能合约的存在可以较好地提高交易的效率：由于智能合约高度数字化的特性，一旦符合条件即自动执行，大大减少了类似如打款、谈判、寄送和签署等需要人工进行的工作量，从而提高了信息系统的运行效率。例如，在缴纳电费系统中，如果用户在手机 App 上完成了缴费，那么，用户的智能电表中将直接充入相应金额，不需要电表公司职员再去给电卡充值，也不需要用户去插卡充电。这样，相应的业务流程会得到进一步优化或简化，信息系统的可用性、易用性及其价值会得到进一步提升。当然，在系统分析和设计阶段，还需要根据算力限制和应用规模等条件选择该系统所用区块链的共识机制方式。

在信息系统的实施阶段，则一定要认真考虑如何将相应的资产或业务信息上链。因为上链的信息是虚假的，那么分发存储的信息也是虚假的。另外，要用好区块链对数据共享的支持，更好地实现系统间的互连互通。区块链广泛使用数字签名、非对称密钥等加密技术，灵活地在数据存储和流通中运用密码学手段进行数据保护，使得区块链上节点可以在数据安全的环境里进行数据交换；区块链的底层架构是开放的体系，通过共识算法实现数据传输，可以使基于不同区块链的不同信息系统之间互相交换共享数据。例如银行之间就有可能实现欺诈信息在整个行业的共享。当然，在具体的系统实现方面，区块链技术还在不断发展，"可用不可懂"的理念是数据共享中需要追求的，即根据一定的规则可以使用对方经过加密的数据，但是却不可以理解或搞懂数据的真实含义。如果做到"可用不可懂"，将是信息系统中数据共享和隐私保护的一大革命性进步。

除了上述热点方向之外，人工智能、5G、雾计算（Fog Computing）、边缘计算、数字孪生（Digital Twin）等技术层出不穷，对信息系统的有用性、可用性、易用性和趣味性等特性分别产生了相应的影响，读者们可以不断关注这些最新理念和技术的进展，思考信息系统的未来。不要仅仅做信息系统的学习者或旁观者，还要做信息系统的建设者和参与者。

思　考　题

1. 基于 Web Services 的信息系统有哪些特点？有哪几种类型？
2. 基于 SOA 的信息系统架构应该具有哪些特点？
3. 云计算有哪些服务模式？有哪些类型？
4. 比较说明不同规模的企业采纳云计算系统的方式。

5. 谈谈云计算对信息系统各开发阶段的影响。

6. 面向人机交互的信息系统与传统信息系统相比有哪些区别？

7. 谈谈 IT/IS 对老年人可以在哪些方面提供支持。

8. 举例说明物联网对信息系统的影响。

9. 举例说明区块链对信息系统的支持作用。

10. 分别查找边缘计算、数字孪生的含义，说说它们与信息系统的关系。

参考文献

［1］ 黄梯云,李一军. 管理信息系统［M］. 7 版. 北京：高等教育出版社,2019.

［2］ 陈禹. 信息系统的分析与设计［M］. 2 版. 北京：高等教育出版社,2011.

［3］ 薛华成. 管理信息系统［M］. 6 版. 北京：清华大学出版社,2012.

［4］ 王珊,萨师煊. 数据库系统概论［M］. 5 版. 北京：高等教育出版社,2014.

［5］ 李东. 管理信息系统的理论与应用［M］. 3 版. 北京：北京大学出版社,2007.

［6］ 陈国青,郭迅华,马宝君. 管理信息系统：原理、方法与应用［M］. 2 版. 北京：高等教育出版社,2014.

［7］ 毛基业,郭迅华,朱岩. 管理信息系统——基础、应用与方法［M］. 北京：清华大学出版社,2011.

［8］ 谢康,肖静华. 信息经济学［M］. 4 版. 北京：高等教育出版社,2019.

［9］ 王晓敏,邝孔武. 信息系统分析与设计［M］. 4 版. 北京：清华大学出版社,2013.

［10］ 侯爱民,欧阳骥,胡传福. 面向对象分析与设计（UML）［M］. 北京：清华大学出版社,2015.

［11］ 麻志毅. 面向对象开发方法［M］. 北京：机械工业出版社,2011.

［12］ 周苏,王硕苹. 大数据时代管理信息系统［M］. 北京：中国铁道出版社,2017.

［13］ 科德·戴维斯,道格·帕特森. 大数据伦理：平衡风险与创新［M］. 赵亮,王健,译. 沈阳：东北大学出版社,2016.

［14］ 李伦. 人工智能与大数据伦理［M］. 北京：科学出版社,2018.

［15］ 蜗牛学院. 自动化测试开发全程实战［M］. 北京：清华大学出版社,2019.

［16］ 陈佳,谷锐. 信息系统开发方法教程［M］. 4 版. 北京：清华大学出版社,2013.

［17］ 陈启申. ERP——从内部集成起步［M］. 3 版. 北京：电子工业出版社,2012.

［18］ 高复先. 信息资源规划——信息化建设基础工程［M］. 北京：清华大学出版社,2002.

［19］ 左美云. 信息系统项目管理［M］. 2 版. 北京：清华大学出版社,2014.

［20］ 左美云. 电子商务项目管理［M］. 2 版. 北京：中国人民大学出版社,2014.

［21］ 左美云. CIO 必读教程（CIOBOK）——CIO 知识体系指南［M］. 北京：电子工业出版社,2004.

［22］ 左美云. 智慧养老：内涵与模式［M］. 北京：清华大学出版社,2018.

图 书 资 源 支 持

感谢您一直以来对清华版图书的支持和爱护。为了配合本书的使用，本书提供配套的资源，有需求的读者请扫描下方的"书圈"微信公众号二维码，在图书专区下载，也可以拨打电话或发送电子邮件咨询。

如果您在使用本书的过程中遇到了什么问题，或者有相关图书出版计划，也请您发邮件告诉我们，以便我们更好地为您服务。

我们的联系方式：

地　　址：北京市海淀区双清路学研大厦 A 座 701

邮　　编：100084

电　　话：010-83470236　010-83470237

资源下载：http://www.tup.com.cn

客服邮箱：2301891038@qq.com

QQ：2301891038（请写明您的单位和姓名）

资源下载、样书申请

书圈

扫一扫，获取最新目录

课 程 直 播

用微信扫一扫右边的二维码，即可关注清华大学出版社公众号"书圈"。